suhrkamp taschenbuch 5085

Ökonomische und soziale Ungleichheit gehören zu den drängendsten Problemen unserer Gegenwart, denn Armut und Perspektivlosigkeit sind treibende Kräfte für internationale Migrationsbewegungen. Branko Milanović, der mit seiner »Elefantenkurve« weltberühmt wurde, zeigt, wie sich die Einkommen der Menschen rund um den Globus in den Jahren 1988 bis 2008 entwickelt haben. Der Trend ist eindeutig: Der Globale Süden holt auf, während die Mittelschichten der westlichen Länder zu den Verlierern der letzten Dekaden gehören – und die Reichen werden immer reicher. Ungleichheit, so Milanović, ist zu einem perfekten Nährboden für Populismus und Nationalismus geworden. Ein aktuelles, ein engagiertes Buch, das die Art und Weise, wie wir über unsere ungleiche Welt denken, verändert.

**Branko Milanović** zählt zu den weltweit angesehensten Experten auf dem Gebiet der Einkommensverteilung. Er war unter anderem leitender Ökonom der Forschungsabteilung der Weltbank. Seit 2014 ist er Visiting Presidential Professor an der City University of New York. Für *Die ungleiche Welt* erhielt er u. a. den Hans-Matthöfer-Preis für Wirtschaftspublizistik und den Bruno-Kreisky-Preis.

Branko Milanović

# DIE UNGLEICHE WELT

*Migration, das Eine Prozent und die Zukunft der Mittelschicht*

Aus dem Englischen von Stephan Gebauer

Suhrkamp

Die Originalausgabe erschien 2016 unter dem Titel
*Global Inequality. A New Approach for the Age of Globalization*
bei The Belknap Press of Harvard University Press
(Cambridge/Massachusetts und London).

Erste Auflage 2020
suhrkamp taschenbuch 5085

Umschlaggestaltung: Rothfos & Gabler, Hamburg
unter Verwendung einer Abbildung aus dem Band
Druck und Bindung: CPI – Ebner & Spiegel, Ulm
Printed in Germany
ISBN 978 3 518-47085-5

# INHALT

# EINLEITUNG

Dies ist ein Buch über die Ungleichheit in der Welt. Ich untersuche sowohl die ungleiche Verteilung der Einkommen als auch die damit zusammenhängenden politischen Fragen in einer globalen Perspektive. Doch da es keine Weltregierung gibt, können wir nicht umhin, uns auch mit den einzelnen Nationalstaaten zu beschäftigen. Tatsächlich werden die politischen Antworten auf viele globale Fragen auf einzelstaatlicher Ebene gesucht. Daher wirkt sich größere Offenheit (ein intensiverer wirtschaftlicher Austausch zwischen Personen aus verschiedenen Ländern) nicht auf einer abstrakten globalen Ebene, sondern in den Ländern politisch aus, in denen die von diesem Austausch betroffenen Menschen leben. Beispielsweise könnte die Globalisierung dazu führen, dass chinesische Arbeiter von ihrer Regierung verlangen, ihnen das Recht zum gewerkschaftlichen Zusammenschluss zuzugestehen, und amerikanische Arbeiter könnten ihre Regierung drängen, Schutzzölle zu verhängen.

Aber obwohl die Entwicklungen in den einzelnen Volkswirtschaften wichtig sind und fast alle politischen Maßnahmen auf dieser Ebene ergriffen werden, hat die Globalisierung zusehends Folgen für unser Einkommen, unsere Berufsaussichten, den Umfang unseres Wissens und unserer Information, die Kosten unserer Verbrauchsgüter und die Verfügbarkeit frischen Obstes im tiefsten Winter. Und die Globalisierung ändert die Spielregeln, indem sie die im Entstehen begriffene globale Governance fördert, sei es durch die Welthandelsorganisation, Vereinbarungen über den Klimaschutz oder Maßnahmen gegen die internationale Steuerhinterziehung.

Daher dürfen wir die Einkommensungleichheit nicht länger nur als nationales Phänomen betrachten, wie wir es in den vergangenen hundert Jahren getan haben. Sie ist ein globales Problem. Ein Grund dafür, dass wir diese Perspektive wählen sollten, ist die Neugierde (ein Wesenszug, den Adam Smith sehr schätzte), das heißt, der Wunsch zu wissen, wie andere Menschen in anderen Ländern leben. Aber neben bloßer Neugier dienen Erkenntnisse über das Leben und Einkommen anderer Menschen auch einem praktischen Zweck: Sie können uns die Entscheidungen darüber erleichtern, was wir wo kaufen oder verkaufen sollen, sie können uns helfen zu lernen, wie wir Aufgaben besser und effizienter erfüllen können, und sie können nützlich sein, wenn wir darüber nachdenken, in welches Land wir auswandern sollen. Oder wir können daraus lernen, wie die Dinge anderswo in der Welt gemacht werden: wenn wir mit unserem Chef über eine Gehaltserhöhung verhandeln, wenn wir uns gegen das Passivrauchen wehren oder wenn wir im Restaurant die Essensreste mit nach Hause nehmen wollen (die Doggy Bag hat sich von Land zu Land ausgebreitet).

Ein weiterer Grund dafür, dass wir uns auf die globale Ungleichheit konzentrieren sollten, ist einfach, dass wir mittlerweile die Möglichkeit dazu haben: In den letzten zehn Jahren sind erstmals in der Geschichte der Menschheit Daten verfügbar geworden, die uns in die Lage versetzen, die Einkommen von Menschen in aller Welt miteinander zu vergleichen.

Ich bin jedoch überzeugt, dass die Leser wie ich der Meinung sein werden, dass der wichtigste Grund für die Auseinandersetzung mit der Ungleichheit in der Welt darin besteht, dass uns ihre Entwicklung in den vergangenen zwei Jahrhunderten und insbesondere im letzten Vierteljahrhundert vor Augen führt, wie sich die Welt verändert hat. Die Veränderungen der globalen Ungleichheit geben Aufschluss über den wirtschaftlichen (und oft politischen) Aufstieg und Niedergang von Nationen, über die Entwicklung der Ungleichheit innerhalb der einzelnen Länder und über die Verdrängung eines gesellschaftlichen oder politischen Systems durch ein anderes. Der Aufstieg Westeuropas und Nordamerikas nach der industriellen Revolution verschärfte die globale Ungleichheit. In jüngerer Zeit hat das rasche Wachstum mehrerer asiatischer Länder eine ähnlich große Wirkung gehabt und die Ungleichheit in der Welt wieder verringert. Und das Ausmaß der nationalen Ungleichheit hat sich global ausgewirkt, zum Beispiel, als sie in England zu Beginn der Industrialisierung oder in China und den Vereinigten Staaten in den letzten Jahrzehnten zunahm. Die Entwicklung der Ungleichheit ist ein wichtiger Bestandteil der Wirtschaftsgeschichte der Welt.

Am Anfang dieses Buchs steht eine Beschreibung und Analyse der bedeutsamsten Veränderungen in der globalen Einkommensverteilung seit 1988. Dabei stützen wir uns auf Daten aus Haushaltserhebungen. Das Jahr 1988 ist ein geeigneter Ausgangspunkt, weil ziemlich genau zu diesem Zeitpunkt die Berliner Mauer fiel und die kommunistischen Volkswirtschaften wieder in die Weltwirtschaft eingegliedert wurden. Wenige Jahre zuvor hatte die ökonomische Öffnung Chinas begonnen. Dass heute mehr Haushaltserhebungen zur Verfügung stehen, die wiederum die entscheidende Quelle zur Erforschung der globalen Ungleichheit sind, hängt mit diesen Entwicklungen zusammen. Gegenstand der Untersuchung in Kapitel 1 sind insbesondere (1) der Aufstieg der »globalen Mittelschicht«, die überwiegend in China und anderen aufstrebenden asiatischen Ländern zu Hause ist, (2) die Stagnation jener Gruppen, die im globalen Vergleich wohlhabend sind, in den reichen Ländern jedoch als Mittel- oder untere Mittelschicht eingestuft werden, und (3) die Entstehung einer globalen Plutokratie. Diese drei herausragenden Entwicklungen im vergangenen Vierteljahrhundert werfen bedeutsame Fragen zur Zukunft der Demokratie auf, mit denen ich mich in Kapitel 4 beschäftigen werde. Aber bevor wir beginnen können, über die Zukunft nachzudenken, müssen wir verstehen, wie sich die Ungleichheit in der Welt langfristig entwickelt hat.

Die globale Ungleichheit, das heißt die Einkommensungleichheit zwischen den Bürgern der Welt, kann formal als Gesamtheit der Ungleichverteilungen innerhalb der einzelnen Länder plus die Summe der Unterschiede zwischen den Durchschnittseinkommen der verschiedenen Länder betrachtet werden. Der erste Bestandteil ist die Ungleichverteilung der Einkommen zwischen reichen und armen Amerikanern, reichen und armen Mexikanern usw. Der zweite Bestandteil entspricht den Einkommensunterschieden zwischen den Vereinigten Staaten und Mexiko, Spanien und Marokko usw. In Kapitel 2 werden wir uns die Ungleichheit innerhalb der Länder, in Kapitel 3 die Ungleichheit zwischen den Ländern ansehen.

Bei der Analyse in Kapitel 2 stütze ich mich auf Langzeitdaten zur Einkommensungleichheit. Diese Daten reichen in einigen Fällen bis ins Mittelalter zurück. Das Ergebnis dieser Analyse ist eine Neuformulierung der Kuznets-Hypothese, die so etwas wie das Arbeitspferd der Ungleichheitsforschung ist. Die in den fünfziger Jahren von dem Nobelpreisträger Simon Kuznets formulierte Hypothese besagt, dass Industrialisierung und steigende Durchschnittseinkommen zunächst mit wachsender Ungleichheit einhergehen; anschließend nimmt diese jedoch wieder ab. Setzt man die Ungleichheit in Beziehung zum Einkommen und stellt das Verhältnis grafisch dar, so erhält man eine umgekehrte U-Kurve. In den letzten Jahren hat sich jedoch gezeigt, dass die Kuznets-Hypothese nicht geeignet ist, ein neues Phänomen in den Vereinigten Staaten und anderen reichen Ländern zu erklären: Nachdem die Einkommensungleichheit über weite Strecken des 20. Jahrhunderts zurückging, nimmt sie seit einigen Jahren wieder zu. Diese Entwicklung ist nicht mit der Kuznets-Hypothese in ihrer ursprünglichen Form vereinbar: Träfe sie zu, hätte es nicht zu dieser Zunahme der Ungleichheit in den reichen Ländern kommen dürfen.

Auf der Suche nach einer Erklärung für die jüngste Zunahme der Ungleichheit und für ihre Entwicklung in der Vergangenheit gehe ich bis in die Zeit vor der industriellen Revolution zurück und führe das Konzept der Kuznets-Wellen (oder Kuznets-Zyklen) ein. Tatsächlich können die Kuznets-Wellen nicht nur die jüngste Zunahme der Ungleichheit erklären, sondern sie eignen sich auch, um die zukünftige Entwicklung in reichen Ländern wie den Vereinigten Staaten und in Schwellenländern wie China und Brasilien vorauszusagen. Ich unterscheide bei der Anwendung der Kuznets-Zyklen zwischen Ländern mit stagnierendem Einkommen (vor der industriellen Revolution) und Ländern mit stetig steigendem Durchschnittseinkommen (in der Moderne). Sodann unterscheide ich zwischen zwei Arten von Kräften, die der Ungleichheit entgegenwirken: Dies sind »bösartige« Kräfte wie Kriege, Naturkatastrophen und Epidemien sowie »gutartige« Kräfte wie eine Ausweitung der Bildung, erhöhte Sozialtransfers und eine progressive Besteuerung. Insbesondere widme ich mich der Rolle von Kriegen, die in einigen Fällen das Ergebnis einer ausgeprägten Ungleichheit in den Ländern, einer zu geringen aggregierten Nachfrage und des Bemühens sind, andere Länder unter Kontrolle zu bringen, um neue Profitquellen zu erschließen. Kriege können die Ungleichheit verringern, führen jedoch auch zu einer Verringerung der Durchschnittseinkommen.

Kapitel 3 ist den Einkommensunterschieden zwischen Ländern gewidmet. Hier stoßen wir auf die interessante Tatsache, dass die globale Ungleichheit zum ersten Mal seit der industriellen Revolution vor zwei Jahrhunderten nicht in erster Linie die Folge eines wachsenden Einkommensgefälles zwischen den Ländern ist. Mit dem Anstieg des Durchschnittseinkommens in einigen asiatischen Staaten ist die Kluft zwischen den Ländern kleiner geworden. Setzt sich die wirtschaftliche Konvergenz fort, so wird nicht nur die globale Ungleichheit abnehmen, sondern die Ungleichheit innerhalb der einzelnen Länder wird deutlicher zutage treten. Möglicherweise werden wir uns in fünfzig Jahren wieder in derselben Situation wie zu Beginn des 19. Jahrhunderts befinden: Damals hatte die Ungleichheit in der Welt weniger mit unterschiedlichen Durchschnittseinkommen im Westen und in Asien zu tun, sondern war in erster Linie auf die Einkommensunterschiede zwischen reichen und armen Briten, reichen und armen Russen sowie reichen und armen Chinesen zurückzuführen. Eine solche Welt käme jedem Leser von Karl Marx, ja jedem Leser der kanonischen europäischen Literatur des 19. Jahrhunderts bekannt vor. Aber so weit sind wir noch nicht. Gegenwärtig leben wir noch in einer Welt, in der unser Geburts- oder Aufenthaltsort großen Einfluss auf unseren Wohlstand hat. Bis zu zwei Dritteln unseres Lebenseinkommens können davon abhängen, wo wir geboren wurden. Ich bezeichne den Vorteil, den die in reicheren Ländern geborenen Menschen genießen, als »Ortsrente«. Am Ende von Kapitel 3 erkläre ich, worin diese wirtschaftliche Rente besteht, welche Relevanz sie für die politische Philosophie hat und was ihre direkte Konsequenz ist: Sie erhöht den Druck, von einem Land in ein anderes auszuwandern, um ein höheres Einkommen zu erzielen.

Nachdem wir uns die einzelnen Bestandteile der globalen Ungleichheit angesehen haben, werden wir sie in ihrer Gesamtheit betrachten. In Kapitel 4 beschäftige ich mich mit der zu erwartenden Entwicklung der Ungleichheit in diesem und dem nächsten Jahrhundert. Dabei vermeide ich scheinbar exakte Prognosen, weil diese in der Realität trügerisch sind: Wir wissen, dass sogar allgemeine Voraussagen zur Entwicklung des Pro-Kopf-Bruttoinlandsprodukts einzelner Länder zumeist nicht einmal das Papier wert sind, auf dem sie gedruckt wurden. Ich halte es für nützlicher, die grundlegenden Kräfte (Einkommenskonvergenz und Kuznets-Wellen) zu isolieren, von denen die heutigen Einkommen von Ländern und Personen abhängen, um ausgehend davon Vermutungen dazu anzustellen, in welche Richtung die zukünftige Entwicklung gehen könnte. Es muss jedoch klar sein, dass derartige Prognosen oft spekulativ sind.

Bei der Arbeit an Kapitel 4 warf ich einen Blick auf einige erfolgreiche Bücher aus den sechziger, siebziger und neunziger Jahren, deren Autoren, gestützt auf die Extrapolation damaliger Trends, versuchten, die Zukunft vorauszusagen. Verblüfft stellte ich fest, wie sehr diese Autoren in der Realität ihrer Zeit gefangen waren.

Am Ende von *Auf der Suche nach der verlorenen Zeit* beschreibt Marcel Proust fasziniert, wie alte Menschen mit ihrer eigenen Person die sehr unterschiedlichen Epochen zu berühren scheinen, die sie durchlebt haben. Nirad Chaudhuri bemerkt in seiner wunderbaren Autobiografie *Thy Hand, Great Anarch!*, dass es nicht unmöglich ist, im Lauf eines Lebens sowohl den Höhepunkt als auch den Tiefpunkt einer Zivilisation zu sehen: die Pracht Roms zur Zeit von Mark Aurel und grasende Schafe auf dem verlassenen Forum. Mag sein, dass wir mit zunehmendem Alter ein gewisses Maß an Weisheit und die Fähigkeit erlangen, verschiedene Epochen zu vergleichen, so dass wir die Zukunft besser voraussehen können. Aber in den Schriften jener Autoren, die vor dreißig oder vierzig Jahren großen Einfluss genossen, war von solcher Weisheit nichts zu sehen. Ich hatte den Eindruck, dass einige Autoren, die vor einem Jahrhundert oder früher schrieben, unsere heutigen Dilemmata besser einschätzten als jene, die sich vor wenigen Jahrzehnten Gedanken über die Zukunft machten. Lag es daran, dass sich die Welt Ende der achtziger Jahre mit dem Aufstieg Chinas (den kein einziger jener Autoren in den siebziger Jahren vorausahnte) und dem Ende des Kommunismus (den ebenfalls keiner von ihnen kommen sah) dramatisch veränderte? Können wir ausschließen, dass sich in den nächsten Jahrzehnten ähnlich unerwartete Geschehnisse ereignen werden? Ich würde sagen, das können wir nicht. Trotzdem hoffe ich, dass Leser dieses Buchs darin in dreißig oder vierzig Jahren die mit dem Alter erworbene Weisheit entdecken werden, von der Proust und Chaudhuri sprechen. Aber natürlich ist das alles andere als sicher.

Am Ende von Kapitel 4 behandle ich drei politische Dilemmata, mit denen wir heute konfrontiert sind: (1) Wie wird China mit der Forderung seiner Bevölkerung nach demokratischer Beteiligung umgehen? (2) Wie werden die reichen Länder eine möglicherweise mehrere Jahrzehnte dauernde Stagnation der Einkommen ihrer Mittelschicht bewältigen? (3) Wird der Aufstieg des reichsten einen Prozent der Menschen dazu führen, dass plutokratische politische Systeme entstehen oder dass der Weg des Populismus beschritten wird, um die »Verlierer« der Globalisierung zu beschwichtigen?

Im letzten Kapitel gehe ich die wichtigsten Ergebnisse der Untersuchung noch einmal durch, fasse die Lehren zusammen, die daraus gezogen werden können, und unterbreite Vorschläge dazu, wie die Ungleichheit innerhalb der einzelnen Länder und in der Welt insgesamt in diesem und im folgenden Jahrhundert reduziert werden kann. Zur Verringerung der Ungleichheit innerhalb der einzelnen Volkswirtschaften schlage ich vor, die vorhandene Ausstattung (*endowments*) der Bürger (das heißt den Kapitalbesitz und das Bildungsniveau) zu nivellieren, anstatt das aktuelle Einkommen zu besteuern. Um für eine gerechtere Verteilung des Wohlstands in der Welt zu sorgen, muss meiner Meinung nach ein beschleunigtes Wachstum der ärmeren Länder gefördert und die Hindernisse für die Migration abgebaut werden. Über die erste Forderung besteht im Grunde Konsens, die zweite ist eher umstritten. In diesem Kapitel stelle ich fünf spekulative Fragen zu Globalisierung und Ungleichheit und gebe Antworten, die anders als das übrige Buch weniger auf spezifischen Daten, sondern eher auf meiner persönlichen Einschätzung beruhen.

Um die Organisation und Symmetrie dieses Buchs zu verstehen, können wir uns die schematische Darstellung seiner Gliederung in Schaubild I.1 ansehen.

Wie der Leser unschwer erkennen kann (wenn er eine Druckversion des Buchs in der Hand hält oder die Gesamtzahl der Worte in einem elektronischen Exemplar betrachtet), ist dies ein relativ kurzes Buch. Es enthält eine Reihe von Schaubildern, die jedoch, wie ich hoffe, leicht zu verstehen sind und dem Leser dabei helfen werden, sich einen Überblick über die wichtigsten Erkenntnisse zu verschaffen. Ich denke, dieses Buch können sowohl Fachleute als auch Laien mit Gewinn lesen, seien sie nun gut oder weniger gut informiert (wobei zu bezweifeln ist, dass sich irgendjemand der zweiten Kategorie zurechnen wird).

Ich schulde dem Leser eine Erklärung zu Verwendung der Pronomen in diesem Buch. Ich wechsle relativ oft vom Plural der ersten Person in den Singular. Im Allgemeinen verwende ich die bei Autoren eher übliche Form *wir*, und zwar überall dort, wo ich denke, dass meine Einschätzung von einem Großteil der Ökonomen, Sozialwissenschaftler, Zeitschriftenleser oder einer anderen relevanten Gruppe geteilt wird. Es liegt auf der Hand, dass nicht jeder, den ich dem *wir* zuschlage, im spezifischen Fall derselben Meinung sein wird. Es ist mir nicht nur bewusst, dass ich großen Personen-

**Schaubild I.1:** schematischer Aufriss von *Die ungleiche Welt*

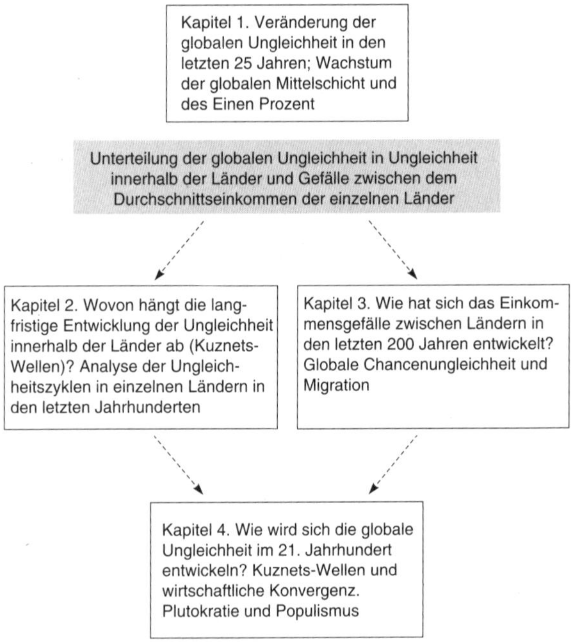


gruppen bestimmte Meinungen zuschreibe, sondern ich weiß auch, dass sich die Zusammensetzung dieser Gruppen laufend ändert. Aber ich versuche, zwischen *wir* und *ich* zu trennen: Den Singular verwende ich, wenn ich klarstellen will, dass es sich um meine persönliche Meinung, Entscheidung, Vorstellung oder Terminologie handelt. Ein Beispiel: »Wir« (das heißt die Ökonomen, die sich mit der Ungleichheit beschäftigen) mögen der Meinung sein, dass die Kuznets-Hypothese diskreditiert ist, weil sie nicht geeignet war, die jüngste Zunahme der Einkommensungleichheit in den reichen Ländern vorauszusagen, aber »ich« habe versucht, die Hypothese so umzuformulieren, dass »wir« in Zukunft möglicherweise unsere Meinung über ihren Nutzen ändern werden. Es dürfte allerdings noch eine Weile dauern, bis aus diesem »ich« ein »wir« wird.

Nun überlasse ich es dem Leser, den ersten Schritt auf dem Weg zum Verständnis unserer ungleichen Welt zu tun. Vielleicht kann ich damit einen Beitrag dazu leisten, dass wir irgendwann in der Lage sein werden, die Entwicklung der Menschheit global zu gestalten und gemeinsam *in einer Welt* zu leben.

# 1

# DER AUFSTIEG DER GLOBALEN MITTELSCHICHT UND DER GLOBALEN PLUTOKRATEN

> Die Verbindung zwischen allen Völkern ist derart über den ganzen Erdball ausgedehnt, daß man beinahe sagen kann, die Welt sei eine einzige Stadt geworden, in der ein ständiger Jahrmarkt aller Waren herrscht und jedermann, in seinem Hause sitzend, vermittels des Geldes sich verschaffen und genießen kann von all dem, was die Erde, die Tiere und der menschliche Fleiß anderswo hervorgebracht haben.[1]
>
> *Geminiano Montanari (1683)*

## Wer sind die Gewinner der Globalisierung?

Nicht alle profitieren im selben Maß von der Globalisierung.

Schaubild 1.1 verdeutlicht das. Wenn wir den prozentualen Zuwachs mit dem ursprünglichen Einkommen vergleichen, sehen wir, welche Einkommensgruppen in den letzten Jahrzehnten am besten abgeschnitten haben. Die horizontale Achse zeigt die Perzentile der globalen Einkommensverteilung. Auf der linken Seite finden wir die ärmsten Menschen der Welt, ganz rechts die reichsten (das globale »Eine Prozent«). Berücksichtigt wird das Haushaltseinkommen pro Kopf nach Steuern in kaufkraftbereinigten Dollar. (Details dazu, wie sich die Einkommen zwischen Ländern vergleichen lassen, finden sich in Exkurs 1.1.)[2] Die vertikale Achse gibt Aufschluss über das kumulative Wachstum des Realeinkommens zwischen 1988 und 2008 (um die Inflation und die unterschiedlichen Preisniveaus in den verschiedenen Ländern bereinigt). Der Zeitraum umfasst die Jahre zwischen dem Fall der Berliner Mauer und der globalen Finanzkrise, also die »heiße Phase

**Schaubild 1.1:** Anstieg des realen Pro-Kopf-Einkommens in Relation zum globalen Einkommensniveau, 1988-2008

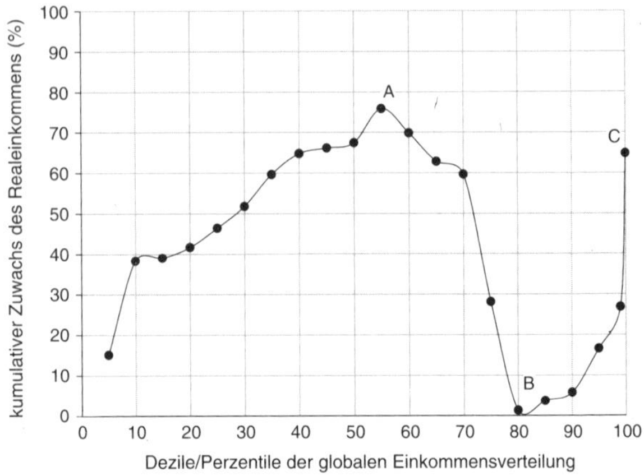


Diese Grafik zeigt den relativen Anstieg des realen Pro-Kopf-Haushaltseinkommens (in %, gemessen in internationalen Dollar von 2005) zwischen 1988 und 2008 an verschiedenen Punkten der globalen Einkommensverteilung (vom ärmsten globalen Zwanzigstel bei 5 bis zum reichsten globalen Perzentil bei 100). Am stärksten stiegen die Realeinkommen der Personen um das 50. Perzentil der globalen Verteilung (beim Median, das heißt bei Punkt A) und die der reichsten Personen (des reichsten 1% bei Punkt C). Am geringsten waren die Einkommenszuwächse der Personen rund um das 80. Perzentil (Punkt B); diese Personen gehören überwiegend der unteren Mittelschicht der reichen Länder an. Datenquelle: Lakner und Milanović (2015).

der Globalisierung«. In dieser Zeit wurden zunächst China mit seiner Bevölkerung von mehr als einer Milliarde Menschen und anschließend die ehemaligen Planwirtschaften der Sowjetunion und ihrer osteuropäischen Satellitenstaaten mit einer Bevölkerung von einer weiteren halben Milliarde Menschen in die interdependente Weltwirtschaft integriert. Auch die indische Volkswirtschaft wurde durch die Reformen zu Beginn der neunziger Jahre enger mit der übrigen Welt verknüpft. In diese Zeit fiel auch die Kommunikationsrevolution, die es den Unternehmen ermöglichte, Fabriken in weit entfernte Länder zu verlegen, wo sie die billige Arbeitskraft nutzen konnten, ohne die Kontrolle über die Produktion aufgeben zu müssen.

Es trafen also zwei Entwicklungen zusammen: Die »peripheren« Märkte öffneten sich, und gleichzeitig wurde es für die Produzenten auf den Kernmärkten möglich, die billigeren Arbeitskräfte in den peripheren Ländern in ihre Produktion einzubinden. Die Jahre unmittelbar vor der Finanzkrise waren in mehrerlei Hinsicht die Zeit der umfassendsten Globalisierung in der Geschichte der Menschheit.[3]

Angesichts der Komplexität des Prozesses kann es kaum überraschen, dass die Gewinne ungleich verteilt wurden und dass manche Menschen überhaupt nicht von der Entwicklung profitierten. In Schaubild 1.1 konzentrieren wir uns auf die drei Punkte A, B und C, an denen der Einkommenszuwachs entweder besonders groß oder besonders gering war. Punkt A befindet sich etwa beim Median der globalen Einkommensverteilung (der Median scheidet die Verteilung in zwei gleich große Teile, die jeweils genau die Hälfte der Weltbevölkerung beinhalten; der einen Hälfte geht es besser, der anderen schlechter als den Personen mit dem mittleren Einkommen). Am stärksten – um rund 80 Prozent – stieg in diesen zwanzig Jahren das Einkommen der Menschen an Punkt A. Aber nicht nur jene in der Nähe des Median, sondern sehr viele Menschen, nämlich alle zwischen dem 40. und 60. Perzentil (also ein Fünftel der Weltbevölkerung), konnten sich über einen deutlichen Einkommenszuwachs freuen.

Wer sind diese offenkundigen Nutznießer der Globalisierung? Neun von zehn dieser Menschen leben in einem der aufstrebenden asiatischen Länder, insbesondere in China, aber auch in Indien, Thailand, Vietnam und Indonesien. Sie gehören nicht zu den reichsten Einwohnern dieser Länder; die Reichen findet man an einem anderen Punkt im globalen Einkommensgefüge (das heißt weiter rechts in unserem Schaubild). Vielmehr sind diese Menschen in ihren Ländern – und, wie wir gerade gesehen haben, auch in der Welt insgesamt – in der Mitte der Einkommensverteilung zu finden. Sehen wir uns ein paar Beispiele für den bemerkenswerten kumulativen Einkommenszuwachs dieser Gruppe an. Das Pro-Kopf-Einkommen der beiden mittleren Dezile (also des fünften und sechsten Zehntel-Segments) im städtischen und ländlichen China stieg zwischen 1988 und 2008 um das Dreifache bzw. um 220 Prozent. In Indonesien erhöhte sich das mittlere Einkommen der Stadtbewohner fast um das Doppelte, während es auf dem Land um 80 Prozent stieg.[4] In Vietnam und Thailand (im Fall dieser Länder wird hier nicht zwischen ländlicher und städtischer

Bevölkerung unterschieden) wuchsen die Realeinkommen rund um den Median um mehr als das Doppelte.[5] Dies sind die Gruppen, die wir als die größten »Gewinner« der Globalisierung zwischen 1988 und 2008 bezeichnen können. Aus praktischen Gründen wollen wir sie als »neue globale Mittelschicht« bezeichnen, obwohl diese Gruppen, verglichen mit der Mittelschicht in den westlichen Ländern, relativ arm sind, weshalb man nicht den Fehler begehen sollte, ihren Status (gemessen an Einkommen und Bildungsstand) mit dem der Mittelschicht in reichen Ländern gleichzusetzen. (An anderer Stelle werden wir uns genauer mit dieser Frage beschäftigen.)

Sehen wir uns nun den Punkt B an. Zunächst fällt auf, dass er sich rechts von Punkt A befindet, was bedeutet, dass die Menschen an Punkt B wohlhabender sind als die an Punkt A. Gleichzeitig sehen wir, dass der Wert auf der vertikalen Achse bei Punkt B nahe bei null liegt, was bedeutet, dass das Einkommen dieser Gruppe in dem Zeitraum, der uns interessiert, nicht gestiegen ist. Wer sind die Menschen in dieser Gruppe? Sie leben fast alle in den reichen Mitgliedsländern der OECD (Organisation für Wirtschaftliche Zusammenarbeit und Entwicklung).[6] Wenn wir jene außer Acht lassen, deren Länder erst seit relativ kurzer Zeit der OECD angehören (dies sind mehrere osteuropäische Länder, Chile und Mexiko), so leben etwa drei Viertel der Menschen in dieser Gruppe in den »altreichen« Ländern Westeuropas, Nordamerikas und Ozeaniens (diese drei Weltregionen werden manchmal unter dem Akronym Wenao zusammengefasst) sowie in Japan. So wie China den Großteil der Bevölkerung an Punkt A stellt, dominieren die Einwohner der Vereinigten Staaten, Japans und Deutschlands an Punkt B. Die Personen an Punkt B befinden sich im Allgemeinen in der unteren Hälfte der Einkommensverteilung in ihrem Land. In Deutschland gehören sie den unteren fünf Dezilen an, deren Einkommen zwischen 1988 und 2008 lediglich um zwischen 0 und 7 Prozent stieg. In den Vereinigten Staaten befinden sie sich ebenfalls in der unteren Hälfte, deren Einkommen real zwischen 21 und 23 Prozent stieg, und in Japan gehören sie den unteren Dezilen an, deren Realeinkommen entweder sank oder insgesamt um 3 bis 4 Prozent stieg. Der Einfachheit halber werden alle diese Menschen der »unteren Mittelschicht der reichen Länder« zugerechnet. Und diese Gruppe gehört offenkundig nicht zu den Gewinnern der Globalisierung.

Eine einfache Gegenüberstellung der Gruppen an diesen beiden Punkten liefert den empirischen Beleg für etwas, das viele Menschen am eigenen Leib erfahren und das in der Wirtschaftsliteratur und in der Öffentlichkeit intensiv diskutiert wird. Diese Gegenüberstellung wirft auch ein Schlaglicht auf eines der zentralen Probleme der gegenwärtigen Globalisierung: Die wirtschaftliche Entwicklung der Bevölkerung der alten reichen Welt und jener des aufstrebenden Asien läuft auseinander. Kurz: Die großen Gewinner sind die Armen und die Mittelschicht Asiens, die großen Verlierer die Angehörigen der unteren Mittelschicht der reichen Welt.

Heute mag eine derart kategorische Feststellung kaum noch jemanden verblüffen, aber Ende der achtziger Jahre hätten sich mit Sicherheit viele Leute darüber gewundert. Die westlichen Politiker, die sich nach der Reagan-Thatcher-Revolution daheim und in der Welt für eine Öffnung der Märkte starkmachten, dürften kaum damit gerechnet haben, dass die ersehnte Globalisierung der Mehrheit ihrer Bürger keine Vorteile bringen würde, und zwar genau jenen Bürgern, die sie von den Vorteilen der neoliberalen Politik gegenüber der wirtschaftlichen Lähmung durch den protektionistischen Wohlfahrtsstaat zu überzeugen versuchten.

Noch mehr hätte eine solche Aussage jedoch Wirtschaftswissenschaftler wie den Nobelpreisträger Gunnar Myrdal überrascht, der sich Ende der sechziger Jahre Sorgen machte, die Bevölkerungsmassen in den asiatischen Nationen, die sich von ihren erbärmlichen Einkommen kaum ernähren konnten, würden für immer in Armut gefangen bleiben. Eine ganze Reihe von Autoren (darunter Paul Ehrlich in *The Population Bomb* [1968]*) warnte in den fünfziger und sechziger Jahren vor der Gefahr, die das Bevölkerungswachstum für die wirtschaftliche Entwicklung der Dritten Welt angeblich darstellte. Der Aufstieg Asiens im letzten Viertel des 20. Jahrhunderts widerlegte ihre Befürchtungen. Statt eines »asiatischen Dramas«, das Myrdal in seinem gleichnamigen Buch beschrieb, sprechen wir heute über das »ostasiatische Wirtschaftswunder«, den »chinesischen Traum« und »Shining India«, Schlagworte, die den Vorbildern des »American Dream« und des deutschen »Wirtschaftswunders« nachempfunden sind.

Ich weise schon hier auf dieses Beispiel hin, um zu verdeutlichen, wie schwierig es ist, langfristige wirtschaftliche Entwicklungen vorauszusagen,

* Deutsch als: *Die Bevölkerungsbombe*, München: Hanser 1971.

vor allem im globalen Maßstab. Die Zahl der Variablen, die sich ändern können – und es tatsächlich tun –, die Rolle des Menschen in der Geschichte (der »freie Wille«) und der Einfluss von Kriegen und Naturkatastrophen sind so groß, dass sich selbst die Prognosen, welche die klügsten Köpfe jeder Generation zu allgemeinen zukünftigen Tendenzen anstellen, nur selten als zutreffend erweisen. Diese Schwierigkeit müssen wir im Hinterkopf behalten, wenn wir uns in Kapitel 4 mit der zu erwartenden wirtschaftlichen und politischen Entwicklung der Welt im Lauf dieses und des nächsten Jahrhunderts beschäftigen.

Der Kontrast zwischen den Einkommensentwicklungen der beiden Mittelschichtgruppen bringt uns zu einer der zentralen politischen Fragen der Gegenwart: Hängt der Wohlstandsgewinn der asiatischen Mittelschicht mit den Einbußen zusammen, welche die Mittelschicht der reichen Länder hinnehmen musste? Anders ausgedrückt: Liegt es am Erfolg der asiatischen Mittelschicht, dass die Einkommen im Westen (und die Löhne und Gehälter, die den Löwenanteil des Einkommens der Mittelschicht ausmachen) stagnieren? Und wenn diese Globalisierungswelle das Einkommenswachstum der Mittelschicht in der reichen Welt bremst, was wird dann geschehen, wenn die nächste Welle noch ärmere und bevölkerungsreiche Länder wie Bangladesch, Burma und Äthiopien erfasst?

Kehren wir zu Schaubild 1.1 zurück und sehen wir uns den Punkt C an. Er ist einfach zu deuten: Hier haben wir es mit den Menschen zu tun, die im globalen Maßstab sehr reich sind (mit dem reichsten Einen Prozent der Weltbevölkerung) und deren Einkommen zwischen 1988 und 2008 deutlich gestiegen sind. Diese Gruppe zählt ebenfalls zu den Gewinnern der Globalisierung und hat fast genauso stark davon profitiert wie die asiatische Mittelschicht (in absoluten Zahlen sogar noch mehr, wie wir gleich sehen werden). Die große Mehrheit der Angehörigen des globalen Einen Prozent lebt in den reichen Ländern, vor allem in den Vereinigten Staaten: Die Hälfte des globalen Einen Prozents sind Amerikaner. (Das bedeutet, dass rund 12 Prozent der US-Bürger dem reichsten Einen Prozent der Weltbevölkerung angehören.[7]) Die übrigen Mitglieder dieser Gruppe leben fast alle in Westeuropa, Japan und Ozeanien. Auch 1 Prozent der Bevölkerung Brasiliens, Südafrikas und Russlands gehören dazu. Die Angehörigen der Gruppe C können wir als »globale Plutokraten« bezeichnen.

Ein Vergleich zwischen den Gruppen B und C gibt Aufschluss über eine weitere bedeutsame Kluft. Wir haben gesehen, dass sich die Gruppe B, die überhaupt nicht oder nur wenig von der Globalisierung profitiert hat, im Wesentlichen aus der unteren Mittelschicht und den ärmeren Segmenten der Bevölkerung der reichen Länder zusammensetzt. Im Gegensatz dazu besteht die Gruppe C, die zu den Gewinnern der Globalisierung zählt, aus den wohlhabenderen Einwohnern derselben Länder. Daraus folgt, dass die Einkommenskluft zwischen Reich und Arm in der reichen Welt größer geworden und dass die Globalisierung in den reichen Ländern jenen zugutegekommen ist, die bereits wohlhabend waren. Auch das ist nicht unbedingt überraschend, denn es ist eine allgemein anerkannte Tatsache, dass die Ungleichheit innerhalb der Länder der reichen Welt in den letzten 25 bis 30 Jahren zugenommen hat.[8] Mit diesem Punkt werden wir uns in Kapitel 2 eingehend beschäftigen. Wir sollten allerdings auf die epistemologisch lohnende Tatsache hinweisen, dass diese Auswirkungen auch auf globaler Ebene zu beobachten sind.

Schaubild 1.1 zeichnet nur ein sehr grobkörniges Bild von den Gewinnern und Verlierern der Globalisierung. Man kann denselben Daten noch zahlreiche andere Erkenntnisse abgewinnen: Wir könnten die horizontale Achse sehr viel genauer betrachten (und die Weltbevölkerung in kleinere »Fraktile« von z. B. 1 Prozent unterteilen) oder uns ansehen, wie es bestimmten Einkommensgruppen (etwa den ärmsten 10 Prozent der chinesischen Bevölkerung im Vergleich zu den ärmsten 10 Prozent der Bevölkerung Argentiniens) in den letzten zwanzig Jahren ergangen ist. Wir könnten die Einkommenszugewinne in Dollar-Wechselkursen ausdrücken, anstatt sie um die Preisunterschiede zwischen den einzelnen Ländern zu bereinigen. Aber welche Anpassung wir auch immer vornehmen, das Grundmuster der Gewinne und Verluste bleibt dasselbe: Wir werden immer eine gekippte und gespiegelte S-Kurve sehen (die manchmal als »Elefantenkurve« bezeichnet wird, weil sie an einen Elefanten mit aufgerichtetem Rüssel denken lässt). Wir werden stets bei der Mittelschicht der Schwellenländer und beim globalen Einen Prozent die höchsten prozentualen Zugewinne sehen, und am geringsten wird der Einkommenszuwachs immer zwischen dem 75. und 90. Perzentil der globalen Einkommensverteilung sein, das heißt bei der Mittelschicht und der unteren Mittelschicht der OECD-Länder.[9]

Betrachtet man einzelne Länder, ist eine derart geformte Kurve mit einem Wellental bei der Position der relativ wohlhabenden Perzentile sehr ungewöhnlich. Normalerweise steigen Kurven wie diese, die auch als Wachstumsinzidenzkurven (*growth incidence curves*, GIC) bezeichnet werden, entweder mehr oder weniger kontinuierlich an, was darauf hindeutet, dass die Reichen mehr gewonnen haben als die Armen, oder sie fallen stetig ab, was auf die umgekehrte Entwicklung hindeutet. Eine gekippte S-Kurve zeigt, dass sich die Einkommen so verändert haben, dass die Reichen und die Mittelschichten in den aufstrebenden Nationen davon stärker profitiert haben als andere Gruppen. Innerhalb einzelner Länder sind solche Veränderungen unwahrscheinlich, würden sie doch bedeuten, dass die wirtschaftspolitischen Eingriffe oder der technologische Wandel derart »eingestellt« wurden, dass die reichsten 1 bis 5 Prozent profitieren, die unmittelbar unter diesen Perzentilen angesiedelte Gruppe Schaden nimmt und die ärmeren Gruppen wieder profitieren. Es ist kaum vorstellbar, dass neue Technologien oder eine Änderung der Wirtschaftspolitik den verschiedenen Einkommensgruppen derart unterschiedlich nutzen oder schaden. Ein Beispiel: Eine Senkung der Spitzensteuersätze für die reichsten 5 Prozent wird kaum mit einer Erhöhung der Steuern für jene direkt unterhalb der reichsten 5 Prozent einhergehen.

Hier haben wir es allerdings nicht mit einer Verteilung für ein einzelnes Land zu tun, sondern mit der globalen Einkommensverteilung, die von mehreren Faktoren abhängt: (a) den unterschiedlichen Wachstumsraten der einzelnen Länder (genauer gesagt: dem raschen Wachstum Chinas im Vergleich zu den Vereinigten Staaten), (b) der ursprünglichen Position der verschiedenen Länder im globalen Einkommensgefüge im Jahr 1988 (als China noch sehr viel ärmer war als die Vereinigten Staaten) und (c) der Veränderung der Einkommensverteilung in den einzelnen Ländern, die nicht nur von der Politik ihrer Regierungen, sondern auch von der Globalisierung beeinflusst wird (in erster Linie dadurch, dass China billige Güter in die Vereinigten Staaten exportiert). Diese Faktoren erklären, wie es zu so ungewöhnlich geformten Kurven wie der gekippten S-Kurve kommen kann. Welche Form wird die globale Wachstumsinzidenzkurve in den nächsten dreißig Jahren annehmen? Darüber werden wir uns in Kapitel 4 Gedanken machen.

Bei dem Versuch, aus der gekippten S-Kurve Antworten auf die Frage abzuleiten, wer die »Gewinner« und »Verlierer« sind, müssen wir sehr vorsichtig sein. Der Grund für diesen Vorbehalt ist, dass wir uns bisher nur mit den relativen Einkommenszuwächsen im globalen Maßstab befasst haben. Die vertikale Achse in Schaubild 1.1 gibt Aufschluss über die kumulative prozentuale Veränderung der Realeinkommen im Zeitraum zwischen 1988 und 2008. Wie sähen die Resultate aus, wenn wir statt der *relativen* (prozentualen) Veränderung die *absoluten* Zuwächse (die Anzahl der zusätzlich verdienten Dollar) heranzögen? Wie wir sehen werden, wirkt sich eine solche Änderung des Blickwinkels dramatisch auf die Ergebnisse aus.

### Exkurs 1.1: Woher kommen die Daten zur globalen Einkommensverteilung?

Es gibt keine globale Erhebung der individuellen Haushaltseinkommen. Wir haben nur eine Möglichkeit, uns ein Bild von der globalen Verteilung der Einkommen zu machen: Wir müssen möglichst viele nationale Haushaltserhebungen miteinander kombinieren. Für diese Untersuchungen wird eine Stichprobe von Haushalten ausgewählt, denen eine Reihe von Fragen zu demografischen Daten (Alter, Geschlecht und weitere Charakteristika) und zum Wohnort des Haushalts (einschließlich Angaben dazu, ob es sich um ein ländliches oder städtische Gebiet handelt etc.) gestellt werden. Die für uns interessantesten Fragen sind aber jene zur Höhe und zu den Quellen des Haushaltseinkommens sowie zum Konsum. Die Einkommensdaten beinhalten Löhne und Gehälter, mit einer selbstständigen Tätigkeit erzielte Einkünfte sowie Einkommen, das dem Haushalt aus Vermögenswerten zufließt (Zinserträge, Dividenden, Mieteinkünfte), Einkommen aus der Erzeugung für den Eigenverbrauch des Haushalts (ein wichtiger Einkommensposten in ärmeren und weniger monetarisierten Volkswirtschaften, in denen die Haushalte ihre Lebensmittel selbst produzieren), Transferleistungen (staatliche Altersrenten, Arbeitslosenunterstützung usw.) sowie Einkommensabzüge (z. B. direkte Steuern). Die Konsumdaten beinhalten Ausgaben für verschiedenste Dinge – von Lebensmitteln und Wohnen bis zu Freizeitaktivitäten und Restaurantbesuchen.

Die Haushaltserhebungen sind die einzige Quelle für derart individualisierte, detaillierte Informationen über Einkommen und Ausgaben. Sie erstrecken sich über die gesamte Verteilung der Einkommen von den ärmsten bis zu den reichsten Einwohnern eines Landes. Im Gegensatz dazu verraten uns Finanzdaten wie zum Beispiel Steuerdaten im Allgemeinen nur etwas über die besser gestellten Haushalte - nämlich über jene, die Einkommenssteuer zahlen. In den Vereinigten Staaten gibt es viele solche Haushalte, in Indien hingegen nur sehr wenige. Daher helfen uns Steuerdaten nicht weiter, wenn wir uns ein Bild von der weltweiten Einkommensverteilung machen wollen.

Die Größe der Haushaltserhebungen schwankt. Manche sind groß, weil das fragliche Land groß ist: Die indische National Sample Survey erfasst mehr als 100 000 Haushalte, was mehr als einer halben Million Menschen entspricht, und für die amerikanische Current Population Survey werden Informationen über mehr als 200 000 Personen gesammelt. Viele andere Erhebungen haben einen geringen Umfang und liefern Daten zu etwa 10 000 bis 15 000 Personen. Obwohl solche Informationen nie leicht zugänglich sind, hat sich die Datenlage in den letzten Jahren verbessert. In den siebziger und achtziger Jahren führten nur relativ wenige Länder Erhebungen durch, und die Forscher erhielten nur sehr selten Zugang zu »Mikrodaten« (das sind zum Schutz der Privatsphäre anonymisierte Informationen über einzelne Haushalte). Die Einkommensverteilungen wurden anhand der von den staatlichen Behörden veröffentlichten Fraktile der Einkommensbezieher geschätzt (z. B. gab es so und so viele Haushalte mit einem Einkommen zwischen x und y Dollar). Seit einiger Zeit stellen die Statistikbehörden ihre Daten bereitwilliger zur Verfügung, und dank verbesserter Methoden zur Verarbeitung großer Datensätze liegen fast alle Daten auf Mikroebene vor. Die Forschung profitiert sehr davon: Einkommen oder Konsum können mittlerweile so definiert werden, dass länderübergreifende Vergleiche möglich werden oder dass die Ungleichheit zwischen Haushalten, Einzelpersonen oder »äquivalenten Einheiten« gemessen werden kann. (Die Daten werden bereinigt, um der Tatsache Rechnung zu tragen, dass größere Haushalte gewisse Größenvorteile genießen, weil sie nicht auf einen proportionalen Anstieg des Einkommens angewiesen sind, um genauso wohlhabend wie kleinere Haushalte zu sein.) Für solche Korrekturen braucht man Mikrodaten.

Die wichtigsten Quellen für solche Mikrodaten sind die Luxembourg Income Study, die harmonisierte Umfragedaten vor allem aus reichen Ländern enthält (d. h., die Einkommensvariablen werden so definiert, dass Vergleiche zwischen den Ländern möglich werden), die Weltbank, die Daten über zahlreiche Länder sammelt und einen Teil der Erhebungen externen Forschern zur Verfügung stellt (andere Daten sind nur für die Mitarbeiter der Weltbank zugänglich), die Social and Economic Database for Latin America and the Caribbean (SEDLAC), die an der Universidad Nacional de La Plata in Argentinien untergebracht ist, und das in Kairo ansässige Economic and Research Forum (ERF), das Erhebungen im Nahen Osten durchführt. Auf alle diese Quellen kann man im Internet zugreifen, aber der Zugang zu den Mikrodaten ist oft auf die nichtkommerzielle Nutzung durch Forscher beschränkt, die damit redlich und zuverlässig umgehen. In der Regel muss man sich auf das Herunterladen massiver Datenbanken und auf den Umgang mit Statistikprogrammen verstehen. Und in manchen Ländern (zum Beispiel in Indien, Indonesien und Thailand) sind die Daten zwar direkt bei den Statistikämtern erhältlich, aber man braucht eine Genehmigung und muss lange Wartezeiten in Kauf nehmen. Obwohl der Zugang zu den Daten also erheblich erleichtert wurde, ist er immer noch nicht mühelos. Außerdem muss man wissen, dass selbst dann, wenn sämtliche Informationen plötzlich leicht zugänglich würden, Daten zur Einkommensverteilung aufgrund verschiedener Faktoren – Größe der Datenbanken, komplizierte Definitionen der Variablen und Probleme der Vergleichbarkeit – nie so leicht zu verwenden wären wie aggregierte Statistiken, etwa jene zum Bruttonationalprodukt.

Würde jedes Land jährlich solche Erhebungen durchführen, so könnten wir sie abgleichen und alle zwölf Monate Schätzungen zur globalen Einkommensverteilung anstellen. Aber nur reiche Länder und solche mit mittlerem Einkommen führen jährliche Erhebungen durch, und selbst in solchen Ländern ist diese Praxis eher neu. In vielen armen Ländern, insbesondere in Afrika, werden Haushaltserhebungen nur in unregelmäßigen Abständen durchgeführt, im Durchschnitt alle drei oder vier Jahre. Andere Länder erheben diese Daten nur selten, weil es ihnen an finanziellen Mitteln oder der technischen Expertise fehlt, weil sie Kriege führen oder sich im Bürgerkrieg befinden. Die Folge ist, dass nur etwa alle fünf Jahre globale Daten zusammengestellt werden können (das gilt zum Beispiel für die in diesem Kapitel verwendeten Daten), die sich auf ein »Benchmark-Jahr« beziehen: Sie beinhalten Daten aus diesem und ein oder zwei umgebenden Jahren.

Die einzelstaatlichen Haushaltserhebungen liefern das Rohmaterial für eine Analyse der globalen Einkommensverteilung. Diese Einkommens- oder Verbrauchsdaten müssen anschließend aus den nationalen Währungen in ein globales Währungsäquivalent umgerechnet werden, das im Prinzip überall dieselbe Kaufkraft haben sollte. Warum ist das wichtig? Nun, wenn wir die Einkommen der Menschen in aller Welt miteinander vergleichen wollen, müssen wir die Tatsache berücksichtigen, dass die Güter in den verschiedenen Ländern unterschiedliche Preise haben. Um den wirklichen Lebensstandard von Menschen beurteilen zu können, die in sehr unterschiedlichen wirtschaftlichen Umgebungen (Ländern) leben, müssen wir also nicht nur ihre Einkommen in eine einzige Währung konvertieren, sondern auch berücksichtigen, dass die Preise in ärmeren Ländern generell niedriger sind. Um es einfacher auszudrücken: Einen gegebenen Lebensstandard zu erreichen kostet in einem ärmeren Land weniger als in einem reicheren Land. Mit zehn

Dollar kann man in Indien mehr Lebensmittel kaufen als in Norwegen. Für die Umrechnung gibt es das International Comparison Program (ICP), das in unregelmäßigen Abständen durchgeführt wird (die letzten drei Runden des Programms fanden 1993, 1995 und 2011 statt), um weltweit Preisdaten zu erheben und vergleichbare Preisniveaus für alle Länder zu berechnen.

Das ICP ist das größte empirische Programm, das je in der volkswirtschaftlichen Forschung durchgeführt wurde. Das Ergebnis der vergleichenden Analyse sind sogenannte kaufkraftparitätische Wechselkurse. Sie geben Aufschluss darüber, mit welchem Betrag eine Person in Indien dieselbe Menge an Gütern und Dienstleistungen erwerben könnte wie jemand in den Vereinigten Staaten. Sehen wir uns ein Beispiel an, für das wir die Ergebnisse der ICP-Runde von 2011 verwenden können. Der Wechselkurs für einen US-Dollar waren zu diesem Zeitpunkt 46 Indische Rupien, aber der geschätzte kaufkraftparitätische Wechselkurs lag bei 15 Rupien für einen Dollar. Das bedeutet, dass eine Person, die in Indien lebte, nur 15 Rupien brauchte, um eine Menge an Gütern und Dienstleistungen zu erwerben, für die eine in den USA lebende Person einen Dollar ausgeben musste. Dass die Person in Indien nicht 46 Rupien (der Wechselkurs zum Dollar), sondern nur 15 Rupien dafür brauchte, lag daran, dass das Preisniveau in Indien niedriger war: Es lag bei etwa einem Drittel (15/46) des amerikanischen Preisniveaus.

Durch die Anwendung dieser kaufkraftparitätischen Wechselkurse (KKP-Wechselkurse) auf die in den nationalen Haushaltserhebungen ermittelten Einkommen werden diese in kaufkraftparitätische (oder internationale) Dollar umgewandelt. Nun können sie länderübergreifend verglichen werden. Dank dieser Umwandlung sind wir in der Lage, die globale Einkommensverteilung zu berechnen. Es sind also zwei gewaltige empirische Anstrengungen nötig, um die globale Einkommensverteilung zu messen: Man braucht dafür Hunderte nationale Haushaltserhebungen sowie individuelle Preisdaten, die zu nationalen Indizes aggregiert werden müssen.

Derart massive Datensammlungen verursachen jedoch eigene Probleme. Die größte Herausforderung bei den Haushaltserhebungen ist, dass die Personen an beiden Enden der Einkommensverteilung, das heißt die sehr Armen und die sehr Reichen, nicht vollständig erfasst werden können. Die sehr Armen werden vernachlässigt, weil die zu befragenden Haushalte stichprobenartig aufgrund des Wohnorts ausgewählt werden. Obdachlose und in Institutionen untergebrachte Personen (Soldaten, Häftlinge sowie Studenten und Arbeitskräfte, die in Wohnheimen leben) werden nicht erfasst, und diese Personen haben im Allgemeinen ein geringes Einkommen. Am anderen Ende des Spektrums finden wir die Reichen, die nicht ihr gesamtes Einkommen angeben (insbesondere verschweigen sie Einkünfte aus Immobilienbesitz) und manchmal jegliche Auskunft verweigern, was die Arbeit der auswertenden Forscher besonders erschwert. Es ist schwierig, direkt festzustellen, wie sich eine solche Verweigerung auf die ermittelte Einkommensverteilung auswirkt (denn es versteht sich von selbst, dass man das Einkommen eines Haushalts, der die Auskunft verweigert, nicht kennt), aber man kann die Wirkung schätzen, indem man sich ansieht, wo die Personen leben, die keine Angaben machen. Es gibt Berechnungen, nach denen das Ausmaß der Einkommensungleichverteilung in den Vereinigten Staaten aufgrund der Nichtbeteiligung reicher Haushalte um nicht weniger als 10 Prozent unterschätzt wird (Mistiaen und Ravallion 2006).

Ähnliche oder noch größere Probleme existieren in anderen Ländern, was sich an zwei Diskrepanzen zwischen Haushaltserhebungen und Makrodaten zeigt: Erstens entsprechen die Einkommens- und Konsumdaten aus den Untersuchungen nicht vollkommen den Berechnungen von Einkommen und Konsum der privaten Haushalte in den volkswirtschaftlichen Gesamtrechnungen (das heißt in den BIP-Daten). Zweitens treten in den Leistungsbilanzdaten statistische Diskrepanzen auf (sogenannte Fehler und Auslassungen), die unter anderem auf Geldtransfers in Steueroasen zurückzuführen sind (vgl. Zucman 2013, 2014), die aus leicht ersichtlichen Gründen selten in Umfragen angegeben werden. Daher können wir mit einiger Sicherheit sagen, dass die Haushaltserhebungen die Zahl der Armen (je nachdem, wie man Armut definiert) sowie die Zahl der Reichen und ihre Einkommen unterschätzen. Lakner und Milanović (2013) haben versucht, die globalen Daten um diese Diskrepanzen zu bereinigen, aber so nützlich das auch sein mag, ist jede derartige Korrektur in hohem Maß willkürlich, und zwar aus dem einfachen Grund, dass wir fast nichts über Menschen wissen, die schlicht nicht an Befragungen teilnehmen.

Das International Comparison Program leidet ebenfalls unter einigen Mängeln. Der bekannteste, für den es keine theoretische Abhilfe gibt, ist der Konflikt zwischen der »Gleichheit« der zur Messung der Preise in verschiedenen Ländern herangezogenen Güter- und Dienstleistungskörbe auf der einen und der Repräsentativität dieser Körbe auf der anderen Seite. Um die Unterschiede zwischen den einzelstaatlichen Preisniveaus zu messen, sollten wir im Idealfall in allen Ländern dieselben Güter in die »Körbe« aufnehmen. Aber wenn wir identische Körbe verwenden, leidet die Repräsentativität, weil nicht in allen Ländern dieselben Güter gängig sind. Beispielsweise könnten wir mit identischen Güterkörben arbeiten, indem wir die Preise von Wein, Brot und Rindfleisch in allen Ländern vergleichen, aber ein solcher Vergleich würde uns wenig über das Preisniveau in Ländern verraten, in denen diese Lebensmittel kaum eine Rolle spielen und eher Bier, Reis und Fisch auf der Speisekarte stehen.

Es ist schwierig, die richtige Lösung für dieses Problem zu finden, und das ICP legt manchmal übermäßiges Gewicht auf ein Kriterium und neigt zur Überkompensierung, indem es anschließend einem anderen Faktor zu großes Gewicht beimisst. Die Folge sind übermäßige Schwankungen der geschätzten Preisniveaus (vgl. die ausgezeichneten Analysen von Deaton [2005] und Deaton und Aten [2014]). Besonders deutlich war das in den letzten beiden ICP-Runden in den Jahren 2005 und 2011 bei den asiatischen Ländern zu beobachten. Wenn das Preisniveau in China und Indien verglichen mit dem der USA von einem ICP-Resultat zum nächsten um 20 bis 30 Prozentpunkte variiert, ergeben sich für diese Länder entweder sehr viel höhere oder sehr viel niedrigere kaufkraftbereinigte Einkommen, und die Schätzungen der globalen Ungleichheit schwanken erheblich. Zum Glück wirkt sich diese Volatilität vor allem auf die geschätzte globale Ungleichheit und weniger auf die *Veränderung* der Ungleichheit im Lauf der Zeit aus.

Die für dieses Kapitel verwendeten Daten stammen aus über 600 Haushaltserhebungen, die im Zeitraum 1988-2011 in 120 Ländern durchgeführt wurden. In diesen Erhebungen wurden mehr als 90 Prozent der Weltbevölkerung erfasst. (Die meisten dieser Daten sind auf meiner Website zugänglich.*) In jüngster Zeit, das heißt seit dem Jahr 2000, stehen sämtliche Daten aus den Haushaltserhebungen auf Mikroebene zur Verfügung (d.h. auf der Ebene der individuellen Haushalte); die wichtigste Ausnahme ist China, das noch keine Mikrodaten herausgibt. Alle Einkommen werden in kaufkraftbereinigten (internationalen) Dollar ausgewiesen und beziehen sich, sofern nicht anders angegeben, auf das Jahr 2005. Eine eingehende Diskussion der Haushaltserhebungen und der Kaufkraftparitäten findet sich bei Lakner und Milanović (2013).

## Absolute Einkommenszuwächse in der globalen Einkommensverteilung

Nehmen wir einmal an, wir weisen dem gesamten globalen Einkommenszuwachs im Zeitraum 1988 bis 2008 den Wert 100 zu: Schaubild 1.2 zeigt, dass 44 Prozent des absoluten Zuwachses den reichsten 5 Prozent der Welt-

* Siehe dazu {https://www.gc.cuny.edu/Page-Elements/Academics-Research-Centers-Initiatives/Centers-and-Institutes/Luxembourg-Income-Study-Center/Branko-Milanovic,-Senior-Scholar/Datasets}.

**Schaubild 1.2**: prozentualer Anteil am absoluten globalen Einkommenszuwachs (nach globalem Einkommensniveau), 1988-2008

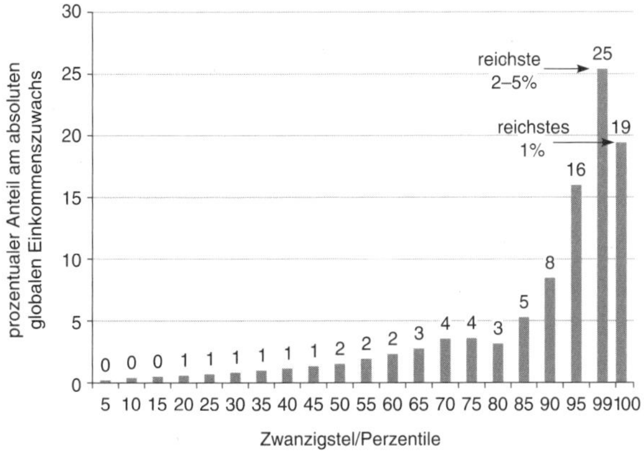


Dieses Diagramm gibt Aufschluss darüber, welcher prozentuale Anteil am absoluten globalen Zuwachs des realen Pro-Kopf-Haushaltseinkommens (gemessen in internationalen Dollar von 2005) zwischen 1988 und 2008 auf einzelne Gruppen an verschiedenen Punkten der globalen Einkommensverteilung entfiel. Wir geben dem Anstieg des gesamten globalen Realeinkommens den Wert 100 und berechnen, wie viel davon auf die verschiedenen Zwanzigstel (Gruppen von jeweils 5% der Bevölkerung) oder Perzentile der globalen Einkommensverteilung entfiel. Wie wir sehen, ging ein großer Teil des absoluten Einkommenszuwachses an die reichsten 5% der Weltbevölkerung. Das reichste Eine Prozent sicherte sich 19% des gesamten globalen Einkommenszuwachses. Datenquelle: Lakner und Milanović (2015).

bevölkerung zuflossen und dass fast ein Fünftel des Gesamtzuwachses dem reichsten Einen Prozent zugutekam.[10] Hingegen entfallen auf die Menschen, in denen wir die Hauptnutznießer der jüngsten Globalisierungsphase erkannt haben, das heißt auf die »aufstrebende globale Mittelschicht«, (per Zwanzigstel der Verteilung) nur zwischen 2 und 4 Prozent des Wachstums des globalen Kuchens, das heißt insgesamt etwa 12 bis 13 Prozent.

Wie kommt es dazu, und widerlegt diese Verteilung der absoluten Zugewinne unsere vorhergehende Erkenntnis über Gewinner und Verlierer der Globalisierung? Der Grund für diese Verteilung ist, dass das Gefälle zwischen den Realeinkommen des obersten, mittleren und untersten

Teils der globalen Einkommensverteilung gewaltig ist. Im Jahr 2008 lag das durchschnittliche verfügbare Pro-Kopf-Einkommen (nach Steuern) des reichsten Einen Prozents der Weltbevölkerung bei etwas mehr als 71 000 Dollar pro Jahr. Das mittlere Einkommen lag bei etwa 1400 Dollar, und die Menschen im ärmsten Dezil der Weltbevölkerung erzielten ein Jahreseinkommen von weniger als 450 Dollar (alle Angaben in internationalen Dollar von 2005). Bei einem Blick auf diese Zahlen wird uns klar, dass ein Betrag, der bei den Einkommen der Reichsten lediglich ein Rundungsfehler ist, dem gesamten Jahreseinkommen der Armen entspricht! Jetzt verstehen wir, dass ein sehr geringer *prozentualer* Zugewinn an der Spitze oder in der Nähe der Spitze einen großen Teil des *absoluten* gesamten Zugewinns ausmacht. Nehmen wir zum Beispiel an, dass das Einkommen des reichsten Einen Prozents um nur 1 Prozent steigt, das heißt um 710 Dollar: Dies entspräche der Hälfte des mittleren Jahreseinkommens der Weltbevölkerung. Das ist der Grund, weshalb sowohl die großen relativen Zugewinne an der Spitze (das Einkommen des reichsten Einen Prozents erhöhte sich zwischen 1988 und 2008 um zwei Drittel) als auch die Stagnation der Einkommen der unteren Mittelschicht der reichen Länder (ein Zuwachs von nur 1 Prozent) so spektakulär wirken, wenn man sie in absolute Zugewinne übersetzt und mit den absoluten Zugewinnen der aufstrebenden globalen Mittelschicht vergleicht. Dies zeigt sehr deutlich, wie ungleich die Einkommen in der Welt verteilt sind.

Ist diese ungleiche Verteilung der absoluten Zugewinne ein Grund, unser vorhergehendes Urteil über die Gewinner und die Verlierer der Globalisierung zu revidieren? Nein. Stattdessen unterstreicht diese Tatsache in mancherlei Hinsicht unsere Erkenntnisse über das reichste Eine Prozent oder die wohlhabendsten fünf Prozent, denn die beträchtlichen prozentualen Zugewinne dieser Gruppen wirken noch verblüffender, wenn wir die absoluten Zahlen betrachten. Auch unsere Einschätzung der Entwicklung der unteren Mittelschicht der reichen Länder müssen wir nicht korrigieren, denn diese Gruppe schaut wie die meisten von uns in erster Linie auf ihren prozentualen Zugewinn (der minimal gewesen ist), und wenn sie ihre Position mit der anderer Gruppen vergleicht, wird sie ihren Einkommenszuwachs wahrscheinlich dem realen prozentualen Zugewinn der Reichen gegenüberstellen. Daher ist die Stagnation ihres Einkommens sehr real. Und schließlich wirkt sich die Erkenntnis auch nicht auf unsere Einschätzung des Erfolgs der asiatischen Mittelschicht aus, weil auch diese vermutlich in erster Linie ihren relativen Zugewinn im Auge haben wird. Aber die Berücksichtigung der absoluten Werte versetzt uns in die Lage, dieselben Daten aus einem anderen Blickwinkel zu betrachten und uns eine Vorstellung von den gewaltigen Einkommensunterschieden in der heutigen Welt zu machen. Und wir gewinnen eine bedeutsame Erkenntnis: Wir sollten die Mittelschicht der Schwellenländer (deren Einkommen zwischen 1000 und weniger als 2000 Dollar im Jahr liegt) nicht mit der unteren Mittelschicht der reichen Länder in einen Topf werfen, die ein Jahreseinkommen von 5000 bis 10 000 Dollar erzielt (alle Zahlen in internationalen Dollar von 2005).

### Exkurs 1.2: Absolute und relative Maße der Einkommensungleichheit

Abgesehen davon, dass er die massiven Einkommensunterschiede in der Welt verdeutlicht, bringt der Vergleich von relativen und absoluten Einkommenszugewinnen auch die jahrzehntelange Diskussion über relative und absolute Maße in den Studien zur Verteilung der Einkommen voran. Fast alle unsere Maßstäbe für die Ungleichheit sind relativ, was bedeutet, dass die Ungleichverteilung als unverändert betrachtet wird, wenn die Einkommen aller Gruppen um denselben Prozentsatz steigen. Ein identischer prozentualer Zugewinn für alle Gruppen entspricht jedoch extrem ungleichen absoluten Zuwächsen: Eine Person, die mit einem Einkommen ins Rennen geht, das hundertmal höher ist als das einer anderen Person, wird auch hundertmal höhere absolute Zugewinne erzielen. Weshalb sind die relativen Maße also vorzuziehen?

Erstens sind die relativen Maße konservativ, weil sie in Fällen, in denen absolute Maße eine Zunahme der Ungleichheit (wenn alle Einkommen prozentual gleich steigen) oder eine Verringerung zeigen würden (wenn alle Einkommen um denselben Prozentsatz schrumpfen), den Eindruck erwecken, es habe sich nichts geändert. Aber wir wollen die Ungleichheit, die von beträchtlicher moralischer und politischer Bedeutung ist und für teilweise erbitterte Diskussionen sorgt, nicht zusätzlich übertreiben. Eine konservative Haltung (in Bezug auf die Messung, nicht unbedingt was die Politik anbelangt) ist daher vorteilhaft.

Zweitens besteht einer der Nachteile absoluter Maße darin, dass sie mit fast jeder Erhöhung des Durchschnitts zwangsläufig steigen: Wenn die Einkommen steigen, wird die absolute Kluft zwischen Reichen, Mittelschicht und Armen selbst dann größer, wenn die relativen Distanzen unverändert bleiben. Wir können uns die Verteilung als einen Ballon vorstellen: Dehnt sich der Ballon aus, so wächst die absolute Entfernung zwischen beliebigen Punkten auf seiner Oberfläche. Die Konzentration auf die absoluten Distanzen hat den Nachteil, dass fast jede Erhöhung in der Mitte (durch das Aufblasen des Ballons) den Eindruck erwecken kann, dass die Ungleichheit erhöht wird. So kann man unmöglich unterscheiden, welche Wachstumsphasen die Reichen und welche die Armen begünstigen. Zieht man ein absolutes Kriterium der Ungleichheit heran, so könnte man kaum sagen, dass die Vereinigten Staaten ab den achtziger Jahren in eine Phase wachsender Ungleichheit eintraten (ein Thema, mit dem wir uns in Kapitel 2 befassen werden). Da das Wachstum in den sechziger Jahren stark war, ist es sehr wahrscheinlich, dass auch damals das absolute Gefälle wuchs. Sollen wir daraus schließen, dass die Ungleichheit in den Vereinigten Staaten nach dem Zweiten Weltkrieg oder noch früher zu wachsen begann und dass das Gefälle seit damals immer größer geworden ist? Nun, die Ungleichverteilung entwickelte sich in diesen beiden Zeiträumen zweifellos sehr unterschiedlich.

Drittens sind Ungleichheit und Einkommenswachstum einfach zwei Manifestationen desselben Phänomens. Auch das tritt in den globalen Studien zur Ungleichheit deutlich zutage, denn die Veränderung der gesamten Ungleichheit zwischen den Bewohnern der Erde hängt von den Wachstumsraten der verschiedenen Länder ab. An mathematischen Erklärungen interessierte Leser können diese grundlegende Übereinstimmung zwischen Ungleichheit und Wachstum leichter erkennen, indem sie sich das durchschnittliche Einkommen als den ersten Moment einer Verteilung und die Ungleichheit als ihren zweiten Moment (die Varianz) vorstellen. Das Wachstum ist einfach der relative Anstieg im ersten Moment, und die Ungleichheit ist der relative Anstieg im zweiten. Die Maße, die wir heranziehen, um Erfolge und Misserfolge in der wirtschaftlichen Entwicklung (die relative Veränderung des Pro-Kopf-BIP) zu beurteilen, sollten in Beziehung zu den Maßen gesetzt werden, die wir verwenden, um Erfolge und Misserfolge bei der Verteilung der Ressourcen (die relative Veränderung eines Maßes der Ungleichheit) einzuschätzen. Würden wir uns wie bei der Ungleichheit auf die absoluten Zahlen konzentrieren, so würden wir fast immer zu dem Ergebnis gelangen, dass das Wachstum in reichen Ländern, so gering es prozentual auch sein mag, größer wäre als in armen Ländern – selbst wenn dieses gewaltig ist. Wenn die Wirtschaft der Vereinigten Staaten pro Kopf um 0,1 Prozent im Jahr wächst, wird dieses Wachstum das absolute Pro-Kopf-BIP dieses Landes um etwa 500 Dollar erhöhen, was mehr ist als das Pro-Kopf-BIP vieler afrikanischer Länder. Aber sollten wir daraus den Schluss ziehen, dass sich die Wirtschaft in der Demokratischen Republik Kongo nur so gut entwickelt hätte wie jene der USA, wenn sich das Pro-Kopf-Einkommen im Kongo in einem gegebenen Jahr verdoppelt hätte (also von 500 auf 1000 Dollar steigt)? Eine solche Leistung hat in der überlieferten Geschichte noch keine menschliche Gemeinschaft vollbracht. Da ist es doch deutlich naheliegender, die Ungleichheit ebenso wie das Wachstum relativ zu betrachten.

Ein letztes Argument lautet, dass das relative Einkommenswachstum mit Zugewinnen des Nutzens korreliert, wenn wir annehmen, dass die persönlichen Nutzenfunktionen beim Einkommen logarithmisch sind, das heißt: Damit eine Person mit einem Einkommen von 10 000 Dollar denselben Wohlstandszuwachs erfahren kann wie eine Person mit einem Einkommen von 1000 Dollar, muss ihr Einkommenszuwachs zehnmal so groß sein. Mit anderen Worten, ein zusätzlicher Dollar wird für eine reiche Person geringeren Nutzen haben als für eine arme Person; er wird der reichen Person weniger wichtig erscheinen. Wenn wir diese Annahme akzeptieren, können wir auch die Daten in der Wachstumsinzidenzkurve als Veränderungen des Nutzens interpretieren: Ein Anstieg des Realeinkommens um 80 Prozent in den Gruppen rund um den globalen Median hat größeren zusätzlichen Nutzen für diese Personen als ein Anstieg von 5 bis 10 Prozent für die untere Mittelschicht in den reichen Ländern (selbst wenn deren absoluter Einkommenszugewinn größer ist). Auch diese Überlegung führt uns zu dem Schluss, dass die relativen Veränderungen des Einkommens ein besserer Maßstab sind als die absoluten Veränderungen.

Ein Vergleich zwischen den Schaubildern 1.1 (relativer Einkommenszuwachs) und 1.2 (absoluter Einkommenszuwachs) unterstreicht einen Aspekt, dem wir bei der Analyse der mit der Globalisierung einhergehenden Veränderungen oft begegnen werden: Wir werden nur selten eine Veränderung sehen, die ausschließlich positive oder ausschließlich negative Auswirkungen hat oder sich auf alle Menschen gleich auswirkt. In diesem Fall stellen wir fest, dass die sehr viel größeren relativen Einkommenszuwächse der Mittelschicht der Schwellenländer nicht immer mit größeren absoluten Zugewinnen einhergehen. Es liegt in der Natur einschneidender wirtschaftlicher Veränderungen, dass sie sich auf verschiedene Länder und Personengruppen unterschiedlich auswirken, weshalb selbst im Fall einer Veränderung, die wir ansonsten als überwältigend positiv betrachten könnten, bestimmte Gruppen schlechter gestellt werden.

Diese grundlegende Ambivalenz der Globalisierung möchte ich in diesem Buch beleuchten. Der Leser sollte sich in jedem Moment der Tatsache bewusst sein, dass die Globalisierung sowohl Gutes als auch Schlechtes bewirkt. Im Idealfall wird er, wenn er über einige auf den ersten Blick »gute« Wirkungen liest, auf der Hut sein und sich Gedanken darüber machen, welche verborgenen Nachteile die beschriebene Entwicklung haben kann.

(Und genauso sollte er sich umgekehrt verhalten, wenn er über »schlechte« Wirkungen liest.) Wie wir über die Globalisierung denken, wird letzten Endes von unserer Fähigkeit, all ihre Vor- und Nachteile zu verstehen und zu berücksichtigen, sowie davon abhängen, wie wir diese subjektiv gewichten. Aber weil ihre Wirkungen ambivalent sind und weil wir sie zwangsläufig unterschiedlich gewichten – nicht nur, da wir die Welt unterschiedlich sehen, sondern auch, da wir selbst oder die Menschen, die uns am Herzen liegen, positiv oder negativ von der Globalisierung beeinflusst werden –, werden die Meinungen über dieses Phänomen immer geteilt sein.

## Die Auswirkungen der Finanzkrise

Bisher haben wir uns mit den Veränderungen zwischen 1988 und 2008 beschäftigt, weil sie am besten geeignet sind, die Auswirkungen der »Hochglobalisierung« zu veranschaulichen, und weil unsere Daten für diesen Zeitraum solide und gut vergleichbar sind. Mittlerweile liegen jedoch Daten für die Jahre 2008 bis 2011 vor. In diesem kurzen Zeitraum unmittelbar nach der Finanzkrise setzten sich die soeben beschriebenen Globalisierungstrends überwiegend fort und wurden sogar beschleunigt, aber die Entwicklung nahm einen etwas anderen Charakter an.

Ein Trend, der sich in den Jahren 2008 bis 2011 weiter verstärkte, war das Wachstum der globalen Mittelschicht. Wie in den vorangegangenen zwei Jahrzehnten wurde die Entwicklung vom hohen Wirtschaftswachstum in China angetrieben: Zwischen 2008 und 2011 verdoppelte sich das Durchschnittseinkommen in den chinesischen Ballungsräumen, und die Einkommen im ländlichen Raum stiegen um 80 Prozent. Die Folge war, dass die globale Wachstumsinzidenzkurve in der Umgebung des Medians deutlich über den für den Zeitraum 1988-2008 ermittelten Wert stieg. So stabilisierte sich das Wachstum der globalen Mittelschicht weiter (siehe Schaubild 1.3).

Auf der anderen Seite wuchsen die reichen Länder nicht, weshalb nicht nur die Einkommen der unteren Mittelschicht in diesen Ländern weiterhin stagnierten, sondern auch die höheren Einkommensschichten keinen weiteren Zugewinn verzeichnen konnten. Das ist der Grund dafür, dass sich

**Schaubild 1.3**: relativer Anstieg des realen Pro-Kopf-Einkommen auf den verschiedenen globalen Einkommensniveaus, 1988-2008 und 1988-2011

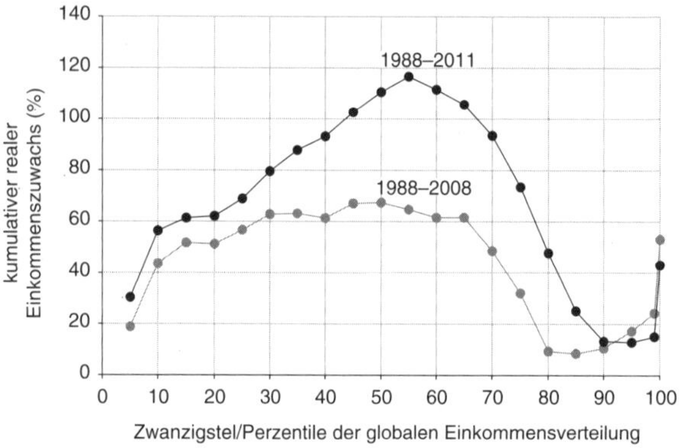


Diese Grafik gibt Aufschluss über den relativen (prozentualen) Zuwachs der realen Pro-Kopf-Einkommen der Haushalte (in internationalen Dollar von 2011) an verschiedenen Punkten der globalen Einkommensverteilung in zwei verschiedenen Zeiträumen: 1988-2008 (entspricht Schaubild 1.1, nur dass wir hier internationale Dollar von 2011 statt von 2005 verwenden) sowie 1988-2011. Wie wir sehen, stieg das Einkommen der Gruppe um die Mitte der globalen Einkommensverteilung weiter deutlich, während sich der Zugewinn des reichsten 1% der Weltbevölkerung verlangsamte. Datenquellen: Lakner und Milanović (2015) sowie Daten des Autors.

Punkt C weiterhin an derselben Stelle wie im Jahr 2008 befindet (zum Vergleich siehe Schaubilder 1.1 und 1.3).[11]

Es überrascht nicht, dass sich die Finanzkrise in dieser Weise auf die globale Einkommensverteilung ausgewirkt hat. Unklar ist, inwieweit diese Krise, die oft als globale Finanzkrise bezeichnet wird, einen Bruch in der Wirtschaftsgeschichte darstellt. Erstens sollte darauf hingewiesen werden, dass schon der Begriff »global« eine Fehlbezeichnung ist, weil anfangs nur die reichen Länder von der Verlangsamung des Wachstums (oder von einer Rezession) betroffen waren. Präziser wäre es, von einer Krise in den atlantischen Volkswirtschaften zu sprechen. Zweitens wurde die langfristige Einkommensentwicklung auf nationaler Ebene, nämlich die Verlagerung der wirtschaftlichen Entwicklung von Europa und Nordamerika nach Asien,

**Schaubild 1.4**: Verteilung der Weltbevölkerung nach Pro-Kopf-Realeinkommen, 1988 und 2011

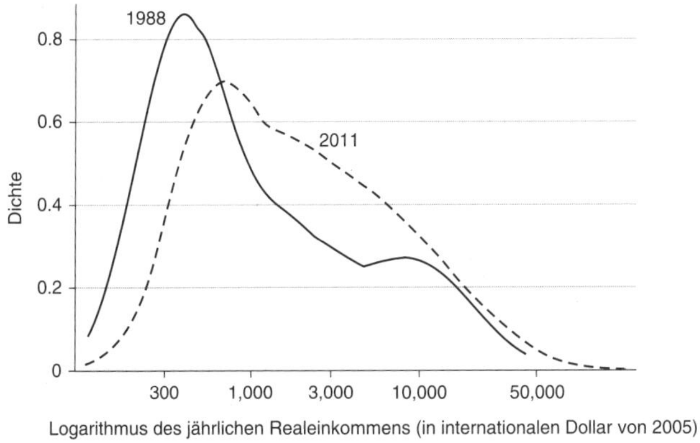


Diese auf den Haushaltserhebungen beruhende Grafik zeigt die Verteilung der Weltbevölkerung nach Pro-Kopf-Realeinkommen (gemessen in internationalen Dollar) in den Jahren 1988 und 2011. Der Bereich unterhalb der Kurven entspricht der gesamten Weltbevölkerung in diesen beiden Jahren. Zwischen 1988 und 2011 stieg der Anteil der Menschen mit mittlerem Einkommen (die »globale Mittelschicht«). Wie wir sehen, ist diese globale Mittelschicht gemessen an westlichen Standards immer noch relativ arm. Datenquellen: Lakner und Milanović (2015) sowie Daten des Autors.

durch die Krise nicht unterbrochen, sondern verstärkt. Die Krise brach also nicht den Trend, sondern verstärkte im Gegenteil eine bereits vorhandene Tendenz. Drittens hatte die Verlagerung insofern eine Entsprechung in der weltweiten Verteilung der Einkommen, als sie die Form der globalen Einkommensverteilung änderte: Aus einer eindeutig zweipoligen Form (viele Personen hatten ein sehr geringes Einkommen, in der Mitte der Verteilung gab es fast niemanden, und die Zahl der Personen mit sehr hohem Einkommen stieg) wurde eine, die in der Mitte nach und nach an Fülle gewann, so dass die globale Einkommensverteilung eher wie die eines einzelnen Landes auszusehen begann. Offenkundig sind wir noch weit von diesem Punkt entfernt, aber zweifellos sind wir ihm heute näher als im Jahr 1988. Auch dieser Trend wurde von der Krise lediglich verstärkt.

Schaubild 1.4 zur Verteilung der Weltbevölkerung nach Einkommens-

**Schaubild 1.5**: Verteilung der Weltbevölkerung nach realem Pro-Kopf-BIP ihres Landes (2013)

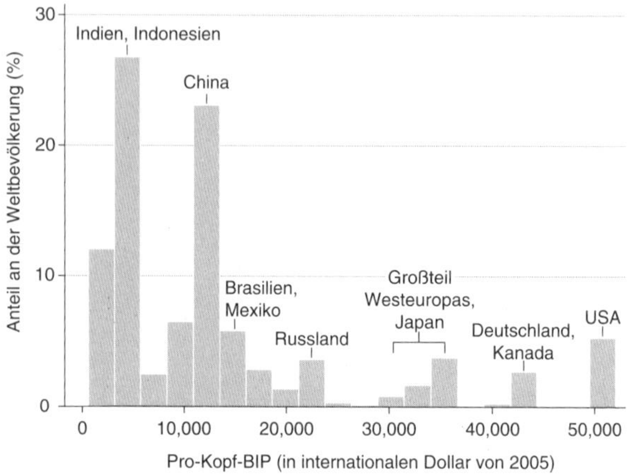


Diese Grafik gibt Aufschluss darüber, wie die Weltbevölkerung verteilt wäre, wenn wir den Menschen statt ihres tatsächlichen individuellen Pro-Kopf-Einkommens (wie in Schaubild 1.4) das Durchschnittseinkommen ihres Landes (Pro-Kopf-BIP) zurechneten. Die Legende zeigt ausgewählte Länder. Wir sehen, dass relativ wenige Menschen in Ländern mit »mittleren« Einkommen leben. Datenquelle: Berechnet anhand der WDI-Datenbank (World Development Indicators) der Weltbank, online verfügbar unter: {http://data.worldbank.org/data-catalog/world-development-indicators}, Version September 2014.

niveaus in den Jahren 1988 und 2011 zeigt sehr deutlich, dass eine globale Mittelschicht entsteht und dass die beiden Höcker, welche die Form der globalen Einkommensverteilung ursprünglich kennzeichneten, abflachen. Interessant ist jedoch, dass wir auch weiterhin eine »Leere in der Mitte« erkennen, wenn wir uns ansehen, wie viel Prozent der Weltbevölkerung sich bestimmten Einkommensgruppen zuordnen lassen (wobei wir jeweils das mittlere Einkommen – oder Pro-Kopf-BIP – des Landes veranschlagen, in dem die Menschen leben). Das erkennt man in Schaubild 1.5. Der Kontrast zwischen den beiden Schaubildern macht deutlich, dass Indien, Indonesien und in etwas geringerem Maß auch China, gemessen am Durchschnittseinkommen, zwar weiterhin arme Länder sind, dass die Einkommensverteilung in diesen Ländern jedoch so breit und so weit nach rechts verschoben ist, dass eine beträchtliche Zahl ihrer Einwohner mittlerweile den zuvor leeren Raum zwischen den beiden Höckern füllt.

Einmal mehr kann stellvertretend für die globalen Veränderungen die Einkommensentwicklung in China herangezogen werden, wo das Wachstum schneller verlief und mehr Menschen zugutekam als in jedem anderen Land. Aus den Haushaltserhebungsdaten für 2011 geht hervor, dass das Durchschnittseinkommen in den chinesischen Städten zum ersten Mal jenes in mehreren Mitgliedstaaten der Europäischen Union erreicht oder sogar übertroffen hat. Die chinesischen Stadtbewohner haben mittlerweile kaufkraftbereinigt ein höheres Einkommen als die Einwohner Rumäniens, Lettlands oder Litauens. Das Pro-Kopf-BIP Chinas war im Jahr 2013 immer noch geringer als das der ärmsten EU-Mitglieder (dies sind Rumänien und Bulgarien), aber die Differenz betrug weniger als 30 Prozent, und mit den gegenwärtig erwarteten Wachstumsraten wird das chinesische Pro-Kopf-BIP zu dem Zeitpunkt, da der Leser dieses Buch in Händen hält, zweifellos das Niveau der ärmsten EU-Länder erreicht haben.[12] Das ist eine epochale Entwicklung, denn obwohl Rumänien sowie Bulgarien und andere Balkanländer seit dem Mittelalter die ärmste Region Europas sind, war das Pro-Kopf-Einkommen ihrer Einwohner Ende des 19. Jahrhunderts doppelt so hoch wie das der Chinesen.[13] Und da zu erwarten ist, dass China weiterhin schneller wachsen wird als die Kernländer der EU, wird das durchschnittliche Einkommen seiner Einwohner selbst dann, wenn sich sein Wachstum abschwächt, innerhalb von drei Jahrzehnten den EU-Durchschnitt erreichen.[14] Das wäre eine bemerkenswerte Umkehr der Geschicke in einem historisch sehr kurzen Zeitraum – und gleichzeitig wäre es lediglich eine Rückkehr zu einem Verteilungsmuster, das vor Jahrhunderten charakteristisch für die wirtschaftliche Aktivität in Eurasien war: Wir könnten wieder hohe Pro-Kopf-Einkommen in zwei Küstenregionen sehen – eine am Atlantik (Westeuropa), die andere am Pazifik (China) –, während die Einkommen im Hinterland gering sein werden. Europa wird seine Ausnahmestellung einbüßen.[15]

Eine weitere Möglichkeit, die Einkommensveränderungen in den letzten Jahrzehnten einzuordnen, besteht darin, das Durchschnittseinkommen der Menschen im unteren Teil der amerikanischen Einkommensverteilung mit dem der relativ wohlhabenden chinesischen Stadtbewohner zu vergleichen (Schaubild 1.6). Da fast die gesamte Bevölkerung der Vereinig-

**Schaubild 1.6**: Die Konvergenz der chinesischen und US-amerikanischen Einkommen, 1988-2011

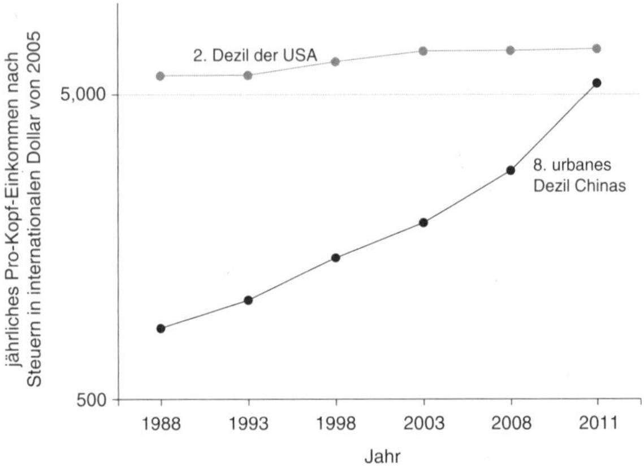


Diese Grafik zeigt, wie sich das jährliche reale Pro-Kopf-Haushaltseinkommen (in internationalen Dollar von 2005) von Amerikanern im zweiten Einkommensdezil und Chinesen im achten städtischen Einkommensdezil zwischen 1988 und 2011 verändert hat (gestützt auf Daten aus Haushaltserhebungen; vertikale Achse in Logarithmen). Das (gemessen an US-Standards relativ arme) zweite Dezil in den USA war im Jahr 2011 immer noch wohlhabender als das achte urbane Dezil in China, aber die Lücke zwischen den Einkommen der beiden Gruppen war geringer geworden. Datenquelle: Daten des Autors.

ten Staaten in urbanen Räumen lebt, vergleichen wir de facto die USA mit dem städtischen China. Offenkundig hat China zwischen 1988 und 2011 aufgeholt. Das Verhältnis zwischen den Realeinkommen schrumpfte in diesem Zeitraum von mehr als 6,5 zu 1 auf nur noch 1,3 zu 1. (Diese Aufholjagd könnte anhand anderer Teile der amerikanischen und chinesischen Verteilungen illustriert werden, aber hier ist sie auffälliger, weil sich die beiden Einkommensniveaus einander annähern. Würden wir andere Gruppen aus höheren Bereichen der amerikanischen Verteilung verwenden, so wäre die Kluft weiterhin sehr groß.) Es gibt auch keinen Zweifel daran, dass die schrumpfende Differenz zwischen den Pro-Kopf-Haushaltseinkommen einer Verringerung der Differenz zwischen den Realeinkommen entspricht.

## Das reichste Eine Prozent der Welt

Wir haben gesehen, dass es dem reichsten Einen Prozent der Weltbevölkerung zwischen 1988 und 2008 ausgezeichnet erging, dass es zwischen 2008 und 2011 jedoch Einbußen hinnehmen musste. Den Grund dafür kann man schnell erkennen: Die meisten Mitglieder dieser Gruppe finden sich im obersten Segment der Einkommensverteilung in den reichen Ländern (beispielsweise gehören zwölf Prozent der reichsten Amerikaner zum globalen Einen Prozent), und das Wachstum ihrer Einkommen verlangsamte sich in der Finanzkrise oder kam sogar zum Stillstand. Diese Verlangsamung mag auf den ersten Blick überraschend wirken, wenn man bedenkt, dass die Spitzeneinkommen in der reichen Welt und insbesondere in den Vereinigten Staaten hitzige Diskussionen auslösen und große Besorgnis wecken. Aber der Widerspruch zwischen dem großen Interesse an den Spitzeneinkommen und der gleichzeitigen Verlangsamung ihres Wachstums ist zum Teil damit zu erklären, dass zwar die meisten Einkommen in den reichen Ländern in der Krise gesunken sind, die Spitzeneinkommen jedoch stabil geblieben oder in geringerem Maß zurückgegangen sind. Obwohl es durchaus »ausreichend« sein dürfte (und in den Augen anderer Menschen in den reichen Ländern sogar »unfair« erscheinen mag), dass die Spitzeneinkommen stabil blieben, genügte es nicht, damit das reichste Eine Prozent im Vergleich zum globalen Median eine ebenso gute Position wie vor der Krise bewahrte. Das liegt schlicht daran, dass der Median und das globale Durchschnittseinkommen weiter gestiegen sind.

Ein weiterer Grund für den Kontrast zwischen dem zuletzt verlangsamten Wachstum der Einkommen des reichsten Einen Prozent und der verbreiteten Sorge über die Ungleichheit ist, dass das Wachstum an der Spitze in jüngster Zeit vor allem auf die Superreichen beschränkt war. Wenn wir uns ansehen, wer auch in der Krise gut verdiente, stellen wir fest, dass dies nicht das Eine Prozent der reichsten Menschen der Welt war (das sind rund 70 Millionen Menschen, was etwa der Bevölkerung Frankreichs entspricht), sondern eine sehr viel kleinere Gruppe superreicher Personen. Die Anzahl dieser Personen ist natürlich sehr viel geringer, und sie werden in den Haushaltserhebungen nicht berücksichtigt.[16] Im nächsten Abschnitt werden wir uns kurz mit ihnen befassen, aber für diese Analyse werden wir eine ganz andere Datenquelle verwenden, nämlich die Milliar-

**Schaubild 1.7**: Anteil der Bevölkerung, die weltweit zum reichsten Einen Prozent gehören (2008)

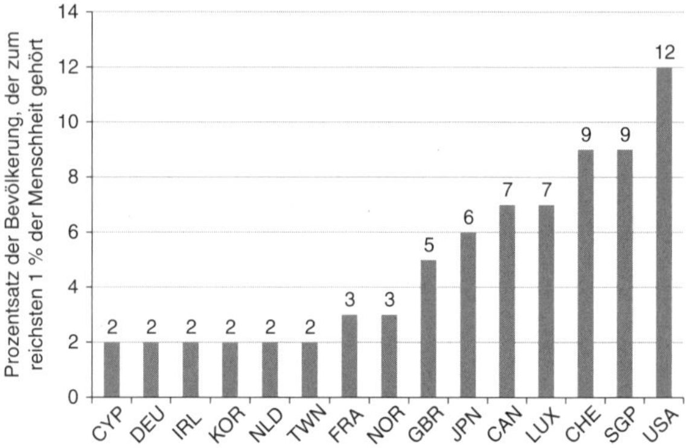


Dieses Diagramm zeigt die Länder, in denen mehr als 1% der Bevölkerung zum reichsten 1% der Welt gehören. Wir sehen, dass 12% der reichsten Amerikaner dem globalen Einen Prozent angehören. Länderkürzel: CAN Kanada, CHE Schweiz, CYP Zypern, DEU Deutschland, FRA Frankreich, GBR Großbritannien, IRL Irland, JPN Japan, KOR Südkorea, LUX Luxemburg, NLD Niederlande, NOR Norwegen, SGP Singapur, TWN Taiwan, USA Vereinigte Staaten. Quelle: Lakner und Milanović (2013).

därsliste der Zeitschrift *Forbes*. Auf dieser Liste standen in den Jahren 2013 und 2014 etwa 1500 Personen, die gemeinsam mit ihren Familien ein Hundertstel eines Hundertstels eines Prozents der Weltbevölkerung stellen (richtig: das ist ein Prozent von einem Prozent von unserem Einen Prozent).

Wenden wir uns noch einmal dem globalen Einen Prozent zu, wie es in den Haushaltserhebungen dargestellt ist. In Schaubild 1.7 sehen wir, welche Länder mehr als 1 Prozent ihrer Bevölkerung zum globalen Einen Prozent beisteuern. Wir haben bereits gesehen, dass die Vereinigten Staaten hier gut vertreten sind: 12 Prozent ihrer Bevölkerung gehören zum reichsten Einen Prozent der Welt, und diese 12 Prozent stellen etwa die Hälfte aller Menschen, die weltweit dieser reichsten Gruppe angehören. In anderen wirtschaftlich hoch entwickelten Ländern wie Japan, Frankreich und Großbritannien gehören zwischen 3 und 7 Prozent der Bevölkerung zum reichsten Einen Prozent der Welt, während es in Deutschland nur 2 Prozent sind. Im Diagramm nicht berücksichtigt sind Brasilien, Russland und Südafrika, obwohl das reichste Prozent der Einwohner dieser Länder ebenfalls zum globalen Einen Prozent zählt. Hingegen gilt das nicht für China und Indien, wo weniger als 1 Prozent der Bevölkerung zum globalen Einen Prozent gehört. Das reichste Eine Prozent der Weltbevölkerung konzentriert sich also in den »altreichen« Ländern: Der Aufstieg Chinas in der globalen Einkommensverteilung hat noch nicht genug sehr reiche Einwohner dieses Landes zu Mitgliedern des Clubs der Reichsten der Welt gemacht.

Im Jahr 2008 hatte das globale Eine Prozent einen Anteil von 15,7 Prozent am Einkommen der Weltbevölkerung, das heißt am *globalen* verfügbaren Einkommen. Diesen Anteil können wir mit dem Anteil am *nationalen* Einkommen vergleichen, den wir in der World Top Incomes Database (WTID) finden, wobei wir beachten müssen, dass die in der WTID erfassten Einkommen vor Transferleistungen und Steuern und bezogen auf Besteuerungseinheiten ermittelt werden, während hier von Einkommen nach Steuern die Rede ist, die bezogen auf Individuen berechnet werden.[17] (Die Steuerdaten können nicht herangezogen werden, um den globalen Anteil des Einen Prozent zu berechnen, da solche Daten nur für eine relativ kleine Gruppe von Ländern verfügbar sind.) Der größte Unterschied zwischen den zwei Datenquellen ist, dass für die WTID nicht wie für die Haushaltserhebungen die verfügbaren Einkommen nach Steuern, sondern die Markteinkommen verwendet werden, das heißt die Einkommen *vor* Transferleistungen und Steuern. Der Anteil des reichsten Einen Prozents wird beim Markteinkommen immer größer sein beim verfügbaren Einkommen, da die Umverteilung durch den Staat die Ungleichheit verringert. Beispielsweise reduzierte die Redistribution durch staatliche Transferleistungen und direkte Steuern in den Vereinigten Staaten im Jahr 2010 den Anteil des reichsten Einen Prozents der Bevölkerung von 9,4 Prozent des gesamten Markteinkommens (»vor Steuern«) auf weniger als 7 Prozent des gesamten verfügbaren Einkommens.[18] (Es sollte auch erwähnt werden, dass die Personen, die gemessen am Markteinkommen zum reichsten Einen Prozent zählen, nicht zwangsläufig dieselben sind, die dem reichsten Einen Prozent angehören, wenn man das nach Steuern verfügbare Einkommen betrachtet.) Wenn wir die Vereinigten Staaten als Beispiel nehmen, stellen wir fest, dass der Anteil des reichsten Einen Prozents der Weltbevölkerung am globalen Einkommen mehr als doppelt so hoch ist wie der

Anteil des reichsten 1 Prozents der US-Bevölkerung am Gesamteinkommen der US-Bürger (15,7 gegenüber weniger als 7 Prozent). Das zeigt deutlich, wie hoch die Einkommenskonzentration auf globaler Ebene ist. Aber sehen wir uns ein spezifischeres Bild an. Dafür eignet sich die alljährlich von *Forbes* veröffentlichte Liste der Milliardäre.

Wir müssen uns jedoch darüber klar sein, dass wir mit der Diskussion der *Forbes*-Liste einen bedeutsamen methodologischen Schritt tun: Anstatt uns wie bisher die Einkommen oder den Konsum anzusehen, bei denen es sich um jährliche Stromgrößen handelt, wenden wir uns nun dem Vermögen zu, das eine Bestandsgröße darstellt (die zu einem bestimmten Zeitpunkt gemessen wird) und sich aus der Anhäufung von Ersparnissen, Investitionserträgen und Erbschaften im Lauf der Jahre ergibt. Die Vermögensungleichheit ist in fast allen Ländern ausgeprägter als die Ungleichheit von Einkommen oder Konsum. Abgesehen davon, dass es winzige Gruppen ungeheuer vermögender Menschen gibt – mit diesem Phänomen werden wir uns im nächsten Abschnitt befassen –, hat selbst in hoch entwickelten Ländern wie den USA und Deutschland zwischen einem Viertel und einem Drittel der Bevölkerung keinerlei oder sogar ein negatives Nettovermögen.[19] Aber nur sehr wenige Menschen in diesen Ländern haben keinerlei Einkommen, und niemand hat einen Nullkonsum. Daran erkennt man auf den ersten Blick, dass die Vermögen sehr viel ungleicher verteilt sein müssen als die Einkommen oder der Konsum und dass bei Vergleichen zwischen Vermögensungleichheit und Einkommensungleichheit große Vorsicht geboten ist.[20] Dass wir statt Einkommens- oder Konsumdaten auf Vermögensdaten zurückgreifen, um die Situation der Superreichen zu beleuchten, liegt daran, dass die Daten zum Vermögen dieser Gruppe besser (und bis zu einem gewissen Grad aufschlussreicher) sind als die Einkommensdaten für dieses reichste Eine Prozent.[21]

Zur Verdeutlichung des Unterschieds zwischen der Einkommens- und der Vermögensverteilung auf globaler Ebene können wir uns Tabelle 1.1 ansehen, die Schätzungen zu den Einkommens- und Vermögensanteilen des reichsten Einen Prozents der Menschheit enthält. Zum Einkommen gibt es drei Schätzungen: erstens eine konservative, die ausschließlich auf den Haushaltserhebungen beruht, welche jedoch die Reichsten normalerweise nicht erfassen und daher den Vermögensanteil des reichsten Einen Prozents zu niedrig ansetzen (siehe Exkurs 1.1), zweitens eine Schätzung, die eine Korrektur beinhaltet, mit der dieses Problem gelöst werden soll, und drittens eine Schätzung, in der zusätzlich das verborgene globale Vermögen berücksichtigt ist (das heißt Vermögenswerte, die in Steueroasen aufbewahrt werden).[22] Für die dritte Schätzung gehen wir von einer eher hohen Rendite von 6 Prozent auf die verborgenen Vermögenswerte aus und nehmen an, dass diese zur Gänze dem globalen Einen Prozent gehören.[23] Der Anteil des reichsten Einen Prozents der Weltbevölkerung am globalen Einkommen im Jahr 2010 steigt von 15,7 Prozent im ersten Szenario auf 28 Prozent, wenn wir die Vernachlässigung der Spitzeneinkommen in den Haushaltserhebungen korrigieren, und auf 29 Prozent, wenn wir zusätzlich das verborgene Vermögen berücksichtigen. Aber all diese Schätzungen der Einkommensanteile bleiben deutlich hinter jener des Credit Suisse Research Institute zurück, das im Jahr 2013 auf einen Vermögensanteil des reichsten Einen Prozents von 46 Prozent kam. Zwischen 2000 und 2010 blieb der Anteil des reichsten Einen Prozents der Menschheit am globalen Einkommen stabil oder stieg nur geringfügig, während der Anteil dieser Gruppe am globalen Vermögen deutlich wuchs (Tabelle 1.1).

**Tabelle 1.1**: Anteil des reichsten Einen Prozents der Weltbevölkerung am globalen Einkommen und am globalen Vermögen

| **Schätzung des Einkommens- oder Vermögensanteils** | **ca. 2000** | **ca. 2010** |
|---|---|---|
| Anteil des reichsten Einen Prozents am globalen Einkommen, ausschließlich Daten aus Haushaltserhebungen[a] | 14,5 | 15,7 |
| Anteil des reichsten Einen Prozents am globalen Einkommen, Haushaltserhebungen und Berücksichtigung der Nichtbeteiligung[a] | 29 | 28 |
| Anteil des reichsten Einen Prozents am globalen Einkommen, Haushaltserhebungen, Berücksichtigung der Nichtbeteiligung sowie des verborgenen Vermögens[b] | – | 29 |
| Anteil des reichsten Einen Prozents am globalen Vermögen[c] | 32 | 46 |

*Hinweis*: Mit dem vermögendsten Einen Prozent ist das reichste Prozent der erwachsenen Personen gemeint.

[a] Lakner und Milanović (2013); die Zurechnungsmethode wird in der Arbeit erklärt.

[b] Zusätzliche Daten aus Zucman (2014).

[c] Für 2000 aus Davies et al. (2011, S. 244); für 2013 aus Credit Suisse Research Institute (2013, S. 10, Tabelle 1).

Die Vermögenskonzentration entwickelt sich also anders als die Einkommenskonzentration. Nach Angaben des Credit Suisse Research Institute (2014) ist die zunehmende Konzentration der Vermögen auf die gute Entwicklung der Aktienmärkte ab dem Jahr 2010 zurückzuführen, die den Reichen höhere Renditen bescherte. Die Divergenz zwischen Einkommens- und Vermögenskonzentration in den Händen des reichsten Einen Prozents deckt sich mit der Beobachtung, dass die Menschen in der Mitte der globalen Einkommensverteilung in den vergangenen 30 Jahren ihr *Einkommen* deutlich erhöhen konnten. Durch den Anstieg der Einkommen dieser Gruppe wurde das relative Wachstum des Einkommensanteils des reichsten Einen Prozents etwas gebremst. Gleichzeitig ist es sehr wahrscheinlich, dass die Menschen in der globalen Mitte, die ja immer noch arm sind, praktisch keine Vermögenswerte besitzen. Daraus folgt, dass ihr Vermögen kaum gewachsen sein dürfte, weshalb es den Anstieg der Vermögen und damit des Vermögensanteils des reichsten Einen Prozents nicht ausgleichen konnte.

## Die wahren globalen Plutokraten: die Milliardäre

Im Jahr 2013 umfasste die *Forbes*-Liste der Milliardäre 1426 Menschen in aller Welt, deren Nettovermögen bei einer Milliarde Dollar oder mehr lag.[24] Gemeinsam mit ihren Familien stellen diese Personen ein Hundertstel eines Hundertstels des reichsten Einen Prozents der Weltbevölkerung. Ihr Gesamtvermögen wird auf 5,4 Billionen Dollar geschätzt. Gemäß einem Bericht der Credit Suisse von 2013 (S. 5, Tabelle 1) wird das Gesamtvermögen der Welt auf 241 Billionen Dollar geschätzt. Das bedeutet, dass dieses winzige Grüppchen von Personen etwa 2 Prozent des Reichtums der Welt besitzt. Anders ausgedrückt: Diese Milliardäre besitzen zusammen doppelt so viel wie alle Menschen auf dem afrikanischen Kontinent.

## Exkurs 1.3: Was ist eine Milliarde?

Es ist sehr schwer zu erfassen, was eine Zahl wie diese wirklich bedeutet. Eine Milliarde Dollar - das ist so weit von der Lebenserfahrung fast aller Erdbewohner entfernt, dass es nicht leicht ist, sich ein richtiges Bild von dieser Summe zu machen. Es ist uns lediglich klar, dass es sich um sehr viel Geld handelt. Vielleicht hilft das folgende Gedankenexperiment, diesen Betrag besser einzuordnen: Nehmen wir an, eine gute Fee gibt Ihnen in jeder Sekunde Ihres Lebens einen Dollar. Wie viel Zeit wird verstreichen, bis sie eine Million gesammelt haben? Wie lange wird es dauern, bis Sie eine Milliarde Dollar haben? Eine Million haben Sie in 11,4 Tagen zusammen. Um eine Milliarde zu sammeln, werden Sie 32 Jahre brauchen. Wir können die Frage auch von der Konsumseite aus betrachten. Nehmen wir an, Sie erben entweder eine Million oder eine Milliarde Dollar und geben jeden Tag 1000 Dollar davon aus. Im ersten Fall werden Sie weniger als drei Jahre brauchen, um Ihr Erbe durchzubringen, aber wenn Sie eine Milliarde erben, müssen Sie mehr als 2700 Jahre lang täglich 1000 Dollar verprassen, um Ihr Erbe aufzuzehren. (Das heißt, Sie wären heute damit fertig, wenn Sie begonnen hätten, als Homer die *Ilias* niederschrieb.) Oder nehmen wir das Problem, das den Drogenkartellen Kopfzerbrechen bereitet. Um eine Million Dollar in Hundertdollarscheinen zu befördern, braucht man einen mittelgroßen Aktenkoffer. Um eine Milliarde Dollar in dieser Form zu transportieren, würde man tausend solche Koffer brauchen. Selbst wenn man Trolley-Taschen verwendet, wird man etwa 500 davon brauchen. Und mit dem Kauf von 500 großen Taschen kann man leicht unerwünschte Aufmerksamkeit erregen.

Wie sehr hat sich der Reichtum der Superreichen im Lauf der Globalisierung verändert? Anhand der jährlichen Listen von *Forbes* können wir uns einer Antwort auf diese Frage annähern – wobei jedoch zu bedenken ist, dass in solchen Listen die Trennlinie bei einem absoluten Vermögensniveau gezogen wird, das aufgrund der Inflation real sinkt. Daher ist die Feststellung einer Zunahme der Anzahl der Personen, die dieses Niveau erreichen, teilweise irreführend, weil sie nun eine niedrigere Schwelle überschreiten müssen. Unter methodischen Gesichtspunkten gibt es zwischen der »Reichtumsgrenze« und der Armutsgrenze keinen Unterschied: Im Prinzip wollen wir eine inflationsbereinigte Armutsgrenze/Reichtumsgrenze ziehen, um anschließend zu überprüfen, ob die Zahl der Personen, die sich jenseits dieser Grenze befinden (beziehungsweise ihr Anteil an der Gesamtbevölkerung) gestiegen oder gesunken ist. Genau das tun wir normalerweise bei der Armutsgrenze. Nun müssen wir dasselbe bei der Reichtumsgrenze tun. Um eine inflationsbereinigte Grenze zu ziehen, können wir den amerikanischen Verbraucherpreisindex (VPI) verwenden. Wie sich herausstellt, entspricht die Grenze von einer Milliarde Dollar, die im Jahr 1987 gezogen wurde, als *Forbes* erstmals derartige Listen veröffentlichte, nach der Inflationsbereinigung einer Grenze von zwei Milliarden Dollar im Jahr 2013 (der amerikanische Verbraucherpreisindex verdoppelte sich in diesem Zeitraum). Der Einfachheit halber wollen wir die Personen, deren Vermögen sich jenseits dieses *konstanten realen Niveaus* von einer Milliarde Dollar zu Preisen des Jahres 1987 befindet, als »die Hyperreichen« bezeichnen.

Bis 1992 veröffentlichte *Forbes* zwei getrennte Listen: Die eine umfasste (seit 1982) die 400 reichsten Amerikaner, die andere enthielt (seit 1987) die Milliardäre der Welt. Im Jahr 1987 gab es 49 Milliardäre in den Vereinigten Staaten und 96 derart reiche Personen in der übrigen Welt, insgesamt also 145 Hyperreiche. *Forbes* berechnete ihr kombiniertes Vermögen nicht, aber wir können es auf etwa 450 Milliarden Dollar schätzen.[25] Diese beiden Zahlen aus dem Jahr 1987 (145 Hyperreiche und 450 Milliarden Dollar) werden wir für unseren Vergleich mit der Zahl der Personen mit einem Nettovermögen von mehr als zwei Milliarden Dollar sowie ihrem Vermögen im Jahr 2013 verwenden. Es fügt sich gut, dass diese beiden Jahre (1987 und 2013) fast denselben Zeitraum beschreiben, für den uns auch Daten aus den Haushaltserhebungen zur Verfügung stehen (1988 bis 2011): So können wir uns ansehen, wie sich die Beziehung zwischen Einkommen und Vermögen entwickelt hat.

Im Jahr 2013 gab es 735 Hyperreiche (Personen mit einem Vermögen von mindestens zwei Milliarden Dollar). Ihr Gesamtvermögen belief sich auf 4,5 Billionen Dollar (was 2,25 Billionen zu Preisen von 1987 entspricht).

**Schaubild 1.8:** Vermögen der hyperreichen Personen, gemessen am globalen Bruttoinlandsprodukt, 1987 und 2013

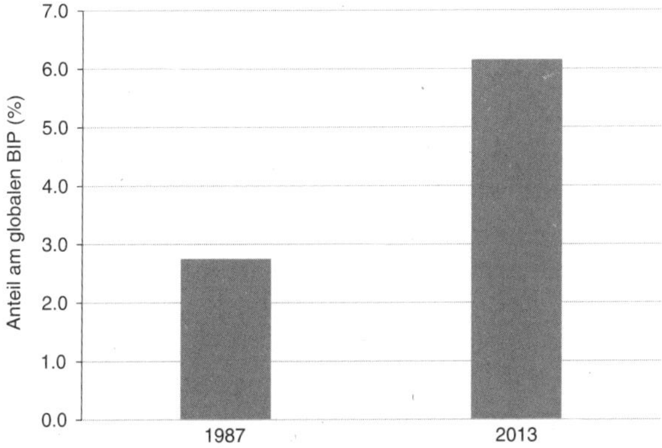


Dieses Diagramm zeigt das Gesamtvermögen der Hyperreichen, gemessen am globalen BIP. Als Hyperreiche definieren wir Personen mit einem Nettovermögen von mindestens 1 Mrd. USD zu US-Preisen des Jahres 1987 (dies entspricht 2 Mrd. USD zu US-Preisen von 2013). Wir sehen, dass ihr Vermögen im Verhältnis zum globalen BIP zwischen 1987 und 2012 gewachsen ist. Quelle: Berechnungen des Autors anhand verschiedener *Forbes*-Listen.

Das bedeutet, dass sich sowohl die Zahl der hyperreichen Personen als auch ihr reales Vermögen (2,25 Billionen gegenüber 0,45 Billionen im Jahr 1987) verfünffacht haben. Aus dieser groben Berechnung können wir schließen, dass das Pro-Kopf-Vermögen der Milliardäre inflationsbereinigt nicht gestiegen ist: Das durchschnittliche Vermögen der Hyperreichen belief sich sowohl im Jahr 1987 als auch im Jahr 2013 auf rund drei Milliarden Dollar zu Preisen von 1987. Es gibt heute einfach sehr viel mehr Hyperreiche als Ende der achtziger Jahre.

Im selben Zeitraum ist das globale BIP real um das 2,25-Fache gestiegen. Sein Anstieg ist also deutlich geringer ausgefallen als jener des inflationsbereinigten Vermögens der Superreichen. Die Folge ist, dass sich der Anteil der hyperreichen Personen, gemessen am globalen BIP, mehr als verdoppelt hat, nämlich von weniger als 3 Prozent auf mehr als 6 (Schaubild 1.8).[26]

Diese Zahlen zeichnen ein einigermaßen klares Bild vom Wachstum der globalen Plutokratie: Es ist eine winzige Gruppe, aber die Zahl ihrer Mitglieder hat sich verfünffacht, und ihr Gesamtvermögen hat sich, gemessen am globalen BIP, mehr als verdoppelt. Dieser Anstieg und das Wachstum der neuen globalen Mittelschicht sind die bedeutsamsten Entwicklungen in der Hochphase der Globalisierung gewesen, die Ende der achtziger Jahre begann. Mit der Frage, was diese beiden Entwicklungen – die eine macht Hoffnung, die andere erscheint eher besorgniserregend – für die kommenden Jahrzehnte bedeuten, werden wir uns in Kapitel 4 beschäftigen. Aber vorher müssen wir uns einem Thema zuwenden, das wir bisher kaum erwähnt haben: der Einkommensungleichheit innerhalb der Länder und ihrer langfristigen Entwicklung. Die Ungleichverteilung in den einzelnen Ländern wirkt sich auf die globale Ungleichheit aus, aber ihre Auswirkungen fallen weniger ins Gewicht als das differenzielle Wachstum der Länder mit geringem, mittlerem oder hohem Einkommen. Wie wir jedoch in Kapitel 3 sehen werden, spielte die Ungleichheit innerhalb der Länder nicht immer eine derart untergeordnete Rolle, und in Zukunft könnte sie erneut an Bedeutung gewinnen. Darüber hinaus haben wir uns bisher bewusst nur auf Veränderungen im globalen Maßstab konzentriert. Politisch ist die Ungleichverteilung innerhalb der einzelnen Länder jedoch bis heute die bedeutsamste Form der Ungleichheit. Unsere Welt ist politisch in Nationalstaaten organisiert, die Öffentlichkeit beschäftigt sich in erster Linie mit der Ungleichheit innerhalb der eigenen Gesellschaft und debattiert kontrovers über verschiedene Ansätze zu ihrer Erklärung. Im nächsten Kapitel werde ich mich mit der Ungleichheit innerhalb einzelner Länder befassen und eine alternative Theorie zu ihrer langfristigen Entwicklung aufstellen, eine Theorie, die in meinen Augen vollständiger und überzeugender ist als die gegenwärtig kursierenden.

# 2

# UNGLEICHHEIT INNERHALB DER LÄNDER

## *Wie die Kuznets-Wellen uns helfen, die langfristige Entwicklung der Ungleichheit zu erklären*

> Die langfristigen Ausschläge in der Entwicklung der Einkommensungleichheit müssen als Teil eines größeren Prozesses des Wirtschaftswachstums betrachtet werden und stehen in Beziehung zu ähnlichen Bewegungen anderer Elemente.[1]
>
> *Simon Kuznets (1955)*

### Die Ursprünge der Unzufriedenheit mit der Kuznets-Hypothese

Die Kuznets-Hypothese besagt, dass die Ungleichheit in Gesellschaften mit einem sehr niedrigen Einkommensniveau zunächst wenig ausgeprägt ist, dass sie dann im Verlauf der wirtschaftlichen Entwicklung zunimmt und schließlich wieder zurückgeht, wenn die Einkommen ein hohes Niveau erreichen. Die Zweifel an dieser Hypothese sind nicht neu, aber es hat den Anschein, als hätte die jüngste Entwicklung der Ungleichheit Kuznets endgültig widerlegt. In der Vergangenheit hatte die Enttäuschung vor allem damit zu tun, dass man die von Kuznets beschriebene Entwicklung der Ungleichheit nicht erkennen konnte, wenn man Querschnittsdaten heranzog (wenn man also die Werte unterschiedlich armer bzw. reicher Länder zu einem bestimmten Zeitpunkt verglich), und dass die Erfahrung eines solchen Prozesses in den kollektiven Gedächtnissen einzelner Länder kaum eine Rolle spielte. Den Todesstoß, so scheint es, versetzte der Hypothese jedoch eine sehr viel bedeutsamere Entwicklung, die in den Daten vollkommen klar zu erkennen ist, nämlich die jüngste Zunahme der Ungleichheit der Einkommensverteilung in den reichen Ländern. Bis in die achtziger Jahre schien sich die Abwärtsphase der Kuznets-Kurve, die auf eine sinkende Ungleichverteilung der Einkommen in den reichen Ländern hindeutete, so zu verhalten, wie Kuznets erwartet hatte. Aber von da an begann die Kurve wider Erwarten erneut zu steigen. Die unbestreitbare Zunahme der Ungleichheit in den Vereinigten Staaten, Großbritannien und sogar in einigen einigermaßen egalitären Ländern wie Schweden und Deutschland ist mit der Kuznets-Hypothese schlicht nicht vereinbar.[2]

Am Leben gehalten wurde seine Theorie trotz aller Unzufriedenheit dadurch, dass es keine schlüssige alternative Erklärung für die jüngste Zunahme der Ungleichheit in den hoch entwickelten Ländern gab. Eine der angebotenen Erklärungen lautet, dass ein Wettlauf zwischen der Bildung und dem stattfinde, was als qualifikationsverzerrter technologischer Fortschritt bezeichnet wird (das heißt technologischer Wandel, der die hoch qualifizierten Arbeitskräfte bevorzugt). Diese Erklärung wurde von Tinbergen (1975) vorgeschlagen und in jüngster Zeit von Goldin und Katz (2010) neu formuliert. Es handelt sich hier jedoch nicht um eine Theorie oder Hypothese, sondern lediglich um eine Erklärung für ein beobachtetes Phänomen: Die Einkommen besser qualifizierter Arbeitskräfte steigen mehr als jene weniger qualifizierter Arbeitskräfte. Es gibt keine Theorie dazu, unter welchen Bedingungen dieses Rennen von der Technologie (samt der damit einhergehenden erhöhten Ungleichheit) oder von der Bildung gewonnen wird (womit die Ungleichheit verringert würde). Tinbergen ging in seiner ursprünglichen Formulierung allerdings davon aus, dass die Bildung das Rennen für sich entscheiden werde: In Ländern mit wachsendem Wohlstand werde auch die Zahl der höher qualifizierten Arbeitskräfte zunehmen, so dass die Ausweitung der Kenntnisse die Auswirkungen des technologischen Wandels ausgleichen werde. Daraus zog Tinbergen den Schluss, der Qualifikationsbonus werde letztendlich gegen null sinken.[3] Aber auch hier ist genau das Gegenteil geschehen: Der Qualifikationsbonus ist in den meisten entwickelten Ländern in den vergangenen zwanzig Jahren deutlich gestiegen. Zudem besagt Tinbergens Theorie wie die von Kuznets, dass die Ungleichheit mit fortschreitender Entwicklung abnimmt – eine Hypothese, die nicht mit den Fakten vereinbar ist.

Eine Theorie, welche die Kuznets-Hypothese tatsächlich verdrängte, legte Thomas Piketty in seinem breit angelegten und enorm einflussreichen Werk *Das Kapital im 21. Jahrhundert* vor. Er versucht, sowohl die Verringerung der Ungleichheit in den reichen Ländern im Zeitraum zwischen 1918 und 1980 als auch ihre Zunahme in den Jahren seither zu erklären. Piketty deutet den Rückgang als außergewöhnliches, durch politische Kräfte bedingtes Phänomen: durch Kriege, Steuern zur Finanzierung der Kriege, die sozialistische Ideologie und die Arbeiterbewegung sowie wirtschaftliche Konvergenz (die dafür sorgte, dass die Arbeitseinkommen stärker wuchsen als die Einkommen aus Vermögen). Die »normale« kapitalistische Konstellation, in der wir heute leben, führt nach Ansicht von Piketty wie in der Zeit vor dem Ersten Weltkrieg zu wachsender Ungleichheit. So erklärt diese Theorie beide Teile der Kuznets-Kurve, nur dass diese in Pikettys Augen U-förmig ist und nicht – wie bei Kuznets – die Form eines *umgekehrten* U hat.

Aber kann Pikettys Deutung Veränderungen der Ungleichheit in der vorindustriellen Phase erklären? Sehen wir uns Schaubild 2.1 an, das Aufschluss über das (anhand des Gini-Koeffizienten gemessene)[4] Niveau der Ungleichheit in den Vereinigten Staaten und Großbritannien in den letzten zwei bis drei Jahrhunderten gibt. In diesen beiden Ländern, die gute Beispiele für die kapitalistische Entwicklung sind, ist die Datenlage am besten. Für den Zeitraum 1750-1980 entsprechen die Ergebnisse fast vollkommen der umgekehrten U-Kurve von Kuznets (soweit empirische Daten der Theorie entsprechen können). Das Problem ist, dass die Kuznets-Hypothese die Zunahme der Ungleichheit nach 1980 nicht erklären kann. Im Gegensatz dazu erklärt Pikettys Theorie die Entwicklung der Ungleichheit in den Vereinigten Staaten und in Großbritannien über einen Zeitraum von fast hundert Jahren vom frühen 20. bis zum frühen 21. Jahrhundert – aber wenn wir weiter zurückblicken und das 18. und 19. Jahrhundert einbeziehen, sehen wir eine Zunahme der Ungleichheit, bei der Pikettys Theorie nicht weiterhilft. Man könnte sagen, dass die Zunahme der Ungleichheit in dieser Zeit dem üblichen Muster der kapitalistischen Entwicklung gehorchte (ähnlich wie es auch heute geschieht), aber das würde bedeuten, dass die Ungleichheit in einem kapitalistischen System unausweichlich zunimmt, sofern sie nicht durch Kriege, andere Bedrohungen oder politische Eingriffe eingeschränkt wird – eine These, die offenkundig nicht mit der Realität vereinbar ist: Im Kapitalismus hat es Zeiten gegeben, in denen die wirtschaftlichen Kräfte eine Verringerung der Ungleichheit bewirkten. Anders als das Pro-Kopf-BIP ist die Ungleichheit (ob man sie nun anhand

**Schaubild 2.1**: Ungleichheit in Großbritannien und den Vereinigten Staaten vom 17. bis zum 21. Jahrhundert

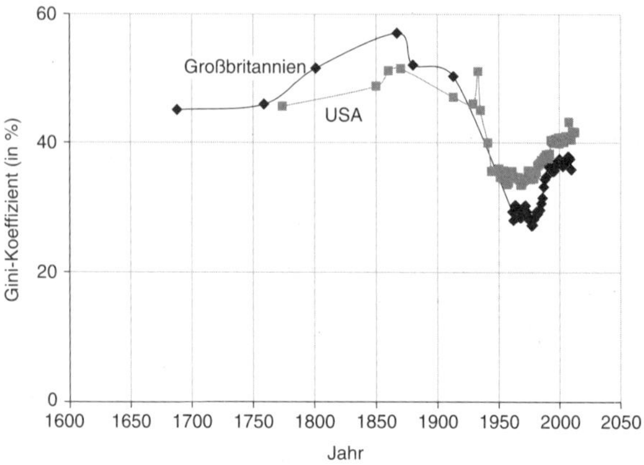


Dieses Diagramm zeigt die langfristige Entwicklung des Gini-Koeffizienten in Großbritannien und den USA. Der Gini-Koeffizient liegt zwischen 0 (völlige Gleichheit) und 100 Prozent (völlige Ungleichheit). Quellen: Siehe Quellenangaben zu den Schaubildern 2.10 und 2.11.

der Einkommensanteile der reichsten Personen oder anhand des Gini-Koeffizienten ermittelt) sogar technisch gedeckelt, sie kann also nicht unendlich zunehmen. Sie stößt nicht einfach an eine Obergrenze, weil der Gini-Koeffizient von 0 bis 1 reicht, sondern weil sie in der Realität durch Faktoren wie die Komplexität moderner Gesellschaften, durch soziale Normen, mit Steuern finanzierte Sozialtransfers und die Gefahr einer Rebellion eingeschränkt wird. Zu behaupten, im Kapitalismus nehme die Ungleichheit zwangsläufig immer zu, wie es einige Kommentatoren in Anlehnung an Piketty getan haben (Varoufakis 2014; Mankiw 2015), ist daher wenig sinnvoll und widerspricht den Tatsachen.[5] Außerdem erklärt Piketty nicht, welche Kräfte abgesehen von Kriegen oder politischer Agitation die Zunahme der Ungleichheit im Kapitalismus bremsen.

Wir können also festhalten, dass die drei einflussreichsten Theorien zur Einkommensungleichheit allesamt auf den ersten Blick nicht geeignet sind, die gegenwärtige Faktenlage zu erklären. Die Theorien von Kuznets und

Tinbergen passen nicht zur Entwicklung der letzten Jahre, und Piketty hilft uns nicht weiter, wo es um die Zeit vor dem 20. Jahrhundert geht.

## Kuznets-Wellen: eine Definition

In diesem Kapitel werde ich eine Erweiterung der Kuznets-Hypothese vorschlagen, die ich als Kuznets-Welle oder Kuznets-Zyklus bezeichne (die Begriffe sind austauschbar) und die meiner Meinung nach die Veränderung der Ungleichheit in der Zeit vor der industriellen Revolution, in der anschließenden Phase bis zum Handstreich von Reagan und Thatcher sowie in jüngster Zeit erklären kann. Ich werde zeigen, dass die moderne Geschichte, das heißt die letzten 500 Jahre, von Kuznets-Wellen mit abwechselnden Anstiegen und Rückgängen der Ungleichheit gekennzeichnet ist.

Vor der industriellen Revolution stagnierte das Durchschnittseinkommen, und es gab keine Beziehung zwischen dem durchschnittlichen Einkommensniveau und dem Niveau der Ungleichheit. Arbeitslöhne und Ungleichheit wurden von Ereignissen wie Epidemien, neuen Entdeckungen (Amerikas oder neuer Handelsrouten zwischen Europa und Asien), Invasionen und Kriegen in die Höhe getrieben oder verringert. Wenn die Ungleichheit abnahm, weil das durchschnittliche Einkommen sowie die Arbeitslöhne stiegen, und die Lage der Armen besser wurde, griffen malthusische Korrekturmechanismen: Die Bevölkerung wuchs übermäßig und wurde schließlich (da das durchschnittliche Pro-Kopf-Einkommen sank) durch eine steigende Mortalität unter den Armen wieder verringert. Die Armen wurden auf das Subsistenzniveau gedrückt, und die Ungleichheit nahm erneut zu. In Kriegszeiten, wenn das durchschnittliche Einkommen einer Gesellschaft sehr niedrig ist, gibt es nur zwei Möglichkeiten: Entweder tragen die Reichen den Großteil der Kosten, womit die Ungleichheit abnimmt, oder das Einkommen der Armen fällt unter das Subsistenzniveau, was einen Bevölkerungsrückgang zur Folge hat. So ausbeuterisch und gleichgültig gegenüber dem Schicksal der Armen die Herrschenden auch sein mögen, darf man davon ausgehen, dass sich kaum eine Gesellschaft die zweite Lösung leisten kann. Sie ist selbstzerstörerisch, da ein Bevölkerungsschwund gleichbedeutend mit einer Verringerung der Zahl der Männer ist, die zum Militärdienst herangezogen werden können. Deshalb ist die erste Lösung zu präferieren, und deshalb dürfen wir annehmen, dass Kriege oft zu einer Verringerung der Ungleichheit in den vorindustriellen Gesellschaften führten.[6]

Kurz gesagt, vertrete ich die Auffassung, dass sich die Ungleichheit in der Zeit vor der industriellen Revolution in Kuznets-Wellen rund um ein im Wesentlichen unveränderliches durchschnittliches Einkommen bewegte. Die Kuznets-Wellen hängen mit den malthusischen Wellen zusammen, aber sie sind nicht dasselbe. In einem Malthus-Zyklus lösen ein höheres Durchschnittseinkommen und eine geringere Ungleichheit (mit steigenden Reallöhnen) ein Wachstum der armen Bevölkerungsschichten aus, was aufgrund des steigenden Arbeitskräfteangebots zu einer Verringerung ihrer Einkommen und zu einer zunehmenden Ungleichheit führt, was wiederum das weitere Bevölkerungswachstum bremst. Die Kuznets-Zyklen können anders als die malthusischen Zyklen von nichtdemografischen Faktoren angetrieben werden, etwa von einem mäßigen Wirtschaftswachstum oder von einem Zufluss an Gold, was zunächst die Kluft zwischen Grundherren und Händlern auf der einen und Arbeitern auf der anderen Seite vergrößert, im Lauf der Zeit jedoch die Ungleichheit verringert, da das Arbeitskräfteangebot sinkt. Wir können uns die Kuznets-Zyklen als umfassendes Konzept vorstellen, das die malthusischen Bevölkerungszyklen in bestimmten Fällen beinhaltet, nämlich dann, wenn das Ereignis, das die Ungleichheit erhöht oder verringert, fast ausschließlich in einer Veränderung des Nenners (der Bevölkerungszahl) besteht.

Dann kommt die industrielle Revolution, und das Durchschnittseinkommen steigt nachhaltig. Die Löhne steigen im Allgemeinen im Gleichschritt mit den Einkommen (im Goldenen Zeitalter des Kapitalismus sogar schneller). Insgesamt hat die industrielle Revolution zwei bedeutsame Auswirkungen auf die Entwicklung der Einkommensungleichheit.

Erstens kann die Ungleichheit jetzt deutlicher zunehmen als vorher, weil ein höheres Gesamteinkommen einen Teil der Bevölkerung in die Lage versetzt, ein sehr viel höheres Einkommen zu erzielen, ohne die Armen unter die Schwelle zu drängen, jenseits derer der Hungertod droht. Ein höheres Volkseinkommen schafft unter der Voraussetzung, dass alle Menschen zumindest ein für die Subsistenz ausreichendes Einkommen erzielen, ein-

**Schaubild 2.2**: Möglichkeitsgrenze der Ungleichheit: Der geometrische Ort der höchsten möglichen Gini-Koeffizienten als Funktion des durchschnittlichen Einkommensniveaus

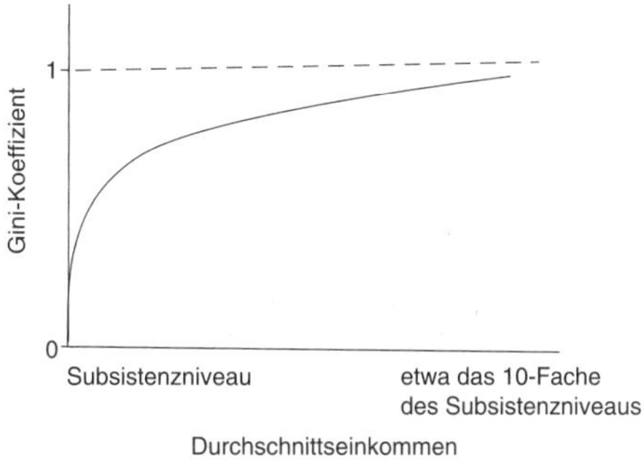


Diese Grafik zeigt die maximal mögliche Ungleichheit (gemessen am Gini-Koeffizienten) bei verschiedenen Niveaus des durchschnittlichen Pro-Kopf-Einkommens. Die maximal mögliche Ungleichheit wird definiert als maximale Ungleichheit unter der Bedingung, dass keine Person ein Einkommen unterhalb des Subsistenzniveaus hat.

fach größeren »Spielraum« für eine Zunahme der Ungleichheit. Dieses Konzept liegt der von Milanović, Lindert und Williamson (2011) beschriebenen »Möglichkeitsgrenze der Ungleichheit« zugrunde: Wenn das Durchschnittseinkommen nur knapp über dem Subsistenzniveau liegt und die Bevölkerung nicht schrumpft, dann muss das Mehreinkommen über dem Subsistenzniveau gering sein, und selbst wenn es vollkommen von der Elite beansprucht wird, kann es (über die Gesamtbevölkerung hinweg gemessen) nicht zu großer Ungleichheit führen. Der Grund dafür ist, dass die gesamte Bevölkerung mit Ausnahme einer winzigen Elite dasselbe Einkommen haben wird. Aber wenn das Durchschnittseinkommen steigt, erhöht sich auch das über das Subsistenzniveau hinausgehende Mehreinkommen, womit eine größere Ungleichheit möglich wird. Die Möglichkeitsgrenze der Ungleichheit ist das *höchste mögliche* Niveau der Ungleichheit (gemessen am Gini-Koeffizienten) für verschiedene Werte des Durchschnittseinkommens. Die Grenze hat einen konkaven Verlauf: Die maximal mögliche Ungleichheit nimmt mit steigendem Durchschnittseinkommen zu, aber ihr Wachstum verlangsamt sich. Schaubild 2.2 zeigt die Beziehung: Bei einem durchschnittlichen Einkommensniveau, das für den Selbsterhalt genügt, liegt der maximale Gini-Koeffizient bei 0. Von da an steigt er schrittweise, da das Durchschnittseinkommen über das Subsistenzniveau hinausgeht, und wenn dieses um das 15- bis 20-Fache überschritten ist, liegt der in der Realität maximal mögliche Gini-Koeffizient nahe bei 1 (bzw. bei 100, wenn er in Prozent ausgedrückt wird).[7]

Zweitens gingen Ungleichheit und Durchschnittseinkommen nach der industriellen Revolution eine Beziehung ein, die bis dahin nicht existiert hatte, weil das Durchschnittseinkommen unveränderlich gewesen war. Ich bin der Ansicht, dass ein Strukturwandel (die Entstehung eines sehr viel diversifizierteren Produktionssektors) und die Verstädterung in Einklang mit der von Kuznets vorgeschlagenen Deutung die Ungleichheit ab dem Beginn der industriellen Revolution erhöhten, bis sie Ende des 19. oder Anfang des 20. Jahrhunderts in den reichen Ländern einen Höhepunkt erreichte.

Von da an nahm die Ungleichheit – wie Kuznets richtig beobachtete – ab, da das Angebot nach besser qualifizierten Arbeitskräften stieg und die Forderung nach Umverteilung laut wurde, während die Kapitalerträge (deren Anstieg stets mit größerer Ungleichheit einhergeht) sanken.[8] Dies war ein »gutartiger«, von wirtschaftlichen und demografischen Kräften bedingter Mechanismus, der die Ungleichheit verringerte. Aber in den reichen Ländern wurde die Ungleichheit ab dem Ersten Weltkrieg auch durch »bösartige« Mechanismen (Kriege und Revolutionen) zurückgedrängt. Ich bin zu dem Ergebnis gelangt, dass das Wechselspiel benigner und maligner Mechanismen die Abwärtsbewegung der Kuznets-Welle erklärt – die Verringerung der Ungleichheit in den reichen Ländern im 20. Jahrhundert, die auch als die »große Nivellierung« bezeichnet wird. Die Abwärtsbewegung wurde durch einen malignen Mechanismus (den Ersten Weltkrieg) beschleunigt, der, wie wir in diesem Kapitel sehen werden, selbst ein Produkt der ausgeprägten Ungleichheit in den beteiligten Ländern war. Anschließend setzte sich die Verringerung der Ungleichheit dank der wirtschaftlichen und sozialen Kräfte fort, die vom Krieg in Gang gesetzt worden waren. Die Kombination von malignen und benignen Kräften, von Krieg und Sozialpolitik – jenen beiden Faktoren, welche die Ungleichheit in modernen Gesellschaften verringern können – ist ein wesentlicher Bestandteil unserer Erklärung nicht nur der vergangenen, sondern auch der zukünftigen Entwicklungen der Ungleichheit.[9]

Die Kräfte, die nach dem Ersten Weltkrieg die Ungleichheit verringerten, waren in den achtziger Jahren erschöpft. In dieser Zeit begann der zweite Kuznets-Zyklus in den reichen Ländern (das heißt in den postindustriellen Gesellschaften). In den Achtzigern setzte eine neue (zweite) technologische Revolution ein, die von bemerkenswerten Veränderungen in der Informationstechnologie, von der Globalisierung und von der Ausbreitung heterogener Tätigkeiten im Dienstleistungssektor gekennzeichnet ist. Wie die industrielle Revolution zu Beginn des 19. Jahrhunderts haben auch diese Umwälzungen die Kluft zwischen den Einkommen vergrößert. Dass die Ungleichheit zunahm, lag zum Teil daran, dass die neuen Technologien besser qualifizierte Arbeitskräfte belohnten, den Kapitalanteil und die Kapitalerträge erhöhten und die Volkswirtschaften der reichen Länder für die Konkurrenz aus China und Indien öffneten (eine Entwicklung, mit deren Auswirkungen wir uns in Kapitel 1 beschäftigt haben). Die Struktur der Nachfrage und damit des Arbeitsmarkts verschob sich hin zu den Dienstleistungen, in denen weniger qualifizierte und schlechter bezahlte Arbeitskräfte tätig waren. Auf der anderen Seite konnte man in einzelnen Dienstleistungsbereichen, zum Beispiel im Finanzsektor, extrem gut verdienen. Das erhöhte die Ungleichheit der Löhne und letzten Endes der Einkommensverteilung.[10]

Weiter verstärkt wurden diese Trends durch politische Eingriffe, welche die Reichen bevorzugten. Es wäre ein Fehler, diese Interventionen als von der technologischen Revolution und der Globalisierung unabhängig zu betrachten. Die Anfang der achtziger Jahre eingeleitete Politik war weniger eine Reaktion auf die Unzufriedenheit mit der Leistungsfähigkeit des Sozialstaats (die ursprüngliche und vordergründige Begründung für diese Eingriffe), sondern eher eine Antwort auf die mit der Informationsrevolution einhergehende Globalisierung. Wäre die Abneigung gegen einen aufgeblähten Sozialstaat der Grund dafür gewesen, hohe Einkommen steuerlich zu entlasten und Kapitalerträge geringer zu besteuern als Arbeitseinkommen (was einen Rückfall in die Zeit vor der Französischen Revolution bedeutet hätte), so wäre der Umfang des öffentlichen Sektors verringert worden und der Prozess wäre zum Stillstand gekommen, sobald der »Staat« auf ein angemessenes Maß zurechtgestutzt worden war. Aber das geschah nicht. Zwar wurde der Wohlfahrtsstaat in der Reagan-Thatcher-Ära und sogar in der Zeit von »New Labour« unter Tony Blair oder der »New Democrats« unter Bill Clinton scharf kritisiert, wesentlich gestutzt wurde er jedoch nicht.[11] Gleichzeitig wurde an der beschriebenen Steuerpolitik festgehalten. Der Grund dafür war die wirtschaftliche Notwendigkeit: In der Ära der Informationstechnologie und der Globalisierung ist es schwierig geworden, das mobile Kapital zu besteuern, das sich dank frei zugänglicher Information und der globalen Reichweite von Banken sowie Aktienmärkten problemlos vom Hoheitsgebiet eines Staates in das eines anderen bewegen kann.[12] In einer Umkehrung des bekannten Diktums von Karl Marx, wonach »die Proletarier kein Heimatland haben«, könnten wir sagen, dass in unserer Zeit das Kapital und die Kapitalisten kein Heimatland haben. Es ist sehr viel schwieriger geworden, das Kapital zu kontrollieren und zu besteuern. Das hat die Ungleichheit verschärft.

Tabelle 2.1 enthält eine Zusammenfassung der malignen und benignen Kräfte, die in den vorindustriellen, industriellen und postindustriellen Gesellschaften zur Verringerung der Ungleichheit beigetragen haben. Der Hauptunterschied zwischen den beiden Arten von Kräften ist, dass die benignen Kräfte in Gesellschaften mit stagnierendem Durchschnittseinkommen fehlen. Nur in wachsenden Volkswirtschaften üben Kräfte wie ein steigender Bildungsstand, wachsende politische Teilhabe und eine alternde, an sozialer Sicherheit interessierte Bevölkerung Druck zur Verringerung der Einkommensungleichheit aus. Anders ausgedrückt: Es ist kein Zufall, dass die Gesellschaften mit höherem (und wachsendem) Einkommen auch diejenigen mit einem höheren Bildungsstand und umfassenderen politischen Rechten sind und dass sie den demografischen Wandel durchmachen. Zu den benignen Kräften zähle ich auch einen technologischen Fortschritt, der gering qualifizierte Arbeitskräfte bevorzugt. Dazu kommen wir am Ende dieses Kapitels, aber es sei bereits an dieser Stelle darauf hingewiesen, dass dieser Faktor in meinen Augen bisher nicht ausreichend untersucht wurde und für die Zukunft vielversprechend sein könnte. Aus historischen Gründen sind wir daran gewöhnt, uns technologischen Fortschritt als etwas vorzustellen, das vom Kapitaleinsatz vorangetrieben wird, in Maschinen verkörpert ist, das die hoch qualifizierte Arbeit ergänzt (und damit den Qualifikationsbonus erhöht) und/oder gering qualifizierte Arbeitskräfte ersetzt und auf diese Art ebenfalls das Lohngefälle vergrößert. Theoretisch ist jedoch nicht ausgeschlossen, dass es auch Formen des technologischen Fortschritts gibt, welche die Produktivität gering qualifizierter Arbeitskräfte erhöhen und damit den Armen zugutekommen. Aber es ist schwierig herauszufinden, was für ein Fortschritt das sein könnte.

**Tabelle 2.1**: maligne und benigne Kräfte, welche die Ungleichheit verringern

| *Art der Gesellschaft* | *maligne Kräfte* | *benigne Kräfte* |
|---|---|---|
| Gesellschaften mit stagnierendem Durchschnittseinkommen | *idiosynkratische Ereignisse:*<br>– Kriege (durch Zerstörung)<br>– innere Konflikte (Zusammenbruch des Staates)<br>– Epidemien | |
| Gesellschaften mit steigendem Durchschnittseinkommen | – Kriege (durch Zerstörung und höhere Besteuerung)<br>– innere Konflikte (Zusammenbruch des Staates)<br>– Epidemien | – politischer Druck (Sozialismus, Gewerkschaften)<br>– allgemeiner Zugang zu Bildung<br>– alternde Bevölkerung (Bedürfnis nach sozialem Schutz)<br>– technologischer Wandel, der gering qualifizierte Arbeitskräfte begünstigt |

Was die Wirkung der malignen Kräfte anbelangt, sind sich die vorindustriellen und die modernen Gesellschaften relativ ähnlich, denn Kriege und innere Konflikte spielen sowohl in stagnierenden als auch in wachsenden Volkswirtschaften eine Rolle. Die Auswirkungen von Kriegen auf die Ungleichheit in den vorindustriellen Gesellschaften variierten vermutlich abhängig davon, ob ein Land wie das Römische Reich auf dem Höhepunkt seiner Macht Eroberungskriege führte, welche die Ungleichheit förderten, indem sie das Angebot an Sklavenarbeitern erhöhten, oder ob Kriege zum Zusammenbruch des Staates führten und damit die Ungleichheit verringerten. Mit anderen Worten: In den vorindustriellen Volkswirtschaften

**Schaubild 2.3**: erwartetes Veränderungsmuster der Ungleichheit von der vorindustriellen bis zur postindustriellen Zeit

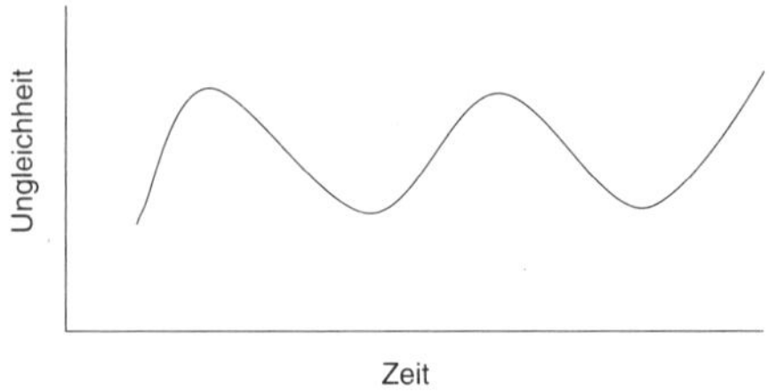


Diese Grafik zeigt regelmäßige Zyklen der Ungleichheit im Lauf der Zeit.

konnten Kriege die Ungleichheit entweder begünstigen oder zurückdrängen. In der Neuzeit verringern Kriege aufgrund von Massenmobilisierung, Eigentumszerstörung und progressiver Besteuerung die Ungleichheit (zumindest haben sie bisher diese Wirkung gehabt). Aber das Wesen des Krieges ändert sich, und wenn er infolge der Entstehung von Berufsarmeen weniger Menschen in Mitleidenschaft zieht, können sich in Zukunft auch seine Auswirkungen auf die Ungleichheit ändern.

Epidemien sind eine weitere maligne Kraft; sie haben dabei in stagnierenden Volkswirtschaften größere Auswirkungen als in wachsenden. Die entwickelten Gesellschaften sind zum Glück von großen Epidemien verschont geblieben, die in den vorindustriellen Gesellschaften unzählige Menschenleben auslöschten, was oft einen Anstieg der Reallöhne und eine Verringerung der Ungleichheit nach sich zog. Ausbrüche von Krankheiten wie Aids und Ebola haben die Ungleichheit in den reichen Ländern nicht nachweislich verringert.

Wenn wir die Entwicklung der Ungleichheit im Lauf der Zeit betrachten, erwarten wir, ein zyklisches Muster wie das in Schaubild 2.3 zu finden.

Wenn wir jedoch die Veränderung der Ungleichheit im Verhältnis zum Pro-Kopf-Einkommen betrachten (wobei das Einkommen eigentlich eine Proxy-Variable für strukturelle Veränderungen wie die Industrialisierung oder die Stadtflucht ist), erwarten wir, ein Muster wie das in Schaubild 2.4 zu finden.[13]

Bei niedrigen Einkommensniveaus (beispielsweise von weniger als 1000 oder 2000 US-Dollar im Jahr in internationalen Dollar von 1990) wären

**Schaubild 2.4**: erwartetes Muster der Veränderung der Ungleichheit in Relation zum Pro-Kopf-Einkommen von der vorindustriellen über die postindustrielle Zeit und darüber hinaus in die Zukunft (gestrichelte Linie)

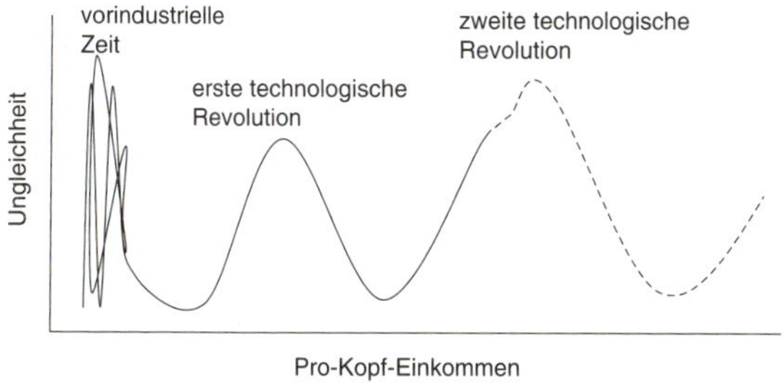


Diese Grafik zeigt, dass sich das Muster regelmäßiger Zyklen der Ungleichheit (wie in Schaubild 2.3 dargestellt) verändert, wenn nicht die Entwicklung der Ungleichheit im Lauf der Zeit, sondern die Ungleichheit im Verhältnis zum Durchschnittseinkommen dargestellt wird. In den vorindustriellen Gesellschaften waren die Veränderungen der Ungleichheit, gemessen am Durchschnittseinkommen, uneinheitlich, aber in der Industriegesellschaft und in der postindustriellen Gesellschaft kristallisierten sich regelmäßige Zyklen heraus.

sowohl Zu- als auch Abnahmen der Ungleichheit zu beobachten, während das Durchschnittseinkommen stagniert – das Ergebnis wäre ein ungeordnetes Bild ähnlich einem Rauschsignal.[14] In der ersten und zweiten technologischen Revolution würden wir jedoch ein sehr viel deutlicheres Bild der Zunahme und anschließenden Verringerung der Ungleichheit bei steigendem Einkommen erwarten.

Eine interessante Frage lautet, was geschehen würde, wenn die Wachstumsrate auf null fiele und die Wirtschaft mit einem sehr viel höheren Einkommensniveau als in den mehr oder weniger statischen vorindustriellen Volkswirtschaften stagnierte. Es ist nicht undenkbar, dass sich die Kuznets-Zyklen unter der Bedingung eines unveränderten Durchschnittseinkommens fortsetzen würden, womit sich ein ähnliches Bild wie das ergeben würde, das wir bei den vorindustriellen Volkswirtschaften beobachtet haben.

Im nächsten Abschnitt werden wir uns die Bewegung der Kuznets-Wellen vor der industriellen Revolution ansehen. Wir werden die Grenze zwischen vorindustrieller Zeit und Moderne konventionell in der Mitte des

19. Jahrhunderts ziehen. (Das gilt für die Länder, die zu dieser Zeit die individuelle Revolution durchmachten.)[15] Wie ähnliche Arbeiten zur Ungleichheit, die sich auf einer hohen Abstraktionsebene bewegen, stützt sich auch die vorliegende auf relativ spärliche Daten, die jedoch sehr viel umfangreicher sind als jene, die Kuznets im Jahr 1955 zur Verfügung hatte. Wir können für ein Dutzend Länder die wahrscheinliche Entwicklung der Ungleichheit über mehrere Jahrhunderte hinweg nachzeichnen.

## Ungleichheit in Gesellschaften mit stagnierendem Durchschnittseinkommen

Schaubild 2.5 zeigt die Ungleichverteilung des Einkommens (näherungsweise ermittelt über das Verhältnis von Grundrenten und Arbeitslöhnen) in Spanien in einem Zeitraum von mehr als fünf Jahrhunderten. Die Berechnungen haben die spanischen Ökonomen Carlos Álvarez-Nogal und Leandro Prados de la Escosura (2007, 2009 und 2013) in bahnbrechenden Arbeiten vorgelegt. Die Grafik, in der die Ungleichheit auf der vertikalen Achse der Zeit auf der horizontalen Achse zugeordnet wird, zeigt die üblichen Merkmale der Kuznets-Zyklen: einander abwechselnde Anstiege und Rückgänge der Ungleichheit. Kuznets-Kurven werden oft als Ungleichheit im zeitlichen Verlauf dargestellt (siehe beispielsweise Schaubild 2.1), aber sie können nur so lange im Rahmen der Kuznets-Hypothese interpretiert werden, wie der zeitliche Verlauf von einem stetigen Anstieg des Pro-Kopf-Einkommens oder einer anderen relevanten strukturellen Veränderung begleitet wird. In der Moderne erwarten wir normalerweise ein im Lauf der Zeit steigendes Einkommen, denn die langfristige Pro-Kopf-Wachstumsrate in den fortschrittlichen Volkswirtschaften lag im Zeitraum 1820-2010 bei zwischen 1 und 1,5 Prozent im Jahr. In diesem Fall macht es keinen großen Unterschied, ob man die Entwicklung der Ungleichheit im Lauf der Zeit oder im Verhältnis zum Pro-Kopf-BIP betrachtet, denn langfristig entwickeln sich Zeit und Einkommen im Gleichschritt. (Dennoch ist das Einkommen der Zeit vorzuziehen, weil es eine sehr viel bessere Proxy-Variable für den Strukturwandel ist, welcher der Kuznets-Hypothese zugrunde liegt.)

**Schaubild 2.5**: Ungleichheit in Spanien (Näherungswert ausgehend vom Verhältnis zwischen Grundrenten und Arbeitslöhnen) im zeitlichen Verlauf, 1326-1842

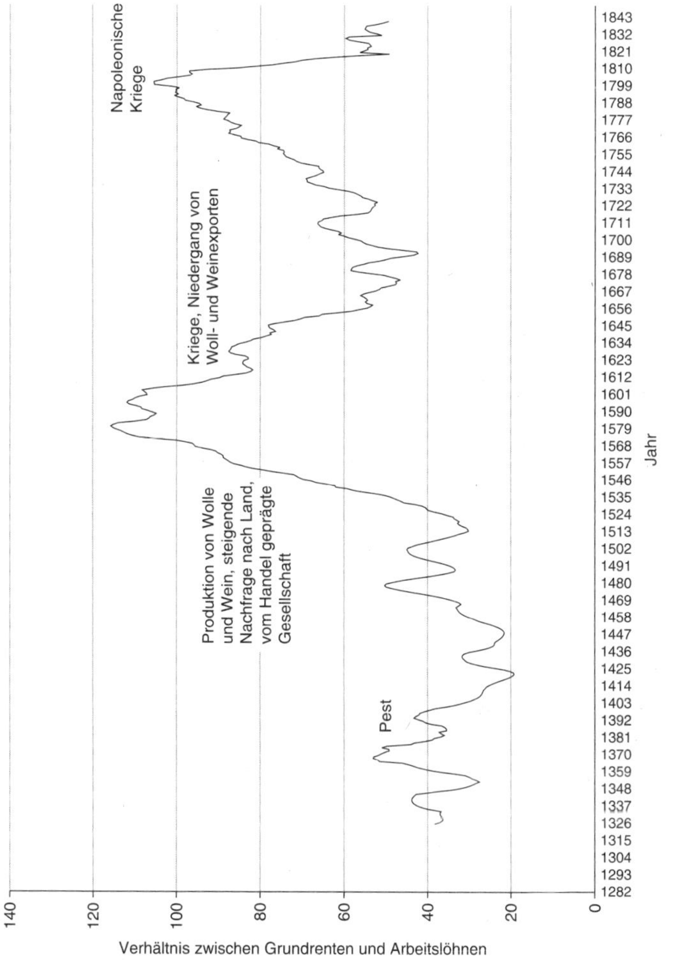


Die vertikale Achse zeigt das geschätzte Verhältnis zwischen Grundrenten und Arbeitslöhnen; wenn es steigt, nimmt die Ungleichheit zu, da das Einkommen der Grundherren im Verhältnis zu dem der Arbeiter steigt. Quelle: Álvarez-Nogal und Prados de la Escosura (2007, 2013).

**Schaubild 2.6**: Ungleichheit in Spanien (Näherungswert ausgehend vom Verhältnis zwischen Grundrenten und Arbeitslöhnen), gemessen am realen Pro-Kopf-BIP, 1326-1842

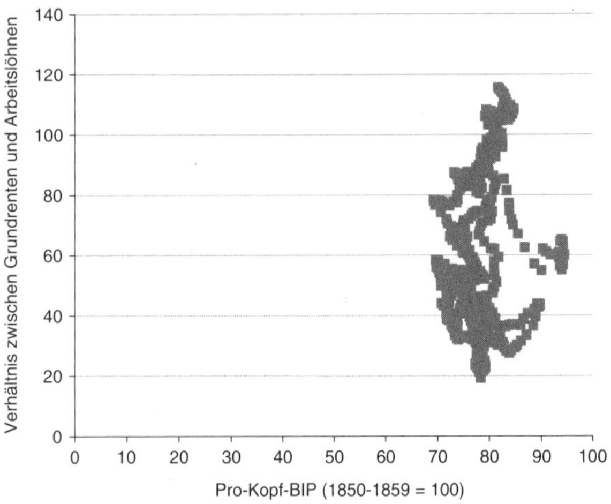


Die vertikale Achse zeigt das geschätzte Verhältnis zwischen Grundrente und Arbeitslohn; wenn es steigt, nimmt die Ungleichheit zu, da das Einkommen der Grundherren im Verhältnis zu dem der Arbeiter steigt. Die horizontale Achse zeigt das geschätzte Pro-Kopf-BIP (1850-1859 = 100). Quelle: Álvarez-Nogal und Prados de la Escosura (2007, 2013).

Wenn wir also die Ergebnisse von Álvarez-Nogal und Prados de la Escosura heranziehen, um die Kuznets-Hypothese in ihrer Standardformulierung zu überprüfen, müssen wir die Ungleichheit ins Verhältnis zur Entwicklung der (geschätzten) Realeinkommen setzen. Das tun wir in Schaubild 2.6. Das wesentliche Merkmal dieser Grafik ist, dass sich darin keinerlei Regelmäßigkeit findet: Unser Maß der Ungleichheit bewegt sich auf und ab, das heißt, es schwankt ohne irgendeine Beziehung zum Durchschnittseinkommen (Pro-Kopf-BIP) um einen zentralen Wert. Der Grund für dieses Fehlen jeglicher Beziehung ist die Tatsache, dass das Einkommen in Spanien in den von Álvarez-Nogal und Prados de la Escosura untersuchten fünf Jahrhunderten im Wesentlichen stagnierte.[16] Daher besteht erwartungsgemäß kein Zusammenhang zwischen Einkommensungleichheit und

Durchschnittseinkommen oder irgendeinem anderen strukturellen Parameter, der mit dem Einkommen verknüpft werden könnte. Die Aufwärts- und Abwärtsbewegungen der Ungleichheit wirken einfach wie ein Haufen unscharfer Punkte vor dem Hintergrund einer mehr oder weniger konstanten Zahl auf der horizontalen Achse.

Das bestätigt unsere Hypothese, dass die Ungleichheit in der Zeit vor der industriellen Revolution zwar stieg und fiel, diese Schwankungen jedoch nicht als Ergebnis eines steigenden oder sinkenden Einkommens – oder, um uns an Kuznets' ursprüngliche Formulierung zu halten, als Ergebnis der »strukturellen« Gesetze der Bewegung – gedeutet werden können. Mit anderen Worten: Für den Zeitraum vor der industriellen Revolution (oder für jeden anderen Zeitraum stagnierender Einkommen) muss die Hypothese der Kuznets-Zyklen ganz anders formuliert werden als für den modernen Zeitraum des beständigen Anstiegs der Durchschnittseinkommen.

*Wodurch wird die Ungleichheit in den vorindustriellen Gesellschaften verringert?* Wenn weder die Veränderungen des Einkommens noch der Strukturwandel dafür verantwortlich waren, dass die Ungleichheit in den vorindustriellen Gesellschaften zu- oder abnahm, was war es dann? Ein Blick auf die Daten für Spanien in Schaubild 2.5 gibt einen Hinweis darauf, welche Kräfte der Ungleichverteilung entgegenwirkten. Die Verringerung der Ungleichheit nach 1350 war auf die Pest zurückzuführen. Die zweite und sehr lange Verringerung der Ungleichheit ab etwa 1570 wurde nach Ansicht von Álvarez-Nogal und Prados de la Escosura (2007) durch die Kriege, die Spanien gegen die Niederlande, das Osmanische Reich und England führte, und durch den mit diesen Konflikten einhergehenden Zusammenbruch des Woll- und Weinexports verursacht. Die dritte Phase abnehmender Ungleichheit begann nach 1800 und hing direkt mit den Napoleonischen Kriegen zusammen (Leandro Prados de la Escosura, persönliche Mitteilung). Dieselben Wirkungen können wir auch in anderen historischen Fällen beobachten: In den vorindustriellen Gesellschaften nahm die Ungleichheit im Allgemeinen infolge verheerender Ereignisse wie Epidemien, Kriege und Revolutionen ab.

In einer neueren Arbeit hat Guido Alfani (2014), der die Entwicklung norditalienischer Städte vom 14. bis zum 18. Jahrhundert studiert hat, Verringerungen der Vermögensungleichheit während der Pest um das Jahr

**Schaubild 2.7**: Vermögensungleichheit im norditalienischen Ivrea, 1620-1650

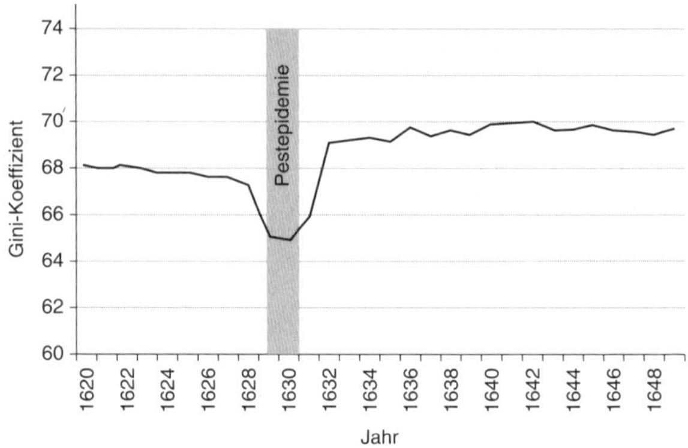


Die Grafik zeigt die Ungleichverteilung der Vermögen (gemessen in Gini-Prozentpunkten) in der norditalienischen Stadt Ivrea, die in der frühen Neuzeit von der Pest heimgesucht wurde. Während der Epidemie nahm die Ungleichheit ab. Quelle: mit Erlaubnis des Autors bearbeitete Daten von Alfani (2014).

1350 sowie drei Jahrhunderte später während der letzten großen Pestepidemie identifiziert, die diesen Teil Europas um 1630 heimsuchte. Alfani und Ammannati (2014, S. 22) haben ganz ähnliche Belege für die Auswirkungen der Pest auf Florenz vorgelegt: »Die furchtbare Pandemie [von 1348] scheint die Ursache für eine lange Phase sinkender Ungleichheit gewesen zu sein, die in den [toskanischen] Städten bis etwa 1450 dauerte.« Für unsere Zwecke besonders aufschlussreich ist ein Diagramm Alfanis (Schaubild 2.7), das zeigt, dass die Verringerung der Ungleichheit zeitlich mit der Pestepidemie von 1628-1631 zusammenfiel.[17] Alfanis Arbeit über die Auswirkungen der Pest ist wichtig, weil er die jährliche Entwicklung von Familienvermögen vor, während und nach der Krise über einen Zeitraum von drei Jahrzehnten verfolgen konnte.

Was ist der Grund dafür, dass katastrophale Ereignisse wie Pestepidemien die Ungleichheit verringern? Die am häufigsten vorgebrachte Erklärung (siehe beispielsweise Pamuk 2007 sowie Álvarez-Nogal und Prados de la Escosura 2007) lautet, dass infolge des sinkenden Arbeitskräfteangebots die Reallöhne steigen. Dieser Anstieg führt dazu, dass der Einkommensanteil der Grundrenten gegenüber dem der Arbeitslöhne sinkt, wie wir am Beispiel Spaniens (Schaubild 2.5) gesehen haben. Was das Vermögen anbelangt, so führt eine hohe Mortalität zur Aufsplitterung des Eigentums, unter anderem auch bei Großgrundbesitzern, deren Land unter den Familienmitgliedern aufgeteilt wird (Alfani 2010). Hülya Canbakal (2012) stellt einen Zusammenhang her zwischen der Verringerung der Vermögensungleichheit in der osmanischen Stadt Bursa (geschätzt anhand der Daten aus Testamentsregistern über mehrere Jahrhunderte hinweg) und dem »Zusammenbruch des Staates« zwischen 1580 und 1640, einer Zeit, die durch Hyperinflation und politische Instabilität gekennzeichnet war. Die Autorin sieht einen »moderat positiven Zusammenhang zwischen [durchschnittlichem] Vermögen, Ungleichheit und Bevölkerungszahl« (S. 15).[18]

Die Reaktion auf den Schwarzen Tod und den Lohnanstieg war allerdings nicht überall dieselbe. An diesem Punkt kommen die Institutionen ins Spiel. Wie Mattia Fochesato (2014) gezeigt hat, reagierten die Grundbesitzer in verschiedenen Teilen Europas unterschiedlich auf den im Wesentlichen identischen Lohnschock infolge der Pest. In Südeuropa, wo die Institutionen des Feudalsystems stärker waren, handelten die Grundherren die Pachtverträge neu aus, schränkten die Bewegungsfreiheit der Arbeitskräfte ein und bemühten sich nach Kräften, die Löhne anhand von Nicht-Markt-Mechanismen zu drücken. In Nordeuropa (in England und den Niederlanden), wo die feudalen Institutionen schwächer waren, fiel es den Grundbesitzern schwerer, den Lohnanstieg zu bremsen. Die Ungleichheit, gemessen an der Relation zwischen Grundrenten und Arbeitslöhnen, sank vermutlich in beiden Fällen, wenn auch nicht im selben Maß.[19]

Ein weiteres katastrophales Ereignis, das die Ungleichheit verringert, ist der Krieg. Piketty hat in *Das Kapital im 21. Jahrhundert* das Argument vorgebracht, dass der Krieg, obwohl er eine nicht willkommene Kraft ist, einen Beitrag zu Verringerung der Ungleichheit in modernen Gesellschaften leisten kann. Diese These stellte Piketty bereits in einer früheren Arbeit (2001a) zur Ungleichheit in Frankreich auf, in der er zeigte, wie sich der Erste Weltkrieg auf die Ungleichheit auswirkte. Der Krieg verringert die Ungleichheit, indem er Kapital zerstört und Inflation verursacht (die den Gläubigern Verluste beschert); die Folge ist eine allgemeine Verringerung der Einkommen aus Eigentum. David Ricardo beschrieb im berühmten 31. Kapitel der *Grundsätze der politischen Ökonomie und der Besteuerung* (1817) einen weiteren, bisher nicht genau untersuchten Mechanismus, durch den der Krieg die Ungleichheit verringert. Die mit einer zusätzlichen steuerlichen Belastung der Reichen bestrittenen Kriegsausgaben erhöhen die Nachfrage nach Arbeitskräften deutlicher als die normalen Konsummuster der Bessergestellten. So wird ein gegebener Geldbetrag, der sich jetzt nicht mehr in den Händen der Kapitalisten, sondern in denen des Staates befindet, verwendet, um zusätzliche Arbeitskräfte einzustellen – darunter viele als Soldaten –, wodurch die Nachfrage nach Arbeitskräften steigt. Die Löhne steigen, und die Ungleichheit nimmt ab.

Zusammenfassend lässt sich feststellen, dass die Ungleichheit in vormoderner Zeit geringer wurde, wenn katastrophale Ereignisse eintraten. Solche Ereignisse gingen mit einem vorübergehenden Anstieg des Durchschnittseinkommens (im Fall von Epidemien) oder mit einem Zusammenbruch der staatlichen Ordnung und einem Rückgang des Durchschnittseinkommens einher (siehe Exkurs 2.1 zum Römischen Reich). Wie wir später in diesem Kapitel sehen werden, darf man behaupten, dass das in moderner Zeit eingeführte neue Merkmal darin besteht, dass die Ungleichheit abnimmt, wenn das Durchschnittseinkommen stetig steigt.

*Was erhöht die Ungleichheit in den vorindustriellen Gesellschaften?* Wouter Ryckbosch (2014) stellt Schätzungen zur Ungleichheit in niederländischen (bzw. später belgischen) Städten zwischen 1400 und 1900 an. Seine Ergebnisse sind in Schaubild 2.8a dargestellt. Die Daten beruhen auf kapitalisierten Immobilienerträgen (welche Aufschluss über die ungleiche Verteilung des Immobilienvermögens geben) und zeigen einen allgemeinen, wenn auch schwachen Anstieg bis zum Beginn der industriellen Revolution. Doch etwa ab dem Jahr 1800 schien die Ungleichheit überall zuzunehmen. Dies ist eines unserer (und natürlich Kuznets') Schlüsselargumente: Die industrielle Revolution erhöhte die Ungleichheit deutlich. In den wachsenden westeuropäischen Volkswirtschaften und ihren »Ablegern« (diesen Begriff verwendet Angus Maddison für die ehemaligen Kolonien der westeuropäischen Mächte) setzte sich diese Entwicklung so lange fort, bis die Ungleichheit zwischen dem Ende des 19. Jahrhunderts und dem Ersten Weltkrieg einen Höhepunkt erreichte. In mit Verspätung industria-

**Schaubild 2.8a**: Vermögensungleichheit in zunächst niederländischen und später belgischen Städten, 1400-1850

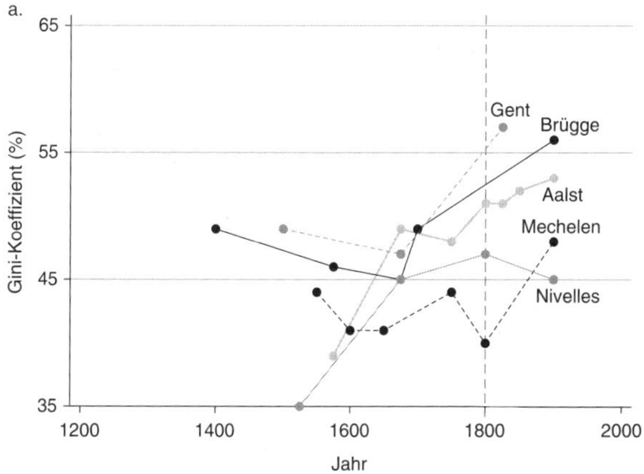


**Schaubild 2.8b**: Vermögensungleichheit in norditalienischen Städten, 1311-1772

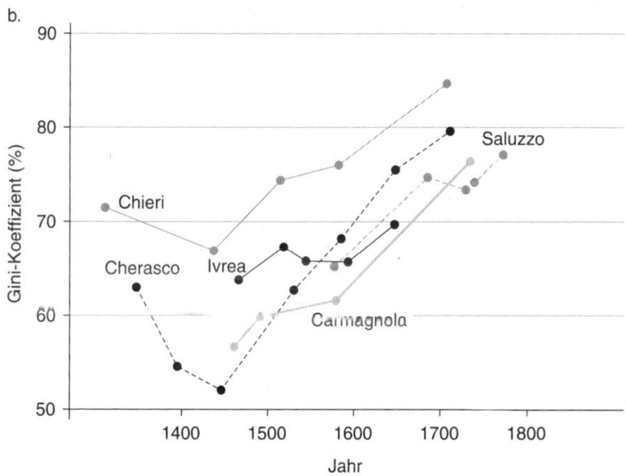


Die Grafen zeigen die Entwicklung der Vermögensungleichheit (gemessen in Gini-Punkten) ab dem Spätmittelalter in niederländischen bzw. später belgischen sowie in norditalienischen Städten. Das Jahr 1800 markiert den Beginn der industriellen Revolution. Quellen: a) Ryckbosch (2014); b) Alfani (2014).

lisierten Ländern wie Brasilien und China war das Höchstmaß an Ungleichheit erst ein Jahrhundert später zu beobachten – oder wird sogar erst in der Gegenwart erreicht.

Aber kehren wir zu den vorindustriellen Gesellschaften zurück. Wodurch wird die Ungleichheit erhöht, wenn das durchschnittliche Einkommen mehr oder weniger konstant bleibt? Wenn das Durchschnittseinkommen wenig über dem für die Subsistenz erforderlichen Niveau liegt, gibt es offenkundig sehr wenig »Spielraum« für eine Zunahme der Ungleichheit ohne Bevölkerungsverlust (wie wir in der Auseinandersetzung mit der Möglichkeitsgrenze der Ungleichheit gesehen haben). Die Ungleichheit kann allerdings zunehmen, wenn das Durchschnittseinkommen zeitweilig steigt (selbst wenn der Anstieg nach heutigen Maßstäben gering ausfällt), wie die Fälle Spaniens, wo die Wollproduktion im 16. Jahrhundert stieg (Schaubild 2.5), oder der norditalienischen Städte in der Zeit der Handelsrevolution nach 1500 (Schaubild 2.8b) zeigen.

### Exkurs 2.1: Simultaner Rückgang von Einkommen und Ungleichheit: Das Römische Reich in der Phase des Niedergangs

Die Schwächung und Auflösung des Weströmischen Reichs liefert ein gutes Anschauungsbeispiel für einen simultanen Rückgang des realen Pro-Kopf-Einkommens und der Einkommensungleichheit. Der materielle Lebensstandard sank gegen Ende der Regierungszeit Mark Aurels (180 n. Chr.), und dieser Rückgang beschleunigte sich und erfasste das gesamte Westreich, als Rom im Jahr 410 von den Westgoten geplündert wurde und im Jahr 476 schließlich an die Goten fiel. In den meisten westeuropäischen Regionen sanken die Durchschnittseinkommen, und die Einkommensunterschiede verringerten sich (Ward-Perkins 2005; Goldsworthy 2009; Jongman 2014). Es wird geschätzt, dass das Durchschnittseinkommen auf der italienischen Halbinsel in Italien zum Zeitpunkt von Augustus' Tod im Jahr 14 das Subsistenzniveau um das 2,2-Fache überstieg und fast doppelt so hoch war wie in Britannien; im Jahr 700 lag das Durchschnittseinkommen in Italien nur noch 20 Prozent und in Britannien nur noch 7 Prozent über dem Subsistenzniveau.[20]

Der Rückgang der regionalen Durchschnittseinkommen (und in der Folge des Einkommens im gesamten Römischen Reich im 1. und im 2. Jahrhundert) verringerte auch die Ungleichheit zwischen den Einwohnern des Reichs. Die Ungleichheit zum Zeitpunkt von Augustus' Tod wird auf etwa 40 Gini-Punkte geschätzt (Milanović, Lindert und Williamson 2007, Anhang 2). Scheidel und Friesen (2009) haben anhand detaillierterer Tabellen zur Sozialstruktur einen Gini-Koeffizienten von 41 Punkten für die Mitte des 2. Jahrhunderts ermittelt.[21] Aber bis zum Zeitpunkt des Falls von Rom halbierte sich dieses Ungleichheitsmaß, und um das Jahr 700 dürfte der Gini-Koeffizient nur noch bei 15 oder 16 Punkten gelegen haben. Schaubild 2.9 zeigt die Verringerung der Ungleichheit auf dem Gebiet des früheren Römischen Reichs in den ersten sieben Jahrhunderten der christlichen Zeitrechnung. In Einklang mit der Möglichkeitsgrenze der Ungleichheit gab es bei derart niedrigen Einkommen einfach keinen »Raum« mehr für größere Ungleichheit; das heißt, es gab weniger Menschen, die höhere Einkommen hätten erzielen können, ohne dass dadurch andere in den Hungertod getrieben worden wären. Wenn das Durchschnittseinkommen dem Subsistenzniveau entspricht, muss der Gini-Koeffizient bei 0 liegen, damit alle überleben können.

Die Entwicklung im Römischen Reich ist ein ausgezeichnetes Beispiel dafür, dass Verarmung und Verringerung der Ungleichheit Hand in Hand gehen können. Besonders ausgeprägt war die Ungleichheit wahrscheinlich zu der Zeit, als die Einkommen am höchsten waren. Der anschließende langfristige Rückgang der Einkommen führte schließlich dazu, dass fast die gesamte Bevölkerung in ähnlicher Armut versank.[22]

**Schaubild 2.9**: Schätzung der Einkommensungleichheit auf dem Gebiet des Römischen Reichs, 14-700 n. Chr.

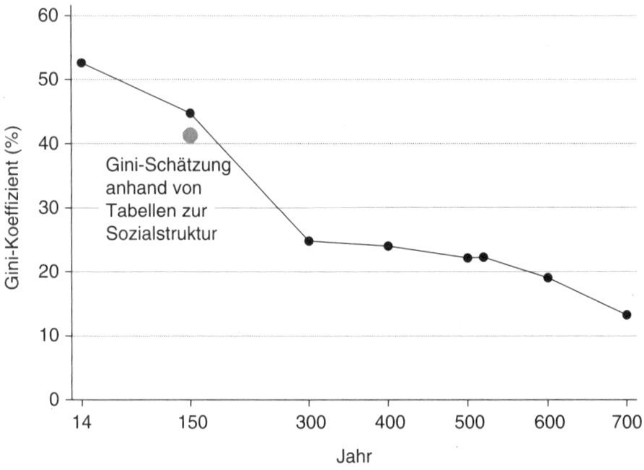


Die Grafik zeigt die Schätzung der oberen Grenze der Einkommensungleichheit (Gini-Koeffizient) im Römischen Reich und seinen Nachfolgestaaten. Der Punkt »Gini-Schätzung anhand von Tabellen zur Sozialstruktur« zeigt eine tatsächliche Schätzung der Ungleichheit Mitte des 2. Jahrhunderts. Quellen: Grafik aus Milanović (2010b); Tabellen zur gesellschaftlichen Verteilung von Einkommen und Nachfrage aus Scheidel und Friesen (2009).

Die von Ryckbosch (2014) beschriebene historische Zunahme der Ungleichheit in den Niederlanden verlief exakt so wie hier anhand der Möglichkeitsgrenze der Ungleichheit erklärt. Das Wachstum der Wirtschaft – genauer gesagt der Städte – ab dem Spätmittelalter ging mit einem Anstieg der Einkommen über das Subsistenzniveau einher. (Es ist schwierig, hier eine Kausalbeziehung herzustellen: Ein wahrscheinlicheres Szenario ist, dass das Mehreinkommen die Entstehung der Städte ermöglichte, die wiederum einen weiteren Einkommensanstieg möglich machten.) Das Ergebnis war eine Erhöhung der Ertragsrate der Vermögen gemessen an den Arbeitslöhnen, womit der Mehrertrag in den Händen der Kapitalisten landete und die Ungleichheit zunahm. Ryckbosch stellt auf diesem Weg einen direkten Zusammenhang zwischen der Verteilung der Einkommen und der Entwicklung der Kapitalertragsrate her. Da das durchschnittliche Einkommen steigt, entspricht diese Entwicklung einer Bewegung nach rechts entlang einer gegebenen Möglichkeitsgrenze der Ungleichheit (siehe Schaubild 2.2) und führt zu einer Zunahme der Ungleichverteilung.

Zusammenfassend lässt sich sagen, dass die Ungleichheit in den vorindustriellen Volkswirtschaften trotz weitgehend gleichbleibendem Durchschnittseinkommen zu- und abnahm. Sie wurde von zufälligen oder exogenen Ereignissen wie Epidemien, Entdeckungen oder Kriegen beeinflusst. Es fehlten die endogenen Kräfte der wirtschaftlichen Entwicklung, denen wir in moderner Zeit Einfluss auf die Ungleichheit zusprechen.

In einer wichtigen Arbeit verwendete van Zanden (1995) den Begriff der »Super-Kuznets-Kurve«, um die wachsende Einkommensungleichheit während der »Handelsrevolution« ab 1500 zu beschreiben; van Zanden sah darin eine Kuznets-Kurve *avant la lettre*. Ich argumentiere ähnlich, betrachte die vorindustrielle und moderne Zeit jedoch als Kontinuum und vertrete die Auffassung, dass die Kuznets-Wellen während des gesamten Zeitraums zu beobachten waren, obwohl sie in verschiedenen Zeitabschnitten von sehr unterschiedlichen Kräften angetrieben wurden. In vorindustrieller Zeit gab es keine systematischen Kräfte: Veränderungen wurden durch Launen des Schicksals ausgelöst, von katastrophalen Ereignissen, aber auch von solchen, welche die Einkommen teilweise über das Subsistenzniveau hoben und abwechselnd eine Verringerung und Zunahme der Einkommens- und Vermögensungleichheit bedingten. Erst in Gesellschaften mit einem nachhaltigen Anstieg des Durchschnittseinkommens begannen sich die wirtschaftlichen Kräfte in Form eines raschen technologischen Wandels und der durch ihn ermöglichten »Ausgleichsmechanismen« (Ausweitung der Bildung, Rückgang der Kapitalrenditen, Sozialschutz) systematisch auf die Ungleichheit auszuwirken. Im folgenden Abschnitt werden wir uns Langzeitdaten ansehen, die Kuznets-Zyklen in den modernen Gesellschaften belegen. Wir wollen diese in Industrie- und postindustrielle Gesellschaften unterteilen, deren Entstehung mit der ersten und der zweiten technologischen Revolution einherging.

## Ungleichheit in Gesellschaften mit stetig steigendem Durchschnittseinkommen

Gesellschaften mit stetig steigendem Durchschnittseinkommen unterscheiden sich grundlegend von stagnierenden Gesellschaften. Ein Anstieg des Durchschnittseinkommens schafft »Spielraum« für eine Zunahme der Ungleichheit entlang der Möglichkeitsgrenze. Das bedeutet natürlich nicht, dass ein höheres Maß an Ungleichheit unvermeidlich ist, aber sie wird eben *möglich* – anders als in stagnierenden Volkswirtschaften, in denen die Ungleichheit nur dann deutlich zunehmen kann, wenn ein Teil der Bevölkerung verhungert.

Aber nahm die Ungleichheit wirklich zu? Die Kuznets-Hypothese ist unser wichtigstes Instrument, um diese Frage zu beantworten. Nach Kuznets wird die Einkommensungleichheit durch eine strukturelle Bewegung erhöht: durch den Wechsel von Arbeitskräften vom Agrarsektor, der durch niedrige Einkommen und geringe Ungleichheit gekennzeichnet ist, in den Industriesektor, in dem die Einkommen höher und die Ungleichheit ausgeprägter ist (und damit vom Land in die Stadt). Aus dem Schaubild 2.1, das Schätzungen der Ungleichheit in den Vereinigten Staaten und England/Großbritannien über einen Zeitraum von mehreren Jahrhunderten zeigt, geht hervor, dass die Kurve bis Ende des 19. oder Anfang des 20. Jahrhunderts stieg. Mittlerweile stehen für weitere Länder ähnliche Langzeitreihen zur Verfügung, die sich bis Ende der siebziger Jahre des vergangenen Jahrhunderts im Großen und Ganzen mit der Kuznets-Hypothese decken.

In den folgenden fünf Unterabschnitten behandle ich die Daten zur langfristigen Entwicklung der Ungleichheit in zehn Ländern und präsentiere Schaubilder, die Schätzungen zur Einkommensungleichheit im Verhältnis zum Durchschnittseinkommen enthalten. Für die vorindustrielle Zeit konnten wir keinen Zusammenhang zwischen diesen Variablen herstellen. Sehen wir uns zunächst die Entwicklung in den Vereinigten Staaten und in Großbritannien an, wo wir die Ungleichheit des verfügbaren Pro-Kopf-Einkommens (das heißt des Einkommens nach Sozialtransfers und direkten Steuern) gemessen am Pro-Kopf-BIP analysieren werden.

*Kuznets-Wellen: Vereinigte Staaten und Großbritannien.* In den USA nahm die Ungleichheit zwischen der Unabhängigkeit (die Daten aus

**Schaubild 2.10**: Beziehung zwischen Einkommensungleichheit und Durchschnittseinkommen (Kuznets-Beziehung) in den Vereinigten Staaten, 1774-2014

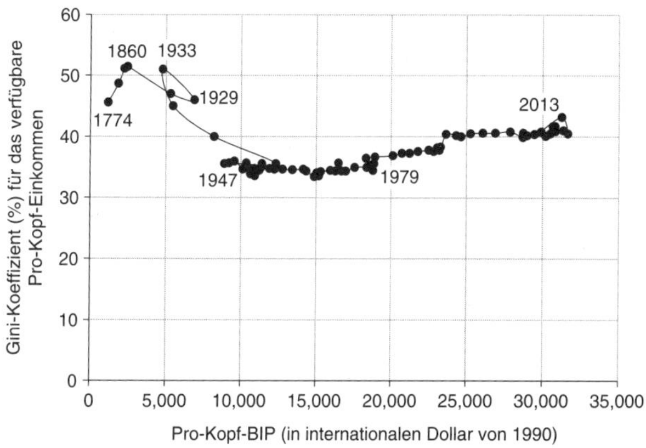


Datenquellen: Gini-Koeffizienten für 1774, 1850, 1860 und 1870: Tabellen zur Sozialstruktur in Lindert und Williamson (2012); für 1929: Radner und Hinrichs (1974); für 1931 und 1933: Smolensky und Plotnick (1992); für den Zeitraum 1935-1950: Goldsmith et al. (1954); nach 1950: US Census Bureau, *Income, Poverty and Health Insurance Coverage in the United States* (mehrere Ausgaben); zur Darstellung des verfügbaren Einkommens inflationsbereinigte Daten zum Bruttoeinkommen; Pro-Kopf-Einkommen: Maddison Project (2013).

den Tabellen zur Sozialstruktur stammen aus dem Jahr 1774) und dem Bürgerkrieg (Daten aus dem Jahr 1860) zu und wuchs anschließend bis ins frühe 20. Jahrhundert, als sie nach allgemeiner Einschätzung ihren Höhepunkt erreichte. Das genaue Jahr ist schwer zu bestimmen. Nach einer auf verschiedenen Makrodaten beruhenden Schätzung von Smolensky und Plotnick (1992) war die Ungleichverteilung in den USA im Jahr 1933 besonders ausgeprägt, als die Arbeitslosigkeit auf den höchsten Stand in der Geschichte des Landes stieg und viele Familien nur ein sehr geringes Einkommen erzielten (siehe Schaubild 2.10).[23] Peter Lindert und Jeffrey Williamson hingegen sind der Meinung, dass die Ungleichheit in den Vereinigten Staaten zwischen dem Ende des 19. Jahrhunderts und der Weltwirtschaftskrise der dreißiger Jahre auf einem hohen Niveau von etwa

50 Gini-Punkten verharrte (Williamson und Lindert 1980; Lindert und Williamson 2016). Diese Autoren haben keine Veränderung der Ungleichheit zwischen 1929 und 1933 beobachtet. Klar scheint, dass die Ungleichheit bei einem durchschnittlichen Pro-Kopf-Einkommen von 5000 Dollar im Jahr (in internationalen Dollar von 1990) ihren Höhepunkt von knapp über 50 Gini-Punkten erreichte. Nach der Weltwirtschaftskrise nahm die Ungleichheit in den USA bis zum Ende des Zweiten Weltkriegs stetig ab. Man beachte auch, dass sich die Kurve während der Weltwirtschaftskrise, kurz nach dem Ende des Zweiten Weltkriegs und erneut in der Rezession im Anschluss an die Finanzkrise nach links bewegt: Diese Bewegungen entsprechen einem sinkenden realen Pro-Kopf-BIP.

Die Ungleichheit blieb bis zum Konjunktureinbruch im Jahr 1979 auf einem historisch niedrigen Niveau von etwa 35 Gini-Punkten. Von da an nahm sie stetig zu, bis im zweiten Jahrzehnt des 21. Jahrhunderts ein Wert von 40 Gini-Punkten erreicht war. Während der Abwärtsbewegung der Kuznets-Kurve zwischen der Weltwirtschaftskrise und dem Jahr 1979 stieg das reale Pro-Kopf-BIP fast um das Vierfache. Die ursprüngliche Hypothese von Kuznets deckt sich mit den Daten bis 1979, kann jedoch den Anstieg sowohl der Ungleichheit als auch der Einkommen in den vierzig Jahren seither nicht erklären. Das Konzept der Kuznets-Wellen erklärt diese Zunahme der Ungleichheit seit 1980, wenn man die jüngsten Veränderungen infolge der zweiten technologischen Revolution berücksichtigt.

Die politischen und wirtschaftlichen Grundlagen der Veränderungen in den letzten hundert Jahren – vom New Deal über die wachsende Macht der organisierten Arbeiterschaft und hohe Steuerquoten (die nötig waren, um zwei Weltkriege finanzieren zu können) bis zu den neueren Kräften der Globalisierung, der Steuerermäßigungen und der geschwächten Verhandlungsposition der Arbeiterschaft – sind allesamt bekannt und müssen hier nicht noch einmal beschrieben werden. Es ist jedoch das Wechselspiel zwischen diesen anscheinend entscheidenden wirtschaftlichen Kräften auf der einen und den politischen und gesellschaftlichen Kräften auf der anderen Seite, das die Bewegung der Kuznets-Wellen bestimmt. Der zu beobachtende Anstieg des durchschnittlichen Einkommens ist nur eine Proxy-Variable für die wirtschaftlichen Kräfte, die hier am Werk sind, und die Veränderung der Ungleichheit ist das Produkt dieser wirtschaftlichen Kräfte und politischer Entscheidungen.[24] Ein naiver »Ökonomismus«, der lediglich die Faktoren Ange-

**Schaubild 2.11**: Beziehung zwischen Einkommensungleichheit und Durchschnittseinkommen (Kuznets-Beziehung) in England/Großbritannien, 1688-2010

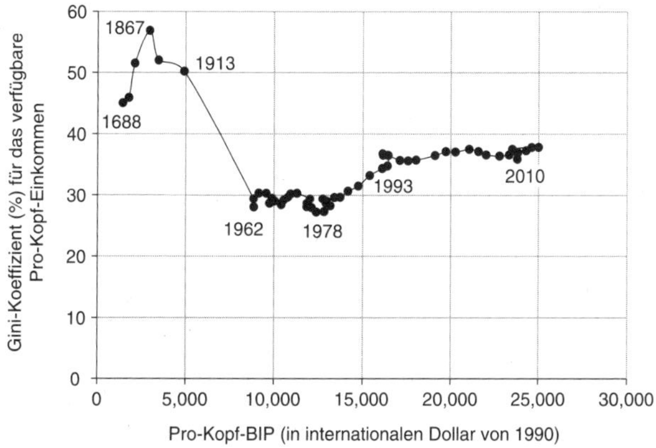


Datenquellen: Gini-Koeffizienten für 1688, 1759, 1801 und 1867: Tabellen zur Sozialstruktur Englands/Großbritanniens in Milanović, Lindert und Williamson (2011); für 1880 und 1913: Lindert und Williamson (1983, Tabelle 2); für den Zeitraum 1961-2010: amtliche britische Daten (verfügbares Pro-Kopf-Einkommen), berechnet und freundlicherweise zur Verfügung gestellt von Jonathan Cribb, Institute for Fiscal Studies; Pro-Kopf-BIP: Maddison Project (2013).

bot und Nachfrage berücksichtigt, kann die Bewegungen der Einkommensverteilung nicht erklären. Genauso falsch wäre es, sich nur auf die Institutionen zu konzentrieren. Die Institutionen und die Politik bewegen sich in dem Spielraum, den ihnen die Wirtschaft gewährt: Wenn man so will, sind sie »endogene« Faktoren, die im Wesentlichen vom Einkommensniveau abhängen und lediglich innerhalb der von diesem gezogenen Grenzen wirken können. Nur in außergewöhnlichen Situationen sprengen politische Eingriffe diesen Rahmen, und der »politische Voluntarismus« versucht, die wirtschaftlichen Beschränkungen zu ignorieren. Aber das geschieht in kapitalistischen Gesellschaften nur selten – und noch seltener (oder nie) in Gesellschaften, die nicht nur kapitalistisch, sondern auch demokratisch sind.[25]

Wenden wir uns nun den Daten für Großbritannien zu (Schaubild 2.11). Die Form der Kurve hat eine bemerkenswerte Ähnlichkeit mit jener für die Vereinigten Staaten. Ausgehend von den Tabellen zur Sozialstruktur, anhand derer wir die Einkommensverteilung berechnen, erreichte die Ungleichheit in Großbritannien im Jahr 1867 einen Höhepunkt von fast 60 Gini-Punkten (das waren 10 Prozent mehr als zur selben Zeit in den Vereinigten Staaten).[26] Es fällt auf, dass die Ungleichheit in Großbritannien, die damals deutlich ausgeprägter war als in den Vereinigten Staaten (und ausgeprägter als im heutigen Brasilien) mittlerweile auf einen geringeren Wert als in den USA gesunken ist. Wie Lindert und Williamson (1985), Polak und Williamson (1993) und in jüngerer Zeit Williamson in seinem Buch *Trade and Poverty* (2011) erklärt haben, nahm die Ungleichheit in den Vereinigten Staaten weiter zu, nachdem sie in Großbritannien ihren Höhepunkt erreicht hatte, weil eine neue Einwanderungswelle ab 1910 dafür sorgte, dass die Löhne für gering qualifizierte Tätigkeiten relativ niedrig blieben, was zur Folge hatte, dass die Verteilung der Einkommen ungleicher wurde. Diese Erklärung zunehmender Ungleichheit durch eine größere Spreizung der Lohnverteilung steht jener gegenüber, die van Zanden (1995) als die »klassische Erklärung« bezeichnet hat: Diese besagt, dass ein wachsender Anteil des Kapitals an der funktionalen Einkommensverteilung schrittweise zu größerer Ungleichheit zwischen den Individuen führt. Diese unterschiedlichen Erklärungen tragen auch zum Verständnis der jüngsten Zunahme der Ungleichheit in den Vereinigten Staaten bei: Der Großteil des Anstieg bis zur Jahrtausendwende war auf eine breitere Fächerung der Lohnverteilung zurückzuführen, aber seit diesem Jahr dürfte sich auch ein steigender Anteil der Kapitaleinkommen ausgewirkt haben.

Einwanderung und Spreizung der Lohnverteilung erklären, warum die Ungleichheit in den Vereinigten Staaten ihren Höhepunkt irgendwann zwischen 1910 und 1933 erreichte, während dieser Punkt in Großbritannien im Allgemeinen früher angesetzt wird, nämlich im letzten Viertel des 19. Jahrhunderts. Die Kräfte, die in den zwanziger Jahren in den USA die Ungleichheit begünstigten, hatten Ähnlichkeit mit denen, die im letzten Jahrzehnt des 20. Jahrhunderts dazu führten, dass die Schere auseinanderging: Druck auf die Löhne (durch Einwanderung und/oder Ausweitung des Handels), kapitalverzerrter technologischer Wandel (Taylorismus und Internet), Monopolisierung der Wirtschaft (Standard Oil und Großbanken), Unterdrückung oder schwindende Attraktivität der Gewerkschaften und eine Verschiebung hin zur politischen Plutokratie.

In dem halben Jahrhundert vor dem Ersten Weltkrieg verringerte sich die Einkommensungleichheit in Großbritannien schrittweise und geringfügig. Es wird geschätzt, dass der Gini-Koeffizient im Jahr 1913 bei etwa 50 Punkten lag, also rund 10 Punkte niedriger als auf dem Höhepunkt der Ungleichheit im Jahr 1867. Bestätigt werden diese Schätzungen von den Daten zum Anstieg der Reallöhne und zur Entstehung der sogenannten »Arbeiteraristokratie« gegen Ende des 19. Jahrhundert (mehr dazu in Kapitel 3).[27] Leider müssen wir fast ein halbes Jahrhundert überspringen, um die nächsten Daten zur Ungleichheit in Großbritannien zu finden. Bis 1962 hatte sich das Ausmaß der Ungleichheit halbiert, der Gini-Koeffizient war mittlerweile auf unter 30 Punkte gesunken. Gründe für diesen bemerkenswerten Rückgang waren die Auswirkungen von zwei Weltkriegen, deutlich höhere Steuern und geringere Kapitaleinkünfte; dazu kamen die wachsende Macht der Gewerkschaften und die Ausweitung des Sozialstaats. Nach dem Zweiten Weltkrieg verringerte sich die Ungleichheit in Großbritannien bis 1978 (die Entwicklung war fast identisch mit der in den Vereinigten Staaten), um anschließend noch schneller als auf der anderen Seite des Atlantik zu steigen, bis der Gini-Koeffizient im Jahr 2010 einen Wert von beinahe 40 Punkten erreichte.

Die Ähnlichkeit zwischen den Vereinigten Staaten und Großbritannien geht über den zeitlichen Verlauf und die Art der Veränderungen der Ungleichverteilung hinaus. Ihren Höhepunkt erreichte die Ungleichheit bei Einkommensniveaus zwischen 3000 und 5000 Dollar (in internationalen Dollar von 1990), obwohl die Höchstwerte, wie wir gerade gesehen haben, etwa 50 bis 60 Jahre auseinanderlagen. Bei einem Pro-Kopf-BIP von 10 000 bis 15 000 Dollar (20 000 Dollar im Fall der USA) verharrte die Ungleichheit relativ stabil auf einem niedrigen Niveau. Aus diesen Zahlen kann jedoch keine allgemeine Regel für die Wendepunkte der Kuznets-Kurve abgeleitet werden, nach der frühere Generationen von Ökonomen vergeblich gesucht haben. In den Vereinigten Staaten und in Großbritannien entwickelte sich die Ungleichheit sehr ähnlich, weil die Einkommen in diesen beiden Ländern sehr ähnlich waren, weil sie eine vergleichbare politische Struktur hatten und weil sie denselben Kräften, dem internationalem Wettbewerb und Kriegen, ausgesetzt waren. Es spricht allerdings für die Stabilität unserer Theorie, dass wir in Ländern mit ähnlichen wirtschaftlichen und politischen Strukturen dieselbe Entwicklung der Ungleichheit beobachten können. Die drei Kräfte, die in unseren Augen das Maß an Ungleichheit prägen – Technologie, Offenheit (oder Globalisierung) und Politik (oder Machtpolitik) – und die wir in dem Akronym TOP zusammenfassen können, wirkten in beiden Ländern ähnlich, was wiederum darauf hindeutet, dass die Politik weitgehend als endogene Kraft betrachtet werden kann, die auf die Kräfte des wirtschaftlichen Wandels reagiert. Eine ähnliche Entwicklung der wirtschaftlichen und politischen Kräfte bedingte eine ähnliche Entwicklung der Einkommensverteilung.

*Kuznets-Wellen: Spanien und Italien.* Zwei Beispiele genügen nicht, um allgemeine Schlüsse zu ziehen (so bedeutsam diese Beispiele auch sein mögen). Zum Glück wurden in jüngerer Zeit zusätzliche Langzeitdatenreihen zur Entwicklung der Ungleichheit vorgelegt. Leandro Prados de la Escosura (2008) hat Schätzungen zur Ungleichheit in Spanien im Zeitraum 1850-

**Schaubild 2.12**: Beziehung zwischen Einkommensungleichheit und Durchschnittseinkommen (Kuznets-Beziehung) in Spanien, 1850-2010

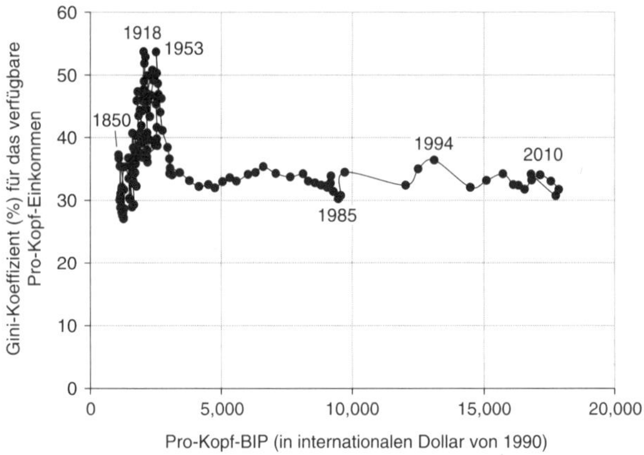


Datenquellen: Gini-Koeffizienten für den Zeitraum 1850-1985: Prados de la Escosura (2008); für den Zeitraum 1985-2010: Luxembourg Income Study, online verfügbar unter: {http://www.lisdatacenter.org/}, sowie Datenbank All the Ginis, online verfügbar unter: {http://www.gc.cuny.edu/branko-milanovic}; Pro-Kopf-BIP: Maddison Project (2013).

**Schaubild 2.13**: Beziehung zwischen Einkommensungleichheit und Durchschnittseinkommen (Kuznets-Beziehung) in Italien, 1861-2010

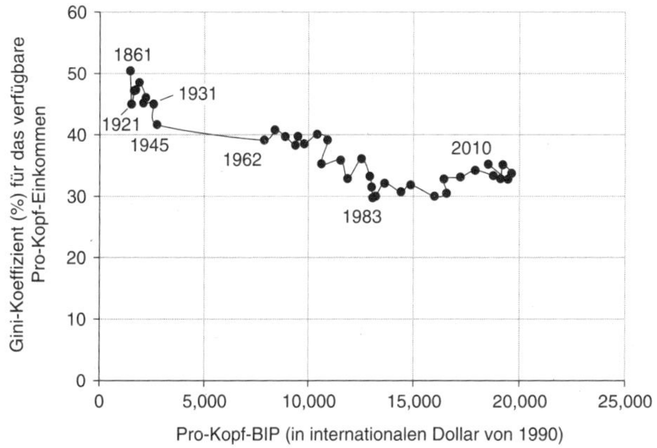


Datenquellen: Gini-Koeffizienten für den Zeitraum 1861-2008: Brandolini und Vecchi (2011) sowie persönliche Mitteilungen der Autoren; für 2010: Luxembourg Income Study, online verfügbar unter: {http://www.lisdatacenter.org/}; Pro-Kopf-BIP: Maddison Project (2013).

1985 angestellt, und ab diesem Zeitpunkt stehen spanische Haushaltserhebungen zur Verfügung. Von 1850 bis in die fünfziger Jahre des 20. Jahrhunderts – in einem Zeitraum, der zwar »modern« ist, mit abrupten Ausschlägen der Ungleichheit und einem sehr geringen Wachstum des Realeinkommens jedoch in vielerlei Hinsicht an die vorindustrielle Zeit Spaniens erinnert – ist tatsächlich ein ähnliches Muster zu beobachten wie in den Vereinigten Staaten und Großbritannien (Schaubild 2.12). In Spanien erreichte die Ungleichheit im Jahr 1953 mit über 50 Gini-Punkten ihr höchstes Ausmaß.[28] Anschließend verringerte sie sich bis Mitte der achtziger Jahre, als der Gini-Koeffizient um mehr als 20 Punkte sank. In diesen drei Jahrzehnten, in denen die Ungleichheit in Spanien abnahm, vervierfachte sich das Pro-Kopf-BIP. Im letzten Jahrzehnt des 20. und zu Beginn des 21. Jahrhunderts stabilisierte sich die Ungleichheit (oder nahm geringfügig zu). Die erste umgekehrte U-Kurve (Kuznets-Kurve) im Zeitraum 1850-1980 ist leicht zu erkennen, aber von da an ist keine so deutliche Aufwärtsbewegung einer zweiten Kuznets-Kurve zu erkennen wie im Fall der Vereinigten Staaten und Großbritanniens.

Kommen wir zur Beziehung zwischen Ungleichheit und Einkommen in Italien. Die Daten beginnen bei der Vereinigung des Landes 1860/61. Die Ungleichheit nahm bis in die achtziger Jahre des 20. Jahrhunderts mehr oder weniger stetig ab (Schaubild 2.13).[29] Wie in anderen wirtschaftlich hoch entwickelten Ländern war auch in Italien über weite Strecken des 20. Jahrhunderts eine »große Nivellierung« zu beobachten. Auch in Italien sank die Ungleichheit Anfang der achtziger Jahre auf einen Tiefpunkt, um von da an wieder deutlich zuzunehmen. Im Fall Italiens können wir die Frage stellen, ob eine Auswirkung des Faschismus zu erkennen ist. Zwar sind nur für die Jahre 1921 (kurz vor Mussolinis Machtübernahme), 1931 (Höhepunkt der faschistischen Ära) und 1945 (Kriegsende) Gini-Koeffizienten verfügbar, aber wir können feststellen, dass sich der Gini-Koeffizient zwischen 1921 und 1931 nicht veränderte. Die Erklärung für die deutliche Verringerung der Ungleichheit zwischen 1931 und 1945 dürfte nicht der Faschismus, sondern wie in anderen Ländern der Krieg sein.

*Kuznets-Wellen: Deutschland und die Niederlande.* Für Deutschland liegen nur bruchstückhafte Daten vor, denen es verglichen mit anderen Ländern an Konsistenz mangelt (Schaubild 2.14). In der Datenreihe gibt es auch eine große Lücke zwischen 1931 und 1963, als erneut Daten zur Ungleichheit (für die Bundesrepublik) verfügbar wurden. Im Untersuchungszeitraum änderten sich zudem mehrfach die Grenzen des Landes. Die Grafik zeigt eine Zunahme der Ungleichheit zu Beginn des 20. Jahrhunderts, obwohl sie auf einem deutlich geringeren Niveau blieb als in Großbritannien und den Vereinigten Staaten. Aus den Daten können wir auch eine mit der Kuznets-Hypothese übereinstimmende langfristige Nivellierung der Einkommen ableiten, indem wir die Werte für die Jahre 1906 und 1981 vergleichen (der Gini-Koeffizient sank um 6 Punkte). Wie in anderen reichen Staaten ist der Gini-Koeffizient in den letzten 20 Jahren in Deutschland gestiegen, wobei die Zunahme der Ungleichheit jedoch weniger deutlich ausfiel als in den angelsächsischen Ländern.

Die Daten für die Niederlande reichen bis ins 16. Jahrhundert zurück (Schaubild 2.15). Die drei ersten Datenpunkte (1561, 1732 und 1808) beruhen auf der Verteilung von Immobilienerträgen, die mit dem Einkommen

**Schaubild 2.14**: Beziehung zwischen Einkommensungleichheit und Durchschnittseinkommen (Kuznets-Beziehung) in Deutschland, 1882-2010

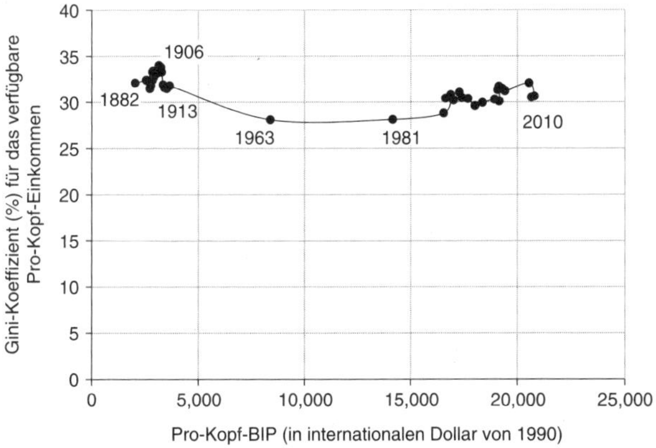


Datenquellen: Gini-Koeffizienten für den Zeitraum 1882-1913: Grant (2002); für den Zeitraum 1981-2010: All the Ginis-Datenbank, online verfügbar unter: {http://www.gc.cuny.edu/branko-milanovic} (Stand Juni 2016); Pro-Kopf-BIP: Maddison Project (2013).

korrelieren. (Dieselbe Methode wurde bei den zuvor behandelten Daten zu Norditalien und den Niederlanden im Mittelalter gewählt.) Diese Verteilungen beruhen auf Daten zu Steuern auf Immobilienbesitz. Es zeigt sich, dass im Goldenen Zeitalter der Niederlande sowohl die Einkommen als auch die Ungleichheit stiegen. Angetrieben wurde die Entwicklung von den Faktoren, die van Zanden (1995) in seiner klassischen Erklärung beschrieben hat, nämlich von einer Verschiebung der funktionalen Einkommensverteilung von den Arbeitskräften zu den Immobilienbesitzern. In den Napoleonischen Kriegen sanken sowohl Einkommen als auch Ungleichheit (wie aus einem Vergleich der Datenpunkte für 1732 und 1808 ersichtlich ist); dies deckt sich mit der beschriebenen Verringerung der Ungleichheit durch maligne Faktoren. Die Daten für das 20. Jahrhundert (aus Haushaltserhebungen) zeigen die schon bei anderen westlichen Ländern beobachtete Nivellierung der Einkommen. Dieser Prozess ist mit der sozialistischen Agitation, dem allgemeinem Wahlrecht, der Einführung des

**Schaubild 2.15**: Beziehung zwischen Einkommensungleichheit und Durchschnittseinkommen (Kuznets-Beziehung) in den Niederlanden, 1561-2010

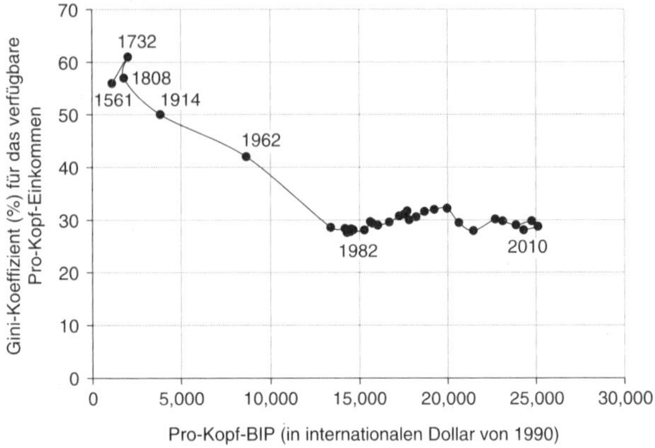


Datenquellen: Gini-Koeffizienten für den Zeitraum 1561-1914: Soltow und van Zanden (1998); für den Zeitraum 1962-2010: All the Ginis-Datenbank, online verfügbar unter: {http://www.gc.cuny.edu/branko-milanovic}; Pro-Kopf-BIP: Maddison Project (2013).

Achtstundentages und dem Anstieg der Reallöhne zu erklären. Begleitet wurde die Entwicklung von einem bemerkenswerten Anstieg des Durchschnittseinkommens (das sich zwischen 1914 und 1980 verdreifachte). Wie in den anderen untersuchten Ländern ging die Ungleichheit ab Anfang der achtziger Jahre nicht weiter zurück. Der Gini-Koeffizient hatte zu diesem Zeitpunkt einen Tiefstwert von 28 Punkten erreicht. Von da an stieg er geringfügig, bis im Vorfeld der Finanzkrise ein Wert von 30 Gini-Punkten erreicht wurde. Wie in Deutschland fiel der Anstieg der zweiten Kuznets-Kurve auch in den Niederlanden sehr gering aus.

*Kuznets-Wellen: Brasilien und Chile.* Wenden wir uns Südamerika zu. Wir verfügen über lange Datenreihen für Brasilien und Chile (Schaubilder 2.16 und 2.17). Für Brasilien liegen zwei Datensätze vor, einer aus Prados de la Escosura (2007, ermittelt anhand der Williamson-Rate zur Schätzung der Gini-Koeffizienten)[30] und ein weiterer aus Bértola et al. (2009), der auf

**Schaubild 2.16**: Beziehung zwischen Einkommensungleichheit und Durchschnittseinkommen (Kuznets-Beziehung) in Brasilien, 1850-2012

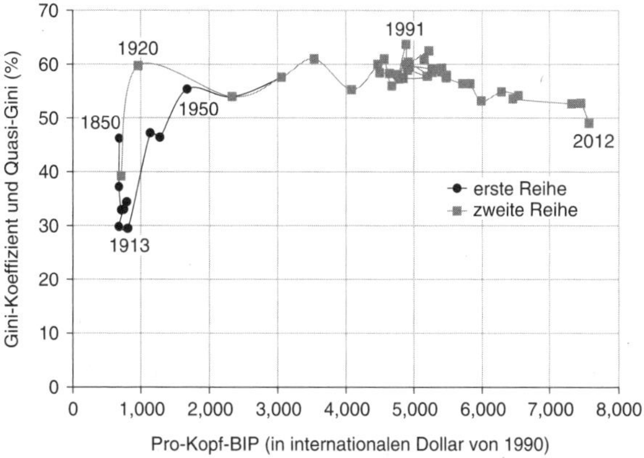


Diese Grafik zeigt die Kuznets-Beziehung für Brasilien gestützt auf zwei verschiedene Datensätze. In der ersten Reihe werden die Gini-Koeffizienten anhand der Williamson-Rate (Durchschnittseinkommen geteilt durch den Durchschnittslohn ungelernter Arbeitskräfte) geschätzt; solche Schätzungen werden als Quasi-Ginis bezeichnet. Datenquellen: Gini-Koeffizienten für den Zeitraum 1850-1950 (erste Reihe): Prados de la Escosura (2007); für den Zeitraum 1870-1920 (zweite Reihe): Bértola et al. (2009, Tabelle 4); für den Zeitraum 1960-2012, All the Ginis-Datenbank, online verfügbar unter: {http://www.gc.cuny.edu/branko-milanovic}; Pro-Kopf-BIP: Maddison Project (2013).

Tabellen zur Sozialstruktur beruht. Obwohl in diesen beiden Datensätzen für die Phase von der Mitte des 19. bis zum Anfang des 20. Jahrhunderts nicht genau dasselbe Muster zunehmender Ungleichheit zu erkennen ist, zeigen sie beide, dass die Ungleichheit bis etwa 1950 stieg, um sich anschließend auf einem sehr hohen Niveau zu stabilisieren. In den siebziger und achtziger Jahren war Brasilien neben Südafrika vermutlich das Land, in dem die Ungleichheit am größten war. Aber seit Ende der neunziger Jahre hat sie sich stetig verringert. Diese ungewöhnliche Entwicklung, die dem Trend in fast allen anderen Ländern der Welt (mit Ausnahme von einigen anderen Ländern wie Argentinien und Mexiko) zuwiderlief, wird den Regierungen von Fernando Henrique Cardoso und Luiz Inácio Lula da Silva zugeschrieben. Die Verringerung der Ungleichheit dauert mittlerweile lange genug an (mehr als ein Jahrzehnt), um sie als reale und wichtige Entwicklung einzustufen. Das bedeutet nicht, dass sie nicht umgekehrt werden kann. Die allgemeine Entwicklung der Ungleichheit in Brasilien in den vergangenen 150 Jahren einschließlich der jüngsten Vergangenheit ist jedoch ein typisches Beispiel für die erste Kuznets-Welle. Obendrein wird die Verringerung der Ungleichheit in Brasilien mit genau den von Kuznets beschriebenen wirtschaftlichen Kräften erklärt: Ausweitung der Bildung, steigende Mindestlöhne, erhöhte Sozialtransfers (siehe Gasparini, Cruces und Tornarolli 2011; Ferreira, Leite und Litchfield 2008).

Die Daten für Chile sind besonders interessant. Javier Rodríguez Weber (2014) hat sie aus Tabellen zur Sozialstruktur abgeleitet. Rodríguez Weber hat eine Lösung gefunden und ein Instrument entwickelt, das er als »dynamische Sozialtabellen« bezeichnet: Diese sehr detaillierten Tabellen zur Sozialstruktur enthalten Populations- und Einkommensschätzungen für mehrere hundert soziale Gruppen oder Tätigkeiten in bestimmten wirtschaftlich oder politisch bedeutsamen Jahren, für die mehr Daten zur Verfügung stehen und die als Wendepunkte zwischen unterschiedlichen politischen und wirtschaftlichen Phasen betrachtet werden können. Rodríguez Weber beginnt mit sehr umfassenden Einkommens- und Lohndaten (die Arbeitslöhne sowohl für Männer als auch für Frauen enthalten) und lässt die Einkommensquellen dieser sozialen Gruppen entsprechend den Zuwachsraten steigen, die anhand der allgemeinen Makrodaten zu Arbeitslöhnen oder Einkommen ermittelt wurden. Setzt sich das Einkommen einer Gruppe beispielsweise im Wesentlichen aus Löhnen ungelernter Arbeiter zusammen, so zeigt Rodríguez Weber die Entwicklung des Einkommens anhand jener des durchschnittlichen Lohns von Bauarbeitern. So bleibt die soziale Zusammensetzung über einen bestimmten Zeitraum hinweg unverändert, aber die Einkommen verschiedener sozialer Gruppen können in sehr unterschiedlichem Ausmaß variieren, was zu Veränderungen der Ungleichverteilung im Lauf der Zeit führt. So gewinnen wir ein sehr viel interessanteres (»dynamisches« und jährliches) Bild als anhand einzelner »statischer« (auf ein Jahr beschränkter) Tabellen. Für Chile liegt somit einer der vollständigsten Datensätze zur langfristigen Entwicklung der Ungleichheit vor.

Die Resultate von Rodríguez Weber für den Zeitraum 1850-1970 gehen

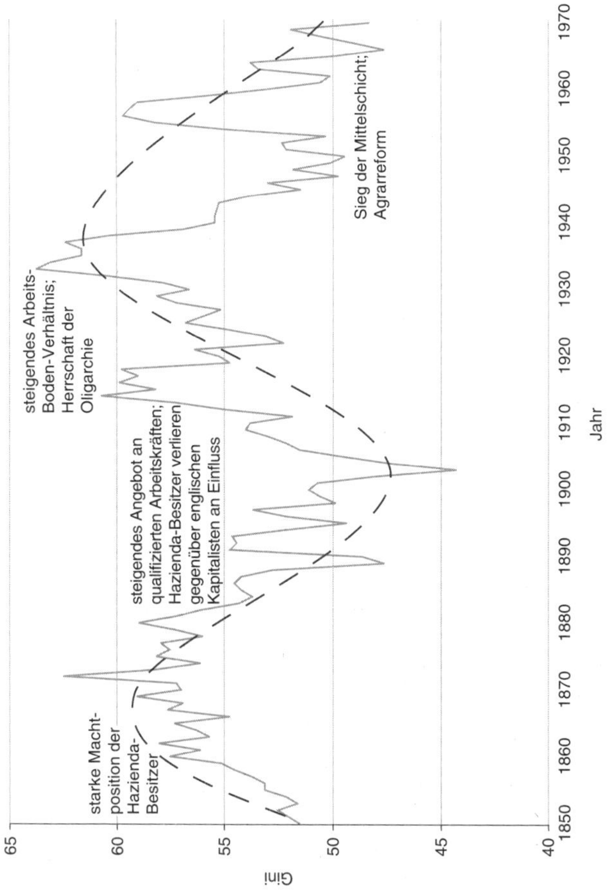


**Schaubild 2.17**: Einkommensungleichheit in Chile, 1850-1970

Die Grafik zeigt die Entwicklung des Gini-Koeffizienten in Chile. Die Gini-Werte wurden anhand dynamischer Tabellen zur Sozialstruktur berechnet, in denen die jährlichen Durchschnittseinkommen und Populationen der verschiedenen sozialen Schichten oder Berufsgruppen aufgelistet sind. Die herausragenden Merkmale der verschiedenen Perioden sind in der Grafik vermerkt. Die gestrichelte Linie zeigt die stilisierte (durchschnittliche) Entwicklung der Ungleichheit im Untersuchungszeitraum. Datenquelle: Rodríguez Weber (2014).

aus Schaubild 2.17 hervor. Wir sehen eine klare Abfolge von Kuznets-Wellen. Die Erklärung für die Veränderungen liefert eine Kombination von wirtschaftlichen und politischen Kräften – dies ist einer der großen Vorzüge der Arbeit von Rodríguez Weber. Der Faktor hinter dem Anstieg der ersten Kuznets-Welle, der von 1850 bis 1873 dauert, ist die politische Macht der Hazienda-Besitzer, denen es gelang, die Landarbeiter auf dem Subsistenzniveau zu halten. Die Gründe für die Abwärtsbewegung der Kurve (1873-1903) waren Einkommenseinbußen der Großgrundbesitzer infolge eines Einbruchs des Kupferpreises, die Übernahme von Kupferminen durch britische Kapitalisten und schließlich ein steigendes Boden-Arbeits-Verhältnis infolge der Vergrößerung des chilenischen Territoriums nach dem Sieg im Krieg gegen Peru und Bolivien (dies trieb die Löhne in die Höhe).[31] Die zweite Kuznets-Welle, die von 1903 bis 1970 dauerte, ergibt sich aus einem ähnlichen Wechselspiel wirtschaftlicher und politischer Kräfte, wobei sich der sinkende Teil der Kurve mit den üblichen politischen und sozialen Entwicklungen erklären lässt: Ausweitung der Bildung, Stärkung der Gewerkschaften und steigende Mindestlöhne, das heißt mit denselben Faktoren, die zur »großen Nivellierung« in den hoch entwickelten kapitalistischen Volkswirtschaften in diesem Zeitraum führten. (In Chile beginnt diese Phase mit dem Sieg des linken Frente Nacional im Jahr 1938 und endet mit dem Sturz der Regierung Allende im Jahr 1973.)[32]

*Kuznets-Wellen: Japan.* In Asien liegen nur für Japan Langzeitdaten vor, und die Reihe beginnt erst am Ende des 19. Jahrhunderts (Schaubild 2.18). Die Daten zeigen eine deutliche Zunahme der Ungleichheit über einen Zeitraum von etwa 40 Jahren, wobei der Höhepunkt kurz vor dem Zweiten Weltkrieg erreicht wurde. Der Krieg verringerte die Ungleichheit drastisch, und nach 1945 trat Japan wie alle entwickelten Länder in eine lange Phase relativ geringer Ungleichheit ein, so dass der Gini-Wert bis 1962 (für dieses Jahr stehen bereits vollständigere Daten zur Verfügung) auf etwa 35 Punkte sank (etwa auf diesem Niveau verharrt er seitdem).[33] Das waren etwa 20 Gini-Punkte weniger als der Höchstwert, der vor dem Zweiten Weltkrieg erreicht worden war. In Japan war die Ungleichheit im ersten Kuznets-Zyklus bei einem Durchschnittseinkommen von 2300 Dollar (in internationalen Dollar von 1990) am größten, ein Wert, der Ähnlichkeit mit den in Großbritannien und Spanien beobachteten hat.

**Schaubild 2.18**: Beziehung zwischen Einkommensungleichheit und Durchschnittseinkommen (Kuznets-Beziehung) in Japan, 1895-2011

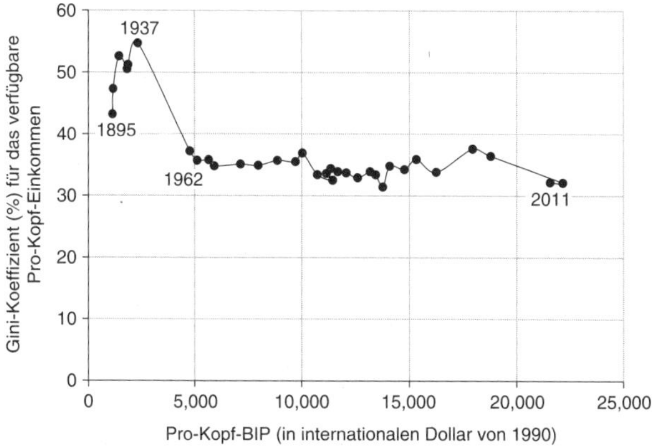


Datenquellen: Gini-Koeffizienten für den Zeitraum 1895-1937: Minami (1998, 2008); für den Zeitraum 1962-2011: All the Ginis-Datenbank, online verfügbar unter: {http://www.gc.cuny.edu/branko-milanovic}; Pro-Kopf-BIP: Maddison Project (2013).

*Die Logik der Kuznets-Wellen.* Der Verlauf der Kuznets-Wellen (oder -Zyklen) hängt vom Wechselspiel zwischen wirtschaftlichen und politischen Faktoren ab. Sich auf die »gutartigen« wirtschaftlichen Kräfte zu beschränken, ist unzureichend und naiv. Die Einkommensungleichheit ist praktisch per definitionem ein Ergebnis sozialer und politischer Auseinandersetzungen, die manchmal gewaltsam ausgetragen werden. Diese Konflikte sind nicht auf die gegenwärtige oder vergangene »Dritte Welt« beschränkt: Man denke nur an die blutige Pariser Kommune, an den Haymarket Riot in Chicago im Jahr 1886 (an den der Tag der Arbeit erinnert) oder an das harte Vorgehen der britischen Regierung gegen die streikenden Bergarbeiter. Obwohl die Arbeiter in diesen und vielen anderen derartigen Auseinandersetzungen unterlagen, übten sie langfristig so großen Druck aus, dass die Ungleichheit im sogenannten »kurzen 20. Jahrhundert« (in der Zeit zwischen dem Ersten Weltkrieg und dem Zusammenbruch der Sowjetunion) nachhaltig abnahm.

In den meisten politischen Auseinandersetzungen geht es um die Verteilung des Einkommens. Wir sollten uns jedoch in Erinnerung rufen, dass politische Kämpfe in einem sehr viel größeren wirtschaftlichen Umfeld stattfinden, das von Faktoren wie der Existenz oder Nichtexistenz der Globalisierung, dem Angebot an qualifizierten Arbeitskräften sowie dem Vorhandensein von Kapital und leicht auszubeutenden Bodenschätzen bestimmt wird. Diese Parameter können nicht über Nacht geändert werden und prägen den politischen und sozialen Kampf. Die politischen Kräfte, die auf größere Ungleichheit drängen, gewinnen an Durchsetzungsvermögen, wenn ihnen die wirtschaftliche Entwicklung in die Hände spielt: wenn das Arbeitskräfteangebot steigt und wenn der technologische Wandel kapital- oder qualifikationsverzerrt ist. Aber eine solche Situation ist nicht zwangsläufig eine Garantie für ihren Sieg.

In der Zeit nach der Weltwirtschaftskrise und dem Zweiten Weltkrieg trugen die Stärke der Gewerkschaften, die politische Macht der sozialistischen und kommunistischen Parteien sowie das Beispiel der Sowjetunion und die von ihr ausgehende militärische Bedrohung dazu bei, in Europa und den Vereinigten Staaten politische Eingriffe zugunsten der Reichen zu verhindern und die Macht des Kapitals zu beschränken.[34] Als diese politischen Hemmschuhe verschwanden und die wirtschaftlichen Faktoren, darunter der qualifikationsverzerrte technologische Wandel und die gewaltige Ausweitung des globalen Arbeitskräfteangebots durch die Öffnung Chinas sowie den Zusammenbruch des Kommunismus, das Kapital zu begünstigen begannen, kehrte sich das Kräfteverhältnis um, und die hoch entwickelten Volkswirtschaften traten in eine Phase wachsender Ungleichheit ein. In diesem zweiten Kuznets-Zyklus befinden wir uns gegenwärtig.

Tabelle 2.2 enthält eine Zusammenfassung der Schlüsselaspekte der absteigenden Phase der ersten Kuznets-Welle und des Anstiegs des zweiten Zyklus in den hoch entwickelten Volkswirtschaften. Anders als in der früheren Literatur zu den Kuznets-Zyklen geht es hier nicht darum, den Zeitpunkt oder das Einkommensniveau ausfindig zu machen, zu oder auf dem die Welle ihren Höhepunkt erreicht. Aufgrund des komplexen Wechselspiels politischer und wirtschaftlicher Kräfte sind die Zeitpunkte und Einkommensniveaus unterschiedlich. Aber die Zyklen ähneln sich in der Form. In praktisch allen untersuchten Ländern erreichte die Ungleichheit ihren Höhepunkt bei 50 bis 55 Gini-Punkten; nur in den Niederlanden,

**Tabelle 2.2:** Erster und zweiter Kuznets-Zyklus in hoch entwickelten Volkswirtschaften

| | *Scheitelpunkt des ersten Kuznets-Zyklus* | | | *Tiefpunkt des ersten Kuznets-Zyklus* | | | *Wechselspiel zwischen Wachstum und Ungleichheit während des Rückgangs* | | | |
|---|---|---|---|---|---|---|---|---|---|---|
| *Land* | *Jahr der größten Ungleichheit* | *Höchstwert der Ungleichheit (Gini-Punkte)* | *Pro-Kopf-BIP im Jahr der größten Ungleichheit (kaufkraftbereinigte USD)* | *Jahr der geringsten Ungleichheit* | *Wert der geringsten Ungleichheit (Gini-Punkte)* | *Pro-Kopf-BIP im Jahr der geringsten Ungleichheit (kaufkraftbereinigte USD)* | *ungefähre Dauer des Abschwungs des ersten Kuznets-Zyklus in Jahren* | *Rückgang des Gini-Koeffizienten (in %)* | *Anstieg des BIP (Faktor)* | *zweiter Kuznets-Zyklus (aufsteigende Phase; bisheriger Anstieg des Gini-Koeffizienten in %)* |
| Vereinigte Staaten | 1933 | 51 | 4800 | 1979 | 35 | 19 000 | 50 | 16 | 4 | stark (+ 8) |
| Großbritannien | 1867 | 57 | 3000 | 1978 | 27 | 13 000 | 110 | 30 | > 4 | stark (+ 11) |
| Spanien | 1953 | 55 | 2500 | 1985 | 31 | 10 000 | 30 | 24 | 5 | moderat (+ 3) |
| Italien | 1861 | 51 | 1500 | 1983 | 30 | 13 000 | 120 | 21 | < 9 | stark (+ 5) |
| Japan | 1937 | 55 | 2300 | 1981 | 31 | 14 000 | 45 | 24 | 6 | moderat (+ 1) |
| Niederlande | 1732 | 61 | 2000 | 1982 | 28 | 14 000 | 250 | 33 | 7 | moderat (+ 2) |

*Anmerkung*: Pro-Kopf-BIP in internationalen Dollar von 1990, siehe Maddison Project (2013).
*Quellen:* Siehe die Quellen zu den Schaubildern 2.10-2.13, 2.15 und 2.18.

wo die Industrialisierung sehr früh begann, wurde ein Wert von 60 Gini-Punkten erreicht, was dem gegenwärtigen Maß der Ungleichheit in Lateinamerika entspricht. Gleichzeitig erreichten die Wellen ihren Scheitelpunkt nie bei einem niedrigen Wert von, sagen wir, 40 Gini-Punkten (was in etwa dem heutigen Wert in den USA entspräche).

Die Phase der schwindenden Ungleichheit, die sich vom Scheitelpunkt der Welle bis zum Wellental erstreckt, dauerte (sieht man vom Sonderfall der Niederlande ab) in Italien und Großbritannien am längsten; dort zog sich die Abwärtsbewegung über mehr als ein Jahrhundert hin: in Italien von der Vereinigung des Landes bis etwa 1980, in Großbritannien von 1867 bis zum Regierungsantritt von Margaret Thatcher. In den Vereinigten Staaten nahm die Ungleichheit in einer relativ kurzen Phase von knapp einem halben Jahrhundert ab (zwischen 1933 und 1979). Der mit einer Dauer von etwa 30 Jahren kürzeste Rückgang war in Spanien zu beobachten, wo die Ungleichheit im Jahr 1953 ungewöhnlich ausgeprägt war, jedoch ungefähr auf demselben Niveau lag wie im Jahr 1918. Bei einer anderen und gleichermaßen plausiblen Berechnungsmethode (wenn wir den Höhepunkt der ersten Welle etwa beim Jahr 1918 ansetzen) könnten wir den Schluss ziehen, dass die Verringerung der Ungleichheit in Spanien mehr als sechzig Jahre dauerte. Aber Spanien ist auch ein sehr interessanter Fall, weil dort die typischen Auswirkungen von Kriegen (Verringerung der Ungleichheit) fehlten, da das Land an keinem der beiden Weltkriege teilnahm (allerdings erlebte es zwischen 1936 und 1939 einen Bürgerkrieg). Darüber hinaus ist die ausgeprägte Ungleichheit in den fünfziger Jahren untypisch: Spanien wurde von einem quasifaschistischen Regime regiert, das ein Maß an Ungleichheit und bis zu einem gewissen Grad auch eine Gesellschaftsstruktur aufrechterhielt, die anderswo in der reichen Welt zuletzt zu Beginn des 20. Jahrhunderts beobachtet worden waren. Die offenkundig untypische Entwicklung in Spanien eignet sich, einige der Faktoren herauszuarbeiten, die in anderen entwickelten Ländern entscheidend zur Verringerung der Ungleichheit beitrugen: Kriege, politischer Druck von links und Sozialpolitik.

Die Verringerung der Ungleichheit ging in allen Ländern mit einem deutlichen Anstieg der Realeinkommen einher. Am stärksten stiegen die Einkommen in Italien (fast um das Neunfache). Die Gründe dafür waren die lange Dauer der Phase, während der die Ungleichheit zurückging, und

**Schaubild 2.19**: Beziehung zwischen Entwicklung der Ungleichheit und Wirtschaftswachstum in der Abwärtsphase der ersten Kuznets-Welle

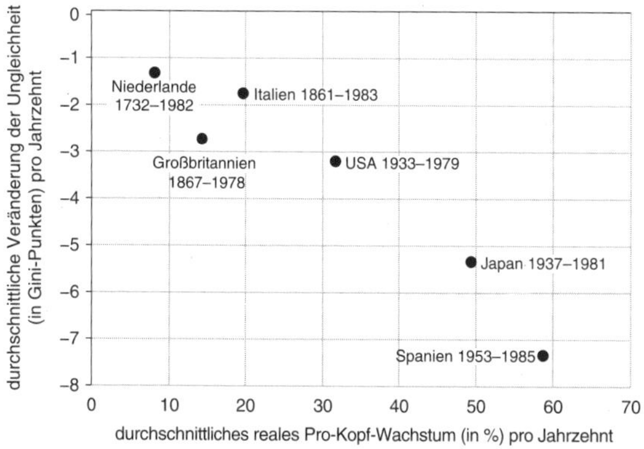


Diese Grafik gibt Aufschluss über das Pro-Kopf-Wirtschaftswachstum pro Jahrzehnt in der Zeit der »großen Nivellierung« (horizontale Achse) und über die durchschnittliche Verringerung der Ungleichheit pro Jahrzehnt im selben Zeitraum (vertikale Achse). In den Ländern mit höheren Wachstumsraten wurde im Allgemeinen auch die Ungleichheit deutlicher verringert. Datenquellen: siehe die Quellen zu den Schaubildern 2.10-2.13, 2.15 und 2.18.

das rasche Wirtschaftswachstum des Landes nach dem Zweiten Weltkrieg. In den Niederlanden stieg das Durchschnittseinkommen um das Sechsfache, aber wir dürfen nicht vergessen, dass die Ungleichheit dort fast ein Jahrhundert früher als in anderen Ländern ihr größtes Ausmaß erreicht hatte. Die Volkswirtschaften der USA, Großbritanniens und Spaniens wuchsen (gemessen am Pro-Kopf-Einkommen) jeweils um das Vierfache, während die Einkommensungleichheit zwischen 15 Gini-Punkten in den Vereinigten Staaten und 30 Gini-Punkten in Großbritannien sank. In allen Ländern wurde die Ungleichheit deutlich verringert; gemessen am Gini-Koeffizienten konnte sie um fast die Hälfte (in den Niederlanden und Großbritannien sogar um mehr) gesenkt werden. Die Tatsache, dass der Rückgang der Ungleichheit mit einem markanten Anstieg der Pro-Kopf-Einkommen einherging, zeigt trotz der Tatsache, dass fast alle hier behandelten Länder an Kriegen teilnahmen, dass Wirtschaftswachstum langfristig nicht mit zunehmender Ungleichheit verbunden sein muss. Die historischen Daten sind unvereinbar mit der Hypothese, man könne das eine nicht ohne das andere haben.

Schaubild 2.19 veranschaulicht diese Beziehungen. Sowohl das Wirtschaftswachstum als auch die Ungleichverteilung wurden hier »normalisiert«: Das Wachstum wird auf der horizontalen Achse als durchschnittliches Pro-Kopf-Wachstum pro Jahrzehnt dargestellt, die Ungleichheit auf der vertikalen Achse als durchschnittliche Verringerung in Gini-Punkten pro Jahrzehnt.[35] Bemerkenswert ist, dass die Länder beinahe auf einer geraden Linie angeordnet sind, wobei in jenen, die schneller wuchsen, auch die Ungleichheit deutlicher verringert wurde. Aus dieser Beziehung können keine weitreichenden Schlüsse gezogen werden, weil die Abwärtsphase der ersten Kuznets-Welle in den einzelnen Ländern sehr unterschiedlich lange dauerte: Angesichts der schieren Dauer der Abschwungphase in den Niederlanden wäre es schließlich vollkommen unrealistisch anzunehmen, das Land hätte über die gesamten 250 Jahre hinweg ein so hohes durchschnittliches Wachstum haben können wie Deutschland oder Italien in der Zeit nach dem Zweiten Weltkrieg. Die Grafik gibt auch Aufschluss über die starke Position der Vereinigten Staaten, die entgegen einer heute verbreiteten Annahme nicht nur sehr stark wuchsen (nämlich um mehr als 30 Prozent pro Jahrzehnt), sondern gleichzeitig eine sehr deutliche Verringerung der Ungleichheit (um mehr als 3 Gini-Punkte pro Jahrzehnt) erlebten.

Am interessantesten und aufschlussreichsten ist der Moment des Wellentals der ersten Kuznets-Welle und damit der Ausgangspunkt des zweiten Zyklus. In allen Ländern wurde das Wellental Ende der siebziger oder Anfang der achtziger Jahre des 20. Jahrhunderts erreicht. Der Zeitpunkt variiert höchstens um einige Jahre, und da alle hier behandelten Länder mit Ausnahme der Vereinigten Staaten, die reicher waren, Anfang der achtziger Jahre ähnliche Einkommensniveaus hatten, war der Wendepunkt sowohl gemessen am Zeitpunkt als auch am Einkommensniveau für alle diese Länder derselbe. Anschließend nahm die Ungleichheit jedoch nicht überall gleich stark zu. In den Vereinigten Staaten, Großbritannien und Italien waren die deutlichsten Hinweise auf einen zweiten Kuznets-Zyklus zu beobachten, wobei die Gini-Koeffizienten der USA und Italiens um mindestens 5 Prozentpunkte und jener Großbritanniens um mehr als 10 Prozentpunkte stiegen. Geringer fiel die Zunahme der Ungleichheit in Spanien, Deutschland, Japan und den Niederlanden aus, wo ein Anstieg von höchstens 2 Prozent-

**Schaubild 2.20**: Beziehung zwischen Entwicklung der Ungleichheit und Wirtschaftswachstum in der Aufwärtsphase des zweiten Kuznets-Zyklus

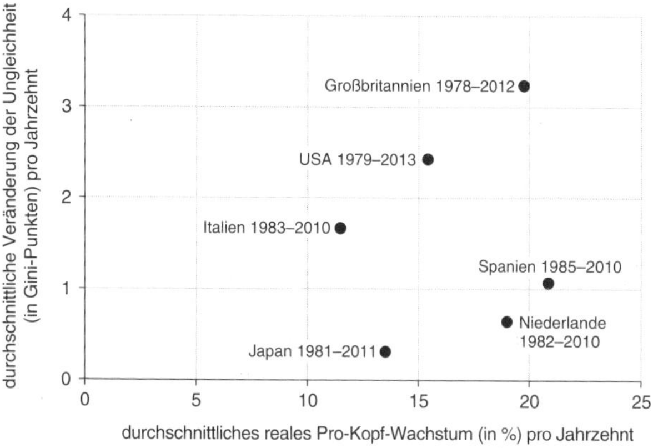


Diese Grafik gibt Aufschluss über das Pro-Kopf-Wirtschaftswachstum pro Jahrzehnt während der jüngsten Zunahme der Ungleichheit seit etwa 1980 (horizontale Achse) und über den durchschnittlichen Anstieg des Gini-Koeffizienten pro Jahrzehnt im selben Zeitraum (vertikale Achse). In allen Ländern nahm die Ungleichheit zu, und in den Ländern mit dem höchsten Anstieg (Großbritannien, USA und Italien) war ein stärkerer Anstieg des Gini-Koeffizienten pro Wachstumseinheit zu beobachten. Datenquellen: Siehe Quellen zu den Schaubildern 2.10-2.13, 2.15 und 2.18.

punkten beobachtet wurde. Aber in allen Ländern ist der Gini-Koeffizient gestiegen. Das bedeutet, dass der zweite Kuznets-Zyklus begonnen hat.

Dieses Muster ist in Schaubild 2.20 zu erkennen, das ein Gegenstück zum Schaubild 2.19 darstellt. Hier zeigt sich eine klare, wenn auch eigentümliche Korrelation zwischen Wachstum und Ungleichheit, was die Unterschiede zwischen den Erfahrungen der einzelnen Länder verdeutlicht. In den Ländern oberhalb einer gedachten Linie, die wir durch die Grafik ziehen können (Großbritannien, die USA und Italien), war eine größere Zunahme der Ungleichheit als in den Ländern unterhalb dieser Linie (Japan, Niederlande, Spanien) »erforderlich«, um eine gegebene Wachstumsrate zu erzielen.

## Was trieb die Abwärtsbewegung der ersten Kuznets-Welle an?

Der erste Kuznets-Zyklus in den technologisch fortschrittlichen Ländern (also in den Ländern mit steigendem Durchschnittseinkommen) dauerte vom Beginn der industriellen Revolution bis etwa 1980. In diesem langen Zeitraum nahm die Ungleichheit zu, erreichte zwischen dem späten 19. Jahrhundert und dem frühen 20. Jahrhundert einen Höhepunkt und nahm in den folgenden siebzig oder achtzig Jahren mehr oder weniger kontinuierlich ab. Steigende und sinkende Phase der Kurve dauerten also etwa gleich lange.

Aber dann geschah etwas, das kaum mit Kuznets' ursprünglicher Hypothese zu vereinbaren ist, sobald die Einkommen erst einmal ausreichend hoch seien, werde die Ungleichheit abnehmen und auf einem niedrigeren Niveau verharren: Etwa ab dem Jahr 1980 nahm die Ungleichheit in den reichen Ländern wieder zu. Diese Entwicklung ist der Grund dafür, dass wir meiner Meinung nach eher von Kuznets-Zyklen oder Kuznets-Wellen sprechen und die gegenwärtige Zunahme der Ungleichheit in den hoch entwickelten Ländern als Beginn eines zweiten Kuznets-Zyklus betrachten sollten. Wie der erste ist auch dieser das Produkt des technologischen Wandels, der Substitution von Arbeit durch Kapital (im »zweiten Maschinenzeitalter«) und der Umschichtung von Arbeitskräften von einem Sektor in einen anderen. Im ersten Kuznets-Zyklus war es eine Umschichtung von der Landwirtschaft (und damit aus den ländlichen Gebieten) in die Industrieproduktion (also in die städtischen Gebiete). Im zweiten Zyklus findet eine Umschichtung von der Industrieproduktion in den Dienstleistungssektor statt. Und wie zuvor erklärt, wird dieser Zyklus auch von wirtschaftspolitischen Veränderungen angetrieben, die den Reichen zugutekommen.

Aber während die Faktoren, die gegenwärtig für größere Ungleichheit in der hoch entwickelten Welt sorgen, im Allgemeinen gut zu erkennen sind (obwohl keine Einigkeit über ihre relative Bedeutung herrscht), ist keineswegs klar, wie die Ungleichheit verringert werden kann. Welche Kräfte kann das System selbst in Gang setzen, um die Zunahme der Einkommensungleichheit zu bremsen und schließlich wieder für eine gerechtere Verteilung zu sorgen? Mit einigen dieser Kräfte werden wir uns am Ende dieses Kapitels befassen. Was die Vereinigten Staaten betrifft (Kapitel 4), bezweifle ich, dass es leicht sein wird, solche Kräfte zu identifizieren. Aber bevor wir den Blick in die Zukunft richten, sollten wir zurückblicken und uns die Gründe für das Ende des ersten Anstiegs der Ungleichheit ansehen – denn diese Analyse kann uns möglicherweise wertvolle Erkenntnisse über den zweiten Zyklus liefern.

*Die Ungleichheit innerhalb einzelner Länder und der Erste Weltkrieg.* Es gibt zwei unterschiedliche Ansichten dazu, warum die Ungleichheit im 20. Jahrhundert geringer wurde. Die herkömmliche, von Kuznets selbst vertretene Erklärung lautet, diese Verringerung sei ein Produkt verschiedener wirtschaftlicher Kräfte gewesen. Dies waren: (1) der Abschluss jenes Strukturwandels, der den Großteil der Bevölkerung in die Städte und in die Industrieproduktion verschob (und damit die Kluft zwischen Stadt und Land beseitigte, die wesentlich zur Ungleichheit beigetragen hatte; (2) die Ausweitung der Schulbildung, die den Bildungsbonus verringerte (eine Erklärung, die insbesondere Tinbergen [1975] sowie Goldin und Katz [2010] bevorzugen); (3) das Altern der Bevölkerung, das die Nachfrage nach sozialen Diensten (Sozialversicherung, staatliches Gesundheitssystem) erhöhte, was wiederum eine höhere Besteuerung der Reichen erforderlich machte. Dazu kam vermutlich im Hintergrund (4) das Bedürfnis nach größerer sozialer Kohäsion angesichts von Kriegen einschließlich des Kalten Krieges und die damit einhergehende Neigung, die Finanzierung von Kriegen den Reichen aufzuerlegen.[36]

Die zweite Interpretation, zu deren Verfechtern Piketty zählt (nicht nur in *Das Kapital im 21. Jahrhundert*, sondern auch in seinem früheren, 2001 erschienenen Buch *Les Hauts revenus en France*), ist anders als die Kuznets-Hypothese in erster Linie eine politische Theorie. Piketty zufolge führten die zwei Weltkriege nicht nur zu höheren Steuern, sondern zerstörten auch Eigentum und verringerten die großen Vermögen. Für Frankreich galt das zweifellos, und auf die Analyse dieses Landes hat sich Piketty auch in seiner späteren Arbeit gestützt.[37] Er zeigt, dass die Kapitalkonzentration in Frankreich nach den Weltkriegen sank und dass sich die größten Vermögen nie wieder erholten: Um das Jahr 2000 waren beispielsweise die am höchsten bewerteten Anwesen immer noch weniger wert als vor dem Ersten Weltkrieg.[38] Die geringere Konzentration des Reichtums und ein sinkender Kapitalkoeffizient (infolge der Kapitalvernichtung) bedingten einen Rückgang der Kapitalerträge und eine Verringerung der Ungleichheit. Piketty stellt die Schocks durch die Weltkriege – sowie den folgenden »Schock« des wachsenden politischen Einflusses der sozialistischen und kommunistischen Parteien, der dazu führte, dass Gesetze erlassen wurden, welche die Arbeiter begünstigten – als exogene Ereignisse dar, das heißt als politische Elemente, die von der wirtschaftlichen Entwicklung unabhängig waren.

Meine Antwort auf die Frage, warum die Ungleichheit zu sinken begann, unterscheidet sich von der Pikettys. In meinen Augen müssen der Ausbruch des Ersten Weltkriegs und die folgende Verringerung der Ungleichheit als »endogene« Ergebnisse der vor dem Krieg entstandenen wirtschaftlichen Bedingungen betrachtet werden. Das bedeutet, dass die Ungleichheit innerhalb der einzelnen Länder wesentlich dazu beitrug, den Krieg heraufzubeschwören. Damit kehre ich zu einer älteren und in meinen Augen überzeugenden Erklärung für den Ausbruch des Ersten Weltkriegs zurück. Diese Interpretation besagt, dass der Krieg das Resultat des imperialistischen Wettbewerbs war, der wiederum eingebettet war in die nationalen Ökonomien. Diese waren gekennzeichnet durch eine ausgeprägte Ungleichverteilung von Einkommen und Vermögen, hohe Sparquoten der Oberschicht, eine unzureichende Binnennachfrage und das Bedürfnis der Kapitalisten, außerhalb des eigenen Landes rentable Einsatzgebiete für ihre überschüssigen Ersparnisse zu finden.

Wenn man Anfang des 20. Jahrhunderts einen Ort fand, an dem man überschüssiges Kapital investieren konnte, musste man diesen Ort kontrollieren, und wenn sich die Investition rentieren sollte, musste man mögliche Konkurrenten notfalls gewaltsam von diesem Markt fernhalten. Ich möchte John Maynard Keynes (2006 [1936], S. 322) zitieren, einen Autor, der uns beim Thema Imperialismuskritik nicht unbedingt sofort in den Sinn kommt: »Darüber hinaus [d. h., abgesehen von Diktatoren als Ursachen von Kriegen] sind es aber die wirtschaftlichen Ursachen des Krieges, nämlich der Druck der Bevölkerung und der Konkurrenzkampf um Märkte, die ihre [die der Diktatoren] Aufgabe erleichtern, die volkstümliche Flamme anzufachen. Es ist der zweite Faktor, der wahrscheinlich im neunzehnten Jahrhundert eine überwiegende Rolle gespielt hat und wieder spielen könnte.«

Dieser »Konkurrenzkampf um Märkte« führte zur Ausbeutung der Kolonien.[39] Voraussetzung für den wirtschaftlichen Erfolg waren die Gründung von Kolonien, Protektoraten oder Handelsniederlassungen sowie das, was Paul Bairoch als »Kolonialvertrag« bezeichnet hat. Der Kolonialvertrag hatte folgende Bestandteile: Die Kolonien durften nur mit dem Mutterland Handel treiben, die Güter mussten auf den Schiffen des Mutterlandes transportiert werden, und die Kolonien durften keine Fertigwaren erzeugen (Bairoch 1997, Bd. 2, S. 665-669; vgl. auch Milanović 2002b). Der Kampf um Kolonien in Afrika diente den Interessen der europäischen Kapitalisten (vgl. Wesseling 1999). Ähnliche und fast genauso brutale Kämpfe um neue Territorien fanden in Sibirien, wo Russland nach Osten expandierte, sowie in Amerika statt, wo die Vereinigten Staaten nach Westen vorrückten und mexikanische Gebiete annektierten, während sie zugleich die politische Kontrolle über den südlichen Subkontinent anstrebten. Ghana, der Sudan, Vietnam, Algerien, die Philippinen, Kalifornien und Sibirien wurden vom selben Prozess erfasst. Die Kolonien wurden nicht von »ortsgebundenen«, sondern von »umherziehenden Banditen« regiert, wie es McGuire und Olson (1996) treffend ausgedrückt haben.

Die hier vorgelegte Argumentation ist nicht neu. Neu ist ihre Einordnung in den Rahmen der Kuznets-Hypothese. Zu Beginn des 20. Jahrhunderts stellte John Hobson in *Imperialism: A Study* (1965 [1902]) einen Zusammenhang zwischen Kolonialismus und einer schlechten Verteilung der Einkommen her. In dieselbe Kerbe schlugen Rosa Luxemburg in *Die Akkumulation des Kapitals* (1913) und Wladimir I. Lenin in *Der Imperialismus als höchste Stufe des Kapitalismus* (1916). Hobson erklärte: »Die Öffnung neuer Märkte und Investitionsbereiche wird nicht durch den industriellen Fortschritt erforderlich gemacht, sondern *durch die schlechte Verteilung der Konsumfähigkeit* [meine Hervorhebung], welche die Aufnahme von Gütern und Kapital innerhalb des Landes verhindert« (S. 85). Zahlreiche Autoren haben die imperialistische Expansion mit einer ungleichen Verteilung der Einkommen erklärt. Dieser Erklärungsansatz geht auf Marx zurück, obwohl dieser die These nicht so gründlich ausarbeitete wie Hobson, Luxemburg oder Lenin.[40] Diese Interpretation ist kein Thema dieses Buchs. Ich will lediglich darauf hinweisen, dass interne Fragen und insbesondere ein hohes Maß an Ungleichheit von großer Bedeutung sind, wenn man die Ursachen des Ersten Weltkriegs so deutet.[41] Weder kam der Krieg aus heiterem Himmel, noch ist er damit zu erklären, dass bestimmte historische Akteure die Entwicklungen falsch deuteten. Vielmehr hatte der Konflikt tief liegende strukturelle Ursachen, deren bedeutendste möglicherweise die »schlechte Verteilung der Konsumfähigkeit« war.[42] Dies ist ein wichtiger Punkt: Die malignen Kräfte, die den ersten Kuznets-Zyklus durchbrachen und in den reichen Ländern zur Verringerung der Ungleichheit in den folgenden siebzig Jahren führten, waren Ausdruck einer übermäßigen und untragbaren Ungleichheit, die bereits existierte.

Eine indirekte Bestätigung für die Deutung, dass interne Faktoren entscheidend zum Ausbruch des Kriegs beitrugen, liefert Niall Ferguson in *Der falsche Krieg* (1998). Ferguson beschäftigt sich mit dem Krieg an der Westfront (die Geschehnisse im Osten erwähnt er nur am Rande) und geht zunächst von einer vollkommen anderen Hypothese aus: Der Krieg war das Ergebnis eines Unfalls, eines Missverständnisses, und es kam keineswegs zwangsläufig zur Konfrontation zwischen einer bestimmten Gruppe von Mächten und einer anderen.[43] Mit anderen Worten: Sowohl der Krieg als auch die Zusammensetzung der beiden Bündnisse kriegführender Mächte waren in Fergusons Augen Produkte des Zufalls. Für unsere Analyse bedeutsam ist, dass Ferguson am Ende seiner Untersuchung widerstrebend – und vermutlich, ohne sich dessen vollkommen bewusst zu sein – zur marxistischen Erklärung zurückkehrt, die sowohl die Ursachen als auch das Ergebnis des Krieges mit den inneren Vorgängen in den beteiligten Ländern erklärt.[44] Ferguson sieht die interne Ursache für den Krieg in der langfristigen finanziellen Schwäche Deutschlands, welche die militärische Leistungsfähigkeit des Landes beschränkte und es zwang, einen »defensiven Präventivkrieg« zu führen. Die interne Erklärung für das Ergebnis des Kriegs sieht Ferguson in der politischen Stärke der deutschen Oberschicht, die nicht bereit war, die für einen Sieg erforderlichen Ausgaben auf sich zu nehmen, und ihren Einfluss nutzte, um Steuererhöhungen zu verhindern. Da eine Finanzierung des Kriegs durch Kreditaufnahme weder intern – der deutsche Anleihemarkt war zu schwach – noch international möglich war – durch den Kriegseintritt der Vereinigten Staaten war Deutschland vom amerikanischen Finanzmarkt abgeschnitten –, ging dem Deutschen Reich rasch das Geld aus. Entscheidend ist, dass Ferguson sowohl die Ursache als auch den Verlauf des Kriegs mit der *internen* wirtschaftlichen und politischen »Kräftekorrelation« Deutschlands erklärt. Ich konzentriere mich auf Ferguson, weil sein Buch zu den besten neuen Arbeiten über den Ersten Weltkrieg zählt und zeigt, dass sogar jene, die ausdrücklich bestreiten, dass der Krieg mit internen Faktoren erklärt werden kann, am Ende die Bedeutung dieser Faktoren eingestehen.

*Maligne und benigne Kräfte in der Ära der »großen Nivellierung«.* Wenn wir den Ersten Weltkrieg als ein Ereignis betrachten, dessen endogene Ursachen in den wirtschaftlichen Bedingungen Europas (und der Welt) zu Beginn des 20. Jahrhunderts lagen, müssen wir die Abwärtsbewegung der Kuznets-Kurve ganz anders deuten als Kuznets und Piketty. Die internen Gegensätze zwischen den Gesellschaftsgruppen fanden ihren Ausdruck im Krieg, und sobald dieser andere Kräfte freigesetzt hatte (darunter das Wachstum der sozialistischen Bewegung, die russische Revolution und natürlich die Zerstörung von materiellem und finanziellem Kapital), begann die absteigende Phase der ersten Kuznets-Kurve – nicht als der Wirtschaft exogenes Ereignis, wie Piketty impliziert, sondern als ureigener Bestandteil der wirtschaftlichen Ordnung und insbesondere der ausgeprägten sozialen und wirtschaftlichen Ungleichheit in der Vorkriegszeit. Diese Deutung unterscheidet sich auch von der Kuznets', der Kriegen im Grunde keine Bedeutung beimisst.

Andere wirtschaftliche Fortschritte, die nach dem Krieg die Einkommensungleichheit verringerten – von der sozialdemokratischen Politik in Schweden über den amerikanischen New Deal bis zur hohen Besteuerung und Gewerkschaftsdichte in Westeuropa –, waren (benigne) ökonomische Kräfte, die Kuznets richtig erkannte. Aber diese Kräfte waren vom Krieg in Gang gesetzt worden, und der Krieg war ein Ergebnis der Einkommensungleichheit gewesen.

Diese Deutung der historischen Abläufe am Ende der vorhergehenden Globalisierungsära ist bedeutsam, und zwar nicht nur, weil sie die Kräfte berücksichtigt, welche die Globalisierung bremsten oder umkehrten und die Abwärtsphase der Kuznets-Welle auslösten, sondern auch, weil sie das Verständnis der gegenwärtigen Situation erleichtert. Wachsende Ungleichheit entfacht in vielen Fällen destruktive Kräfte, die schließlich zur Verringerung der Ungleichheit führen, auf dem Weg dahin jedoch vieles zerstören, darunter Millionen Menschenleben und gewaltige Reichtümer. Ein hohes Maß an Ungleichheit wird letztendlich untragbar, aber sie nimmt nicht von allein ab: Vielmehr setzt sie Prozesse wie Kriege, soziale Konflikte und Revolutionen in Gang, die zu ihrer Verringerung führen.

Wenn wir diese Betrachtungsweise wählen, erkennen wir die Ähnlichkeit zwischen den Verringerungen der Ungleichheit in vorindustrieller Zeit, die zumeist das Ergebnis verheerender Ereignisse wie Kriege, Epidemien oder Naturkatastrophen waren, und dem Rückgang der Ungleichheit im ersten Kuznets-Zyklus. Zwischen 1914 und 1980 wurde die Ungleichheit in einem zermürbenden Prozess verringert, bei dem es sich um eine Kombination von malignen Kräften wie Kriegen und benignen wirtschaftspolitischen Eingriffen handelte. Diese Eingriffe waren das Ergebnis des Interessenausgleichs zwischen linken politischen Parteien (die kostenlose Bildung, medizinische Versorgung usw. verlangten) und den besitzenden Klassen, die sich aus Furcht vor den neuen sozialistischen Bewegungen und einer Enteignung mit Maßnahmen abfanden, welche die Entstehung einer breiten Mittelschicht begünstigten. Das gilt nicht nur für die reichen Länder, sondern für die ganze Welt. Derselbe Prozess war sogar während rechter Diktaturen in Ländern wie der Türkei, Brasilien und Südkorea zu beobachten und wurde von der amerikanischen Entwicklungspolitik in den fünfziger, sechziger und siebziger Jahren vorangetrieben, als die USA rechte oligarchische Regime unterstützten, diese jedoch drängten (und in einigen Fällen zwangen), sich im Gegenzug für die Interessen der Mittelschicht zu öffnen. Die Vereinigten Staaten unterstützten Agrarreformen in Japan, Taiwan und Südkorea (oder setzten sie sogar durch), und nach der Gründung der Alliance for Progress durch Präsident John F. Kennedy im Jahr 1961 förderten sie die Umverteilung des Grundbesitzes in Lateinamerika. (Nicht zufällig erfolgte dieser Vorstoß kurz nach der kubanischen Revolution.) Derselbe Prozess war in den kommunistischen Ländern zu beobachten, wo linke Diktaturen an die Macht kamen, die Kapital verstaatlichten und Gleichheit versprachen und diese Zusagen nicht rückgängig machen konnten, weshalb sie an einer Politik festhielten, die der Ungleichverteilung entgegenwirkte. Diese Politik beinhaltete eine erhebliche Ausweitung der Bildung und einen Transfer von Arbeitskräften von der Landwirtschaft in die Industrie – die wesentlichen Bestandteile der Kuznets-Kurve. Daher darf die Abwärtsbewegung der Kurve nicht auf die reichen Länder beschränkt werden. Fast überall auf der Erde nahm die Ungleichheit im dritten Viertel des 20. Jahrhunderts ab, sei es durch Verstaatlichung, Ausweitung der Bildung, Agrarreformen oder den Wohlfahrtsstaat.

Ich möchte die Bedeutung der rein wirtschaftlichen (oder benignen) Faktoren, die für Kuznets im Vordergrund standen, nicht herunterspielen, aber wir müssen uns darüber im Klaren sein, dass diese Kräfte in einem spezifischen gesellschaftlichen Rahmen wirkten. So führte beispielsweise das Bemühen um eine Ausweitung der Bildung auf breite Bevölkerungskreise in den Entwicklungsländern, das durchaus dem Bedürfnis entspringen mochte, eine starke Mittelschicht aufzubauen, die als Bollwerk gegen den Kommunismus dienen konnte, in einer rein wirtschaftlichen Reaktion zur Verringerung des Bildungsbonus und damit der Ungleichheit. Aber möglicherweise wären diese Entwicklungen ausgeblieben, wäre da nicht die ausgeprägte Ungleichheit gewesen, die Spannungen verursachte, die sich schließlich im Ersten Weltkrieg entluden.

### Exkurs 2.2: Die andere »große Nivellierung« – Ungleichheit im Sozialismus

In den Ländern, in denen nach dem Zweiten Weltkrieg ein sozialistisches System errichtet wurde, fand eine »große Nivellierung« statt, die radikaler ausfiel als jene im Westen. Möglicherweise beeinflusste die sozialistische Nivellierung die »große Nivellierung« im Westen durch den Einfluss der dortigen sozialistischen und kommunistischen Parteien, aber wie auch immer die exakte Beziehung zwischen den beiden Entwicklungen gewesen sein mag: Zusammen mit ähnlichen Prozessen, die durch die Entkolonialisierung oder durch die Entwicklung von Ländern wie der Türkei oder Brasilien ausgelöst wurden, sollten sie als Bestandteile ein und desselben Trends betrachtet werden, der für das »kurze 20. Jahrhundert« charakteristisch ist.

Die sozialistische »große Nivellierung« wurde mit einfachen Eingriffen herbeigeführt: Zunächst wurden die meisten Unternehmen verstaatlicht, was wie in den öffentlichen Unternehmen im Westen eine geringere Spreizung der Lohnverteilung zur Folge hatte. (Es stehen umfassende Daten zur Lohnverteilung in den sozialistischen Ländern zur Verfügung, und die Lohnkompression wurde in einer Reihe von Studien dokumentiert.)[45] Auch der Bildungsbonus wurde verringert. Da die meisten Länder, in denen sozialistische Regime installiert wurden, weniger entwickelt waren als Westeuropa und die Vereinigten Staaten, wäre ein hoher Qualifikationsbonus zu erwarten gewesen (ähnlich hoch wie beispielsweise in Lateinamerika). Aber die Verstaatlichung der Unternehmen verhinderte das: Die Löhne gering qualifizierter Arbeitskräfte waren relativ hoch, während die hoch qualifizierter Arbeitskräfte relativ niedrig waren. Eine deutliche Ausweitung der Schulbildung hätte jedoch auch unter marktwirtschaftlichen Bedingungen durch die Erhöhung des Angebots an qualifizierten Arbeitskräften den Qualifikationsbonus bis zu einem gewissen Grad verringert.

Die Verstaatlichung der Produktionsmittel hatte noch zwei weitere Auswirkungen auf die Einkommensverteilung: Sie beseitigte die Einkommen aus Vermögen, die vor allem den Reichen zugutekommen, und machte Unternehmensgewinne fast unmöglich, da Privatunternehmen verboten oder marginalisiert wurden. Die unternehmerische Tätigkeit war nur noch in Dienstleistungssektoren erlaubt, in denen die Betriebe normalerweise klein sind (Gastgewerbe, Reparaturwerkstätten und dergleichen); in Jugoslawien und Polen, wo der private Grundbesitz erhalten blieb, der Boden jedoch in kleine Parzellen unterteilt wurde, kam die Landwirtschaft hinzu. In Ländern wie Russland und Ungarn, wo in der Vergangenheit der Großgrundbesitz vorgeherrscht hatte, beseitigte die Verstaatlichung des Bodens die hohen Einkommen des Landadels.

Vervollständigt wurde die Nivellierung durch eine Arbeitsplatzgarantie, welche die Arbeitslosigkeit (von wenigen Ausnahmen abgesehen) beseitigte, sowie durch Altersrenten, von denen (oft mit Ausnahme der in der Landwirtschaft Beschäftigten) viele Erwerbstätige profitierten, und eine Subventionierung grundlegender Güter (womit progressive Subventionen gewährleistet wurden). Daher überrascht es nicht, dass das Haushaltseinkommen allein anhand der demografischen Merkmale eines Haushalts geschätzt werden konnte, wie der tschechische Soziologe Jiři Večerník (1994) erklärt: Man musste lediglich die Zahl und das Alter der Haushaltsmitglieder kennen. Mit anderen Worten: Bildungsniveau und Eigentum, die wichtigsten Determinanten des Einkommens in Marktwirtschaften, waren irrelevant geworden.

War diese radikale Nivellierung erfolgreich? Misst man sie an der Verringerung der Ungleichheit, so lautet die Antwort ja. Gemessen an Wirtschaftswachstum und Innovation war sie hingegen ein Fehlschlag. Lange Zeit vertraten sozialistische Politiker die Ansicht, eine übermäßige Nivellierung der Arbeitslöhne beseitige den Anreiz zum Erwerb neuer Fähigkeiten und zu harter Arbeit. In der »heroischen« Phase des Sozialismus konnte dieses Defizit durch den »sozialistischen Wettbewerb« ausgeglichen werden: Arbeiter wie der Bergmann Alexei Stachanow, nach dem die Stachanow-Bewegung benannt wurde, arbeiteten hart und übertrafen die Arbeitsnorm nicht für eine finanzielle Belohnung, sondern für persönliche Befriedigung und soziale Anerkennung. Aber langfristig war dieses System untragbar. Mit einer Reihe von Reformen in den sechziger Jahren sollten seine Mängel behoben werden: Um die Produktivität zu erhöhen, wurde den Unternehmen erlaubt, einen größeren Teil ihrer Einnahmen zu behalten und unter den besten Arbeitskräften zu verteilen. Aber die Reformen scheiterten an einem System, in dem große Einkommensunterschiede aus ideologischen Gründen nicht zugelassen werden konnten und die politische Elite die Kontrolle über die Unternehmen nicht aufgeben wollte.

Die sozialistische Nivellierung, die im Ostblock als *urawnilowka* (»Uniformität«) bezeichnet wurde, unterdrückte auch den technologischen Fortschritt. Das Wesen des Fortschritts änderte sich, und die technologische Führungsrolle ging von großen Industrien wie Strom- und Eisenbahnnetzen auf dezentralisierte Unternehmen über. Die sozialistischen Volkswirtschaften fielen weiter hinter die kapitalistischen zurück, in der Breschnew-Zeit kam es zu einer Phase der Stagnation (*zastoj*), und dies führte schließlich zum Zusammenbruch des Systems.

Aus der Erfahrung der sozialistischen Länder können wir mehrere Lehren ziehen. Erstens stoßen voluntaristische, den wirtschaftlichen Bedingungen nicht entsprechende Eingriffe zur Verringerung der Ungleichheit an Grenzen. In einem tieferen Sinn war diese Politik antimarxistisch, da sie die Interdependenz zwischen der Entwicklung der Produktivkräfte und den Produktionsverhältnissen außer Acht ließ. Vielleicht bestand die »Ursünde« darin, dass die erste marxistische Revolution in einem unterentwickelten Land wie Russland stattfand. Die zweite Lehre lautet, dass man es mit der Gleichheit übertreiben kann, so dass Arbeitswillen, Bildung und Innovation gehemmt werden. Drittens zeigt sich, dass die Ideologie bedeutsam ist, und im Widerspruch zu den Thesen moderner Institutionalisten wie Acemoğlu und Robinson geht gebündelte politische Macht nicht zwangsläufig mit gebündelter wirtschaftlicher Macht einher.

Die Tatsache, dass Ideologie und wirtschaftliche Entwicklungen wesentlich zum Rückgang der Ungleichheit zwischen 1950 und 1980 beitrugen, gibt uns die Hoffnung, dass die Menschheit, die sich heute in einer ganz ähnlichen Situation befindet wie vor hundert Jahren, nicht zulassen wird, dass das Problem der Ungleichheit erneut durch den Kataklysmus eines Weltkriegs gelöst werden muss. Das Wissen um die Zerstörungskraft zunehmender Ungleichheit und die Kenntnis der »benignen« Mittel, mit denen sie verringert werden kann, wecken in Kombination mit der Konvergenz der Einkommen von bevölkerungsreichen und relativ armen Ländern wie China und Indien auf der einen und der reichen Welt auf der anderen Seite die Zuversicht, dass es in diesem Jahrhundert gelingen kann, die Ungleichheit in der Welt friedlich zu verringern. Auf dieses Thema werden wir in Kapitel 4 zurückkommen.

## Was treibt den Anstieg der zweiten Kuznets-Welle voran, und wie können wir eine Abwärtsbewegung einleiten?

*Wie ist der Anstieg zu erklären?* Es gibt zahlreiche Parallelen zwischen dem ersten und dem zweiten Kuznets-Zyklus. Der Anstieg der zweiten Welle wurde von einer zweiten technologischen Revolution (die in erster Linie auf der Entwicklung der Informationstechnologie beruhte) und von der Globalisierung angetrieben (wie wir gesehen haben, wurde auch die erste technologische Revolution von einem solchen Prozess begleitet).[46] Beide technologischen Revolutionen brachten wirtschaftliche Renten mit sich: Im Fall der zweiten warfen Telekommunikation, Pharmaindustrie und der Finanzsektor diese Renten für Technologieführer und jene ab, die politische Macht nutzen konnten, um sich eine Monopolstellung und Schutz zu sichern. (Dieser Prozess war nicht unabhängig vom wirtschaftlichen Erfolg, weil man reich sein muss, um die politischen Entscheidungsträger beeinflussen zu können.)

Was die Arbeitskräfte betrifft, so fand ein Transfer vom Produktionssektor in die Dienstleistungen statt (welcher der Umschichtung von der Landwirtschaft in die Industrieproduktion im Verlauf der ersten technologischen Revolution nicht unähnlich war). Die Tätigkeiten und Qualifikationserfordernisse sind in den Dienstleistungen heterogener als im Produktionssektor, und die Arbeitseinkommen sind sehr viel breiter gefächert. Schaubild 2.21 gibt Aufschluss über das Verhältnis zwischen den Arbeitseinkommen des 90. Perzentils und des 10. Perzentils der Lohnverteilung im amerikanischen Produktions- und Dienstleistungssektor im Zeitraum 1979-2014. Im Jahr 1979 war das Einkommensgefälle in den beiden Sektoren fast gleich groß. Seit damals hat die Lohnungleichheit in beiden Sektoren zugenommen, aber in den Dienstleistungen ist das Gefälle sehr viel größer. Im Jahr 2014 verdienten Arbeitskräfte im 90. Perzentil in den Dienstleistungen das 5-Fache des Arbeitseinkommens der Arbeitskräfte im 10. Perzentil. Im Produktionssektor lag das entsprechende Verhältnis bei 4,4. Das bedeutet, dass die Umschichtung von Arbeitskräften vom Produktions- in den Dienstleistungssektor die Ungleichheit der Arbeitslöhne und damit letzten Endes die Einkommensungleichheit tendenziell erhöht.

Die Tätigkeiten im Dienstleistungssektor sind räumlich weiter verstreut als jene im Produktionssektor, und die Betriebseinheiten sind sehr

**Schaubild 2.21:** Lohnungleichheit im Produktions- und Dienstleistungssektor der USA, 1979-2014

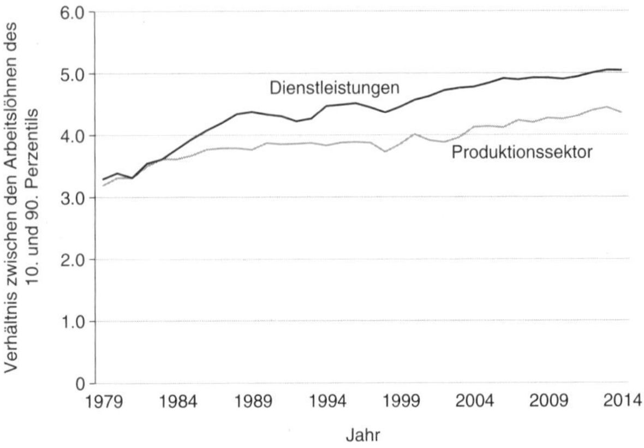


Diese Grafik gibt Aufschluss über die Ungleichheit der Arbeitseinkommen im Produktions- sowie im Dienstleistungssektor der Vereinigten Staaten, ausgedrückt als Verhältnis zwischen dem Einkommen des 90. Perzentils und des 10. Perzentils der Lohnverteilung. Im Dienstleistungssektor ist die Einkommensungleichheit größer als im Produktionssektor, und das Gefälle wächst. Datenquelle: Unveröffentlichte Aufgliederung von Daten aus der CPS ORG (Current Population Survey Outgoing Rotation Group), mit freundlicher Genehmigung von Larry Mishel vom Economic Policy Institute. Details zu den Daten finden sich in Anhang B des Berichts »The state of working America« aus dem Jahr 2012; online verfügbar unter {http://stateofworkingamerica.org/files/book/Appendices.pdf} (Stand Juni 2016).

viel kleiner. Das erschwert den Zusammenschluss der Arbeitskräfte oder verringert die Relevanz ihrer Organisationen. In einer Zeit, in der es den verschiedenen Gruppen von Beschäftigten schwerer fällt, ihre gemeinsamen Interessen zu sehen, und in der die Arbeitskräfte oft geografisch voneinander getrennt sind, verlieren Arbeitnehmerorganisationen an Anziehungskraft, was in praktisch allen reichen Ländern zu einer Verringerung des gewerkschaftlichen Organisationsgrads geführt hat. Schaubild 2.22 veranschaulicht diesen Niedergang. Neben den Vereinigten Staaten und Großbritannien sind hier auch Österreich und Deutschland berücksichtigt, die lange als beispielhaft für das »wohlfahrtskapitalistische« System

**Schaubild 2.22**: gewerkschaftlicher Organisationsgrad in ausgewählten OECD-Ländern, 1999-2013

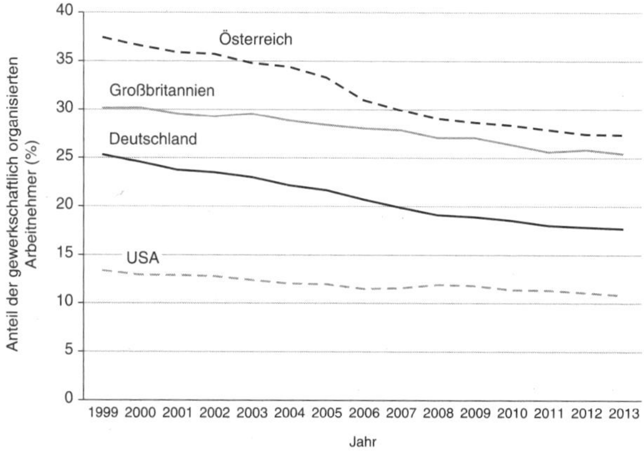


Diese Grafik zeigt den Anteil der gewerkschaftlich organisierten Arbeitnehmer in Österreich, Großbritannien, Deutschland und den USA. Der Prozentsatz der Gewerkschaftsmitglieder sinkt seit 1999. Datenquelle: OECD-Daten, online verfügbar unter: {https://stats.oecd.org/Index.aspx?DataSetCode=UN_DEN}.

(Esping-Andersen 1990) galten, in dem die Gewerkschaften eine zentrale Rolle spielten. Zwischen 1999 und 2013 schrumpfte der Anteil der gewerkschaftlich organisierten Arbeitskräfte in allen vier Ländern, wobei der Rückgang in den beiden korporatistischen Ländern Deutschland und Österreich besonders deutlich ausfiel. In den OECD-Ländern ging der nicht gewichtete durchschnittliche Anteil der gewerkschaftlich organisierten Arbeitnehmer zwischen 1999 und 2013 von 21 auf 17 Prozent aller Beschäftigten zurück.[47] Besonders deutlich ist der Organisationsgrad in der Privatwirtschaft gesunken. Im öffentlichen Bildungs- und Gesundheitssektor, wo die Beschäftigten weiterhin klar erkennbare gemeinsame Interessen haben, ist die Gewerkschaftsdichte nach wie vor höher.[48]

Die sinkende Gewerkschaftsdichte schwächt die Verhandlungsposition der Arbeitnehmer gegenüber dem Kapital. In einer Neubewertung seines Beitrags zur Wachstumstheorie hat sich Robert Solow mit der Möglichkeit beschäftigt, dass der sinkende Arbeitsanteil an den Einkommen in den reichen Ländern auf eine Neuverteilung der wirtschaftlichen Renten zugunsten der Kapitalbesitzer zurückzuführen sein könnte.[49] Solow untersucht ein die gesamte Volkswirtschaft umspannendes Modell des unvollkommenen Wettbewerbs, in dem die Wertschöpfung entsprechend dem jeweiligen Grenzprodukt zwischen Arbeitskräften und Kapitalbesitzern aufgeteilt wird, zuzüglich einer wirtschaftlichen Rente, die zwischen den beiden auszuhandeln ist. Diese wirtschaftlichen Renten können Monopolrenten, Patentrenten, durch Eintrittsbarrieren entstandene Renten usw. sein. Entscheidend ist, dass die Verteilung der wirtschaftlichen Renten auf der Ebene von Unternehmen, Sektoren und schließlich der gesamten Volkswirtschaft von der relativen Stärke der Verhandlungspositionen von Kapitalbesitzern und Arbeitskräften abhängt. In der gegenwärtigen Globalisierungsphase ist das Arbeitskräfteangebot deutlich gestiegen, weil die Weltbevölkerung seit 1980 um zwei Drittel gewachsen ist und weil die Arbeitskräfte Chinas und der ehemals kommunistischen Länder mittlerweile Teil des globalen Arbeitsmarkts sind. Diese Ausweitung des Arbeitskräfteangebots hat nach Ansicht von Solow die Verhandlungsposition der Arbeitskräfte weltweit geschwächt und die Kapitalbesitzer in die Lage versetzt, sich den Großteil der wirtschaftlichen Renten zu sichern. Eine ähnliche Theorie haben Chau und Kanbur (2013) aufgestellt, die ein Nash-Gleichgewicht beschreiben, in dem sich die Kapitalbesitzer, die das Kapital von einem Land in ein anderes bewegen können, wo die Steuern niedriger sind, in einer sehr viel stärkeren Position befinden als die Arbeitskräfte.

Seit die Zunahme der Ungleichheit in den OECD-Ländern vor zwei Jahrzehnten offenkundig wurde, sind die Gründe für diese Entwicklung eingehend untersucht worden. Besondere Aufmerksamkeit fand ursprünglich die Spreizung der Lohnverteilung in den Vereinigten Staaten, wobei zur Erklärung der qualifikationsverzerrte technologische Wandel und die Globalisierung herangezogen wurden.[50] Seit der Veröffentlichung von Pikettys *Das Kapital im 21. Jahrhundert* wird der Rolle des Kapitaleinkommens (sowohl seiner Rendite als auch der steigenden Kapital-Einkommen-Relation) größere Aufmerksamkeit zuteil. Es liegt auf der Hand, dass politische Maßnahmen wie die Senkung der Kapitalertragssteuern und der Grenzsteuersätze für Spitzeneinkommen ebenfalls zur Erhöhung der Ungleichheit beigetragen haben. Mit anderen Worten, die Umverteilungsfunktion des modernen Staates wurde geschwächt oder blieb gegenüber den achtziger Jahren unverändert. Und selbst in den seltenen Fällen, in denen ein größerer Teil der Einkommen umverteilt wurde, genügte dies nicht, um die wachsende Ungleichheit der Markteinkommen (die Ungleichheit der primären Arbeits- und Kapitaleinkommen vor Sozialtransfers und direkten Steuern) auszugleichen. Diese Zunahme der Markteinkommensungleichheit, die auf einer größeren Spreizung der Lohnverteilung, einer zunehmenden Konzentration der Kapitaleinkommen sowie darauf beruht, dass Personen mit hohen Kapitaleinkommen gleichzeitig hohe Arbeitseinkommen erzielen, trägt wesentlich zum Anstieg der zweiten Kuznets-Welle bei.

Schaubild 2.23 veranschaulicht die deutliche Zunahme der Markteinkommensungleichheit zwischen 1970 und 2010 in den Vereinigten Staaten und in Deutschland. Sehen wir uns zunächst die Entwicklung in den USA an: Die Grafik zeigt, dass die Ungleichheit verringert wird, wenn wir das Markteinkommen durch die Sozialtransfers ergänzen (um auf das Bruttoeinkommen zu kommen) und anschließend die direkten Steuern abziehen (um das verfügbare Einkommen zu erhalten). Das bedeutet, dass Sozialtransfers und Steuern tatsächlich die Ungleichheit verringern. Dennoch nimmt die Ungleichheit der verfügbaren Einkommen fast im selben Maß zu wie die Ungleichheit der Markteinkommen. Die Markteinkommensungleichheit erhöhte sich von 42 auf etwas mehr als 50 Gini-Punkte (ein Anstieg um 8 Punkte), während die Ungleichheit der verfügbaren Einkommen von 36 auf 41 Gini-Punkte stieg (eine Zunahme um 5 Punkte). Die Umverteilung gewann geringfügig an Bedeutung – sie wurde progressiver –, konnte die Zunahme der Markteinkommensungleichheit jedoch nicht wettmachen.

Ein Blick auf die Daten für Deutschland zeigt uns, dass staatliche Eingriffe, insbesondere höhere Sozialtransfers, wesentlich zur Verringerung der Ungleichheit beigetragen haben – sowohl im Vergleich zu den Vereinigten Staaten als auch im Lauf der Zeit innerhalb Deutschlands. Diese politischen Eingriffe genügten jedoch nicht, um die Zunahme der Ungleichheit der Markteinkommen vollkommen wettzumachen: Die Ungleichheit der verfügbaren Einkommen nahm zwischen 1970 und 2010 trotzdem zu, wenn auch nur um 1 bis 2 Gini-Punkte.

Es wurden noch weitere Faktoren als »Schuldige« an der zunehmenden Einkommensungleichheit identifiziert. Da sind zum einen Verhaltensän-

**Schaubild 2.23**: Ungleichheit der Markt-, Brutto- und verfügbaren Einkommen in den USA und Deutschland, 1970-2010

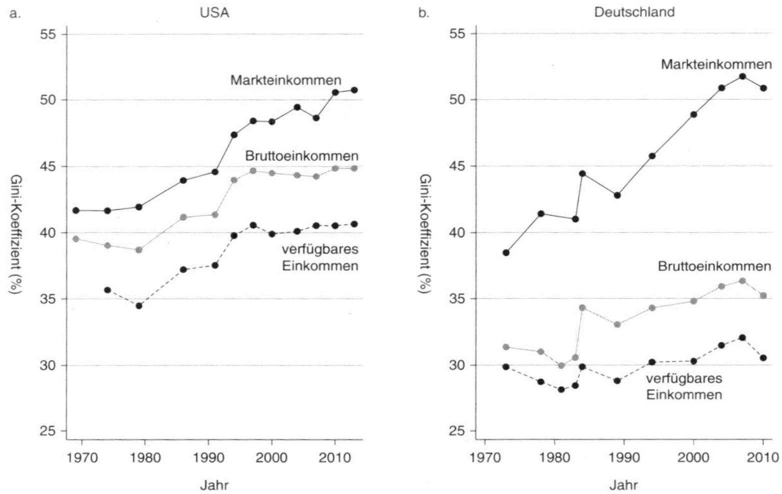


Diese Grafik zeigt die Entwicklung der Ungleichheit von Markt-, Brutto- und verfügbaren Einkommen in den USA (a) und Deutschland (b) zwischen 1970 und 2010. Das Markt- oder Faktoreinkommen beinhaltet Arbeits- und Kapitaleinkommen vor Steuern, nicht jedoch staatliche (soziale) Transfers. Das Bruttoeinkommen entspricht dem Markteinkommen zuzüglich der Sozialtransfers (staatliche Altersrenten, Arbeitslosengeld, Familienbeihilfen und Sozialhilfe). Das verfügbare Einkommen entspricht dem Bruttoeinkommen abzüglich aller direkten Steuern. Sämtliche Zahlen werden auf Pro-Kopf-Basis ermittelt (d. h., die Gini-Koeffizienten werden anhand der Pro-Kopf-Haushaltseinkommen errechnet). Datenquelle: Berechnet anhand von Daten aus der Luxembourg Income Study, online verfügbar unter: {http://www.lisdatacenter.org/}.

derungen, darunter die wachsende Verbreitung der assortativen Partnerwahl oder Homogamie: Heute sind Ehen, in denen beide Partner hoch qualifiziert sind und hohe Einkommen erzielen, sehr viel häufiger als in den fünfziger und sechziger Jahren des letzten Jahrhunderts (Greenwood et al. 2014). Als weiterer Grund werden nur vage benannte Veränderungen von ethischen oder Vergütungsnormen angeführt, die es ermöglichen, die Kluft zwischen den Gehältern von Spitzenmanagern und durchschnittlichen Mitarbeitern deutlich zu vergrößern (Levy und Temin 2007; Piketty 2014, Kapitel 9).

Ich habe nicht vor, die verschiedenen möglichen Faktoren zu bewerten. Ich glaube, dass die Erklärung aufgrund der Komplexität des Prozesses insofern überdeterminiert ist, als wir mehr als 100 Prozent der Veränderung erklären werden, wenn wir sämtliche möglichen Faktoren sammeln und ihre relative Bedeutung bestimmen. Diese Komplexität sehen wir vielleicht am besten, wenn wir die zwei vorherrschenden Erklärungen für die Zunahme der Lohnungleichheit in den Vereinigten Staaten einander gegenüberstellen: den qualifikationsverzerrten technologischen Wandel und die Globalisierung. Es könnte sein, dass sich in einem »Wettbewerb« zwischen diesen beiden Hypothesen die Verbilligung von Investitionsgütern, die zur Verdrängung von Routinetätigkeiten und zu einer besseren gegenseitigen Ergänzung von Kapital und hoch qualifizierten Arbeitskräften führte, durchsetzen würde, weil sie den Großteil der erhöhten Lohnungleichheit erklären kann (diese Hypothese haben Ebenstein, Harrison und McMillan [2015] aufgestellt). Aber diese Kausalkette (Verbilligung von Investitionsgütern → technologischer Wandel → Ersetzung von Routinetätigkeiten) konnte sich nur unter den Bedingungen der Globalisierung ergeben, die billige Arbeitskräfte in China und im übrigen Asien verfügbar machte und dadurch die Investitionsgüter verbilligte.[51]

Einfach ausgedrückt, könnte es sein, dass die Software von SAP, die Computer von Lenovo und die iPhones von Apple die Tätigkeiten von Reisebüromitarbeitern, Hotelangestellten, Buchhaltern und Einzelhandelsangestellten ersetzten, aber dass es vor allem deshalb zu der Entwicklung kam, die man als qualifikationsverzerrten technologischen Wandel betrachten kann, weil die Hardware für diese Produkte in asiatischen Niedriglohnländern billig erzeugt wurde. Genau so können wir die gekippte S-Kurve in Kapitel 1 deuten (Schaubild 1.1): Diese zusammenhängenden Entwicklungen in Asien und dem Westen trugen dazu bei, die Einkommen relativ armer Menschen in Asien (der neuen globalen Mittelschicht) zu erhöhen, während der Anstieg der Einkommen der unteren Mittelschicht in den hoch entwickelten Ländern praktisch zum Stillstand kam. (Wer eine Vorliebe für Modelle hat, kann sich die Weltwirtschaft als Gebilde vorstellen, das aus drei Sektoren besteht: Der erste produziert Investitionsgüter in Niedriglohnländern, der zweite verwendet diese Güter, um die gering qualifizierten Arbeitskräfte in den reichen Ländern zu ersetzen, und der dritte beschäftigt ausschließlich qualifizierte Arbeitskräfte, um Luxusgüter und hochwertige Dienstleistungen zu erzeugen.)

Technologischer Wandel und Globalisierung hängen also zusammen, und jeder Versuch, ihre jeweiligen Effekte zu isolieren, ist zum Scheitern verurteilt. Würde man einen dieser Prozesse aufheben, so würde fast die gesamte Zunahme der Einkommensungleichheit beseitigt. Würde man umgekehrt einen der beiden Prozesse zum anderen in seinem gegenwärtigen Umfang addieren (würde man z. B. die Globalisierung zur bestehenden Computerisierung »hinzurechnen«), so würde dies fast die gesamte Zunahme der Einkommensungleichheit erklären. Wenn wir zudem politische Richtungsänderungen als endogenen Bestandteil der Globalisierung betrachten (was wir meiner Meinung nach tun sollten), so wird vollkommen klar, dass alle drei TOP-Elemente (Technologie, Offenheit, Politik) voneinander abhängen und dass es nicht sinnvoll ist, sie getrennt zu betrachten.

Ein derartiger endogener technologischer Wandel, bei dem die Erfindungen nicht vom Himmel fallen, sondern dazu dienen, teurere Produktionsfaktoren (zum Beispiel die menschliche Arbeitskraft in den reichen Ländern) zu ersetzen, ist genau jene Art von Veränderung, die nach Ansicht von Robert Allen die erste technologische Revolution herbeiführte, die den ersten (modernen) Kuznets-Zyklus antrieb. Allen hat in einer Reihe von Arbeiten (2003, 2005, 2011) die These aufgestellt, dass der Grund für den britischen Aufstieg nicht die Eigentumsrechte (die schwächer waren als in Frankreich) oder niedrige Steuern waren (sie waren höher als in Frankreich), sondern die hohen Arbeitskosten. Aufgrund der hohen Löhne rentierte es sich, nach Wegen zu suchen, um Arbeit durch Kapital zu ersetzen. Mit demselben Mechanismus versuchte Aldo Schiavone (1996) in Anlehnung an Marx (1961b [1903]) zu erklären, warum in der Antike, insbesondere im alten Rom, nie eine kapitalintensive Produktion stattfand. Die menschliche Arbeitskraft, die oft die Arbeitskraft von Sklaven war, war so billig, dass die Römer nicht auf den Gedanken kamen, sie durch Maschinen zu ersetzen – obwohl im 2. Jahrhundert in Alexandrien die Dampfmaschine erfunden (und als Spielzeug verwendet) wurde. Das bedeutet, dass sich der technologische Fortschritt heute nicht anders »verhält« oder auf andere Anreize reagiert als in der Vergangenheit, wenn man davon absieht, dass die wirtschaftliche Tätigkeit globalisiert ist.

Buchhalterische Erklärungen der wachsenden Ungleichheit in den reichen Ländern, wie sie in mehreren OECD-Berichten (OECD 2008, 2011) vorgebracht werden, beabsichtigen nicht, die Ursachen der zunehmenden Ungleichheit zu bestimmen. In mancher Hinsicht ist dieser Ansatz vorzuziehen, da er das Problem der Überdeterminierung vermeidet und insofern unanfechtbar ist, als ein Zusammenhang zwischen den aufgelisteten Faktoren und der erhöhten Ungleichheit nachweisbar ist (wenn auch nur in einem buchhalterischen Sinn). Der Nachteil ist, dass sie keine analytische Erklärung liefern (z. B. für die Tatsache, dass die Arbeitseinkommen heute ungleichmäßiger verteilt sind als früher). Außerdem liefern sie keine Erklärung für einen Großteil des Anstiegs der Ungleichheit. Was die Ungleichheit zwischen den Haushalten anbelangt, so stellte die OECD (2011) gestützt auf Daten aus Haushaltserhebungen in 20 wohlhabenden Ländern fest, dass rund 60 Prozent der erhöhten Ungleichheit zwischen der Mitte der achtziger Jahre und dem Jahr 2008 auf eine größere Spreizung der Arbeitseinkommen von Männern sowie auf eine erhöhte Erwerbsbeteiligung von Frauen zurückzuführen waren (wobei der erste Faktor zwei Drittel der gesamten Zunahme erklärt). Aber es bleibt unklar, ob diese Spreizung der Einkommensverteilung auf den qualifikationsverzerrten technologischen Wandel oder auf die Globalisierung (Verdrängung heimischer Arbeitskräfte durch billigere Importe und Outsourcing) zurückzuführen ist. Assortative Partnerwahl und Veränderungen der Familienstruktur (z. B. beschließen mehr junge Menschen, allein zu leben) erklärten weitere 22 Prozent der Veränderung. Hingegen verringerte die erhöhte Erwerbsbeteiligung von Frauen die Ungleichheit um etwa 19 Prozent. Am Ende bleiben rund 40 Prozent der Zunahme der Einkommensungleichheit unerklärt zurück. (Es ist eine interessante Frage, ob die erhöhte Erwerbsbeteiligung der Frauen mit der wachsenden Verbreitung der assortativen Partnerwahl zusammenhängt und ob der Nettoeffekt dieser beiden Phänomene auf die Einkommensungleichheit möglicherweise nahe bei null liegt [22 minus 19 Prozent].)

Mit ein wenig Vereinfachung kann man diese »buchhalterischen« Elemente den drei Kategorien der von uns als TOP bezeichneten Faktorengruppen zuordnen: Technologie, Offenheit/Globalisierung und Politik. Umgekehrt könnte man auch argumentieren, dass die TOP-Faktoren direkt mit der zweiten technologischen Revolution zusammenhängen: Der technologische Fortschritt und die Umschichtung von Arbeitskräften in den Dienstleistungssektor sind beinahe definitionsgemäß Teil dieser Revolution: Die Globalisierung ist ein unverzichtbarer Begleiter der Entstehung umfassender Produktionsnetze und der Senkung der Produktionskosten, und die Politik ist insbesondere im Fall der geringeren Besteuerung des Kapitals eine »endogene« Antwort auf die Globalisierung, das heißt auf die erhöhte Mobilität des Kapitals.

*Kräfte, die zunehmender Ungleichheit entgegenwirken.* Es steht außer Zweifel, dass die Kuznets-Welle Anfang der achtziger Jahre zu steigen begann und dass dieser Anstieg der Hauptgrund für die Enttäuschung über die Kuznets-Hypothese ist, die einen einzigen Zyklus voraussagte, in dem die Ungleichheit erst zunehmen und anschließend abnehmen würde. Wir können die spekulativere Frage stellen, wie lange die Ungleichheit in den reichen Ländern steigen kann und was schließlich zu einer Umkehr des Trends führen wird.

In Kapitel 4 werde ich erklären, warum mir die Kräfte, welche die Zunahme der Ungleichheit in den Vereinigten Staaten antreiben, derzeit überwältigend erscheinen. Zu diesen Kräften zählen nicht nur die bestehenden und gut untersuchten TOP-Faktoren, sondern auch neue Elemente. Von besonderer Bedeutung ist, dass oft dieselben Personen oder Haushalte sowohl hohe Arbeitseinkommen als auch hohe Kapitaleinkommen erzielen (was die Ungleichheit erhöht) und dass die Reichen größeren Einfluss auf die Gestaltung der Politik erlangt haben und Regelungen durchsetzen können, die ihren Interessen dienen. In den Vereinigten Staaten scheinen kaum benigne wirtschaftliche Kräfte zu wirken, welche die Zunahme der Ungleichheit begrenzen könnten. Es ist unmöglich vorauszusagen, ob erneut maligne Kräfte wie jene zutage treten werden, die zu Beginn des

20. Jahrhunderts die Einkommensungleichheit verringerten. Aber wir dürfen nicht vergessen, dass es im Lauf der Geschichte sehr oft solche Kräfte – Krieg, Eroberungen oder Epidemien – waren, welche die Ungleichheit zurückdrängten. Es kann nicht ausgeschlossen werden, dass auch in Zukunft solche Kräfte auftauchen werden.

Ich will mich hier jedoch nicht mit der zukünftigen Entwicklung bestimmter Länder beschäftigen. Stattdessen geht es mir darum, auf einer abstrakten Ebene zu klären, welche benignen Kräfte die Ungleichheit in den reichen Ländern verringern können. Es gibt fünf solche Kräfte. Da sind zunächst politische Eingriffe zur Erhöhung der Steuern und zur Ausweitung der Steuerprogression. In Demokratien mit uneingeschränktem Wahlrecht sollte sich diese Veränderung »natürlich« ergeben, da zu erwarten ist, dass eine Zunahme der Ungleichheit größere Gesellschaftsgruppen dazu bewegen wird, staatliche Umverteilungsmaßnahmen zu verlangen. Das besagt zum Beispiel die Medianwählerhypothese: Bei zunehmender Ungleichheit werden sich die Wähler demnach für eine höhere Besteuerung entscheiden. Aber diese Hypothese ist empirisch nicht belegt (Milanović 2000, 2010a). Wir sollten skeptisch sein, was die Wahrscheinlichkeit solcher Veränderungen anbelangt. Wenn überhaupt, so führt die Globalisierung zu Steuer*senkungen*, und die politischen Lösungen für das Problem der Ungleichheit stoßen an Grenzen, wenn das Kapital mobil ist und die ökonomischen Akteure die Möglichkeit haben, sich dorthin zu begeben, wo die Steuerlast geringer ist (vgl. Zucman 2014). Auch der wachsende Einfluss des Geldes auf die Politik kommt den Reichen zugute. Und jene, die von einer Ausweitung der Umverteilung profitieren würden, sind sich dessen möglicherweise nicht bewusst, weil sie unter einem »falschen Bewusstsein« leiden. (Mit diesem Punkt werde ich mich in Kapitel 4 im Kontext der Auseinandersetzung mit den Vereinigten Staaten beschäftigen.)

Die zweite Kraft ist der »Wettlauf« zwischen Bildung und Qualifikation. Insbesondere in den Vereinigten Staaten könnte der wachsende Qualifikationsbonus durch ein größeres Angebot an hoch qualifizierten Arbeitskräften verringert werden. Aber auch hier stoßen wir an eine natürliche Grenze: Die Zahl der Ausbildungsjahre ist begrenzt, da der Versuch, die durchschnittliche Schulzeit von 13 Jahren zu verlängern, unrealistisch wäre. Selbst die Tatsache, dass die durchschnittliche Ausbildungsdauer der Vereinigten Staaten nach Angaben der Unesco mittlerweile nicht mehr die höchste der Welt ist, ist eine nicht zufriedenstellende oder zumindest übertriebene Erklärung für die Erhöhung des Qualifikationsbonus: Die Differenz zwischen den Ländern mit der längsten Schulbildung (dies sind die Schweiz und Großbritannien mit 13,7 Jahren) und den Vereinigten Staaten (13 Jahre) beträgt lediglich 0,7 Jahre. Außerdem ist keineswegs sicher, dass die Vereinigten Staaten ihre Spitzenposition eingebüßt haben. Der Barro-Lee-Datensatz, der die wichtigste Quelle für vergleichende Bildungsdaten darstellt und dieselben Maße enthält wie die Unesco-Daten, weist die USA im Jahr 2010 weiterhin als Spitzenreiter vor der Schweiz aus.[52] Daher wäre es meines Erachtens unrealistisch zu glauben, die Dauer der Schulbildung sei einer der Hauptgründe für den Anstieg des Bildungsbonus oder man könne diesen senken, indem man die durchschnittliche Schulzeit um ein halbes Jahr verlängert.

Selbstverständlich könnte die Qualität der Bildung verbessert werden, aber auch hier stoßen wir wohl an die natürliche Grenze der Begabung und der Leistungsbereitschaft der Lernenden. Selbst wenn alle Möglichkeiten vollkommen ausgeschöpft werden, dürfen wir nicht erwarten, dass alle Lernenden das Interesse und die Eignung mitbringen, die man braucht, um ein Einstein zu werden.

Die dritte Kraft, die zur Verringerung der Ungleichheit beitragen kann, ist die Zersplitterung der im Frühstadium der technologischen Revolution angehäuften wirtschaftlichen Renten. Im Lauf der Zeit holen andere Marktteilnehmer den Vorsprung der frühen Innovatoren auf; deren wirtschaftliche Renten schmelzen zusammen oder werden beseitigt, so dass die Einkommensungleichheit abnimmt. Ein Großteil des gegenwärtigen Reichtums wurde in den neuen Technologiesektoren akkumuliert, wie sich am Beispiel des Silicon Valley veranschaulichen lässt: James Galbraith (2012, S. 114) hat gezeigt, dass die Zunahme der Einkommensungleichheit in den Vereinigten Staaten zwischen 1994 und 2006 *zur Hälfte* auf das außergewöhnlich hohe Wachstum der Einkommen in nur fünf (von mehr als 3000) Countys zurückzuführen ist: Dies sind das New York County (das den Stadtteil Manhattan beinhaltet), die Countys Santa Clara, San Francisco und San Mateo in Kalifornien sowie das King County im Staat Washington. Nach dem, was wir über diese Verwaltungseinheiten wissen, ist nicht schwer zu erraten, dass Personen, die im Finanz-, Versicherungs- und Informationstechnologiesektor arbeiten oder Aktien von Unternehmen aus diesen Bereichen besitzen, am meisten von der ökonomischen Entwicklung der letzten Jahrzehnte profitiert haben. Diesen Personen sind hohe wirtschaftliche Renten zugeflossen, die jedoch nicht ewig währen werden: Ihre Zersplitterung wird die Ungleichheit verringern.

Das vierte Element, das die Zunahme der Ungleichheit in den reichen Ländern bremsen kann, ist die weltweite Konvergenz der Einkommen. Die Arbeitseinkommen in China und Indien steigen und werden sich denen in den gegenwärtig reichen Ländern weiter annähern. Diese Bewegung, die das Gegenteil dessen ist, was wir in den letzten 25 Jahren der Globalisierung beobachtet haben (siehe Kapitel 1), würde der Erosion der Mittelschicht der reichen Länder zuwiderlaufen und könnte die Grundlage für eine Verringerung der Ungleichheit innerhalb der Länder schaffen. Voraussetzung dafür ist natürlich, dass andere arme Länder wie Indonesien, Vietnam und Äthiopien nicht an die Stelle Chinas und Indiens treten und den Druck auf die Arbeitseinkommen in den USA und anderen reichen Staaten aufrechterhalten. Und es kann durchaus sein, dass sich diese Annahme als falsch erweist.

Die fünfte und letzte Kraft ist spekulativ: Es besteht die Möglichkeit eines technologischen Fortschritts, der die gering qualifizierten Arbeitskräfte bevorzugt. Das bedeutet, dass Technologien eingeführt werden könnten, welche die Produktivität ungelernter Arbeiter deutlicher erhöhen als die qualifizierter Arbeitskräfte. Zum gegenwärtigen Zeitpunkt, da es beinahe als Gesetzmäßigkeit betrachtet wird, dass der technologische Fortschritt die hoch qualifizierten Arbeitskräfte bevorzugt oder zumindest die Position jener Arbeitskräfte schwächt, die Routinetätigkeiten nachgehen, wirkt diese Hypothese eher realitätsfern. Aber wie die Theorie des endogenen technologischen Wandels besagt (derzufolge sich die Technologie so entwickelt, dass sie den Einsatz des billigsten Produktionsfaktors begünstigt), ist bei einer wachsenden Einkommenskluft zwischen hoch und gering qualifizierten Tätigkeiten zu erwarten, dass Neuerungen eingeführt werden, welche letztere bevorzugen. Wenn die qualifizierte Arbeit teurer wird, wird zwangsläufig irgendwann der Punkt erreicht, an dem es effizienter ist, weniger qualifizierte Arbeitskräfte einzusetzen. Das wiederum sollte den Erfindern Anreize zu technologischen Neuerungen geben, die den Einsatz gering qualifizierter Arbeitskräfte erleichtern. (Zu beachten ist, dass diese Anreize denen ähneln, die bei einem hohen Qualifikationsbonus den Erwerb einer höheren Bildung vorteilhaft machen. Das Tinbergen-Rennen und die endogene Innovation haben also dieselbe Ursache.)

Ein technologischer Wandel, der die gering qualifizierten Arbeitskräfte bevorzugt, würde dem Wesen der Innovation widersprechen, die historisch die gering qualifizierte Arbeit durch Maschinen ersetzt und die seit den Anfängen des Kapitalismus zu seinen grundlegenden Merkmalen zählt. Man könnte jedoch argumentieren, dass der Grund dafür, dass der technologische Fortschritt historisch der Ersetzung menschlicher Arbeitskraft diente, zumindest teilweise darin zu suchen ist, dass die Innovation zur Disziplinierung der Arbeiterschaft eingesetzt wurde und dass die Kapitalisten in Zeiten intensiver Klassenkonflikte weniger von den Arbeitskräften abhängen wollten. Eine Maschine wird immer gefügiger sein als ein Arbeiter. Wenn die Verhandlungsposition der organisierten Arbeiterschaft schwächer wird und die Klassenkonflikte nachlassen, schwindet möglicherweise die Furcht der Kapitalisten vor Innovationen, die den Einsatz gering qualifizierter Arbeitskräfte erleichtern. Das ist allerdings Spekulation, und es ist fraglich, wie viel Hoffnung man auf diese Entwicklung setzten sollte.[53]

Die Kräfte sind es also, die hypothetisch eine Abwärtsbewegung der zweiten Kuznets-Welle in den reichen Ländern einleiten könnten. Wir sollten auch bedenken, dass das Maximum an Ungleichheit in diesem Zyklus (das in den meisten Ländern noch nicht erreicht ist) höchstwahrscheinlich unter dem Spitzenwert im ersten Kuznets-Zyklus bleiben wird. Der Grund dafür besteht darin, dass es zahlreiche Faktoren gibt, welche die Ungleichheit automatisch verringern, nämlich die seit dem Ende des 19. Jahrhunderts eingeführten umfassenden Sozialprogramme und die staatlich finanzierten Gesundheits- und Bildungssysteme. Wenn der Höhepunkt des zweiten Kuznets-Zyklus unter dem des ersten Zyklus bleibt, ist auch damit zu rechnen, dass die anschließende Abwärtsbewegung der Kurve nicht so deutlich ausfallen wird wie im ersten Teil des 20. Jahrhunderts. Das bedeutet, dass wir in Zukunft ein weniger dramatisches Auf und Ab der Ungleichheit sehen werden. Aber das ist nur eine Vermutung. Die Zukunft nimmt oft unerwartete Wendungen.

# 3

# UNGLEICHHEIT ZWISCHEN DEN LÄNDERN
## *Von Karl Marx zu Frantz Fanon – und zurück zu Karl Marx?*

> Eure Gnaden sollten aus Erfahrung wissen, dass der Handel in Asien unter dem Schutz und mit der Unterstützung von Eurer Gnaden Waffen betrieben und aufrechterhalten werden muss und dass die Waffen mit den Gewinnen aus dem Handel bezahlt werden müssen; wir können also Handel nicht ohne Krieg treiben und Krieg nicht ohne Handel führen.[1]
>
> *Jan Pieterszoon Coen, Niederländische Ostindien-Kompanie (1614)*

## Ausmaß und Zusammensetzung der globalen Ungleichheit ändern sich

Nachdem wir im vorhergehenden Kapitel die Muster der Ungleichheit innerhalb einzelner Länder untersucht haben, wollen wir uns nun den Unterschieden zwischen den Ländern zuwenden. Rufen wir uns in Erinnerung, was wir in Kapitel 1 über die jüngste Entwicklung der globalen Ungleichheit gesagt haben. Die gekippte S-Kurve (Schaubild 1.1) hat uns gezeigt, dass das reichste Eine Prozent zwischen 1988 und 2008 sehr viel reicher wurde, was die Ungleichheit in der Welt erhöhte. Gleichzeitig verringerte sie sich jedoch infolge des starken Einkommenszuwachses großer Teile der Weltbevölkerung zwischen dem 40. und dem 60. Perzentil. Aus dieser Grafik können wir also schließen, dass die globale Ungleichheit insgesamt abgenommen haben dürfte. Tatsächlich stellt sich heraus, dass der globale Gini-Koeffizient zwischen 1988 und 2008 von 72,2 auf 70,5 Punkte und anschließend auf 67 Punkte im Jahr 2011 sank (ein wenig später werden wir uns mit einigen Vorbehalten befassen). Zum ersten Mal seit der industriellen Revolution hat die globale Ungleichheit nicht zugenommen.[2] Im Folgenden werden wir uns mit der langfristigen Entwicklung der globalen Ungleichheit beschäftigen und uns ansehen, wie Veränderungen in einzelnen Ländern dazu beigetragen haben.

*Die globale Ungleichheit zwischen 1820 und 2011.* Die Schätzungen zur Ungleichheit in der Welt im Zeitraum 1820-1992 stützen sich auf die sehr groben Daten von Bourguignon und Morrisson (2002). Da sie für die Phase zwischen 1820 und den späten sechziger Jahren des 20. Jahrhunderts nicht auf Daten aus Haushaltserhebungen zurückgreifen konnten, stellten Bourguignon und Morrisson einige allgemeine Annahmen zur Entwicklung der Ungleichheit innerhalb verschiedener Länder an und zogen Angus Maddisons Schätzungen zum Pro-Kopf-BIP heran, um die Durchschnittseinkommen der einzelnen Länder zu berechnen.[3] So gelangten sie zu dem Ergebnis, dass die globale Ungleichheit im 19. Jahrhundert unablässig zunahm, was auf den Anstieg der Durchschnittseinkommen in Westeuropa, Nordamerika und Australien zurückzuführen war, während die Einkommen in den Ländern in der übrigen Welt und vor allem in Indien und China entweder stagnierten oder sanken (siehe Schaubild 3.1).[4] Beispielsweise stieg das Pro-Kopf-BIP Großbritanniens Maddison zufolge von 2000 Dollar im Jahr 1820 auf fast 5000 Dollar am Vorabend des Ersten Weltkriegs. Im Gegensatz dazu sank das Pro-Kopf-BIP Chinas im selben Zeitraum von 600 auf 550 Dollar, und der Wert für Indien stieg nur geringfügig von 600 auf 700 Dollar (alle Werte in internationalen Dollar von 1990). Die industrielle Revolution (die ich auch als erste technologische Revolution bezeichne) war so etwas wie ein Urknall, der einen Teil der Menschheit in eine Welt steigender Einkommen und dauerhaften Wachstums katapultierte, während die Mehrheit auf der Stelle trat oder sogar einen Schritt zurück tat. Die unterschiedliche Entwicklung erhöhte die globale Ungleichheit.

Abgesehen davon, dass die Länder auseinanderdrifteten, nahm die Ungleichheit innerhalb der führenden Länder im 19. Jahrhundert zu, wie wir in Kapitel 2 gesehen haben. So kam es, dass in diesem Jahrhundert sowohl das Gefälle *zwischen* den Ländern als auch jenes *innerhalb* der Länder wuchs, und gemeinsam vergrößerten beide Entwicklungen die globale Ungleichheit. Wie Schaubild 3.1 zeigt, verlangsamte sich der Prozess nach dem Ersten Weltkrieg; die Kurve zur globalen Ungleichheit hat in dieser Phase eine

**Schaubild 3.1**: globale Ungleichheit, 1820-2011

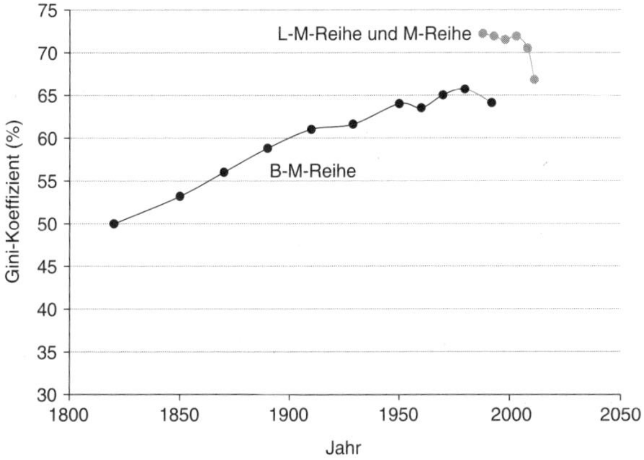


Diese Grafik zeigt die geschätzte Einkommensungleichheit (gemessen in Gini-Punkten) zwischen allen Bewohnern der Erde in den beiden letzten Jahrhunderten. Die Schätzung beruht auf drei verschiedenen Quellen, die jedoch in Beziehung zueinander stehen. Wir sehen, dass die Ungleichheit bis zum Ende des 20. Jahrhunderts stieg und von da an sank. Für die B-M-Reihe wurden internationale Dollar von 1990, für die L-M-Reihe und die M-Reihe internationale Dollar von 2005 herangezogen - daher die Unterbrechung der Linie. Datenquellen: B-M-Reihe aus Bourguignon und Morrisson (2002); L-M-Reihe aus Lakner und Milanović (2013); M bezieht sich auf (unveröffentlichte) Resultate Milanovićs aus dem Jahr 2011.

konkave Form (sie steigt langsamer an), bis sie im letzten Viertel des 20. Jahrhunderts einen Höhepunkt erreicht. Da die globalen Daten dünn gesät sind, können wir den Zeitpunkt, an dem die Ungleichheit weltweit das größte Ausmaß erreichte, nicht genau bestimmen: Er ist irgendwo zwischen 1970 und Mitte der neunziger Jahre anzusiedeln.[5]

Sehr viel besser können wir das Ausmaß der globalen Ungleichheit zwischen dem Ende der achtziger Jahre und der Gegenwart einschätzen, da detaillierte und präzise Daten aus Haushaltserhebungen verfügbar sind (siehe Exkurs 1.1). Ab 1988 stütze ich mich auf die Zahlen aus Milanović (2002a, 2005, 2012b) und insbesondere aus Lakner und Milanović (2013), die nach Dezilen aufgeschlüsselte Einkommensdaten für mehr als hundert Länder bereitgestellt haben. Die auf diesen Quellen beruhenden neueren Schätzungen zum Ausmaß der globalen Ungleichheit sind höher als die von Bourguignon und Morrisson (2002) (siehe Schaubild 3.1), weil sie Daten aus sehr viel mehr Ländern (rund 120 gegenüber 33 geografischen Gebieten in Bourguignon und Morrisson) und deutlich mehr anhand von Mikrodaten abgegrenzte Einkommensgruppen innerhalb der einzelnen Länder beinhalten (in vielen Fällen 100 Perzentile oder zumindest 20 Gruppen zu je 5 Prozent, während Bourguignon und Morrisson nur 11 Einkommensfraktile abgrenzen).

Darüber hinaus wurden andere kaufkraftparitätische Wechselkurse verwendet. Solche Wechselkurse, die um die unterschiedlichen Preisniveaus in den einzelnen Ländern bereinigt werden, sind absolut unverzichtbar für die Bewertung der globalen Ungleichheit (siehe Exkurs 1.1). Ein Verzicht auf Kaufkraftparitäten (KKP) würde bedeuten, dass wir annehmen, die Menschen in Indien bezahlten für ihre Güter dieselben Preise wie die Menschen in den Vereinigten Staaten. Allerdings schwanken die KKP von Jahr zu Jahr, insbesondere in den asiatischen Ländern. Diese Instabilität führt ein weiteres Element der Unsicherheit in unsere Schätzungen zur globalen Ungleichheit ein. Wenn für China anhand Hunderter und in manchen Fällen Tausender Preise ein relativ niedriges Preisniveau geschätzt wird – wie es Bourguignon und Morrisson mit den Kaufkraftparitäten für 1990 taten –, dann ergibt sich daraus eine relativ hohe Schätzung der chinesischen Einkommen, was bedeutet, dass die globale Ungleichheit abnimmt. Wenn für China ein relativ hohes Preisniveau geschätzt wird – wie es Lakner und Milanović auf der Grundlage der KKP für 2005 taten –, dann ist das Gegenteil der Fall. Neben der Verfügbarkeit größerer Datenmengen sind die Schwankungen der Kaufkraftparitäten das zweite Element, das Lakner und Milanović zu einer höheren Schätzung des globalen Gini-Koeffizienten führte als Bourguignon und Morrisson. Es gilt jedoch zu bedenken, dass sich die unterschiedlichen Schätzungen zum *Ausmaß* der globalen Ungleichheit keineswegs auf die Schlussfolgerungen zur *Veränderung* der globalen Ungleichheit auswirken. Die Schwankungen der KKP bedingen eine einmalige Auf- oder Abwärtsbewegung des Maßes an globaler Ungleichheit, wirken sich jedoch praktisch nicht auf die jährlichen Bewegungen aus.[6]

Zwischen den späten achtziger Jahren und der Jahrtausendwende blieb die globale Ungleichheit relativ konstant und bewegte sich knapp oberhalb von 70 Gini-Punkten. Eine detaillierte Analyse zeigt, dass China der Grund für diese Stabilität war: Berücksichtigt man China nicht, so erhöhte sich der Gini-Koeffizient (Milanović 2012b). Bis zum Jahr 2000 trug die Entwicklung in China wesentlich dazu bei, die globalen Einkommen zu nivellieren, und ab der Jahrtausendwende teilte sich das Land diese Funktion mit Indien. Diese beiden Länder begrenzten zunächst die Zunahme der globalen Ungleichheit und trugen anschließend dazu bei, das Gesamtniveau der Ungleichheit zu verringern. Seit Beginn des 21. Jahrhunderts gibt es deutliche Hinweise auf eine Verringerung der globalen Ungleichheit: In allen Jahren, für die Daten vorliegen – diese stammen im Großen und Ganzen aus denselben Haushaltserhebungen aus denselben Ländern –, sank der Gini-Koeffizient geringfügig (siehe Schaubild 3.1). Dieser Rückgang ist im von Lakner und Milanović (2013) untersuchten Zeitraum 1988-2008 zu beobachten. Aus den Daten für 2011 lässt sich ein noch deutlicherer Rückgang ableiten, der auf die Stagnation der Einkommen in den reichen Ländern und das anhaltende Wachstum in der übrigen Welt (vor allem in Asien) zurückzuführen ist.[7] Die Verringerung der globalen Ungleichheit scheint also unzweifelhaft. Es sind jedoch einige Vorbehalte angebracht.

Zunächst einmal beziehen sich die Daten, die eine Verringerung der globalen Ungleichheit zeigen, auf einen relativ kurzen Zeitraum von einem Jahrzehnt. Zweitens sind sie das Ergebnis des Einkommenswachstums in Asien und der gleichzeitigen Verlangsamung im Westen. Gegenwärtig (im Jahr 2015) gibt es guten Grund zu der Annahme, dass die Zuwächse in Asien selbst bei einem gedrosselten Wachstum in China hoch bleiben werden, aber wir können das nicht mit Sicherheit wissen: Es ist möglich, dass sich die Tendenz umkehrt, und die gegenwärtige Verringerung der Ungleichheit kann sich langfristig als kleine Delle in einer kontinuierlich steigenden Kurve erweisen.

Der dritte und gewichtigste Vorbehalt hat damit zu tun, dass wir die höchsten Einkommen nicht annähernd genau schätzen können. In Kapitel 1 habe ich erklärt, dass der Einkommensanteil des globalen Einen Prozents selbst dann steigt, wenn wir konservative Annahmen dazu anstellen, was es bedeutet, dass die höchsten Einkommen in den einzelstaatlichen Haushaltserhebungen nicht erfasst werden. Dasselbe geschieht mit dem globalen Gini-Koeffizienten: Er fällt höher aus, wenn wir die Unterschätzung der Spitzeneinkommen herausrechnen. Dann schmilzt ein beträchtlicher Rückgang von fast zwei Gini-Punkten zwischen 1988 und 2008 auf eine kaum merkliche Verringerung um einen halben Gini-Punkt zusammen (Lakner und Milanović 2013). Das bedeutet, dass unsere Annahme, die globale Ungleichheit gehe zurück, mit einiger Vorsicht zu genießen ist. Obwohl aus den Daten für 2011 ein eher deutlicher Rückgang hervorgeht, wird man bei einer vorsichtigen Bewertung (und in solchen Fragen sollte man vorsichtig sein) aus den vorliegenden Daten eher schließen, dass die globale Ungleichheit stabil ist oder abnimmt. Eine gewagtere Aussage wäre, dass es keinen Hinweis auf eine Zunahme der globalen Einkommensungleichheit gibt (und dass die Kluft zwischen den Einkommen der westlichen und asiatischen Mittelschicht eindeutig schrumpft).

Die globale Ungleichheit wird erst seit dem Ende des 20. Jahrhunderts berechnet. Sogar das Konzept ist neu. Die Auseinandersetzung mit diesem Thema wurde durch zwei zusammenhängende Entwicklungen angeregt: Die Globalisierung hat unsere Aufmerksamkeit auf die großen Einkommensunterschiede zwischen Menschen in verschiedenen Ländern gelenkt, und zum ersten Mal in der Geschichte stehen für große Teile der Welt detaillierte Daten aus Haushaltserhebungen zur Verfügung. Ermöglicht wurde dies durch die Öffnung Chinas (wo nach der Unterbrechung während der Kulturrevolution ab 1982 wieder Haushaltserhebungen durchgeführt wurden), durch den Zusammenbruch des Kommunismus in der Sowjetunion, der bis dahin als Staatsgeheimnis behandelte Daten zur Einkommensverteilung für die Forschung zugänglich machte, und schließlich durch die höhere Verbreitung von Umfragen und durch die Ausweitung der Datensammlung auf zahlreiche afrikanische Länder (die im Wesentlichen der Weltbank zu verdanken sind).

Vergleichen wir nun die beiden langfristigen Schätzungen zur Ungleichheit, die erst seit Kurzem verfügbar sind: jene für die Vereinigten Staaten und jene für die Welt insgesamt (Schaubild 3.2).[8] Aus diesem Vergleich können wir mehrere interessante Schlüsse ziehen. Anfang des 19. Jahrhunderts war die Ungleichheit in den Vereinigten Staaten ähnlich ausgeprägt wie weltweit. Damals waren die Einkommen in der Welt sehr viel gleichmäßiger verteilt als heute, während in den USA sehr viel größere Ungleichheit herrschte. Bis zum amerikanischen Bürgerkrieg nahm die

Ungleichheit in den Vereinigten Staaten und in der Welt beinahe im Gleichschritt zu. (Hier geht es nicht darum, eine Kausalität oder eine andere Beziehung herzustellen, sondern wir wollen einfach die Fakten festhalten.) Die Erklärung für den Anstieg des globalen Gini-Koeffizienten waren der wirtschaftliche Erfolg Westeuropas und seiner Ableger einschließlich der Vereinigten Staaten sowie das mangelnde Wachstum in der übrigen Welt. Die Ungleichheit in den Vereinigten Staaten nahm zu, als die Grundrenten stärker stiegen als die Arbeitseinkommen (infolge der anhaltenden Einwanderung sank die Boden-Arbeit-Relation; Peter Lindert, persönliche Mitteilung). Aber nach dem Ersten Weltkrieg und insbesondere nach der Weltwirtschaftskrise der dreißiger Jahre und dem New Deal in den Vereinigten Staaten ging die Schere auseinander: Während die Ungleichheit in der Welt weiter zunahm (wenn auch mit gedrosselter Geschwindigkeit), nahm sie in den USA deutlich ab, vor allem in der Zeit nach dem Zweiten Weltkrieg, die heute von vielen als »Goldene Ära des Kapitalismus« betrachtet wird. Die Entwicklung verlief weiterhin unterschiedlich, wenn auch in umgekehrter Richtung. Ab einem weiteren Wendepunkt in den achtziger Jahren stagnierte die Ungleichheit in der Welt, um anschließend – vor allem dank des Wachstums Chinas – zu sinken, während sie in den Vereinigten Staaten zunahm. Wie wir in Schaubild 3.2 sehen, hat sich die Kluft verringert, obwohl sie weiterhin sehr groß ist.

Dieser kurze Vergleich zwischen der Ungleichheit in den USA und jener in der Welt deutet auf das Thema von Kapitel 4 hin: Dort werden wir versuchen, die Entwicklung der Ungleichheit in diesem und dem nächsten Jahrhundert vorauszusagen (oder besser: zu erraten). Die Entwicklung in den Vereinigten Staaten und der Welt kann bis zu einem gewissen Grad stellvertretend für jene in allen anderen Ländern betrachtet werden, denn es ist durchaus möglich, dass sich die gegenwärtigen Trends, das heißt eine Verringerung der Ungleichheit in der Welt und eine Zunahme in den Vereinigten Staaten, fortsetzen werden und dass wir in einem halben Jahrhundert erneut an den Punkt gelangen werden, an dem wir uns zu Beginn des 19. Jahrhunderts befanden: Es könnte sein, dass sich die Niveaus der Ungleichheit bis dahin wieder angleichen.

*Der Einfluss von »Ort« und »Klasse« auf die Ungleichheit in der Welt.* Doch ist der Vergleich zwischen der globalen Ungleichheit und der Situation in

**Schaubild 3.2**: Ungleichheit in den USA und der Welt, 1820-2011

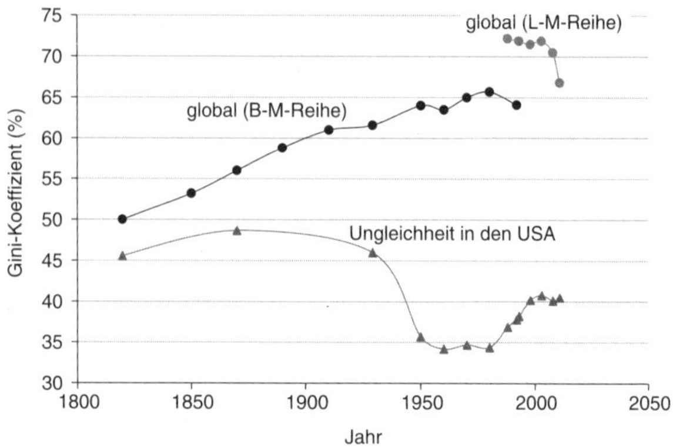


Diese Grafik macht die Einkommensungleichheit in den USA und in der Welt anschaulich (berechnet für die amerikanische bzw. Weltbevölkerung). Wir sehen, dass die Ungleichheit in den letzten Jahrzehnten weltweit geringer geworden ist, während sie in den USA zugenommen hat. Dennoch ist die Ungleichheit in den Vereinigten Staaten sehr viel geringer als weltweit. Datenquellen: für die US-Daten vgl. die Quellen zu Schaubild 2.10; für die globalen Daten vgl. die Quellen zu Schaubild 3.1.

den einzelnen Ländern überhaupt von mehr als vorübergehendem Interesse? Nun, er ist tatsächlich von großem langfristigem Interesse. Welcher Art ist die Ungleichheit in der Welt? Welches ist der wichtigste Bestandteil dieser Ungleichheit? Und was ist dafür verantwortlich, dass sie zu- oder abnimmt? Die Antworten auf diese Fragen wirken sich darauf aus, wie wir die Welt und unseren Platz darin betrachten. In der Auseinandersetzung mit diesen Themen wird klar, welche politische Bedeutung die Ungleichheit in der Welt hat. Wir müssen herausfinden, welche Kluft bedeutsamer ist: die zwischen den Armen und Reichen in ein und demselben Land oder die zwischen den Menschen in verschiedenen Ländern. Der Einfachheit halber können wir die erste als »klassenabhängige Ungleichheit« und die zweite als »ortsabhängige Ungleichheit« bezeichnen. Mit anderen Worten, wir werden die Frage stellen, ob die Ungleichheit in der Welt ihre Ursache darin hat, dass es Arme und Reiche gibt, die mehr oder weniger gleichmäßig über die Erde verteilt sind, oder ob die globale Ungleichheit in erster

Linie damit zu tun hat, dass die Reichen in einer und die Armen in einer anderen Gruppe von Ländern konzentriert sind. Diese beiden Verteilungen entsprechen den zwei Bestandteilen der globalen Ungleichheit, das heißt der Ungleichheit innerhalb der Länder und der Ungleichheit zwischen den Ländern. Die Ungleichheit in den Vereinigten Staaten ist offenkundig nur ein – wenn auch wichtiger – Bestandteil der Ungleichverteilung innerhalb der Länder. Um die Bedeutung dieser internen Ungleichheit insgesamt beurteilen zu können, müssen wir die nationale Ungleichheit in den einzelnen Ländern addieren. Wenn die Ungleichheit in allen Ländern zunimmt, wird sie auch weltweit zunehmen (sofern alle anderen Faktoren stabil bleiben).

Wie kam es zum Anstieg der globalen Ungleichheit in den vergangenen 200 Jahren? Der entscheidende Faktor, den wir in der Urknall-Analogie angesprochen haben, war die Divergenz der Durchschnittseinkommen in verschiedenen Weltregionen. Überspitzt formuliert, ist der Grund für die Zunahme der globalen Ungleichheit im 19. Jahrhundert und im Großteil des 20. Jahrhunderts darin zu suchen, dass Großbritannien, Westeuropa und die Vereinigten Staaten reich wurden, während China und Indien arm blieben.

### Exkurs 3.1: Inwieweit ist die Ungleichheit »ortsabhängig«, inwieweit »klassenabhängig«?

Wir können folgende sehr allgemeine Gleichung aufstellen:

Globale Ungleichheit = Ungleichheit zwischen Ländern + Ungleichheit innerhalb von Ländern
= (Summe der) Unterschiede des Durchschnittseinkommens *zwischen den* Ländern + (Summe der) Ungleichheit der persönlichen Einkommen *innerhalb der* Länder
= Komponente »Ort« + Komponente »Klasse«

Die genaue Definition der »Summe« hängt davon ab, welches Maß der Ungleichheit wir verwenden (Gini oder Theil, ein weiteres beliebtes Maß für die Ungleichheit, oder auch ein drittes). Es wird immer eine gewichtete Summe sein, wobei die Gewichte die Anteile der einzelnen Länder an der Weltbevölkerung, am globalen Gesamteinkommen oder beide sein können. Das Besondere am Gini-Koeffizienten ist, dass er nicht einfach aus diesen beiden Komponenten besteht, sondern noch einen zusätzlichen, als »Überlappung« bezeichneten Bestandteil enthält, der sich gemeinsam mit der »inneren« Komponente auf und ab bewegt und als Teil davon behandelt werden kann (Milanović 2002a, S. 82-84). Der Theil-Index hingegen kann genau in die Komponenten »Zwischen« und »Innerhalb« unterteilt werden.

Versuchen wir zu veranschaulichen, wofür die Komponenten »Ort« und »Klasse« stehen. Nehmen wir an, wir hätten eine Gruppe von Ländern mit etwa demselben Einkommensniveau, etwa die fünfzehn EU-Mitglieder vor der Osterweiterung im Jahr 2004.[9] Wenn wir die Ungleichverteilung der persönlichen Einkommen in dieser Gruppe berechnen, ist nur ein kleiner Teil dieser Ungleichheit mit den Unterschieden zwischen den Durchschnittseinkommen der Länder, das heißt mit dem »Ort« zu erklären. Der Grund dafür ist einfach, dass die Durchschnittseinkommen in Deutschland, Frankreich, den Niederlanden usw. sehr ähnlich sind. Die Ungleichheit ist im Wesentlichen auf die Ungleichverteilung der Einkommen innerhalb der Länder zurückzuführen, das heißt mit dem, was wir mit ein wenig künstlerischer Freiheit als Zugehörigkeit zu verschiedenen »Klassen« bezeichnen: Wir haben es hier mit der Ungleichheit zwischen Menschen zu tun, die im selben Land wohnen.

Aber dann wird die EU erweitert und wächst auf 28 Mitgliedsstaaten.[10] Da diese erweiterte Union auch ärmere Länder beinhaltet, ist damit zu rechnen, dass die Ungleichheit insgesamt zunehmen wird. Gleichzeitig wird der Einfluss der Unterschiede zwischen den Durchschnittseinkommen der Mitgliedsländer (die Ortskomponente) an der Ungleichheit steigen. Der Grund dafür ist einfach, dass die durchschnittlichen Einkommensniveaus in Deutschland und Bulgarien oder in Frankreich und Rumänien sehr unterschiedlich sind. Daher liegt es auf der Hand, dass die Ortskomponente großen Einfluss haben wird, wenn wir bei der Betrachtung der Ungleichheit in der Welt die Tatsache berücksichtigen, dass die Kluft zwischen den Durchschnittseinkommen in verschiedenen Ländern sehr groß ist (man denke nur an den Unterschied zwischen Luxemburg und der Demokratischen Republik Kongo).

Um die Erklärung nicht zu kompliziert zu machen, haben wir einen Punkt bisher beiseitegelassen: In all diesen Berechnungen haben bevölkerungsreichere Länder größeres Gewicht. Tatsächlich zählen sie entsprechend ihrer Bevölkerungszahl.

Wir können die Bedeutung des Orts (die Unterschiede zwischen den Durchschnittseinkommen in den einzelnen Ländern) für die globale Ungleichheit genau berechnen. Schaubild 3.3 zeigt den auf die Unterschiede zwischen den Ländern entfallenden Teil in Prozent. Für diese Berechnung verwenden wir ein anderes Maß (den Theil-Index), dessen Vorteil gegenüber dem Gini-Koeffizienten darin besteht, dass er zur Gänze in die Bestandteile »Klasse« und »Ort« zerlegt werden kann.[11] (Allerdings sind die Resultate bei einer Gini-Aufgliederung sehr ähnlich.) Schaubild 3.3 zeigt, dass das Ortselement im Jahr 1820 praktisch keine Rolle spielte: Nur 20 Prozent der globalen Ungleichheit waren auf Unterschiede zwischen den Ländern zurückzuführen, während der Großteil (80 Prozent) mit Unterschieden innerhalb der Länder zu erklären war – das heißt mit der Tatsache, dass es in England, China, Russland usw. Reiche und Arme gab. Entscheidend war die »Klassenzugehörigkeit«. »Wohlgeboren« zu sein bedeutete in dieser Welt (wie die zeitgenössische Literatur zeigt), dass ein Mensch in eine einkommensstarke Gruppe hineingeboren wurde; es hatte wenig damit zu tun, ob man in England, China oder Russland zur Welt kam. Aber wie die aufsteigende Linie in der Grafik zeigt, änderte sich das im Lauf des folgenden Jahrhunderts. Das Verhältnis zwischen dem Einfluss des Orts und der Klasse kehrte sich um: Mitte des 20. Jahrhunderts hing die globale Ungleichheit zu 80 Prozent davon ab, wo man geboren wurde (oder wo man lebte, sofern man ausgewandert war), und nur zu 20 Prozent davon, welcher Gesellschaftsschicht man angehörte. Das beste Anschauungsbeispiel für die Verhältnisse in dieser Welt liefert der europäische Kolonialismus

**Schaubild 3.3**: Anteil der Orts-Komponente an der globalen Ungleichheit, 1820-2011

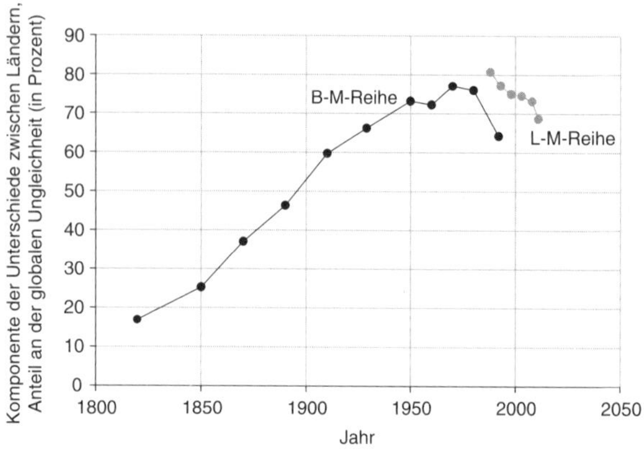


Diese Grafik zeigt, welcher Prozentsatz der globalen Ungleichheit (gemessen am Theil-Index) auf die Ungleichheit zwischen Ländern entfällt, das heißt auf die Kluft zwischen den nationalen Pro-Kopf-Einkommen. Ein Anstieg dieses Anteils bedeutet, dass die Durchschnittseinkommen in den Ländern größeren Einfluss auf die Ungleichheit haben als die Ungleichverteilung innerhalb der einzelnen Länder. Datenquellen: Siehe die Quellen für Schaubild 3.1.

in Afrika und Asien, wo die Einkommen kleiner Gruppen von Europäern mehrere hundertmal höher waren als die der Einheimischen.[12] Aber wir dürfen die Einkommen der europäischen Kolonialherren in Afrika nicht nur mit denen der Afrikaner vergleichen, sondern müssen uns vor Augen halten, dass dies die *typischen* Einkommen dieser Gruppen in Westeuropa waren:[13] Die Gegenüberstellung der Einkommen jener Europäer, die unter den Afrikanern oder Asiaten lebten, zeigt uns, wie groß die Einkommensunterschiede waren.

Die Situation in der Welt war (und ist immer noch) so, dass es größere Bedeutung hatte, in einem reichen Land geboren zu werden als in eine reiche Familie hinein. Der von Frantz Fanon beschriebene Gegensatz zwischen Kolonialherren und Kolonialvölkern veranschaulicht am besten, was das für eine Welt ist. Es ist eine ganz andere Welt als die Welt der Klassengegensätze, mit der sich Marx fast sein ganzes Leben lang beschäftigte.[14] Die Situation begann sich in den letzten Lebensjahren von Marx und nach seinem Tod zu ändern, wie Engels' (1895) Beschreibung der Entwicklung der britischen »Arbeiteraristokratie« zeigt, deren Einkommen sich von denen der übrigen Arbeiter der Welt entfernten. Engels schrieb diese Verschiebung der Ausbeutung der britischen Kolonien zu: »Solange Englands [weltweites] Industriemonopol dauerte, hat die englische Arbeiterklasse bis zu einem gewissen Grad teilgenommen an den Vorteilen dieses Monopols. Diese Vorteile wurden sehr ungleich unter sie verteilt; die privilegierte Minderheit sackte den größten Teil ein, aber selbst die große Masse hatte wenigstens dann und wann vorübergehend ihr Teil.«[15] Als Bucharin im Jahr 1917 *Imperialismus und Weltwirtschaft* schrieb, gab es keinen Zweifel mehr daran, dass in den reichen Ländern sogar die Arbeiter einen höheren Lebensstandard genossen als der Großteil der Menschen in den Kolonien. Die Arbeiteraristokratie, die in den reichen Ländern unter anderem durch die Ausbeutung der Kolonien entstand, war der Grund dafür, dass die Zweite Internationale zusammenbrach und den Krieg unterstützte: Wie Bucharin (1917) schrieb, »führte die Ausbeutung der ›dritten Personen‹ (der vorkapitalistischen Produzenten) zu einer Erhöhung des Arbeitslohnes der europäischen und amerikanischen Arbeiter«.[16] Genau dieses Phänomen veranschaulicht Schaubild 3.3: Die wachsende Bedeutung des Ortes lief daraus hinaus, dass der Lebensstandard britischer Arbeiter den der Mittelschicht und sogar vieler Reicher in Afrika und Asien (also jener Personen, die innerhalb ihres Landes reich waren) überstieg. So entstand die Dritte Welt. Der Wirtschaftshistoriker Peer Vries (2013, S. 47) beschreibt es so: »Was im 19. Jahrhundert mit der Industrialisierung und dem Imperialismus des Westens passierte, war mitnichten nur ein Wachwechsel. Was damals entstand, war eine welthistorisch beispiellose Kluft zwischen reichen und armen, mächtigen und schwachen Nationen.«

Am größten war die Kluft zwischen den Ländern vermutlich um das Jahr 1970. In Schaubild 3.4 stellen wir das Pro-Kopf-BIP (in internationalen Dollar) der Vereinigten Staaten dem Chinas und Indiens gegenüber. (Aufgrund ihres Bevölkerungsreichtums und ihrer Einkommensanteile haben diese drei Länder entscheidenden Einfluss auf die Entwicklung der globalen Ungleichheit.) Um das Jahr 1970 war das Pro-Kopf-BIP Chinas und Indiens etwa gleich hoch, und die relative Distanz zu den Vereinigten Staaten war größer als zu jedem anderen Zeitpunkt seit Beginn des 19. Jahrhunderts. Zwischen den fünfziger und siebziger Jahren des 20. Jahrhun-

**Schaubild 3.4**: Pro-Kopf-BIP der Vereinigten Staaten, Chinas und Indiens, 1820-2010

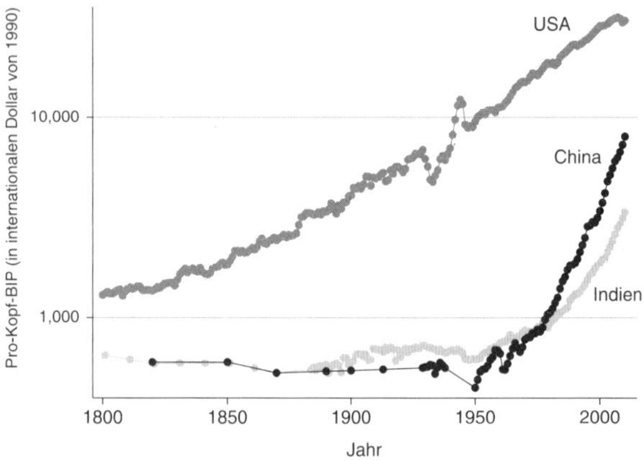


Diese Grafik gibt Aufschluss über die langfristige Entwicklung des realen Pro-Kopf-BIP (gemessen in internationalen Dollar von 1990) der USA, Chinas und Indiens; vertikale Achse in Logarithmen. Das reale Pro-Kopf-BIP kann sowohl für ein Land als auch zwischen Ländern über einen Zeitraum hinweg verglichen werden. Datenquelle: Berechnet anhand von Daten des Maddison Project (2013).

derts überstieg das amerikanische Pro-Kopf-BIP das Chinas etwa um das Zwanzigfache. Am Ende des ersten Jahrzehnts des 21. Jahrhunderts war das Verhältnis auf unter 4 zu 1 gesunken, womit es wieder auf dem Niveau von 1870 angelangt war.

Wir leben immer noch in einer Welt, in welcher der Geburtsort den größten Einfluss auf das Lebenseinkommen hat. In dieser Welt genießen jene, die am richtigen Ort (im richtigen Land) geboren werden, einen »Ortsbonus«, während jene, die im falschen Land zur Welt kommen, mit einer »Ortsstrafe« belegt werden. Diese Ortsabhängigkeit des Wohlstands, die sowohl von wirtschaftlicher Bedeutung ist (zum Beispiel in Zusammenhang mit der Migration) als auch eine philosophische Grundsatzfrage aufwirft (Kann dieser Bonus als »gerecht« verteidigt werden?), ist das Thema des folgenden Abschnitts. Bei dieser Diskussion müssen wir jedoch die geringfügige Verringerung der Ortskomponente im letzten Jahrzehnt (siehe

Schaubild 3.3) im Auge behalten. Sollte sich diese Entwicklung fortsetzen, stellt sich folgende Frage: Könnten die Menschen im nächsten Jahrhundert in einer Welt leben, in der wie zu Beginn des 19. Jahrhunderts nicht der Wohnort, sondern die Klassenzugehörigkeit den Ausschlag über die Einkommensunterschiede geben wird? Wenn wir annehmen, dass die armen und Schwellenländer weiterhin schneller wachsen werden als die reichen Staaten (dass sich die wirtschaftliche Konvergenz fortsetzt) und dass in allen drei Ländergruppen die innere Ungleichheit zunehmen wird (dass die Mittelschicht in den einzelnen Ländern schrumpfen wird), wird genau das geschehen. Aber so weit sind wir noch nicht.

## Der Ortsbonus

Es liegt auf der Hand, dass wir in einer ungleichen Welt leben, was die Einkommen der Menschen anbelangt. Selbst in den Ländern mit der größten Ungleichheit, zum Beispiel in Südafrika und Kolumbien, liegt der nationale Gini-Wert deutlich unter dem globalen Gini-Koeffizienten von knapp unter 0,7. Wie wir gerade gesehen haben, hat die Ungleichheit der Welt einen sehr eigentümlichen Charakter: Unterteilen wir sie in die Ungleichheit *innerhalb der Länder* und die Ungleichheit *zwischen den Ländern*, so stellen wir fest, dass sie in erster Linie mit den Unterschieden zwischen den Ländern erklärt werden kann. Wenn die Einkommensunterschiede zwischen den Ländern groß sind, hängt das Einkommen eines Menschen vor allem davon ab, wo er lebt – oder wo er geboren wurde, denn 97 Prozent der Weltbevölkerung leben in ihren Geburtsländern.[17] Der Ortsbonus, den man genießt, weil man in einem reicheren Land geboren wurde, ist im Grunde eine wirtschaftliche Rente. Wir können auch den von John Roemer in seinem Buch *Equality of Opportunity* (2000) eingeführten Begriff des »exogenen Umstands« für das verwenden, was ich oben »Ortsstrafe« genannt habe. Dieser Bonus oder diese Strafe ist unabhängig vom individuellen Bemühen eines Menschen und von seinem episodischen (das heißt nicht von der Geburt abhängigen) Glück.

Ich möchte mich nun drei Fragen zuwenden: Wie groß ist die ortsabhängige wirtschaftliche Rente? Wie verändert sie sich abhängig von der Position in der Einkommensverteilung? Und wie wirkt sie sich auf die globale Chancenungleichheit und auf die Migration aus?

Können wir die ortsabhängige wirtschaftliche Rente empirisch schätzen? Ja, das können wir, und ich habe eine solche Schätzung anhand der Daten aus Haushaltserhebungen vorgenommen, die um das Jahr 2008 in 118 Ländern durchgeführt wurden (Milanović 2015). Ich verwende Mikrodaten (auf Haushaltsebene), die in 100 Perzentilen ausgewiesen werden. Die Personen werden nach ihrem Pro-Kopf-Haushaltseinkommen eingestuft. Das ergibt 11 800 Länderperzentile, wobei das durchschnittliche Pro-Kopf-Einkommen der Personen in jedem Perzentil in kaufkraftparitätischen Dollar angegeben wird. Als Nächstes können wir versuchen, diese Einkommen anhand einer einzigen Variable zu »erklären«: Dies ist das Land, in dem die Menschen leben. Einwohner der Vereinigten Staaten haben in jedem Perzentil der nationalen Verteilung ein höheres Einkommen als Einwohner armer Länder. Das bedeutet, dass eine Person im 10. (oder 50. oder 70.) Perzentil der amerikanischen Einkommensverteilung wohlhabender ist als eine Person im 10. (oder 50. oder 70.) Perzentil der kenianischen Einkommensverteilung: Ein Mensch erhält also unabhängig von seiner Position in der Einkommensverteilung einen »Bonus« dafür, dass er nicht in Kenia, sondern in den Vereinigten Staaten lebt. Aber wie sieht dieser Bonus für die gesamte Welt aus? In einer Regressionsanalyse verwende ich den Kongo, das ärmste Land der Welt, als ausgelassene Variable, so dass der Ortsbonus als Mehreinkommen im Vergleich zum Kongo ausgedrückt wird. Der durchschnittliche nationale Bonus liegt bei 9200 Prozent für die Vereinigten Staaten, bei 7100 Prozent für Schweden und bei 1300 Prozent für Brasilien – aber nur bei 300 Prozent für den Jemen.[18] Wie sich herausstellt, können wir (im Sinn der Regressionsanalyse) mehr als zwei Drittel der Einkommensschwankungen über die Länderperzentile hinweg mit einer einzigen Variable »erklären«: mit dem Land, in dem die Menschen leben. Hier haben wir eine Antwort auf die erste Frage: Ein Großteil unseres Einkommens hängt davon ab, wo wir leben. Das Einkommen eines Menschen ist 93-mal höher, wenn er statt im Kongo in den Vereinigten Staaten zur Welt kommt.

Die so berechnete ortsabhängige wirtschaftliche Rente – der ortsabhängige Bonus – ist ein Durchschnittswert, der über sämtliche Einwohner hinweg durch einen Ländervergleich ermittelt wird. Aber jetzt können wir uns der zweiten Frage zuwenden und untersuchen, ob dieser Bonus in Abhängigkeit von der Position in der Einkommensverteilung unterschiedlich hoch ist. Anders ausgedrückt: Wäre der Bonus derselbe, wenn wir nur Personen im unteren Segment der Einkommensverteilung berücksichtigten? Was geschähe, wenn wir nur reiche Menschen in den verschiedenen Ländern verglichen, zum Beispiel die Angehörigen des reichsten 1 Prozents im Kongo, in Schweden, in den Vereinigten Staaten und in Brasilien? An dieser Stelle hilft die Intuition. Konzentrieren wir uns nur auf die Einkommen der untersten Dezile in allen Ländern und gehen wir davon aus, dass die Einkommen in reichen Ländern gleichmäßiger verteilt sind als in armen Ländern (was im Allgemeinen zutrifft): In diesem Fall wäre die Kluft zwischen den armen Einwohnern reicher und armer Länder, das heißt zwischen den Menschen im unteren Teil der Einkommensverteilung ihrer Länder, besonders groß. Tatsächlich ist es genau so: In Schweden beträgt der ortsabhängige Bonus (im Vergleich zum Kongo) für das unterste Dezil 10 400 Prozent (gegenüber durchschnittlich 7100 Prozent für alle Schweden), aber im Fall Brasiliens liegt er »nur« bei 900 Prozent (gegenüber durchschnittlich 1300 Prozent). Mit anderen Worten: Den Armen in Schweden geht es verglichen mit den Armen im Kongo noch besser als dem durchschnittlichen Schweden verglichen mit dem durchschnittlichen Kongolesen. Aber für Brasilien gilt das nicht. An der Spitze der Einkommensverteilung verhält es sich gerade umgekehrt: Der ortsabhängige Vorteil der Schweden im 90. Perzentil der Einkommensverteilung beträgt »nur« 4600 Prozent, während er bei den reichen Brasilianern 1700 Prozent beträgt. Das bedeutet: Während in Schweden zu leben an jedem Punkt der Einkommensverteilung vorteilhafter ist als im Kongo zu leben, ist dieser Vorteil am unteren Ende der Einkommensverteilung größer als an der Spitze. Und während ein Brasilianer an jedem Punkt der Einkommensverteilung besser dran ist als ein Kongolese, ist dieser Vorteil an der Spitze größer als am unteren Ende der Einkommensverteilung.

*Ortsbonus und Migration.* Wenden wir uns der dritten Frage zu. Der Ortsbonus hat erhebliche Auswirkungen auf die Migration: Einwohner armer Länder können ihr Realeinkommen verdoppeln, verdreifachen oder verzehnfachen, indem sie in ein reiches Land auswandern. Die Tatsache, dass der Ortsbonus abhängig von der Position in der Einkommensverteilung unterschiedlich hoch ist, hat jedoch weitere Implikationen. Wenn eine Person zwei Länder mit demselben Durchschnittseinkommen als Migrationsziele ins Auge fasst, wird ihre Entscheidung (sofern sie sich nur an wirtschaftlichen Kriterien orientiert) auch davon abhängen, an welchem Punkt der Einkommensverteilung des Ziellandes sie sich vermutlich befinden wird, das heißt davon, wie ungleich die Einkommen im Einwanderungsland verteilt sind. Nehmen wir an, Schweden und die Vereinigten Staaten hätten dasselbe Durchschnittseinkommen. Wenn ein potenzieller Migrant erwartet, am unteren Ende der Einkommensverteilung des Einwanderungslands zu landen, sollte er eher nach Schweden als in die Vereinigten Staaten gehen, denn in Schweden stehen Arme gemessen am Durchschnitt besser da als in den Vereinigten Staaten, und der Ortsbonus ist am unteren Ende der Einkommensverteilung höher. Kann der Migrant hingegen erwarten, am oberen Ende der Einkommensverteilung des Aufnahmelandes zu landen, so sollte er eher in die Vereinigten Staaten auswandern.

Dieses Ergebnis hat unangenehme Folgen für egalitäre reiche Länder: Sie ziehen gering qualifizierte Zuwanderer an, die normalerweise damit rechnen, am unteren Ende der Einkommensverteilung des Einwanderungslandes zu landen.[19] So hat ein besonders gut entwickelter Sozialstaat die ungewollte Auswirkung, Migranten anzulocken, die weniger qualifiziert sind und weniger zum Sozialstaat beitragen können. In dieser (zugegebenermaßen stark vereinfachten Darstellung) muss allerdings noch ein weiteres Element berücksichtigt werden, nämlich die Frage, wie groß die soziale Mobilität im Empfängerland ist. Länder mit einem höheren Maß an Ungleichheit, aber ausgeprägter sozialer Aufwärtsmobilität werden bei ansonsten gleichen Bedingungen höher qualifizierte Migranten anlocken, die erwarten dürfen, eine Position im oberen Teil der Einkommensverteilung des Aufnahmelandes zu ergattern. Die Vereinigten Staaten galten im 19. und über weite Strecken des 20. Jahrhunderts als Land, in dem jeder die Chance auf gesellschaftlichen Aufstieg hatte. Aber dieses dritte für Einwanderer verlockende Merkmal der Vereinigten Staaten (neben einem höheren Durchschnittseinkommen und eher ungleich verteilten Einkommen) verliert möglicherweise einen Teil seiner Attraktivität, da die intergenerationale Aufwärtsmobilität in den USA einigen Studien zufolge mittlerweile geringer ist als in Nordeuropa (siehe z. B. Corak 2013).

Einige Länder mit hoch entwickeltem Sozialstaat werden möglicherweise versuchen, sich gegen die »negativen« Auswirkungen einer unverhältnismäßig großen Anziehungskraft auf gering qualifizierte Migranten abzuschirmen. Eine Möglichkeit, das zu erreichen, besteht darin, wie Kanada, Großbritannien und Australien nur »qualifizierte« Einwanderer aufzunehmen. Dies sind Migranten mit hohem Bildungsstand oder besonderen Vorzügen (wie sportlichem oder künstlerischem Talent), die sie für das Aufnahmeland interessant machen. Andere Länder versuchen, reiche Migranten anzulocken. In diesen Fällen werden Aufenthaltsgenehmigungen und letzten Endes Staatsbürgerschaften verkauft: Eine Person darf sich im Aufnahmeland niederlassen, wenn sie dort einen bestimmten Geldbetrag (zwischen einigen Tausend und mehreren Millionen Dollar) in ein Unternehmen oder in Immobilien investiert. Die Vereinigten Staaten gehören zu den Ländern, die diesen Zugang wählen und Einwanderern, die eine Million Dollar in amerikanische Unternehmen investieren (500 000 Dollar in ländlichen Gebieten oder in Zonen mit hoher Arbeitslosigkeit), eine Green Card ausstellen. Einige europäische Länder gewähren Ausländern als Gegenleistung für Investitionen in Immobilien eine Aufenthaltsgenehmigung und damit Bewegungsfreiheit im Schengen-Raum. Beide Filter – Bildung und Geld – sollen den Anteil der Einwanderer erhöhen, die zur Wirtschaftsleistung des Aufnahmelandes beitragen können. Indem die Zahl der Einwanderer, die auf Sozialtransfers angewiesen sein werden, verringert wird, versucht man, die Nachhaltigkeit des Sozialsystems zu gewährleisten. Aus Sicht der einzelnen Länder sind dies intelligente Strategien. Das Problem ist, dass diese Herangehensweise unter globalen Gesichtspunkten ausgesprochen diskriminierend ist: Eine Form von »Diskriminierung« – die ortsabhängige wirtschaftliche Rente – wird durch eine weitere Form von Diskriminierung ergänzt, indem auch jenen, die nicht das Glück der Geburt in einem reichen Land hatten, aber über besondere Fähigkeiten oder über Vermögen verfügen, die Möglichkeit gegeben wird, von diesem Ortsbonus zu profitieren. Diese Politik kann dazu führen, dass die arme Welt, und hier denke ich insbesondere an Afrika, noch ärmer wird, wenn die gebildeten und vermögenden Einwohner dieser Länder abwandern.

All diese Probleme veranschaulichen sowohl die Komplexität der Probleme in der Ära der Globalisierung als auch die Notwendigkeit, die Probleme unter globalen Gesichtspunkten zu betrachten, anstatt nur die Interessen der einzelnen Länder und ihrer Bewohner zu berücksichtigen. Am

Ende des Kapitels werden wir auf diese Frage zurückkommen und einige Regeln für die Einwanderungspolitik diskutieren.

*Das Coase-Theorem und die Rechtssicherheit in der Ära der Globalisierung.* Die Einkommensunterschiede zwischen den Ländern haben zahlreiche politische Auswirkungen, deren wir uns erst langsam bewusst werden. Der Grund dafür ist, dass unsere wirtschaftspolitischen Werkzeuge für die Innenpolitik entwickelt wurden. Ein gutes Beispiel ist die mangelnde Chancengleichheit: Wir denken fast nie darüber nach, dass dieses Ideal auch über die Grenzen des Nationalstaats hinaus Geltung beanspruchen könnte. Über die globale Chancenungleichheit, mit der wir uns im nächsten Abschnitt beschäftigen werden, wird so wenig gesprochen, dass sogar der Terminus eine Neuheit ist. Aber es gibt noch weitere Beispiele, die häufig ebenfalls mit der Migration zusammenhängen. Nehmen wir beispielsweise die Privatisierung in den ehemals kommunistischen Ländern, insbesondere in Russland, wo dieser Prozess besonders umfassend und vermutlich auch besonders korrupt war. Seinerzeit war das Hauptargument für eine rasche Privatisierung, und sei sie auch ungerecht oder korrupt, dass es unter dem Gesichtspunkt der Effizienz eigentlich unerheblich sei, an wen und für welchen Preis die Vermögenswerte verkauft würden. Das Argument lautete, die mit den billigen Vermögenswerten erzielten Gewinne würden zweifellos ungleich verteilt werden (einige Personen würden ungeheuer reich werden, während andere leer ausgehen würden), aber dies werde sich langfristig nicht negativ auf die wirtschaftliche Effizienz auswirken. Warum nicht? Da die Vermögenswerte praktisch gratis unter Personen verteilt würden, die nicht wüssten, was sie damit tun sollten, hätten diese Personen einen Anreiz, die Vermögenswerte rasch an »wirkliche« Unternehmer zu verkaufen, die damit umgehen könnten. Dieses Argument deckte sich mit dem Coase-Theorem, das besagt, Fragen der wirtschaftlichen Effizienz könnten von Fragen der Verteilungsgerechtigkeit getrennt werden, indem man die zweiten in einen Bereich außerhalb der Wirtschaftspolitik verlagere.

Noch dazu hätten die neuen Magnaten noch vor dem Verkauf der Vermögenswerte – das heißt in dem Moment, in dem ihnen diese übertragen wurden – einen Anreiz, auf Rechtssicherheit zu drängen. Diese Annahme schien unanfechtbar zu sein: Selbst wenn die Privatisierung unter Bedingungen der Gesetzlosigkeit und ohne jede Transparenz stattfand, würden die neuen Millionäre wie einst die Räuberbarone in den Vereinigten Staaten nach Rechtssicherheit und einem angemessenen Schutz der Eigentumsrechte rufen, um ihren neuen Reichtum zu verteidigen. So schlecht die erste Privatisierungsrunde auch verlaufen mochte, würden daher weder die wirtschaftliche Effizienz noch der für dynamische Effizienz (das heißt für die langfristige wirtschaftliche Effizienz) erforderliche Schutz der Eigentumsrechte leiden. Alles würde funktionieren wie in der besten aller Welten. An dieser Vorstellung orientierten sich die politischen Entscheidungsträger und liberalen Ökonomen in Russland, der Ukraine und im Westen Mitte der neunziger Jahre.

Aber sie begingen mindestens zwei Irrtümer. Erstens ließen sie die Verteilungsfragen außer Acht, indem sie einfach davon ausgingen, dies seien politische oder soziale Fragen, die von den wirtschaftlichen getrennt werden könnten. Die Auswirkungen eines derart ungeheuerlichen Regelbruchs dauern jedoch sowohl politisch als auch wirtschaftlich an. Die Versuchung ist groß, die Regeln erneut zu brechen und die gestohlenen Vermögenswerte zu beschlagnahmen oder an andere Personen weiterzureichen. Die Vorstellung, man könne die Verteilung aus der Ökonomie heraushalten, ist falsch.

Es gibt noch ein weiteres Problem, das für uns von Interesse ist. Es hat seinen Ursprung in der Unfähigkeit der Wirtschaftswissenschaftler und Politiker, die Globalisierung zu berücksichtigen. Das Argument, die Räuberbarone würden Rechtssicherheit und den Schutz des Eigentums verlangen, sobald sie sich Vermögenswerte angeeignet haben, ist durchaus überzeugend – allerdings nur wenn wir davon ausgehen, dass die Globalisierung nicht existiert. In einer globalisierten Wirtschaft ist es jedoch nicht nötig, für Rechtssicherheit im eigenen Land zu kämpfen: Man kann es sich sehr viel einfacher machen und sein Geld in London oder New York in Sicherheit bringen, wo bereits Rechtssicherheit herrscht und niemand fragen wird, woher das Geld stammt. Eine Reihe von Plutokraten aus Russland und zunehmend auch aus China hat diesen Weg gewählt. Für sie persönlich ist das durchaus sinnvoll. Und es zeigt, dass unsere Vorstellung von den wirtschaftlichen Zusammenhängen nicht mit der Entwicklung der wirtschaftlichen Realität Schritt gehalten hat. Im 19. Jahrhundert setzten sich Familien wie die Rockefellers in den Vereinigten Staaten für den Schutz der

Eigentumsrechte ein, weil es nur wenige andere Orte gab, an denen sie ihr Geld in Sicherheit bringen konnten. Aber Theorien, die durchaus richtig sind, wenn unser Bezugsrahmen der Nationalstaat ist, sind möglicherweise nicht auf eine Welt anwendbar, in der die Kapitalbewegungen fast vollkommen frei und schwer zu kontrollieren sind und in der die Reichen problemlos von einem Hoheitsgebiet in ein anderes wechseln können (insbesondere wenn die dortigen Einwanderungsregeln die Vermögenden bevorzugen).

*Globale Chancenungleichheit.* Die Existenz eines hohen Ortsbonus zeigt, dass es so etwas wie globale Chancengleichheit gegenwärtig nicht gibt: Ein Großteil unseres Einkommens hängt davon ab, wo wir geboren wurden. Sollten wir versuchen, das zu ändern? Oder sollten wir uns damit abfinden, dass das Streben nach Chancengleichheit an den Grenzen der Nationalstaaten endet? Dass der Nationalstaat das Nonplusultra ist? Mit dieser Frage haben sich die politischen Philosophen eingehender befasst als die Ökonomen. Einige vertreten in Anlehnung an John Rawls (*Das Recht der Völker*, 2002) die Auffassung, dass die globale Chancengleichheit keine bedeutsame Frage ist und dass die Forderung danach mit dem nationalen Selbstbestimmungsrecht kollidiert. Dass Reichtum und Chancen ungleich auf die Länder verteilt sind, wird hier als Folge unterschiedlicher Entscheidungen der Völker betrachtet: Manche Völker entschließen sich nach Ansicht von Rawls, mehr zu arbeiten und zu sparen, während andere es vorziehen, weniger zu arbeiten und nicht zu sparen: »Wenn es [das Volk] nicht zufrieden ist [mit seinem Wohlstand], kann es seine Sparquote erhöhen oder [...] bei anderen Mitgliedern der Gesellschaft der Völker Darlehen aufnehmen« (S. 142).[20] Die Ärmeren haben keinen Anspruch auf das Einkommen oder den Wohlstand der Reicheren. Ihre Forderungen können nach Ansicht von Rawls und anderen Etatisten keine Frage der Gerechtigkeit sein. Wenn sie wirklich Anspruch auf das Einkommen reicherer Völker erheben könnten – sei es, indem sie eine Umverteilung oder ein Recht zur Auswanderung in die reichen Länder verlangen –, würde dies die Gefahr moralischen Fehlverhaltens heraufbeschwören: Einige Völker könnten verantwortungslose kollektive Entscheidungen fällen, um anschließend von denen, die vorsichtiger sind oder bessere Entscheidungen getroffen haben, zu verlangen, ihr Einkommen mit ihnen zu teilen. Wäre das möglich, verlören das nationale Selbstbestimmungsrecht und damit die Entscheidungen der Bürger eines Landes ihren Sinn.[21]

Man könnte zudem argumentieren, dass die Anstrengung (die wir nicht beobachten können) nicht in allen Ländern (das heißt bei allen Einwohnern der verschiedenen Länder) gleich ist. Wenn sich die Einwohner reicher Länder mehr anstrengen als die Menschen in armen Ländern, dann ist die beobachtete Einkommenskluft nicht zur Gänze (oder sogar überhaupt nicht) auf ihre ortsabhängigen Umstände zurückzuführen und kann daher nicht als wirtschaftliche Rente betrachtet werden.

Das Argument der Anstrengung ist jedoch empirisch kaum belegt. Dafür gibt es mindestens zwei Gründe: Erstens wissen wir, dass die Zahl der Arbeitsstunden in armen Ländern höher ist, und zweitens finden wir auch bei denselben Tätigkeiten, die denselben Arbeitsaufwand erfordern, immer noch sehr unterschiedliche Reallöhne in verschiedenen Ländern.[22] Anhand detaillierter Daten aus der UBS-Erhebung (2009) der Arbeitseinkommen in Hauptstädten von Ländern in aller Welt können wir die Löhne und Gehälter von Arbeitskräften in verschiedenen Berufen leicht vergleichen (und zwar sowohl die nominellen als auch die – kaufkraftbereinigten – Reallöhne). Nehmen wir drei Berufe mit unterschiedlichem Qualifikationsniveau – Bauarbeiter, Industriefacharbeiter und Ingenieur – in fünf Hauptstädten, von denen zwei in reichen Ländern (New York und London) und drei in armen Ländern liegen (Peking, Lagos und Neu-Delhi). Das Verhältnis zwischen den realen Stundenlöhnen (pro Effizienzeinheit) in reichen und armen Städten beträgt 11 zu 1 beim Bauarbeiter, 6 zu 1 beim Facharbeiter und 3 zu 1 beim Ingenieur (Milanović 2012a). Das entkräftet die These, Einwohner reicher Länder verdienten mehr, weil sie mehr arbeiteten.[23]

Aber wie verhält es sich mit dem Argument der nationalen Selbstbestimmung, das tatsächlich schwerer wiegt? Überträgt man dieses Argument von der zwischenstaatlichen Ebene auf die der einzelnen Familien innerhalb des Nationalstaats, so stellt man fest, dass es große Ähnlichkeit mit den Punkten hat, die gegen die Umverteilung innerhalb von Ländern vorgebracht werden. Es gibt Parallelen zwischen (A) dem Gegensatz zwischen Familien und Staat in der Debatte über die Chancengleichheit im Nationalstaat und (B) dem Gegensatz zwischen Nationalstaaten und Welt in der Debatte über die globale Chancengleichheit. Das konservative Argument lautet, dass sowohl im Fall von (A) als auch im Fall von (B) intergenerationale Transfers von kollektiv erworbenem Wohlstand zu begrüßen sind, obwohl sie die Chancengleichheit verringern: Es ist akzeptabel, dass Familien ihre Vermögen und ihre Vorteile von einer Generation an die nächste weitergeben, und es ist akzeptabel, dass Länder den Wohlstand innerhalb des Landes weitergeben, anstatt ihn mit ärmeren Ländern zu teilen. Auch der Standpunkt der »Kosmopoliten« ist in beiden Fällen derselbe: Sie halten es für falsch, die Weitergabe von Wohlstand in den Familien (Fall A) und innerhalb von Ländern (Fall B) zuzulassen, da es ihnen wichtiger zu sein scheint, auf beiden Ebenen für Chancengleichheit zu sorgen. Andere vertreten wie Rawls die schwierige »Mittelposition«, dass in Fall (A) die Weitergabe der *in der Familie* erworbenen Vorteile über die Generationen hinweg nicht wünschenswert ist (deshalb sprechen sich Rawls und die meisten Liberalen für höhere Erbschaftssteuern aus), während ihnen in Fall (B) der Transfer von *national* erworbenen Vorteilen über die Generationen hinweg akzeptabel erscheint.

Wer die mittlere Position einnimmt, muss sich auf den Standpunkt stellen, dass eine Nation verglichen mit der übrigen Welt etwas grundlegend Einzigartiges an sich hat, etwas, das einer Familie verglichen mit den übrigen Familien im selben Land fehlt. Die Argumente gegen die globale Chancengleichheit müssen sehr sorgfältig abgestimmt werden, wenn man behaupten will, die Chancengleichheit sei zu begrüßen, solange sie sich auf ein Land beschränkt, während sie abzulehnen sei, sobald man über die nationalen Grenzen hinausblickt. Simon Caney (2002) bringt ein solches Argument im Sinne der bei Rawls impliziten »Reichweiteneinschränkung« (*domain restriction*) vor: Die bürgerlichen und politischen Rechte sowie die Idee der Verteilungsgerechtigkeit sind auf den nationalen Raum, nicht jedoch auf die internationalen Angelegenheiten anwendbar. Es erklärt sich jedoch nicht von selbst, warum das der Fall sein sollte. Vor fast hundert Jahren warf der britische Ökonom Edwin Cannan mit Blick auf Adam Smiths unsichtbarer Hand folgende Frage auf: »Wenn es stimmt, dass es eine natürliche Übereinstimmung zwischen dem Eigeninteresse und dem Gemeinwohl gibt, warum gilt diese Übereinstimmung nicht wie die wirtschaftlichen Vorgänge auch über die nationalen Grenzen hinaus?«[24]

Um an Rawls' Position festhalten zu können, muss man auch beweisen, dass die nationale Selbstbestimmung eine grundlegend andere Funktion erfüllt als die individuelle »Selbstbestimmung«, das heißt die Willensfreiheit eines Menschen. Denn die Behauptung, die Umverteilung innerhalb des Nationalstaats könne ein Problem der moralischen Verantwortungslosigkeit heraufbeschwören, weil sich die Armen entschließen könnten, nicht zu arbeiten, betrachtet Rawls in *Eine Theorie der Gerechtigkeit* als falsch, um dann jedoch in *Das Recht der Völker* eine fast identische Behauptung aufzustellen, um die Umverteilung zwischen Ländern abzulehnen. Es besteht ein ungelöster Widerspruch zwischen Rawls' Argumentation in *Eine Theorie der Gerechtigkeit*, wo er die Argumente gegen die Chancengleichheit mit Blick auf den Nationalstaat mit dem einfallsreichen Konstrukt des »Schleiers des Nichtwissens« zurückweist, und seiner Beweisführung in *Das Recht der Völker*, wo er ganz ähnliche Argumente gegen die Chancengleichheit zwischen den Weltbürgern als berechtigt anerkennt. In *Eine Theorie der Gerechtigkeit* (1975, S. 212) nimmt Rawls auf den Grundsatz Bezug, dass »unverdiente Ungleichheiten ausgeglichen werden sollten. Da nun Ungleichheiten der Geburt und der natürlichen Gaben unverdient sind, müssen sie irgendwie ausgeglichen werden.« Aber offenkundig gilt dieses Prinzip nach Ansicht von Rawls auf globaler Ebene nicht.

Andere politische Philosophen, darunter Thomas Pogge (1994), Charles Beitz (1999), Peter Singer (2004) und Darrel Moellendorf (2009), vertreten die Position, dass die von Land zu Land sehr unterschiedlichen Zukunftschancen in einer interdependenten Welt nicht leichthin akzeptiert werden sollten. Wenn die Länder miteinander vernetzt sind und die Menschen in verschiedenen Ländern nicht über ihre Staaten, sondern direkt Beziehungen zueinander eingehen, dann schließen die Bürger der Welt einen impliziten Gesellschaftsvertrag miteinander. Er mag nicht so klar sein wie der Vertrag zwischen den Bürgern eines Landes, die eine gemeinsame Regierung wählen, aber dies ist kein grundsätzlicher, sondern ein gradueller Unterschied.

Man kann die Frage der globalen Verteilungsgerechtigkeit auch ausgehend von jener sehr viel flexibleren und offeneren Definition der Staatsbürgerschaft betrachten, welche die Rechtsgelehrte Ayelet Shachar in *The Birthright Lottery* (2009) vorgelegt hat. Shachar definiert die Bürgerschaft breiter und schlägt das Konzept des *jus nexi* vor, des »Rechts durch Verbindung«: Die Staatsbürgerschaft sollte allen Personen zugestanden werden, die einer Gemeinschaft sozial verbunden sind, und die Migration von armen in reiche Länder sollte erleichtert werden. So würde der Ortsbonus im Lauf der Zeit seinen gegenwärtigen Einfluss verlieren.[25]

Der Ortsbonus könnte allerdings auch durch die Globalisierung beseitigt werden, wenn ein anhaltend hohes Wirtschaftswachstum in den armen, bevölkerungsreichen Ländern deren Einkommensrückstand gegenüber den reichen Ländern und die Bedeutung der Ortskomponente der globalen Ungleichheit verringert. Wenn China, Indien, die Vereinigten Staaten, Europa, Brasilien, Russland und Nigeria alle etwa dasselbe mittlere Einkommen haben, wird nicht nur die globale Ungleichheit abnehmen, sondern der Ortsbonus wird erheblich schrumpfen. Wie wir in Kapitel 4 sehen werden, könnte dieser Prozess noch im 21. Jahrhundert stattfinden.

Wenn die Kräfte der wirtschaftlichen Konvergenz und der Migration stark genug sind, wird der Ortsbonus sinken. Doch können wir überhaupt davon ausgehen, dass die Migration eine wichtige Rolle spielen wird, wenn immer höhere Hindernisse für Migranten errichtet werden?

## Migration und Mauern

Die Globalisierung in ihrer gegenwärtigen Form ist in sich widersprüchlich. Breit gefasst, bedeutet Globalisierung, dass sich Produktionsfaktoren, Güter, Technologie und Ideen ungehindert rund um die Erde bewegen können. Aber während das für Kapital, Export und Import von Waren und zunehmend sogar für den Austausch von Dienstleistungen gilt, trifft es auf die Arbeitskräfte nicht zu. Die globale Zahl der Migranten ist, gemessen an ihrem Anteil an der Weltbevölkerung, zwischen 1980 und 2000 nicht gestiegen (Özden et al. 2011). Wir haben noch keine vollständigen Daten zur jüngsten Zunahme der Migration und wissen nicht, ob die Migrationsströme versiegen oder ob größere Wanderungsbewegungen zum neuen Normalzustand werden. Aber die Tatsache, dass sich viele Länder zusehends abschotten oder eine ablehnende Haltung gegenüber der Einwanderung einnehmen, vermittelt uns den Eindruck, die Migration habe dramatisch zugenommen: Eine gegebene Zahl von Migranten weckt einfach größere Aufmerksamkeit. Gleichzeitig ist die Zahl potenzieller Migranten gestiegen, da die Menschen heute besser über die Einkommensunterschiede zwischen den Ländern informiert sind. Besonders deutlich ist diese Spannung in Europa zu sehen, das Schwierigkeiten hat, mehr Einwanderer aufzunehmen, dabei jedoch unter unablässigem Druck seitens der ärmeren Regionen an seinen Grenzen steht, sei es im Osten (seitens der ehemaligen Sowjetrepubliken und des Balkans) oder im Süden (seitens der arabischen Länder und der Staaten im subsaharischen Afrika).

In Schaubild 3.5 sehen wir die Orte, an denen die Freizügigkeit durch Barrieren unterbrochen wird: durch Mauern, Zäune und Minenfelder. (Kurz nach der Fertigstellung der Karte strömten im Sommer 2015 Hunderttausende Flüchtlinge nach Europa, was mehrere Länder dazu bewegte, ihre Grenzen dichtzumachen.) In fast allen Fällen verlaufen die Barrieren entlang der Nahtlinien zwischen armer und reicher Welt. Am massivsten sind die Migrationsbarrieren zwischen benachbarten Ländern mit sehr unterschiedlichen Einkommensniveaus (mit Nachbarländern sind solche gemeint, die eine gemeinsame Landgrenze haben oder durch ein Gewässer getrennt sind).

Sehen wir uns die acht in Schaubild 3.5 gekennzeichneten Orte an. Der Zaun zwischen den Vereinigten Staaten und Mexiko zieht sich über 1000 der mehr als 3000 Kilometer langen Grenze zwischen den beiden Ländern. Die Südflanke Europas am Mittelmeer wird in einer quasimilitärischen Operation namens Frontex von einer Flotte kleiner Patrouillenboote »verteidigt«, die Migranten aus Afrika abfangen und zurückbringen oder, wenn sie die Heimkehr verweigern, in Lager sperren, in denen die illegalen Einwanderer unter oft sehr schwierigen Bedingungen leben (um es zurückhaltend auszudrücken). Die Mauer zwischen Israel und den Palästinensergebieten wurde nicht nur aus politischen, sondern auch aus wirtschaftlichen Gründen errichtet: Das Verhältnis zwischen dem Durchschnittseinkommen von Israelis und Palästinensern (Einwohnern des Westjordanlandes und des Gazastreifens) beträgt den Haushaltserhebungen zufolge 10 zu 1.[26] Dieselbe Kombination von politischen und wirtschaftlichen Gründen hat Saudi-Arabien dazu bewegt, an der Grenze zum Jemen eine Mauer zu bauen. Nord- und Südkorea sind aus politischen Gründen durch Minenfelder getrennt. Die ursprünglich politische Kluft hat jedoch gewaltige wirtschaftliche Unterschiede hervorgebracht. Wir kennen das Durchschnittseinkommen in Nordkorea nicht, aber es dürfte kaum ein Zehntel des südkoreanischen ausmachen. In der Straße von Malakka, einer Meer-

**Schaubild 3.5**: Mauern, Zäune und Minenfelder zwischen Ländern

Auf dieser Karte sehen wir jene Orte, an denen die Grenzen zwischen einem oder mehreren Nachbarländern streng bewacht werden oder durch die Errichtung von Barrieren (Mauern, Minenfeldern oder Zäunen) schwer passierbar gemacht wurden. Solche Hindernisse gibt es an Grenzen zwischen Ländern mit sehr großen Einkommensunterschieden. Die einzelnen Orte werden im Text behandelt.

enge zwischen Indonesien und Malaysia, patrouillieren Boote, die indonesische Arbeiter an der Einwanderung nach Malaysia hindern sollen. Trotzdem arbeiten rund 400 000 Indonesier in Malaysia. Eine weitere traurige Barriere ist der Zaun, den Indien an der Grenze zu Bangladesch errichtet hat (diese Barriere ist mehr als 2000 Kilometer lang und erstreckt sich teilweise über Gewässer). Das Einkommensgefälle zwischen diesen beiden Ländern ist nicht so groß wie in anderen Fällen, aber die Einkommen in Indien sind den Haushaltserhebungen zufolge immer noch 50 Prozent höher als im Nachbarland (und gemessen am Pro-Kopf-BIP beträgt das Wohlstandsverhältnis 2 zu 1). Dazu kommt, dass die ethnischen und religiösen Gemeinsamkeiten zwischen Bangladesch (dem ehemaligen Ost-Bengalen) und dem indischen West-Bengalen den stetigen Migrationsstrom nach Indien begünstigen. Der Zaun wurde mit dem erklärten Ziel errichtet, diesen Strom zu unterbrechen.

Bulgarien hat vor Kurzem begonnen, an der Grenze zur Türkei eine Mauer zu errichten. Diese dient vor allem dazu, den Zustrom syrischer Flüchtlinge in die Europäische Union zu unterbinden. Bulgarien gehört nicht zum Schengen-Raum, aber es ist EU-Mitglied, und wenn die Flüchtlinge aus Syrien erst einmal das Territorium der Union erreicht haben, können sie in andere EU-Länder gelangen.[27] Wie Spanien und Italien im Süden stellen Bulgarien und Griechenland im Südosten die »durchlässige Grenze« Europas dar, die besonders gut kontrolliert werden muss.

Es werden also immer häufiger ausgesprochen harte Maßnahmen ergriffen, um die Zuwanderung zu stoppen. Wir müssen uns fragen, ob es nicht eine Lösung für das Problem oder zumindest bessere Möglichkeiten gibt, mit der Migration umzugehen.

## Wie kann man die Zielländer dazu bewegen, ihre Grenzen für Einwanderer zu öffnen?

Zunächst müssen wir vier grundlegende Merkmale der Migration festhalten, die jeweils ein bestimmtes Spannungsfeld erzeugen. Erstens besteht ein Spannungsverhältnis zwischen dem Recht eines Menschen, sein Heimatland zu verlassen, und der Beschränkung seines Rechts, sich an den

Ort seiner Wahl zu begeben. Zweitens gibt es eine Spannung zwischen zwei Merkmalen der Globalisierung: Auf der einen Seite können sich Produktionsfaktoren, Güter, Technologien und Ideen ungehindert bewegen, auf der anderen Seite ist die Bewegungsfreiheit von Arbeitskräften sehr beschränkt. Drittens gibt es eine Spannung zwischen dem ökonomischen Prinzip der Einkommensmaximierung, das die Fähigkeit des Einzelnen voraussetzt, frei darüber zu entscheiden, wo er seine Arbeitskraft und sein Kapital einsetzen will, und der Tatsache, dass dieses Prinzip nur innerhalb der Nationalstaaten, aber nicht global angewandt wird. Auf einer abstrakten Ebene wissen wir, dass die Einkommensmaximierung in den einzelnen Ländern genauso wenig zur Maximierung des globalen Einkommens führen kann, wie die Einkommensmaximierung innerhalb einzelner Städte (mit feststehender Bevölkerung) zur Maximierung des nationalen Einkommens führt. Daher müssen wir eine Begründung für die Überzeugung liefern, dass eine Abkehr von der Maximierung des globalen Einkommens zu rechtfertigen ist. Viertens besteht ein Spannungsverhältnis zwischen jenem Entwicklungskonzept, das den Fortschritt der Völker innerhalb ihrer eigenen Länder betont, und einem umfassenderen Entwicklungskonzept, das die Verbesserung der Lage des einzelnen Menschen unabhängig von seinem Wohnort in den Mittelpunkt rückt.

Bevor wir uns der Analyse dieser vier Spannungsverhältnisse zuwenden, müssen wir jedoch einen Irrtum aufklären. Gemeint ist die Vorstellung, eine weltweite Verringerung der absoluten Armut werde diese Spannungen verringern oder aufheben. Simon Kuznets wies diese Vorstellung schon vor langer Zeit (im Jahr 1954) zurück. Die gewaltige Kluft zwischen dem Einkommen und Lebensstandard eines New Yorkers und einem Mitglied eines indigenen Stamms im Amazonasbecken macht jeden sinnvollen Vergleich zwischen dem Lebensstil dieser beiden Menschen unmöglich. Aber große Einkommensunterschiede – die geringer sind als eine derart »gewaltige« Kluft – zwischen Menschen, die derselben Zivilisation angehören und in ihr interagieren (und einer solchen gemeinsamen Zivilisation gehören heutzutage fast alle Menschen in der Welt an), vergrößern die politischen Spannungen: »Da Anerkennung und Spannung nur durch den Kontakt entstehen, [...] führt die Verringerung des materiellen Elends [in den unterentwickelten Ländern] nicht zu einer Verringerung, sondern zu einer Zunahme der politischen Spannungen« (Kuznets 1965 [1958], S. 173f.).

Mit anderen Worten, die genannten Spannungen waren nicht in der Vergangenheit am größten, als die Einkommensunterschiede am größten waren, und werden vermutlich auch nicht in Zukunft ihren Höhepunkt erreichen, sondern eher geringer werden. Am größten sind sie … heute.

Ich will mich nur kurz mit den vier Spannungsfeldern befassen. Das erste (rund um das Recht des Menschen, sich in der Welt zu bewegen) gehört in den Bereich der politischen Philosophie, weshalb wir es hier nicht näher untersuchen werden.[28] Die Ökonomen müssen lediglich wissen, dass es existiert. Das zweite Spannungsverhältnis (zwischen Globalisierung und Migration) betrifft den Kern unserer Definition der Globalisierung und die Frage, ob bestimmte natürliche Bestandteile dieses Prozesses herausgeschnitten werden können.

Das dritte Spannungsverhältnis (zwischen Einkommensmaximierung und Migration) haben Pritchett (2006, S. 95) und Hanson (2010) sehr gut beschrieben. Pritchett stellt eine hilfreiche Analogie zwischen dem Güteraustausch und der Bewegung von Menschen her. Die herkömmliche wirtschaftspolitische Lösung besteht nicht darin, aus Furcht vor schädlichen Auswirkungen auf eine bestimmte Gruppe von Arbeitskräften den Handel zu unterbinden, sondern darin, den Freihandel mit der Begründung zu erlauben, er ermögliche die Maximierung des Gesamteinkommens, um dann in einem zweiten Schritt die negativen Auswirkungen des Handels auf einen Teil der Arbeitskräfte mit Transfers abzumildern. Pritchett fragt mit Recht, warum dieselbe Methode nicht auch auf die Arbeit angewandt wird: Warum erlaubt man nicht die Migration und mildert ihre negativen Auswirkungen zum Beispiel auf jene Arbeitskräfte ab, deren Löhne infolge des Zustroms von Migranten sinken? Offenkundig wird in der Handels- und in der Migrationspolitik mit zweierlei Maß gemessen. Zu erklären ist das nur mit der unausgesprochenen A-priori-Annahme, dass die Einkommensmaximierung unter der Nebenbedingung stattfindet, dass eine Personengruppe (zum Beispiel die Einwohner eines Landes) eine gegebene Größe ist und nicht durch externe Zuflüsse verändert werden kann.[29]

Das vierte Spannungsfeld – rund um unterschiedliche Konzepte der Entwicklung – wird von den Ökonomen nur selten behandelt. Die einzigen mir bekannten Ausnahmen sind Frenkel (1942), der einer der Ersten gewesen sein dürfte, die sich mit dieser Frage beschäftigten, und in jüngerer Zeit Pritchett (2006), der schreibt: »Es gibt zwei Möglichkeiten, die Armut in der Welt zu verringern: die Öffnung der reichen Länder für die Migration und die Anhebung der Arbeitslöhne in den Heimatländern der Migranten. Warum sollte nur eine der beiden Lösungen als ›Entwicklungspolitik‹ zählen?« (S. 87)

Sehen wir uns ein paar Zahlen an. Es wird geschätzt, dass es gegenwärtig weltweit etwa 230 Millionen Migranten gibt (also Personen, die nicht in dem Land geboren wurden, in dem sie leben). Das entspricht etwas mehr als drei Prozent der Weltbevölkerung.[30] Die Zahl der Migranten liegt also zwischen der Bevölkerungszahl Indonesiens und Brasiliens, den Ländern, die den vierten und fünften Rang unter den bevölkerungsreichsten Ländern der Welt einnehmen. (Würden die Migranten also ihr eigenes Land gründen, ein »Migratien« sozusagen, so wäre es das Land mit der fünftgrößten Bevölkerung der Welt.) Ein Zehntel dieser Menschen gehört jedoch zu einer ganz speziellen Art von Migranten, die nach dem Zusammenbruch der Sowjetunion in einer – mittlerweile unabhängigen – Republik leben, die sich von dem Land unterscheidet, in dem sie zur Welt gekommen sind. So wurde aus Binnenmigration internationale Migration.

Zwischen 1990 und 2000 wuchs die Zahl der Migranten um durchschnittlich 1,2 Prozent pro Jahr, und seit damals hat sich das Wachstum dieser Gruppe auf 2,2 Prozent pro Jahr erhöht (das bisher letzte Jahr, für das UN-Daten vorliegen, ist das Jahr 2013). Damit wächst diese Gruppe etwa doppelt so schnell wie die Weltbevölkerung, wodurch sich der Anteil der Migranten an der Bevölkerung des Planeten von 2,8 Prozent im Jahr 2000 auf 3,2 Prozent im Jahr 2013 erhöht hat. Die aufgestaute Nachfrage nach Möglichkeiten zur Auswanderung ist sehr viel größer als die tatsächliche Migrationsrate. Aus mehreren Umfragen, die Gallup seit 2008 durchgeführt hat, geht hervor, dass rund 700 Millionen Menschen (also ein Zehntel der Weltbevölkerung oder 13 Prozent aller Erwachsenen) gerne in ein anderes Land auswandern würden.[31] 16 Prozent der Weltbevölkerung sind also potenzielle Migranten, während nur 3 Prozent tatsächlich ausgewandert sind. (Dabei gehe ich von der Annahme aus, dass diese tatsächlichen Migranten in dem Land bleiben möchten, in das sie ausgewandert sind.) Um uns besser vorstellen zu können, was das bedeutet, können wir uns vor Augen halten, dass der weltweite Migrantenanteil gegenwärtig etwa dem in Finnland entspricht (wo er weniger als 3 Prozent beträgt). Würden alle potenziellen Migranten tatsächlich aufbrechen, so würde die Welt eher wie die Vereinigten Staaten oder Spanien aussehen (wo 15 Prozent der Bevölkerung zugewandert sind). Es liegt auf der Hand, dass zwischen den beiden Situationen ein gewaltiger Unterschied besteht.

Vor allem die reichen Länder, die das Hauptziel der neuen Migrationsströme wären, sind gegenwärtig nicht bereit, ernsthaft über Möglichkeiten nachzudenken, wie die Lücke zwischen potenzieller und tatsächlicher Einwanderung geschlossen werden könnte. Aber auch unterhalb der Beseitigung aller Barrieren für die Migration gibt es praktische Methoden, um für größere Freizügigkeit zu sorgen und den »Kulturschock« für die Bevölkerung der Aufnahmeländer zu lindern. Ein Schlüsselproblem ist die »Reichweiteneinschränkung«, das heißt der Umstand, dass man nur in den Genuss bestimmter Rechte und Privilegien kommt, wenn man Teil einer genau definierten Gemeinschaft ist. Unter den gegenwärtigen Bedingungen bemühen sich die Bevölkerungen und Regierungen der reichen Länder, allen Personen, die auf dem Staatsgebiet leben, zumindest rechtlich Gleichbehandlung zu garantieren. Gleichzeitig interessieren sie sich kaum dafür, wie Arbeitskräfte in anderen Ländern behandelt werden. Diskriminierung aufgrund der Staatsangehörigkeit oder des Wohnorts gilt als akzeptabel, aber ist ein Mensch einmal Einwohner des Landes, so wird die Diskriminierung innerhalb des Staatsgebiets als inakzeptabel betrachtet. Beispielsweise wird die unmenschliche Behandlung von Gastarbeitern in den Golfstaaten oft kritisiert, während die unmenschliche Behandlung dieser Arbeiter in ihren eigenen Ländern (sie kommen mehrheitlich aus Sri Lanka, Indien, Nepal und Pakistan) kaum einmal zur Sprache kommt. Die Tatsache, dass sie weiterhin in die Golfstaaten auswandern, deutet darauf hin, dass sie dort trotz der schlechten Behandlung bessere Bedingungen vorfinden als in ihren Heimatländern. Es ist mir bewusst, dass es absichtliche Fehlinformation und Menschenhandel gibt und dass die zugewanderten Arbeiter unerwarteter Misshandlung ausgesetzt sein können – beispielsweise werden manche von ihnen ihrer Pässe beraubt und praktisch in Sklaven verwandelt. Wären solche Praktiken verbreitet und erlitten die Zuwanderer schweren Schaden, so würde sich das jedoch herumsprechen und potenzielle Migranten abschrecken.

So diskriminierend die Praktiken in den Golfstaaten auch sein mögen, kann man durchaus argumentieren, dass diese Länder, indem sie massenhaft ausländische Arbeitskräfte aufnehmen, tatsächlich zur Verringerung der Armut und der Ungleichheit in der Welt beitragen (vgl. Posner und Weyl 2014). Ich führe dieses Beispiel nicht an, weil ich persönlich gutheiße, wie zum Beispiel Katar bei der Vorbereitung der Fußballweltmeisterschaft 2022 ausländische Arbeiter behandelt (zahlreiche Arbeiter sind auf den Baustellen ums Leben gekommen), sondern weil ich zeigen möchte, dass selbst eine solche zweifellos rücksichtslose Behandlung die wirtschaftliche Situation der Mehrheit dieser Gastarbeiter und ihrer Familien daheim verbessert und die Armut in der Welt verringert.

Das zeigt, dass eine menschlichere und weniger diskriminierende Behandlung der Migranten in den reichen Ländern eine noch größere positive Wirkung auf globaler Ebene haben könnte. Voraussetzung dafür wäre jedoch, dass wir uns zu einem politischen Tabubruch durchringen: Wir müssten zumindest für eine Weile zulassen, dass die Migranten in den Aufnahmeländern diskriminiert werden und nur eingeschränkte staatsbürgerliche Rechte genießen. Gegenwärtig gibt es in Bezug auf die Staatsbürgerschaft in der Theorie oft nur die Wahl zwischen zwei Extremen: Wer es schafft, »hineinzukommen«, genießt alle Rechte (und Pflichten). Aber schon heute ist das in der Praxis nicht immer so. Es gibt Grauzonen. In den Vereinigten Staaten und mehreren EU-Ländern sind aufenthaltsberechtigte Ausländer steuerpflichtig, aber nicht wahlberechtigt. Sie haben weniger Rechte und mehr Pflichten als Staatsbürger. Aber viele von ihnen haben nichts dagegen einzuwenden und ziehen es vor, in ihrem neuen Aufenthaltsland zu bleiben, ohne dessen Bürger zu sein. Vielleicht sollte man noch einen Schritt weiter gehen und neue Kategorien von Einwohnern schaffen, deren Rechte und Pflichten noch ungleicher verteilt wären, wenn auf diese Art die Einwanderung erhöht werden kann.

Man kann verschiedene Wege beschreiten, um das zu erreichen. Da es in der Natur der Sache liegt, dass die Einwanderer am meisten von der Migration profitieren, und da es denkbar und sogar wahrscheinlich ist, dass die Einkommen einiger Gruppen sowohl in den Entsende- als auch in den Aufnahmeländern sinken werden, könnten die Migranten verpflichtet werden, höhere Steuern zu zahlen als die einheimischen Arbeitskräfte (Freeman 2006). Die Einnahmen könnten zur Unterstützung jener verwendet werden, deren Lage sich durch die Zuwanderung verschlechtert hat. Migranten könnten mit Steuern belastet werden, um die Kosten ihrer Ausbildung in ihren Heimatländern zu decken (diese Steuereinnahmen müssten an die Herkunftsländer weitergeleitet werden). Oder man könnte sie verpflichten, bis zu einem bestimmten Alter in regelmäßigen Abständen für einige Jahre zum Arbeiten in ihre Herkunftsländer zurückzukehren (Milanović 2005). Eine andere Möglichkeit besteht darin, nach dem Vorbild der Schweiz sehr viel mehr ausländische Arbeitskräfte mit befristeten Verträgen aufzunehmen (Pritchett 2006). Die radikalste Lösung schlagen Posner und Weyl (2014) vor, die erklären, die Aufnahme von Migranten, die anschließend wie in Katar als Arbeitskräfte und Bürger diskriminiert werden, komme den Armen der Welt eher zugute als die Ausgrenzungspolitik reicher Länder, die mit der Unmöglichkeit begründet wird, allen Einwanderern dieselben formalen Rechte zuzugestehen. In den Augen dieser Autoren besteht ein Widerspruch zwischen Offenheit und staatsbürgerlichen Rechten: Voraussetzung für eine offenere Migrationspolitik sei, dass den Zuwanderern einige bürgerliche Rechte vorenthalten werden müssten. Wir können darüber diskutieren, wie groß dieser Widerspruch ist, aber es ist unbestreitbar, dass er existiert.

Das gemeinsame Merkmal all dieser Lösungen ist, dass die heimische Bevölkerung und die Zuwanderer nicht gleich behandelt werden (entsprechend den Regeln des Aufnahmelandes). Viele derartige Lösungen werden bereits informell angewandt, beispielsweise im Fall der rund zehn Millionen nichtregistrierten Einwanderer in den Vereinigten Staaten, die aufgrund ihrer irregulären Situation schlechter bezahlte Arbeiten annehmen müssen. Diese Diskriminierung ist allerdings nicht gesetzlich festgeschrieben, womit sie in den Augen vieler nicht existiert. Die Frage ist also, ob es besser ist, (1) zu akzeptieren, dass die einheimische Bevölkerung de facto, aber nicht de jure anders behandelt wird als ein Teil der Einwanderer, während die Zuwanderung beschränkt wird, oder (2) mehr Einwanderer aufzunehmen, diese rechtlich jedoch schlechter zu stellen als die einheimische Bevölkerung.

Unter wirtschaftlichen Gesichtspunkten scheint die zweite Lösung aus zwei Gründen besser. Erstens trägt eine erhöhte Migration nachweislich zu einem Anstieg des globalen BIP bei und steigert die Einkommen der Migranten (Weltbank 2006). Die negativen wirtschaftlichen Auswirkungen auf bestimmte Personengruppen sowohl im Ursprungsland als auch im Aufnahmeland sind sehr gering und können, wie Pritchett (2006) erklärt, separat behandelt werden. (Wir sollten auch nicht vergessen, dass die Fähigkeiten eines Teils der Zuwanderer jene der einheimischen Bevölkerung ergänzen, was zur Folge hat, dass die Einkommen der Einheimischen ebenfalls steigen.)[32] Zweitens ist davon auszugehen, dass die Zuwanderer eine geringfügige Diskriminierung oder Ungleichbehandlung im Aufnahmeland einem Verbleib in ihrem Herkunftsland vorziehen werden, was wir an ihrer offenbarten Präferenz erkennen (um Paul Samuelsons Begriff zu verwenden): Die Bereitschaft zur Auswanderung offenbart, dass diese Menschen überzeugt sind, durch die Migration ihren Wohlstand erhöhen zu können.

Angesichts dieser Erkenntnisse wirken die Argumente gegen die Ungleichbehandlung wenig überzeugend. Würden wir in einer anderen Welt leben, in der die Völker und Regierungen der reichen Länder offener für das Konzept der ungehinderten Migration von Arbeitskräften wären, so bestünde die beste Lösung tatsächlich darin, völlige Freizügigkeit zuzulassen und alle Bewohner eines Landes ungeachtet ihrer Herkunft gleich zu behandeln. Aber wir leben nicht in einer solchen Welt. Daher haben wir drei Optionen:

1. Wir können die unbeschränkte Freizügigkeit von Arbeitskräften erlauben und durchsetzen, dass Einwanderer nirgendwo auf der Welt gegenüber einheimischen Arbeitskräften benachteiligt werden dürfen. (Das Arbeitsrecht in den einzelnen Ländern kann jedoch weiterhin unterschiedlich sein.)
2. Wir können die Migration erleichtern, aber begrenzen, und eine geringfügige Bevorzugung einheimischer Arbeitskräfte gegenüber Zuwanderern gesetzlich festschreiben.
3. Wir können den Zustrom von Migranten auf dem gegenwärtigen Niveau halten oder sogar verringern und die Fiktion der Gleichbehandlung aller auf dem Gebiet eines Landes lebenden Arbeitskräfte aufrechterhalten, während wir die »Illegalen« de facto anders behandeln.

Die erste Option erscheint mir unrealistisch, und die dritte (die gegenwärtige Lösung) ist die schlechteste Option, sowohl was die Effizienz (Maximierung der Produktion) als auch was die Gleichheit (Verringerung der globalen Armut und Ungleichheit) anbelangt. Voraussetzung für die zweite Lösung wäre jedoch, dass sich die reichen Länder bereitfinden, das Konzept der Staatsbürgerschaft neu zu definieren, und sich bemühen, die gegenwärtige einwanderungskritische und teilweise fremdenfeindliche Öffentlichkeit umzustimmen. Mit diesem Thema werden wir uns am Ende von Kapitel 4 beschäftigen.[33]

# 4

# DIE UNGLEICHE WELT IN DIESEM UND IM NÄCHSTEN JAHRHUNDERT

> In meinen Augen ist jede wirtschaftliche Tatsache, ob sie nun in Zahlen ausgedrückt werden kann oder nicht, in einer Kausalbeziehung mit vielen anderen Tatsachen verbunden, und da nie alle Tatsachen in Zahlen ausgedrückt werden können, ist die Anwendung exakter mathematischer Methoden auf jene, bei denen das möglich ist, fast immer eine Zeitverschwendung und in den meisten Fällen irreführend.[1]
>
> *Alfred Marshall (1901)*

## Eine Mahnung vorab

Während der Recherchen zu diesem Kapitel las ich mehrere zu früheren Zeiten populäre Bücher, deren Autoren versucht hatten, sich die kommenden wirtschaftlichen und politischen Entwicklungen auszumalen. Wenn wir diese Bücher heute lesen (zu einer Zeit, da sich kaum noch jemand mit ihnen beschäftigt), wird uns klar, dass wir mit Zukunftsprognosen sehr vorsichtig sein müssen. Wir wissen, dass sich rein wirtschaftliche Prognosen zumeist als vollkommen falsch erweisen.[2] Ich hatte jedoch vermutet, dass weniger formale Analysen der politischen und wirtschaftlichen Kräfte, denen besondere Bedeutung für die Zukunft beigemessen wurde, bessere Erkenntnisse und zuverlässigere Voraussagen liefern würden. Ich musste feststellen, dass dies nicht der Fall war. Ich sah mir Bücher aus drei Zeiträumen an: Titel, die Ende der sechziger und Anfang der siebziger Jahre des letzten Jahrhunderts erschienen, solche, die kurz nach der Ölkrise von 1973 veröffentlicht wurden und schließlich Diagnosen, die in den neunziger Jahren auf den Markt kamen. Nicht nur, dass die Autoren dieser Bücher die wichtigsten Entwicklungen in der Zukunft nicht voraussahen, sie erahnten sie nicht einmal. Sie konnten sich, so stellte ich fest, einfach nicht von den zu ihrer Zeit vorherrschenden Vorstellungen lösen. Die meisten Voraussagen stellten einfach Extrapolationen der seinerzeitigen Trends dar, die teilweise erst seit fünf oder zehn Jahren existierten – und rasch wieder verschwanden.

Die Autoren, deren Bücher Ende der sechziger und Anfang der siebziger Jahre erschienen, nahmen an, die Welt der Zukunft werde von riesigen Konzernen und Monopolen beherrscht, und sagten voraus, dass die Kluft zwischen Aktionären und immer mächtigeren Managern wachsen würde (Beispiele für diese Sichtweise sind John Kenneth Galbraiths *The New Industrial State** [1967], Lester Browns *The World Without Borders* [1972] und Daniel Bells *The Coming of Post-Industrial Society*** [1973]). All diese Autoren wiesen auf die beherrschende Rolle der Technologie sowohl in den Vereinigten Staaten als auch in der Sowjetunion hin. Der Gigantismus in der Sowjetunion schien ihnen eine Antwort auf dieselben technologischen Erfordernisse zu sein, die in den Vereinigten Staaten beobachtet wurden: Die Steuerung komplexer Systeme müsse den besten Köpfen übertragen werden, die ihrerseits auf die Unterstützung des Staats angewiesen seien. Die Großkonzerne würden die kleinen Unternehmen verdrängen, weil der technologische Fortschritt die Skalenerträge erhöhe und eine bessere Ausbildung der Beschäftigten erforderlich mache, die nur von einem aktiveren Staat gewährleistet werden könne. Diese (im Grunde marxistische) Einschätzung der mit der technologischen Entwicklung einhergehenden Erfordernisse bewegte die Autoren dazu, eine Konvergenz von Sozialismus und Kapitalismus anzukündigen. Tatsächlich wirkte diese Einschätzung plausibel angesichts der Entwicklung im Ostblock, wo zu jener Zeit in einem beschränkten Rahmen marktwirtschaftliche Organisationsformen eingeführt wurden (zum Beispiel der jugoslawische Marktsozialismus, das »Neue System von Planung und Anreizen« in der Sowjetunion und die ungarischen Reformen von 1968). Zur selben Zeit intervenierte der Staat im Westen immer häufiger als Eigentümer, Manager und Vermittler zwischen

* Deutsch als: *Die moderne Industriegesellschaft* (München: Droemer Knaur 1974).
** Deutsch als: *Die nachindustrielle Gesellschaft* (Frankfurt am Main: Campus 1975).

Arbeitgebern und Arbeitnehmern. Der Sozialismus schien sich auf die Marktwirtschaft zuzubewegen, während der Kapitalismus dem Staat eine zentrale Funktion zugestand. Diese Vorstellung von der Konvergenz der beiden Systeme findet sich auch in den Arbeiten herausragender Denker wie Jan Tinbergen (1961) und Andrej Sacharow (1992).

Wie wir wissen, verlief der Wandel in den folgenden zwei Jahrzehnten vollkommen anders. Die zweite technologische Revolution fegte viele der für unzerstörbar gehaltenen Riesen hinweg: Der Sozialismus brach zusammen, und der siegreiche Kapitalismus sah ganz anders aus als der, den sich die Theoretiker Ende der sechziger Jahre vorgestellt hatten. Niemand hatte den Aufstieg Chinas vorausgesagt, im Gegenteil: China spielt in all diesen Werken überhaupt keine Rolle.[3]

Als sich der reale Ölpreis nach der Ölkrise in den siebziger Jahren vervierfachte, tauchten zahlreiche Bücher auf, die sich mit der Erschöpfung der nationalen Ressourcen und den Grenzen des Wachstums beschäftigten (zu den bekanntesten Büchern jener Zeit gehört *The Limits to Growth** von Donella Meadows et al.).[4] Angesichts einer deutlichen Verlangsamung des Wirtschaftswachstums in den westlichen Industrieländern schwand die Zuversicht.[5] Ein endloses, von der Technologie angetriebenes Wachstum erwartete nun niemand mehr. Anders als in der vorhergehenden Phase hieß es jetzt »Small is beautiful« (um den Titel eines einflussreichen Buchs von Ernest F. Schumacher aus dem Jahr 1973 zu zitieren**). Die Zukunft gehörte offenbar nicht mehr Konzernriesen wie IBM, Boeing, Ford und Westinghouse. Das neue Ideal waren die flexiblen mittelständischen Unternehmen Deutschlands und die Familienbetriebe in der Emilia-Romagna. Japans Aufstieg schien unaufhaltsam. China hatte noch immer keiner dieser Experten auf der Rechnung. Und natürlich kam niemand auf die Idee, dass die kommunistischen Regime irgendwann ein Ende haben könnten.

Die letzte Welle von Zukunftsprognosen, die wir uns ansehen sollten, kam in den neunziger Jahren ins Rollen. In diesem Jahrzehnt setzte sich der Washington Consensus durch, eine Sammlung politischer Leitlinien für

* Deutsch als: *Die Grenzen des Wachstums*, Reinbek: Rowohlt 1973.

** Deutsch als: *Die Rückkehr zum menschlichen Maß: Alternativen für Wirtschaft und Technik*, Reinbek: Rowohlt 1977.

Deregulierung und Privatisierung, und man kündigte das »Ende der Geschichte« an (Francis Fukuyama veröffentlichte 1989 einen Artikel und 1992 ein Buch mit diesem Titel). Japan schien weiterhin auf dem Vormarsch zu sein, aber auch China hatte jetzt einen ersten Kurzauftritt. In zahlreichen Büchern wurde die rasche Ausbreitung des Neoliberalismus auf die ganze Welt einschließlich des Nahen Ostens angekündigt. Später wurde die amerikanische Invasion des Irak unter anderem mit dem Ziel begründet, »die Geschichte zu Ende zu bringen«.[6] Der Krieg sollte die Demokratie in den Irak und von dort aus in die gesamte arabische Welt tragen, so dass der unlösbare Konflikt zwischen Israel und den Palästinensern endlich in Verhandlungen zwischen demokratisch gewählten Regierungen beigelegt werden könnte. In vielen dieser Bücher wurde die Macht der Vereinigten Staaten gepriesen. (Dabei war es noch kein Jahrzehnt her, dass man den sicheren Untergang der USA angekündigt hatte.) Jene, die unglücklich über die Globalisierung und den Triumph des individualistischen angloamerikanischen Kapitalismus und die Konzentration auf den kurzfristigen wirtschaftlichen Ertrag waren, boten jetzt Japan und Deutschland als alternative Modelle an (Todd 1998). Von Finanzkrisen war weit und breit nichts zu sehen, und den Aufstieg der BRICS- Schwellenländer (Brasilien, Russland, Indien, China und Südafrika) sah ebenfalls niemand kommen.

Allgemein lässt sich feststellen, dass all diese Arbeiten drei Arten von Irrtümern gemein haben. Dies sind (1) der Glaube, die zu einem bestimmten Zeitpunkt als besonders relevant betrachteten Trends würden sich in der Zukunft fortsetzen, (2) die Unfähigkeit, dramatische Ereignisse vorauszusehen, und (3) eine übertriebene Konzentration auf wichtige globale Akteure, insbesondere die Vereinigten Staaten. Selbst wenn sie richtig diagnostiziert werden, scheinen alle drei Probleme sehr schwer zu lösen zu sein.

Der erste Irrtum betrifft alle Formen von Vorhersagen, ob es sich dabei nun um formale und quantitative Prognosen handelt oder eher um impressionistische. Alfred Marshall stellte sein Buch *Principles of Economics* unter das Motto *Natura non facit saltum*. Ökonomen und Sozialwissenschaftler gehen davon aus, dass die Zukunft im Grunde aus derselben Substanz bestehen wird wie die Gegenwart und die jüngste Vergangenheit. Sie verlängern lediglich die auffälligsten gegenwärtigen Trends in die Zukunft. Aber was heute als bedeutsam wahrgenommen wird, kann morgen jegliche Relevanz verlieren. Doch selbst wenn wir die wirklich nachhaltigen Trends richtig erkennen, haben wir das Problem der Voraussagen nicht gelöst, da wir auf eine zweite Schwierigkeit stoßen: unsere Unfähigkeit, jene großen Ereignisse vorherzusehen, die umwälzende Transformationen auslösen und die Spielregeln ändern.

Der zweite Fehler ist in mancher Hinsicht eine Fortsetzung des ersten. Wenn wir uns auf graduelle Veränderungen konzentrieren, verlieren wir einzigartige Ereignisse aus den Augen, die erhebliche Auswirkungen auf die weitere Entwicklung haben können, aber kaum vorauszusagen sind. Die Reagan-Thatcher-Revolution war unmöglich zu antizipieren. Dasselbe gilt für den Aufstieg von Deng Xiaoping und die chinesischen Reformen, für den Zusammenbruch der Sowjetunion und des Kommunismus und für die globale Finanzkrise. Rückblickend können wir feststellen, dass in all diesen Fällen die Handlungen der Personen (oder im Fall der Finanzkrise die Phänomene), die diese umwälzenden Veränderungen herbeiführten, Ausdruck sozioökonomischer Kräfte waren, die in der Tiefe wirkten. Doch während wir das im Nachhinein verstehen, konnten wir es unmöglich vorhersehen. Die Voraussage bedeutsamer Ereignisse könnte man als eine Form von Scharlatanerie bezeichnen: In 99 von 100 Fällen werden sich solche Prognosen als falsch erweisen. Und selbst in dem einen Fall, in dem sich eine Voraussage als richtig erweist, wird das eher dem Zufall als der Fähigkeit geschuldet sein, ausgehend von Erkenntnissen über die Vergangenheit das zukünftige Geschehen zu beschreiben. Die singulären Ereignisse werden sich unserer Fähigkeit zur Prognose wie die schwarzen Schwäne entziehen, die Nassim Taleb in seinem Buch aus dem Jahr 2007 beschrieben hat. Und da wir nicht davon ausgehen dürfen, dass solche Ereignisse in Zukunft ausbleiben werden, wird der Großteil unserer Prognosen falsch sein.

Obwohl wir also kein spezifisches Ereignis im nächsten Jahrhundert voraussagen können, sind wir in der Lage, einige mögliche Szenarien zu entwerfen, welche die wirtschaftliche Gestalt von Kontinenten oder auch der ganzen Welt verändern könnten. Als da wären:

1. ein Atomkrieg zwischen den Vereinigten Staaten und Russland oder China, der zu massiven Zerstörungen und einer lang anhaltenden radioaktiven Verseuchung führen könnte,

2. ein Terroranschlag mit einer Atombombe,
3. ein Krieg zwischen China und Japan,
4. eine politische Revolution und/oder ein Bürgerkrieg in China, der zum Zerfall des Landes führt,
5. ein Bürgerkrieg zwischen Muslimen und Hindus in Indien,
6. eine Revolution in Saudi-Arabien,
7. ein Bedeutungsverlust Europas infolge des Bevölkerungsschwunds und der Unfähigkeit, Zuwanderer und Flüchtlinge aus dem Nahen Osten und Afrika aufzunehmen,
8. ein Konflikt zwischen Muslimen und Christen, der den Nahen Osten erfassen und sich auf Europa ausweiten könnte.

Diese Liste enthält keine möglichen Ereignisse in Lateinamerika und Afrika. Der Grund dafür ist, dass diese beiden Kontinente in der dokumentierten Weltgeschichte nie eine wichtige eigenständige Rolle gespielt haben, was vermutlich daran liegt, dass sie weit von den Zivilisationszentren im Mittelmeerraum, in Indien, China und den nordatlantischen Regionen entfernt sind. Aber auch das könnte sich in den kommenden Jahrzehnten ändern, da Brasilien, Nigeria und Südafrika an Bedeutung gewinnen.

Den dritten Fehler – eine übertriebene Konzentration auf die Schlüsselakteure – könnten wir vielleicht vermeiden, obwohl auch das schwierig ist. Wir neigen dazu, die Vorgänge in der Welt zu vereinfachen, indem wir uns auf die Geschehnisse in den Schlüsselländern konzentrieren, die in unseren Augen die weitere Entwicklung prägen werden. Es überrascht nicht, dass die Vereinigten Staaten eine zentrale Rolle in der zuvor behandelten Literatur spielen, und dasselbe gilt vermutlich für alle derartigen Untersuchungen aus den letzten siebzig Jahren. Die USA werden stets einem anderen Land gegenübergestellt, das zum gegebenen Zeitpunkt ihren Gegenpol darstellt oder ihr Hauptkonkurrent zu sein scheint. In der Literatur der sechziger Jahre wurde eine Welt beschrieben, die von der Rivalität zwischen Kommunismus und Kapitalismus oder von der Konvergenz der beiden Wirtschaftssysteme geprägt war. Als die Sowjetunion an Bedeutung verlor und Japan sich in den Vordergrund drängte, rückte die Auseinandersetzung zwischen zwei verschiedenen Kapitalismuskonzepten in den Mittelpunkt des Interesses: Jetzt wurden die Vereinigten Staaten von Japan herausgefordert (der deutsche Kapitalismus spielte eine Nebenrolle). Mittlerweile hat China alle anderen Konkurrenten in den Schatten gestellt, weshalb der Gegensatz zwischen den USA und China ein zentrales Thema der gegenwärtigen Literatur ist – und das vorliegende Buch ist keine Ausnahme.

Die Konzentration auf einige Schlüsselländer ist insofern angebracht, als mächtige Staaten durch ihr Beispiel und ihre »sanfte« (und manchmal »harte«) Macht sowie durch ihre technologische Führungsrolle großen Einfluss auf die Entwicklung der übrigen Welt nehmen. Große Länder sind auch rein rechnerisch bedeutsam, weil ihre Bevölkerung und Wirtschaft so groß sind. Aber man darf nicht den Fehler begehen, die Hälfte oder zwei Drittel der Welt als passive Zuschauer zu betrachten. Die Geschehnisse in kleinen Ländern können unverhältnismäßig große politische und wirtschaftliche Auswirkungen haben; Beispiele sind die Ermordung des österreichischen Thronfolgers in Sarajevo im Jahr 1914, der Staatsstreich in Afghanistan im Jahr 1973 oder die Krise in der Ukraine im Jahr 2014. Und aus einer globalen oder kosmopolitischen Perspektive sind die Erfahrungen der Menschen in verschiedensten Weltregionen ebenso bedeutsam wie die Erfahrungen der Bewohner einzelner einflussreicher Nationalstaaten.

Der Leser sollte diese grundlegenden Schwierigkeiten im Hinterkopf behalten, auf die wir immer dann stoßen, wenn wir versuchen, einen Blick in die Zukunft zu werfen. Dass wir uns dieser Probleme bewusst sind, genügt nicht, um einen alternativen Zugang zu wählen und die Fehler zu vermeiden, die andere begangen haben. Ich werde versuchen, in diesem Kapitel einige dieser Fallen zu umgehen, aber mir ist klar, dass jemand, der dieses Buch in zwanzig Jahren (also um das Jahr 2035) lesen wird, nicht umhinkommen wird festzustellen, dass viele meiner Prognosen ebenso falsch waren wie die, die ich in früheren Büchern gefunden habe.

## Kurzer Überblick über die Hauptkräfte: wirtschaftliche Konvergenz und Kuznets-Wellen

Unsere Überlegungen zur Entwicklung der Ungleichheit in der Welt in den kommenden Jahrzehnten beruhen auf zwei einflussreichen ökonomischen Theorien. Die erste besagt, dass sich die Einkommen mit der Globalisierung angleichen sollten, das heißt, dass sich der Abstand zwischen den Einkommen in reichen und armen Ländern verringern wird, weil das Pro-Kopf-Wachstum in den armen und Schwellenländern höher ausfallen dürfte als in den reichen Ländern. Die Verlangsamung des Wachstums in einigen Schwellenländern (etwa in China) widerspricht dieser Prognose nicht: Der Prozess der Konvergenz setzt sich fort, solange die armen und Schwellenländer *höhere Wachstumsraten als die reichen Länder* haben. Allerdings sind zwei Vorbehalte angebracht. Erstens haben wir es hier mit einem groben Muster zu tun. Nicht alle armen Länder werden aufholen. Die gegenwärtige Globalisierung hat eine überraschende Wendung genommen: Viele Länder haben keineswegs Boden gutgemacht, sondern sind noch weiter zurückgefallen, und das kann auch für die Zukunft nicht ausgeschlossen werden. Zweitens kommt es, wenn wir es mit dem Wohlergehen der Menschen zu tun haben, vor allem auf die Einkommenskonvergenz in den bevölkerungsreichsten Ländern an. Daher ist es wichtig, dass Länder wie China, Indien, Indonesien, Bangladesch und Vietnam weiter aufholen.

Die zweite einflussreiche Theorie betrifft die Entwicklung der Ungleichheit innerhalb der einzelnen Länder, die ihrerseits davon abhängt, an welchem Punkt des ersten oder zweiten Kuznets-Zyklus sich eine Volkswirtschaft befindet. Die einzelnen Länder können abhängig von ihrem Einkommensniveau und ihren strukturellen Merkmalen unterschiedliche Kuznets-Wellen durchlaufen und sich in unterschiedlichen Phasen des Zyklus befinden. So kann es sein, dass sich die Ungleichheit in China zu verringern beginnt und dass dieses Land die Abwärtsphase des ersten Kuznets-Zyklus durchmacht, während einige sehr arme Länder wachsende Ungleichheit erleben, weil sie sich gerade in der ansteigenden Phase der ersten Welle befinden. In den reichsten Ländern, die in der zweiten technologischen Revolution bereits ein gutes Stück des Weges zurückgelegt haben, kann die Ungleichheit noch eine Weile zunehmen (das gilt, wie wir sehen werden, meines Erachtens für die Vereinigten Staaten); andere werden bald in die Abwärtsphase des zweiten Zyklus eintreten. Wir haben es also mit Ländern in verschiedensten Phasen zu tun. Die grundlegende Entwicklung hängt jedoch davon ab, was in den Vereinigten Staaten und China geschieht, da diese großen Länder emblematisch sind.

Es gibt noch zwei weitere Dinge, über die wir uns im Kontext der Ungleichheit in der Welt Sorgen machen müssen. Da ist zum einen das Verhältnis zwischen gutartigen und bösartigen Kräften, die zur Verringerung der wirtschaftlichen Ungleichheit beitragen. Wir sind daran gewöhnt, uns auf die benignen Faktoren zu konzentrieren – auf die Ausweitung der Bildung, auf eine Verringerung des Qualifikationsbonus und auf eine Erhöhung der Nachfrage nach sozialem Schutz –, aber wie in der Zeit vor dem Ersten Weltkrieg können die malignen Faktoren ebenfalls mit der Globalisierung kompatibel sein. Nationale politische Interessen können wie vor einem Jahrhundert Kriege in verschiedenen Weltregionen heraufbeschwören, die dann möglicherweise eine Eigenlogik entwickeln und die Welt an den Rand eines dritten Weltkriegs bringen oder tatsächlich einen solchen globalen Konflikt auslösen. Der Irakkrieg ist ein gutes Anschauungsbeispiel dafür, dass wirtschaftliche Interessen in Kriegen, die vorgeblich aus anderen Gründen geführt werden – hier waren es der Kampf gegen den Terror und die Verbreitung der Demokratie –, immer eine Rolle spielen (siehe Bilmes und Stiglitz 2008). James Galbraith zeigt in *Inequality and Instability* (2012), dass die Gewinne der wirtschaftlichen Nutznießer der staatlichen Ausgaben für den Irakkrieg (Lobbyisten, private Sicherheitsfirmen, Rüstungsunternehmen) so hoch waren, dass sie sich auf die Einkommensverteilung im District of Columbia auswirkten. Schlägt man ein Exemplar von *Politico* auf, einer auf den Washingtoner Politikbetrieb spezialisierten kostenlosen Tageszeitung, so stellt man fest, dass in den meisten Werbeanzeigen für Rüstungsgüter wie Hubschrauber oder Kampfflugzeuge geworben wird. Die finanziellen Interessen der Personen, die von der Zerstörung profitieren – also des berüchtigten »militärisch-industriellen Komplexes« –, sind ein weitläufiges und unerforschtes Gebiet, und es ist zu hoffen, dass sie zum Gegenstand empirischer Untersuchungen wie jener von Page, Bartels und Seawright (2013) werden, die dem Einfluss des Geldes auf die amerikanische Politik nachspüren. Auch wenn hier die Gefahr der übermäßigen Vereinfachung besteht, könnte man sagen, dass für die heutigen Kriege der Vereinigten Staaten folgende Regel gilt: Die Mittelschicht finanziert sie, die Armen (von denen viele nicht einmal US-Bürger sind) fechten sie aus, und die Reichen profitieren von ihnen. In Ländern wie Russland und China dürften die Dinge ähnlich liegen.[7]

Den zweiten Grund zur Sorge geben mehrere Faktoren, die ein Ökonom per definitionem unmöglich berücksichtigen kann, obwohl sie gewaltige wirtschaftliche Auswirkungen haben. Dies sind politische, soziale und ideologische Entwicklungen, die in dramatische Ereignisse wie Bürgerkriege oder den Zerfall von Ländern münden. Zu beachten ist, dass es einen Unterschied zwischen malignen Effekten der Ungleichheit, die zu Kriegen führen können, und autonomen politischen Vorgängen gibt. Die Effekte der Ungleichheit sind politische Entwicklungen, die von wirtschaftlichen Kräften ausgelöst werden, während es sich bei den autonomen Vorgängen um »rein politische« Entwicklungen handelt (sofern eine Entwicklung als »rein politisch« bezeichnet werden kann), die gewaltige wirtschaftliche Konsequenzen haben können. Ein Beispiel für einen solchen Vorgang wäre ein Übergang zur Demokratie in China oder, um es weniger teleologisch auszudrücken, eine politische Evolution des Landes. Es gibt keine Garantie dafür, dass eine solche Transition friedlich verlaufen würde. Ein gewaltsamer innerer Konflikt hätte erhebliche Auswirkungen auf das Wirtschaftswachstum Chinas und aufgrund der großen globalen Bedeutung des Landes auf die weltweite wirtschaftliche Konvergenz, den Aufstieg der globalen Mittelschicht sowie praktisch alle anderen mit der Globalisierung einhergehenden Entwicklungen. Solche Geschehnisse entziehen sich jedoch der Analyse. Ein ähnliches Beispiel ist der Vormarsch des fundamentalistischen Islam, einer Kraft, die nur teilweise mit ökonomischen Ursachen erklärt werden kann, jedoch gewaltige wirtschaftliche Auswirkungen hat. Eine dieser Konsequenzen ist die Zerstörung der Mittelschicht und der gebildeten, modernen, säkularen Gesellschaft im Irak und in Syrien. Auch Europa bleibt nicht von solchen politischen Entwicklungen verschont: Die nativistische, gegen die Einwanderung gerichtete Politik rechter Parteien kann dazu führen, dass sich Europa von der Globalisierung abkoppelt. Dies hätte wirtschaftliche Kosten, aber es besteht die Möglichkeit, dass den Bevölkerungen der europäischen Länder Politik und Ideologie wichtiger sein werden als Einkommenszuwächse. Am Ende des Kapitels werden wir auf einige dieser Unwägbarkeiten zurückkommen. Fürs Erste wollen wir jedoch in dem zuvor skizzierten ökonomischen Rahmen bleiben und uns mit der Möglichkeit einer Angleichung der Einkommen und mit den Auswirkungen der Einkommenskonvergenz auf die Ungleichheit in der Welt beschäftigen.

## Einkommenskonvergenz: Werden die armen Länder schneller wachsen als die reichen?

Nähern sich die Einkommen in den armen Ländern denen in den reichen Ländern an? Man sollte meinen, die Antwort liege auf der Hand. Die Globalisierung sorgt angeblich dafür, dass die armen Länder einfacher und schneller Zugang zu Technologie einschließlich der besten wirtschaftspolitischen Instrumente haben.[8] Und dass sie es diesen Ländern erleichtert, sich Kapital sowie die für ihre Entwicklung benötigten Güter zu beschaffen. Daher sollten die Einkommen in den armen Ländern selbst bei einer unvollständigen Globalisierung ohne Freizügigkeit für die Arbeitskräfte schneller wachsen als in den reichen Ländern. Doch wie wir in Schaubild 4.1 sehen, ist das erst seit dem Jahr 2000 der Fall. Die gestrichelte Linie in der Grafik gibt Aufschluss über die bevölkerungsgewichtete Entwicklung des Gini-Koeffizienten gemessen am durchschnittlichen Pro-Kopf-BIP fast aller Länder der Erde.[9] Eine steigende Linie bedeutet, dass der Abstand zwischen den durchschnittlichen Einkommen der Länder wächst; eine abfallende Linie bedeutet, dass die Kluft geringer wird. Dieses Maß der Ungleichheit wuchs zwischen 1980 und 2000, das heißt in der Hochphase der Globalisierung, weil Lateinamerika und Osteuropa (Weltregionen, die in der internationalen Verteilung des Pro-Kopf-BIP im Mittelfeld liegen) in dieser Zeit lange Rezessionen oder Wirtschaftskrisen durchmachten. Das Pro-Kopf-BIP Russlands sank zwischen 1989 und 1998 um mehr als 40 Prozent, und während es kaum ein anderes Land gab, in dem der Rückgang so deutlich ausfiel, war ein Schrumpfungsprozess nichts Ungewöhnliches. Das brasilianische Pro-Kopf-BIP erhöhte sich zwischen 1980 und 2000 lediglich um 1 Prozent. In Afrika kam das Wachstum in den neunziger Jahren praktisch zum Stillstand, und das reale Pro-Kopf-BIP des ärmsten Kontinents war im Jahr 2000 tatsächlich um 20 Prozent geringer als 1980. In den reichen Ländern setzte sich das Wirtschaftswachstum in dieser Zeit fort, wenn die Zuwächse auch nicht spektakulär ausfielen: Diese Länder wuchsen stetig um etwa 2 Prozent pro Jahr, so dass ihr Pro-Kopf-BIP zur Jahrtausendwende etwa 50 Prozent höher war als zwanzig Jahre früher.

Daher verringerte sich das Einkommensgefälle entgegen den Erwartungen zwischen 1980 und 2000 nicht. Ab diesem Jahr kam das Wachstum

**Schaubild 4.1**: Einkommensungleichheit zwischen Ländern, 1960-2014, bevölkerungsgewichtet und ungewichtet

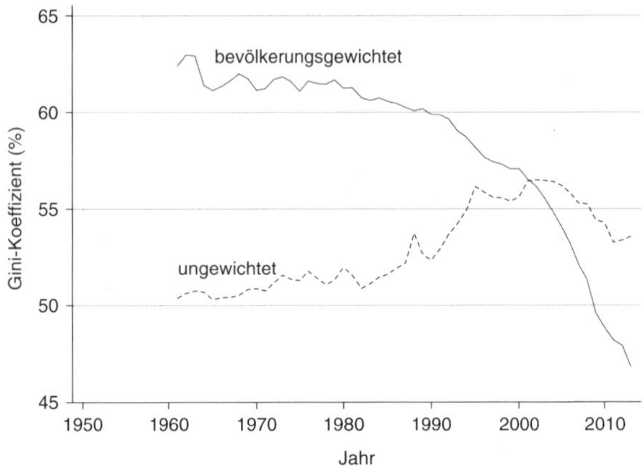


Diese Grafik gibt Aufschluss über die Ungleichheit zwischen den realen Pro-Kopf-BIP der Länder (gemessen in Gini-Punkten, berücksichtigt sind die meisten Länder der Welt). Es wurden zwei verschiedene Maße verwendet: der ungewichtete Gini-Koeffizient, in dem alle Länder dasselbe Gewicht haben (gestrichelte Linie), sowie der bevölkerungsgewichtete Gini-Koeffizient, in dem die einzelnen Länder abhängig von ihrer Einwohnerzahl ein unterschiedliches Gewicht haben (durchgezogene Linie). Der kräftige Anstieg des Pro-Kopf-BIP Chinas und Indiens hat den bevölkerungsgewichteten Gini-Koeffizienten insbesondere ab 2000 deutlich verringert. Das Pro-Kopf-BIP wird in internationalen Dollar von 2005 angegeben (auf der Grundlage von Daten des International Comparison Project 2011). Datenquelle: Berechnet anhand von Daten aus der WDI-Datenbank (World Development Indicators) der Weltbank, online verfügbar unter: {http://data.worldbank.org/data-catalog/world-development-indicators}, Version: September 2014.

jedoch in allen drei Regionen (Lateinamerika, Osteuropa und Afrika) in Gang, und als die reichen Länder von der Finanzkrise erfasst wurden, näherten sich die Einkommen tatsächlich an. Die gegenwärtige Globalisierung trägt also nur teilweise zu einer Angleichung der Einkommen bei, und ein weiterer Rückschlag – beispielsweise ein Einbruch der Rohstoffnachfrage, im ersten Jahrzehnt des 21. Jahrhunderts ein wesentlicher Faktor hinter dem Wachstum in Lateinamerika und Afrika – könnte die Einkommenskonvergenz erneut bremsen.

Anders sieht das Bild aus, wenn wir die Länder nach Einwohnerzahl gewichten – was in einer Arbeit, deren Thema die Menschen sind, ratsam ist. Wenn wir die Ungleichheit auf diese Art messen, stellt sich heraus, dass sich die Einkommen tatsächlich angeglichen haben: Wie der Verlauf der durchgezogenen Linie in Schaubild 4.1 zeigt, nimmt die bevölkerungsgewichtete Ungleichheit zwischen den Ländern seit Ende der siebziger Jahre ab. Etwa zu diesem Zeitpunkt führte China in den ländlichen Gebieten das »Verantwortungssystem« ein (mit dem de facto der private Grundbesitz erlaubt wurde), woraufhin die Wirtschaft zu wachsen begann. Dazu kommt, dass die Konvergenz (der Rückgang des bevölkerungsgewichteten Gini-Koeffizienten für die Einkommensunterschiede zwischen den Ländern) deutlich ausfiel und sich im ersten Jahrzehnt des 21. Jahrhunderts noch beschleunigte. Wir haben bereits gesehen, dass dieser Rückgang entscheidend zur Verringerung der Ungleichheit in der Welt und zum Wachstum der globalen Mittelschicht beigetragen hat. Zudem ist die Konvergenz ab dem Jahr 2000 selbst dann zu beobachten, wenn man China nicht berücksichtigt (dieses Szenario ist kein Bestandteil des Schaubilds). Dieses Ergebnis ist sehr bedeutsam, denn es zeigt, dass die bevölkerungsgewichtete Einkommenskonvergenz nicht mehr von der wirtschaftlichen und sozialen Entwicklung in einem einzelnen großen Land abhängt, sondern sich auch dann fortsetzen dürfte, wenn der chinesische Wachstumsmotor ins Stottern gerät. Es stimmt jedoch, dass sich das Pro-Kopf-Wachstum in China und Indien sowie die Entwicklung in den Vereinigten Staaten erheblich auf die globale Einkommenskonvergenz auswirken. Es gibt allerdings noch weitere bevölkerungsreiche Länder, die an Bedeutung für diesen Prozess gewinnen.

Um das zu verdeutlichen, stellen wir in Schaubild 4.2 das durchschnittliche kombinierte (bevölkerungsgewichtete) jährliche Pro-Kopf-Wachstum der wichtigsten Schwellenländer *ohne* China – dies sind Indien, Brasilien, Südafrika, Indonesien und Vietnam – dem kombinierten Pro-Kopf-Wachstum der reichen Welt gegenüber (Vereinigte Staaten, Europäische Union und Japan). Das Diagramm zeigt den Abstand zwischen den beiden Gruppen. Es ist unübersehbar, dass die Schwellenländer ab 1980 und insbesondere nach der Jahrtausendwende schneller wuchsen als die reichen Länder. Seit 2000 ist das Pro-Kopf-Wachstum in den Schwellenländern durchweg höher als in den wohlhabenden Ländern, und der Abstand ist groß: Die Schwellenländer sind in diesem Zeitraum um 4,7 Prozent pro Jahr gewachsen, die reichen Länder lediglich um 1 Prozent.[10] Dieser Wachstumsvorsprung ist der Grund für die Verringerung der Ungleichheit und für den Rückgang des globalen Gini-Koeffizienten seit dem Jahr 2000 (mit dem wir uns in Kapitel 3 beschäftigt haben). Zwischen 1980 und 2000 lagen die Wachstumsraten nicht so weit auseinander – der Abstand betrug im Durchschnitt einen Prozentpunkt (2,9 gegenüber 1,9 Prozent) –, aber auch in dieser Zeit wuchsen die Schwellenländer schneller. Wir müssen in die Zeit vor 1970 zurückgehen, um einen Wachstumsvorsprung der reichen Welt gegenüber den »Entwicklungsländern« zu finden, wie sie damals genannt wurden. In den letzten 35 Jahren wuchsen die wichtigen Schwellenländer (ohne China) nur einmal (1998) deutlich langsamer als die reiche Welt. Das war das Jahr der Finanzkrise in Asien, als die Wirtschaft Indonesiens um 15 Prozent schrumpfte und Brasilien und Südafrika angesteckt wurden, so dass die Wirtschaftsleistung dieser Länder geringfügig (um 1 Prozent) zurückging.

Das Wachstum der neuen globalen Mittelschicht, das von der Entwicklung dieser Länder und Chinas angetrieben wird, würde sich nur verlangsamen, wenn sich die Trends der vergangenen 35 Jahre umkehrten. Selbst wenn Chinas Wachstum ins Stocken geriete, ist zu erwarten, dass die anderen großen Schwellenländer weiter mit derselben Geschwindigkeit wachsen werden wie in den letzten Jahrzehnten. Damit sich die Einkommen weiter angleichen können, so dass die globale Mittelschicht wachsen kann, muss dieses Wachstum weiterhin höher sein als das der reichen Länder. Eine Fortsetzung dieser Tendenz ist wahrscheinlicher als ihre Umkehrung.[11]

## Ist die Konvergenz ein auf Asien beschränktes Phänomen?

Die Daten zeigen unmissverständlich, dass sich die bevölkerungsgewichteten Pro-Kopf-Einkommen (oder die Pro-Kopf-Bruttoinlandsprodukte) angleichen und dass diese Konvergenz der Hauptgrund für die jüngste Verringerung der Ungleichheit zwischen den Bürgern der Welt ist. Wir müssen jedoch bedenken, dass mit Ausnahme des ersten Jahrzehnts des 21. Jahr-

**Schaubild 4.2**: Differenz zwischen dem kombinierten (bevölkerungsgewichteten) jährlichen Pro-Kopf-Wachstum der wichtigsten Schwellenländer (ohne China) und dem der entwickelten Länder, 1951-2013

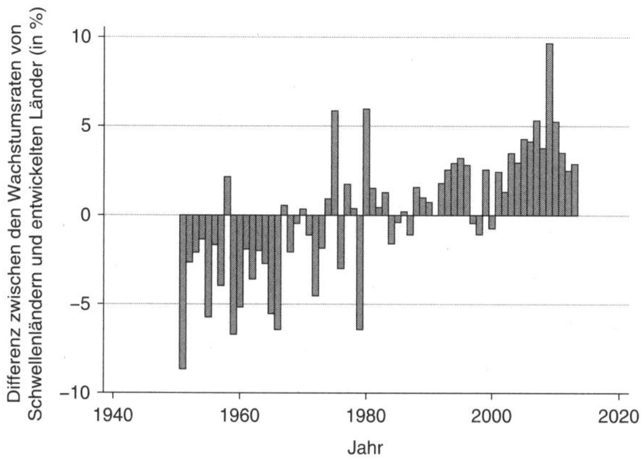


Dieses Diagramm gibt Aufschluss über die Differenz zwischen dem durchschnittlichen kombinierten (bevölkerungsgewichteten) jährlichen Pro-Kopf-Wachstum der Schwellenländer ohne China (Indien, Brasilien, Südafrika, Indonesien und Vietnam) und dem Wachstum der entwickelten Welt (Vereinigte Staaten, Europäische Union und Japan). Ein Wert von mehr als 0 zeigt, dass die Schwellenländer im betreffenden Jahr stärker wuchsen als die entwickelten Länder. Seit Mitte der achtziger Jahre geschah das mit drei Ausnahmen in allen Jahren. Das Pro-Kopf-BIP wird in internationalen Dollar von 2005 ausgewiesen (auf der Grundlage von Daten des International Comparison Project 2011). Datenquelle: Berechnet anhand von Daten aus der WDI-Datenbank (World Development Indicators) der Weltbank, online verfügbar unter: {http://data.worldbank.org/data-catalog/world-development-indicators}, Version: September 2014.

hunderts keine solche Konvergenz zu erkennen ist, wenn wir das ungewichtete Pro-Kopf-BIP der verschiedenen Länder betrachten (das heißt, wenn wir eine konventionell definierte unbedingte Konvergenz betrachten). Dieser Gegensatz deutet darauf hin, dass die bevölkerungsgewichtete Konvergenz vor allem auf der raschen wirtschaftlichen Entwicklung der bevölkerungsreichen asiatischen Länder beruht. Eine Bestätigung für diese Vermutung erhalten wir, wenn wir die durchschnittlichen Wachstumsraten der Länder im Zeitraum 1970-2014 in Beziehung zu ihrem Pro-

Kopf-BIP in den siebziger Jahren setzen. In Schaubild 4.3a haben wir für alle Länder der Welt mit Ausnahme der asiatischen eine solche Beziehung hergestellt. Gemessen am Pro-Kopf-BIP des Jahres 1970 ist weder ein Anstieg noch ein Rückgang der langfristigen Wachstumsraten zu beobachten. Würden wir eine Regressionslinie ziehen, so würde sie bei einem Pro-Kopf-Wachstum von weniger als 2 Prozent pro Jahr verharren, was bedeutet, dass reiche und arme Länder mit derselben Geschwindigkeit wuchsen. In Schaubild 4.3b sind nur asiatische und westliche Länder berücksichtigt, wobei der zweiten Gruppe die Wenao-Länder in Westeuropa, Nordamerika und Ozeanien zugerechnet werden. Die Regressionslinie fällt nun deutlich ab. Die ärmeren Länder, die sich durchweg in Asien befinden, wuchsen in diesen 43 Jahren schneller als die reichen westlichen Staaten.[12] Nicht nur die bevölkerungsgewichtete, sondern auch die ungewichtete Konvergenz ist ein asiatisches Phänomen: Nur die asiatischen Länder haben gegenüber der reichen Welt aufgeholt.

Dieses Ergebnis müssen wir berücksichtigen, wenn wir Vermutungen zur Entwicklung der Einkommensungleichheit zwischen den Ländern in diesem und dem nächsten Jahrhundert anstellen. Erstens zeigt es, dass wir nicht zu viel von der wirtschaftlichen Konvergenz erwarten dürfen, da große Teile der Welt nicht davon erfasst worden sind. Zweitens müssen wir bei unseren Schätzungen zurückhaltend sein, weil gerade in den »außen vor gelassenen« Regionen Afrikas das größte Bevölkerungswachstum zu erwarten ist. Die ausbleibende Konvergenz, die wir in den ungewichteten Daten erkennen, könnte sich auf die bevölkerungsgewichteten Daten »ausweiten« und die prognostizierte Verringerung der globalen Ungleichheit bremsen. Mit anderen Worten: Die mangelnde Angleichung der afrikanischen Einkommen an jene der übrigen Welt könnte sich aufgrund des Bevölkerungswachstums in Afrika nicht nur im Vergleich zwischen armen und reichen Ländern, sondern auch im Vergleich zwischen armen und reichen Personen niederschlagen.

Werfen wir einen genaueren Blick auf die Position Afrikas. Im Jahr 2013 war das nicht bevölkerungsgewichtete Pro-Kopf-BIP Afrikas 1,9-mal höher als im Jahr 1970 (siehe Tabelle 4.1, Spalte 2). Das ist der geringste Zuwachs in den fünf Weltregionen. Das Pro-Kopf-BIP Asiens wuchs im selben Zeitraum fast um das 5-Fache, aber selbst Lateinamerika und die postkommunistischen Länder wiesen Wachstumsraten von mindestens

**Schaubild 4.3**: durchschnittliche Wachstumsrate, gemessen am Pro-Kopf-BIP im Jahr 1970, (a) für alle Länder ohne Asien und (b) für asiatische und westliche Länder

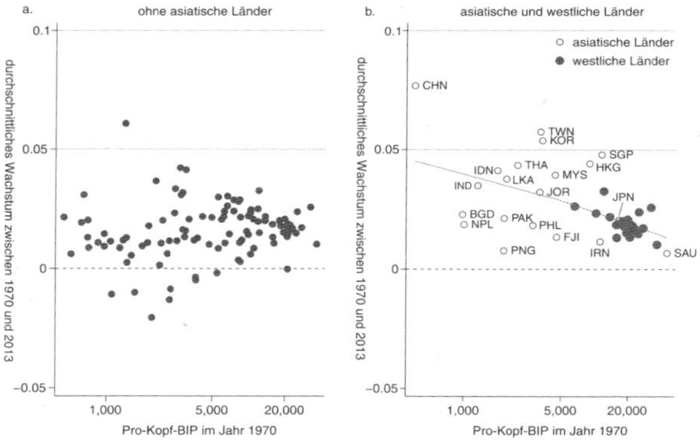


Diese Grafiken zeigen die durchschnittliche jährliche Wachstumsrate im Zeitraum 1970-2013, gemessen am realen Pro-Kopf-BIP im Jahr 1970. Berücksichtigen wir die asiatischen Länder nicht (a), so sehen wir keine Beziehung zwischen den beiden Werten. Wenn wir nur die asiatischen und westlichen Länder berücksichtigen (b), sehen wir, dass die Länder, die im Jahr 1970 ärmer waren, schneller gewachsen sind. Wachstumsraten in Fraktionen (0,05 = 5%); Pro-Kopf-BIP in internationalen Dollar von 2005 (Daten des International Comparison Project 2011). Die westlichen Länder beinhalten Westeuropa, Nordamerika und Ozeanien (Australien und Neuseeland). Abkürzungen der Ländernamen: BGD Bangladesch, CHN China, FJI Fidschi, HKG Hongkong, IDN Indonesien, IND Indien, IRN Iran, JOR Jordanien, JPN Japan, KOR Südkorea, LKA Sri Lanka, MYS Malaysia, NPL Nepal, PAK Pakistan, PHL Philippinen, PNG Papua-Neuguinea, SAU Saudi-Arabien, SGP Singapur, THA Thailand, TWN Taiwan. Datenquelle: Berechnet anhand von Daten aus der WDI-Datenbank (World Development Indicators) der Weltbank, online verfügbar unter: {http://data.worldbank.org/data-catalog/world-development-indicators}, Version: September 2014.

2 Prozent auf. In den reichen westlichen Ländern (Wenao) war das Bruttoinlandsprodukt im Jahr 2013 2,3-mal so hoch wie im Jahr 1970. Hätten sich die Einkommen angeglichen, so hätte Afrika, das im Jahr 1970 ärmer als alle anderen Weltregionen mit Ausnahme Asiens war, deutlicher wachsen müssen als die meisten anderen Regionen, und die Relation zwischen dem BIP von 2014 und dem von 1970 müsste ähnlich hoch sein wie bei Asien. Aber das ist nicht der Fall: Die afrikanischen Länder wuchsen am langsamsten.

**Tabelle 4.1**: Wachstum verschiedener Weltregionen zwischen 1970 und 2013

| *Region* | *(1) durchschnittliches Pro-Kopf-BIP 1970 (bevölkerungsgewichtet)* | *(2) Pro-Kopf-BIP 2013 in Relation zum Pro-Kopf-BIP 1970* | *(3) durchschnittliche prozentuale Distanz vom historischen Spitzenwert im Jahr 2013* |
|---|---|---|---|
| Afrika | 2900 | 1,9 | 10,2 |
| Asien | 2200 | 4,9 | 0,6 |
| Lateinamerika | 7000 | 2,0 | 1,8 |
| Länder in postkommunistischer Transition | 8300 | 2,4 | 5,3 |
| Wenao | 19700 | 2,3 | 2,5 |
| Welt | 6400 | 2,6 | 2,8 |

*Hinweis*: Pro-Kopf-BIP in internationalen Dollar von 2005 (gestützt auf Ergebnisse des International Comparison Project). Wenao = Westeuropa, Nordamerika und Ozeanien.
*Quelle*: World Development Indicators; online verfügbar unter: {http://data.worldbank.org/data-catalog/world-development-indicators}, verschiedene Jahresversionen.

Dass die Entwicklung Afrikas von der anderer armer Regionen abwich, war nicht nur auf das langsamere Pro-Kopf-Wachstum zurückzuführen, wie man aus diesen Zahlen schließen könnte: Beispielsweise bedeutet die Erhöhung des afrikanischen BIP um das 1,9-Fache, dass das durchschnittliche jährliche Pro-Kopf-Wachstum in dieser Region bei 1,5 Prozent lag, während der Anstieg um das 2,3-Fache in den Wenao-Ländern einer jährlichen Wachstumsrate von 2 Prozent entspricht. Die Probleme Afrikas sind komplexer, als diese Zahlen verraten. In den afrikanischen Ländern sind oft kurze Phasen rasanten Wachstums zu beobachten, auf die rasche Abstürze folgen, und diese Unfähigkeit, selbst geringe Wachstumsraten über längere Zeit hinweg aufrechtzuerhalten, scheint das größte Problem dieser Region zu sein. Die Wachstumsschwankungen sind auf politische Konflikte, Bürgerkriege und die zyklische Preisentwicklung der Rohstoffe zurückzuführen, von denen Produktion und Exporte dieser Länder abhängen. Zur Veranschaulichung dieser Wachstumsschwankungen können wir das höchste je erreichte BIP-Wachstum eines Landes mit dem Wert 1 versehen und das tatsächliche Pro-Kopf-BIP im Jahr 2013 mit diesem historischen Höchstwert vergleichen. Im Fall der Wenao-Länder betrug das durchschnittliche Verhältnis des Pro-Kopf-BIP im Jahr 2013 zum länderübergreifenden Spitzenwert 0,975, was bedeutet, dass diese Länder um 2,5 Prozentpunkte hinter diesem Wert zurückblieben (dies ist die Differenz zwischen 1 und 0,975) – dies war zur Gänze auf die Rezession in der Atlantikregion zurückzuführen (siehe Tabelle 4.1, Spalte 3).[13] Das durchschnittliche Wachstum Lateinamerikas und Asiens lag um weniger als 2 Prozent unter den historischen Spitzenwerten dieser Regionen, und bei den postkommunistischen Ländern betrug die Differenz 5 Prozent. Diese Rückstände verblassen jedoch im Vergleich zu dem Afrikas, wo das durchschnittliche Wachstum um mehr als 10 Prozent unter dem historisch höchsten Zuwachs lag. Die afrikanischen Länder können wachsen und tun es auch, aber sie leiden unter abrupten und scharfen Einkommensrückgängen. Daher können sich ihre Einkommen nicht denen der reichen Länder annähern, und sogar eine Konvergenz mit anderen Weltregionen bleibt aus.

In einigen extremen Fällen ist die Kluft derart groß, dass unsere Daten nicht genügen, um sie vollkommen zu illustrieren. So sind das Pro-Kopf-BIP Madagaskars und das des Kongo heute niedriger als vor der Unabhängigkeit dieser beiden Länder Anfang der fünfziger Jahre. Man darf annehmen, dass die Einkommen in den dreißiger und vierziger Jahren niedriger waren als im Jahr 1950 (das heißt, es ist davon auszugehen, dass es in diesen Jahren Wachstum gab). Folglich erreichten Madagaskar und der Kongo ihr heutiges Einkommensniveau erstmals vor achtzig oder sogar neunzig Jahren. Das bedeutet, dass diese Länder in dem Bemühen, sich wirtschaftlich zu entwickeln und den Rückstand gegenüber den reicheren Ländern zu verringern, ein ganzes Jahrhundert vergeudet haben.[14] Es gibt keine Garantie dafür, dass in diesem Jahrhundert nicht dasselbe geschehen wird. Sollte es dazu kommen, muss die Geschichte der Einkommenskonvergenz neu geschrieben werden: Sie ist immer noch möglich, aber die Chancen verschlechtern sich.

### Exkurs 4.1: Prognosen zur Entwicklung der globalen Ungleichheit

Wie wird sich das Ausmaß der Ungleichheit zwischen den Bewohnern der Erde in den nächsten Jahrzehnten entwickeln? Sollten sich die Einkommen in Asien weiter denen im Westen annähern, so wird dies zur Nivellierung der individuellen Einkommen beitragen. Aber ist das durchschnittliche Einkommen Chinas erst einmal so hoch, dass mehr als die Hälfte der Weltbevölkerung, gemessen am durchschnittlichen Einkommen ihrer Länder, weniger verdient als die Chinesen, so wird ein fortgesetztes Wachstum in China dazu führen, dass die globale Einkommensungleichheit zunimmt (insbesondere in Anbetracht der ausgeprägten Ungleichheit zwischen den Einwohnern Chinas).[15]

Hellebrandt und Mauro (2015) haben einen interessanten Ansatz gewählt, um die Entwicklung der Ungleichheit in der Welt im Zeitraum 2015 bis 2035 vorauszusagen. Sie schätzen, dass die Ungleichheit im wahrscheinlichsten Szenario um fast vier Gini-Punkte abnehmen wird. Dabei stützen sie sich auf drei Elemente: Anstieg des Pro-Kopf-BIP, Bevölkerungswachstum und Ungleichheit innerhalb der Länder. Zur Berechnung der Wachstumsraten der einzelnen Länder haben Hellebrandt und Mauro Prognosen von OECD, Internationalem Währungsfonds und Consensus Forecasts (einem privaten Wirtschaftsprognostiker) verwendet. Ihre Berechnung des Bevölkerungswachstums stützt sich auf die Medianprognose der Vereinten Nationen, und bezüglich der Ungleichheit innerhalb der einzelnen Länder gehen sie von der Hypothese aus, dass keine Veränderung stattfindet. Ich bin im Allgemeinen sehr skeptisch gegenüber Voraussagen, und die Autoren selbst weisen darauf hin, dass sich solche Prognosen fast immer als zu optimistisch erweisen und dass die Fehler zunehmen, je weiter man in die Zukunft blickt. Trotzdem sind ihre drei Ergebnisse es wert, genauer betrachtet zu werden.

Erstens haben sie herausgefunden, dass in einem auf einer Regression zur Mitte beruhenden Wachstumsszenario (einer Verlangsamung des Wachstums der ärmeren Länder, wenn ihr Wohlstand steigt) die Verringerung der globalen Ungleichheit gering ausfallen wird (sie wird um weniger als einen Gini-Punkt sinken).

Zweitens zeigt die Prognose, wie wichtig das Wachstum Indiens für die Verringerung der globalen Ungleichheit ist. Der Grund liegt darin, dass China mit wachsendem Wohlstand als Motor für die Verringerung der Ungleichheit an Bedeutung verlieren wird. Im Jahr 2011 lag das durchschnittliche Pro-Kopf-Einkommen der Chinesen (berechnet anhand von Haushaltserhebungen in internationalen Dollar) um 22 Prozent unter dem globalen Mittel, gleichzeitig aber über dem Durchschnittseinkommen von 49 Prozent der Weltbevölkerung (wenn man davon ausgeht, dass das Einkommen dieser Menschen dem durchschnittlichen Einkommen ihres Landes entspricht).[16] Bald wird China aufgrund seines hohen Wachstums zur globalen Ungleichheit beitragen, anstatt sie zu verringern.[17] Das Durchschnittseinkommen der Inder übertrifft gegenwärtig nur das von 7 Prozent der Weltbevölkerung, und es ist nicht anzunehmen, dass die Einwohner Indiens in den kommenden zwanzig Jahren die Schwelle überschreiten und gemessen am durchschnittlichen Pro-Kopf-Einkommen wohlhabender als 50 Prozent der Weltbevölkerung sein werden. So wird Indien, wenn es rasch wächst, China als Hauptmotor der globalen Einkommensnivellierung ablösen.

Drittens haben Hellebrandt und Mauro festgestellt, dass nur eine sehr deutliche Zunahme der Ungleichheit innerhalb der Länder (ein Anstieg von mehr als sechs Gini-Punkten für alle Länder der Welt) die nivellierende Wirkung der Einkommenskonvergenz aus dem wahrscheinlichsten Szenario wettmachen würde. Wenn sich die Durchschnittseinkommen langsamer angleichen, muss der Anstieg der internen Ungleichheit nicht so hoch sein, um die globale Konvergenz wettzumachen. Dennoch verdeutlicht dieses Ergebnis, dass die Ungleichheit innerhalb der Länder trotz wachsender Bedeutung zumindest in den kommenden zwanzig Jahren keinen so großen Einfluss auf die globale Ungleichheit haben wird wie der Aufholprozess der armen Länder.

Sofern keines der am Anfang des Kapitels beschriebenen dramatischen negativen Ereignisse eintritt, sind die Aussichten auf eine fortgesetzte Verringerung der Ungleichheit in den nächsten zwanzig Jahren gut, wenn auch nicht ausgezeichnet. Es ist nicht zu erwarten, dass die globale Ungleichheit um mehr als ein Fünfzehntel ihres gegenwärtigen Ausmaßes verringert werden wird. In historischer Perspektive wäre ein solcher Rückgang durchaus bemerkenswert, aber wir werden in absehbarer Zukunft kaum in einem globalen egalitären Utopia leben.

## Die andere Seite der Gleichung: Ungleichheit in China und den Vereinigten Staaten

Die andere Seite der Gleichung (neben der Veränderung der Ungleichheit *zwischen* den Ländern) ist die Entwicklung der Ungleichheit *innerhalb* der einzelnen Länder, insbesondere in China und den Vereinigten Staaten. Diese beiden Länder sind nicht nur aufgrund ihrer Größe wichtig, sondern auch, weil sich an ihrem Beispiel besonders gut zeigen lässt, wie sich die Ungleichheit in reichen und Schwellenländern verändert. Wenn sich die Annäherung der Durchschnittseinkommen fortsetzt, kann die Verringerung der globalen Ungleichheit immer noch durch die Entwicklung in einzelnen Ländern zunichtegemacht werden. Wir können unmöglich die Entwicklung der Ungleichheit in der Mehrheit der Länder analysieren. Es lohnt sich jedoch, fundierte Vermutungen dazu anzustellen, was in China und den Vereinigten Staaten geschehen dürfte.

*Mr Kuznets geht nach Peking?* Es ist schwer einzuschätzen, wie sich die Ungleichheit in China seit 2010 entwickelt hat, da das chinesische Statistikamt, das ohnehin nie bereitwillig Daten herausgegeben hat und grundsätzlich keine Mikrodaten (auf Haushaltsebene) zur Verfügung stellt, in letzter Zeit noch unzugänglicher geworden ist. Ein Vierteljahrhundert lang wurden die Haushaltserhebungen für die städtischen und ländlichen Gebiete unterschiedlich gestaltet, was es den Forschern erschwerte, die Daten zu kombinieren; erst im Jahr 2013 wurde die Methodik geändert, und das chinesische Statistikamt führte eine erste einheitliche Haushaltserhebung für das ganze Land durch. Diese Erhebung sollte wertvolle Erkenntnisse über die Entwicklung der Ungleichheit und weiterer sozialer und demografischer Variablen liefern, aber im Januar 2015 hatte die Behörde noch immer keine Ergebnisse veröffentlicht. Anstatt mehr zu wissen, wissen wir also weniger als zuvor. Dieses plötzliche Schweigen des Statistikamts könnte etwas damit zu tun haben, dass einige Resultate unerwartet waren oder den Ergebnissen früherer Erhebungen widersprachen.

Die vorhandenen Daten legen den Schluss nahe, dass die Einkommensungleichheit in den fünf bis sechs Jahren bis 2013 nicht zugenommen hat und sogar geringfügig gesunken ist. Aus den Haushaltserhebungen geht hervor, dass sich der Gini-Koeffizient für ganz China seit 2000 kaum bewegt hat (Schaubild 4.4). Dasselbe behauptet das chinesische Statistikamt in einer Pressemitteilung. Die anhand der Haushaltserhebungen in den Städten berechnete Einkommensungleichheit ist seit 2002 unverändert (Zhang 2014, in diesem Schaubild nicht berücksichtigt). Nach Angaben von Zhang (2014) verringerte sich die sektorenübergreifende Lohnungleichheit zwischen 2008 und 2012. Dieses Maß gibt Aufschluss über die Ungleichheit zwischen den Lohnniveaus in verschiedenen Wirtschafts-

**Schaubild 4.4**: Einkommensungleichheit in China, 1975-2012

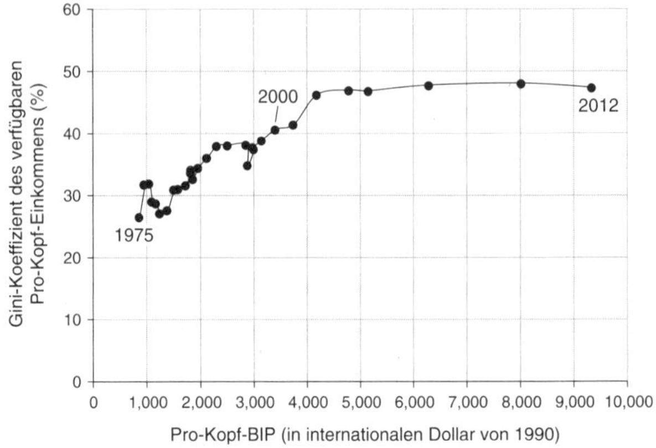


Diese Grafik zeigt die Entwicklung der Einkommensungleichheit (gemessen in Gini-Punkten) in China im Verhältnis zum realen Pro-Kopf-BIP. Wir sehen, dass die Ungleichheit in China seit Beginn der Reformen (1975) stetig zugenommen hat, seit Kurzem jedoch unverändert ist. Datenquellen: Gini-Koeffizienten: Datenbank All the Ginis, online verfügbar unter: {http://www.gc.cuny.edu/branko-milanovic}, berechnet anhand von Daten aus den amtlichen chinesischen Haushaltserhebungen; Daten zum Pro-Kopf-BIP: Maddison Project (2013).

sektoren; diese ist nicht dasselbe wie die Lohnungleichheit zwischen Personen oder die Einkommensungleichheit zwischen Haushalten. Daher ist die sektorenübergreifende Lohnungleichheit bestenfalls eine Proxy-Variable für die »reale« interpersonale Ungleichheit.[18] Dennoch spiegeln Zhangs Resultate möglicherweise einen ähnlichen Trend bei der Ungleichheit zwischen Personen wider, vor allem, weil sich die Entwicklung der sektorenübergreifenden Lohnungleichheit in der Vergangenheit mit jener der Einkommensungleichheit insgesamt deckte.[19]

Wenn sich die Hinweise darauf, dass die Einkommensungleichheit nicht weiter zunimmt, verdichten, hat sie in China möglicherweise einen Höhepunkt erreicht und wird entsprechend der Kuznets-Hypothese bald wieder sinken. Das in China beobachtete Muster würde sich in diesem Fall mit der Form der ersten Kuznets-Welle decken: Die erhöhte Ungleichheit geht mit einem Strukturwandel in der Wirtschaft einher, der im Fall Chinas durch den Übergang vom Sozialismus zum Kapitalismus bedingt ist. Die anschließende Verringerung der Ungleichheit würde von den üblichen benignen Kräften angetrieben: Angleichung des Bildungsstands (auf einem höheren Niveau), Alterung der Bevölkerung und damit größere Nachfrage nach Absicherung im Alter und Sozialtransfers, vor allem aber Lohnerhöhungen, die charakteristisch für das Ende eines Lewis-Wachstums ist, das durch ein praktisch unbegrenztes Angebot an billigen (ländlichen) Arbeitskräften gekennzeichnet ist. Es gibt verschiedene theoretische Argumente für die These, dass sich die Zunahme der Ungleichheit in China möglicherweise dem Ende nähert. Wie erwähnt, sollte die Ungleichheit in China gemäß der Kuznets-Hypothese zurückgehen, und zu demselben Schluss gelangen wir, wenn wir Tinbergens Theorie der sinkenden Bildungserträge anwenden: Da das Angebot an qualifizierten Arbeitskräften wächst, sollten ihre Löhne im Verhältnis zu denen weniger qualifizierter Arbeitskräfte sinken. Und auch Arthur Lewis' These, dass infolge der Erschöpfung des Angebots an billigen Arbeitskräften die Löhne für gering qualifizierte Tätigkeiten steigen, weist in diese Richtung. Es besteht also die Möglichkeit, dass China sowohl nach Kuznets als auch nach Lewis einen Wendepunkt erreichen wird.

Es gibt jedoch Kräfte, die dafür sorgen könnten, dass dieses Szenario nicht eintritt. Die ausufernde Korruption und das politische System, das diese Korruption hervorbringt, werden die Wirkung der rein wirtschaftlichen Kräfte der Einkommensnivellierung möglicherweise aufheben. Die jüngsten politischen Maßnahmen, vor allem der Kampf gegen die Korruption auf sämtlichen Verwaltungsebenen und ein umfassender staatlicher Plan zur regionalen »Wiederherstellung des Gleichgewichts«, der die Ungleichheit zwischen den Küstenprovinzen und dem Hinterland verringern soll (dieses Gefälle trägt wesentlich zur Ungleichverteilung in China bei), scheinen der Erkenntnis der Parteiführung zu entspringen, dass die Ungleichheit mittlerweile ihre Macht bedroht. Ein weiteres Element, das die Ungleichheit erhöhen könnte, ist der rasch wachsende Wohlstand des Landes, der von einem steigenden Kapitalanteil am Nettoeinkommen begleitet wird. Solche Verschiebungen gehen normalerweise mit einer größeren interpersonalen Ungleichheit einher, weil der Kapitalbesitz konzentriert ist. China stellt keine Ausnahme von dieser dar: Anhand chinesischer Haushaltserhebungen hat Wei Chi (2012) gezeigt, dass der Anteil der städtischen Haushalte am Kapitaleinkommen steigt und hochgradig konzentriert ist.

Die Frage lautet also, welche Kräfte die Oberhand gewinnen werden. Alles in allem besteht jedoch Grund zu der Annahme, dass die Einkommensungleichheit in China ihr höchstes Ausmaß erreicht hat.

Aber ist das politische System Chinas widerstandsfähig genug oder weist es Merkmale auf, die es anfällig für Schwächungen machen oder sogar seinen Zusammenbruch begünstigen könnten? Das System ist ähnlich wie im Kaiserreich hierarchisch organisiert, wobei die kaiserliche Bürokratie durch eine kommunistische ersetzt wurde (Xu 2015). Die Spitze der Bürokratie kontrolliert die Judikative, gesteht dezentralen Gebietskörperschaften wie Provinzen und sogar Landkreisen jedoch ein gewisses Maß an politischer Flexibilität zu. Die Kombination von Zentralisierung und örtlicher Flexibilität wurde mit großem Erfolg genutzt, um den Wettbewerb zwischen untergeordneten Einheiten um materielle Ziele (wie BIP-Zuwächse) zu fördern und Experimente mit wirtschaftspolitischen Maßnahmen und Eigentumsvarianten anzuregen. Zu diesen Experimenten zählten die Sonderwirtschaftszonen in den achtziger Jahren und in jüngerer Zeit die Börse Shanghai. Doch obwohl sich diese politische Struktur im letzten halben Jahrhundert bewährt hat, weist sie einige Schwachstellen auf.

Zunächst einmal begünstigt das System die Gier der örtlichen Funktionäre, die entweder korrupt sind oder mit anderen lokalen Behörden konkurrieren müssen und sich brutaler Ausbeutungsmethoden bedienen, das Land von Bauern zum Nominalwert beschlagnahmen oder Arbeitern unerträgliche Arbeitsbedingungen auferlegen. Solche Übergriffe haben in ganz China eine Welle von Streiks und örtlichen Protesten ausgelöst. Laut amtlichen Angaben gab es im Jahr 2013 etwa 500 Konflikte dieser Art (Staatliches Amt für Statistik der Volksrepublik China 2014). Aber solange die Proteste lokal begrenzt sind, solange sie nicht gleichzeitig an zahlreichen Orten ausbrechen und solange das Machtzentrum, das heißt im Grunde die Führung der Kommunistischen Partei, geeint ist, stellen diese Konflikte keine ernste Bedrohung für die politische Stabilität dar.

In einem System, in dem der Aufstieg zur Macht, die Verteilung der Befugnisse und die Dauer der Amtszeiten nicht gesetzlich geregelt sind, ist die Geschlossenheit des Apparats im Machtzentrum allerdings keineswegs garantiert. In einem dezentralisierten System, in dem die örtlichen »Barone«

große Macht ausüben, vergrößert Unschlüssigkeit des Zentrums den Bewegungsspielraum der Parteiführungen in den Provinzen, was letztlich dazu führen wird, dass die Provinzen darüber entscheiden, welche Rolle das Zentrum spielen soll. Das würde die formale oder informelle Auflösung des Landes zur Folge haben – in meinen Augen die größte Gefahr für China in den nächsten Jahrzehnten. Schließlich ist China in den 2800 Jahren seiner gut dokumentierten Geschichte weniger als 1000 Jahre geeint gewesen (Ma 2011, Anhang 35).

*Die Vereinigten Staaten: Ein »perfekter Sturm« der Ungleichheit?* Bei Voraussagen zu zukünftigen Veränderungen der Ungleichheit in China und den USA müssen wir zwei wesentliche Unterschiede zwischen diesen beiden Ländern berücksichtigen. Erstens besitzen wir für die Vereinigten Staaten sehr viel bessere Daten und kennen die wirtschaftlichen Kräfte, die der jüngsten Entwicklung der Ungleichheit zugrunde liegen, genauer als im Fall Chinas. Zweitens scheinen die Kräfte, die in China wahrscheinlich die Ungleichheit verringern werden, in den Vereinigten Staaten nicht zu existieren.

Es gibt eine Reihe von Entwicklungen, die einen »perfekten Sturm« zunehmender Ungleichheit in den Vereinigten Staaten heraufbeschwören könnten. Wir sind in der Lage, sie fünf größeren Themengruppen zuzuordnen, denen ich mich im Folgenden zuwenden werde:

- Eine größere Elastizität der Substitution zwischen Kapital und Arbeit angesichts einer erhöhten Kapitalintensität der Produktion wird dafür sorgen, dass der Anteil der Kapitalbesitzer am Nationaleinkommen hoch bleibt.
- Die weiterhin hohe Konzentration der Kapitaleinkommen wird zu einer ausgeprägten interpersonalen Einkommensungleichheit führen
- Personen mit hohen Kapitaleinkommen werden zunehmend gleichzeitig hohe Arbeitseinkommen erzielen, was die Ungleichverteilung der Einkommen weiter erhöhen wird.
- Hoch qualifizierte Personen, die sowohl hohe Arbeitseinkommen als auch hohe Kapitaleinkünfte erzielen, werden zunehmend untereinander heiraten.
- Die Einkommenskonzentration wird den politischen Einfluss der Reichen erhöhen und politische Eingriffe zugunsten der Armen – steu-

erliche Begünstigung, Finanzierung der öffentlichen Bildung und Infrastrukturausgaben – noch unwahrscheinlicher machen.

Sehen wir uns diese möglichen Entwicklungen genauer an. Der sehr technische Aspekt der Elastizität der Substitution von Produktionsfaktoren hat mit der Frage zu tun, ob sich der Kapitalanteil am Nettoeinkommen erhöht, wenn die Kapitalintensität der Produktion (das Verhältnis zwischen dem Faktor Kapital und dem Faktor Arbeit) steigt. Die herkömmliche ökonomische Position ist, dass die Faktoranteile konstant sind und dass rund 70 Prozent des Nationaleinkommens auf die Arbeit und 30 Prozent auf das Kapital entfallen. Dieses Postulat ist in den letzten Jahren widerlegt worden: Der Anteil des Kapitals steigt in allen hoch entwickelten Volkswirtschaften. Karabarbounis und Neiman (2013) haben diesen Trend dokumentiert und führen ihn in erster Linie darauf zurück, dass die Unternehmen aufgrund sinkender Preise für Investitionsgüter Arbeitskräfte durch Kapital ersetzen. Setzt sich die Verbilligung der Maschinen (etwa der Roboter) fort, so dürfte dies zu einem weiteren Rückgang des Arbeitsanteils und damit zu einer Erhöhung des Kapitalanteils führen. Elsby, Hobijn und Şahin (2013, Schaubild 1) haben gezeigt, dass der Kapitalanteil am Nettoeinkommen in den Vereinigten Staaten zwischen 1980 und 2013 von 35 auf über 40 Prozent gestiegen ist. (Zu beachten ist, dass der Anstieg des Kapitalanteils in den Vereinigten Staaten zeitlich mit der in Kapitel 2 behandelten Zunahme der interpersonalen Einkommensungleichheit zusammenfiel.) Wird der Kapitalanteil weiter steigen? In einer von der neoklassischen Ökonomie beschriebenen Welt, in der die Faktorerträge ausschließlich von den wirtschaftlichen Kräften abhängen, besteht eine Möglichkeit zur Erhöhung des Kapitalanteils darin, den Faktor Arbeit schrittweise durch Kapital zu ersetzen, ohne dass dessen Ertrag entsprechend sinkt. Wenn Arbeitskräfte durch Roboter ersetzt werden können, ohne dass dadurch die Erträge der Eigentümer der Roboter (das heißt der Aktionäre der Unternehmen, welche die Roboter herstellen oder besitzen) sinken, wird der Kapitalanteil am Nettoeinkommen also steigen. Dies ist eines von Pikettys Argumenten in *Das Kapital im 21. Jahrhundert.* Wenn die Ertragsrate mehr oder weniger stabil bleibt, während die Arbeit durch Kapital ersetzt wird, geschieht genau das: Der Anteil des Kapitals am Nationaleinkommen steigt.

Neben der Grenzproduktivität gibt es jedoch weitere Faktoren, die zum selben Ergebnis führen können. Einer der wichtigsten ist die Stärke der Verhandlungsposition der Arbeitskräfte gegenüber dem Kapital. Aufschluss über die Verhandlungsstärke geben beispielsweise der Prozentsatz der gewerkschaftlich organisierten Arbeitnehmer und der Prozentsatz der Beschäftigten mit unbefristeten Arbeitsverträgen. Eine fortschreitende Schwächung der relativen Verhandlungsstärke der Arbeitnehmer, wie sie in den letzten drei Jahrzehnten zu beobachten war, kann ebenfalls zu einem steigenden Kapitalanteil führen. Es ist unwahrscheinlich, dass einer der beiden Prozesse – die steigende Kapitalintensität der Produktion und die institutionellen Veränderungen, welche die Verhandlungsposition der Arbeitnehmer schwächen – in den kommenden Jahrzehnten rückgängig gemacht wird, weshalb wir davon ausgehen können, dass der Anteil des Kapitals am Nettoeinkommen weiter steigen, zumindest aber nicht sinken wird.

Der Anstieg des Kapitalanteils am Nationaleinkommen führt allerdings nicht automatisch zu einer größeren interpersonalen Ungleichheit. Nehmen wir beispielsweise an, dass alle Einwohner eines Landes denselben Anteil am nationalen Kapital haben: In diesem Fall würden sie auch alle im selben Maß von einem Anstieg des Kapitalanteils profitieren, was natürlich zur Folge hätte, dass die Ungleichheit nicht zunehmen würde. Doch die Realität sieht anders aus. In allen modernen kapitalistischen Gesellschaften ist der Kapitalbesitz hochgradig konzentriert (das heißt, das Kapital befindet sich in den Händen weniger). Auch das wäre kein Problem, wären die wenigen nicht zugleich reich. Um zu verstehen, warum das so ist, können wir annehmen, das Kapital befände sich in den Händen der Armen. (Ich weiß, dass diese Vorstellung paradox erscheint, weil wir daran gewöhnt sind, dass die Reichen Kapitalisten sind, aber rein technisch könnten die Kapitalisten auch arm sein.) In diesem Fall würde ein Anstieg des Kapitalanteils am Nationaleinkommen die Ungleichheit ebenfalls nicht erhöhen. Aber natürlich sind dies hypothetische Situationen: Der Kapitalbesitz ist hochgradig konzentriert, und die Kapitalbesitzer, die hohe Gewinne oder wirtschaftliche Renten aus ihrem Besitz beziehen, sind zumeist auch reich.[20] Daher werden eine Erhöhung des Kapitalanteils am Nationaleinkommen und die Konzentration des Kapitalbesitzes in den Händen der Reichen zweifellos die interpersonale Einkommensungleichheit erhöhen. Dies ist der zweite Bestandteil unseres Szenarios des »perfekten Sturms«.

Im Prinzip könnte dieser Bestandteil des Szenarios durch eine »Zerstreuung« des Kapitalbesitzes beseitigt werden. Aber eine solche Zerstreuung ist in den Vereinigten Staaten nicht in Sicht. Von Edward Wolff vorgelegte Daten zeigen, dass die Konzentration von Nettovermögen und Unternehmensanteilen im Gegenteil zunimmt. Im Jahr 2007 befanden sich 38 Prozent aller Aktien im Besitz des reichsten Einen Prozents der Personen, und die reichsten 10 Prozent besaßen 81 Prozent der Aktien. Beide Anteile sind seit dem Jahr 2000 gestiegen (Wolff 2010, S. 31f.). Sie sind höher als der Anteil des reichsten Einen Prozents oder der vermögendsten 10 Prozent am gesamten Nettovermögen (das auch Immobilienbesitz beinhaltet), weil die Zusammensetzung des Vermögens variiert: Mit wachsendem Reichtum steigt der Anteil der finanziellen Vermögenswerte am Vermögensportfolio. Das (am Vermögen gemessen) reichste Eine Prozent besitzt drei Viertel seines Vermögens in Form von Unternehmensanteilen, Wertpapieren und Anteilen an Personengesellschaften, während die mittleren drei Quintile weniger als 13 Prozent ihres Vermögens in dieser Form halten (Wolff 2010, Tabelle 8). Und die Ärmsten besitzen praktisch kein Aktienkapital.[21] Die finanziellen Vermögenswerte sind also die am höchsten konzentrierte Form des Kapitalbesitzes – sie sind die Quintessenz des Kapitalismus.[22] Daher führt eine Erhöhung des Kapitalanteils am Nationaleinkommen direkt zu einer größeren Konzentration des Gesamtvermögens.

Die Konzentration des persönlichen Einkommens wird auch dadurch verstärkt, dass zunehmend dieselben Personen zugleich hohe Arbeits- und hohe Kapitaleinkommen erzielen (Lakner und Atkinson 2014). Diese Veränderung bringt einen potenziell neuen, scheinbar meritokratischen Kapitalismus hervor, der gleichzeitig jedoch die Gefahr größerer Einkommensungleichheit birgt. Warum das so ist, können wir am besten verdeutlichen, indem wir zu einer vereinfachten Vorstellung vom Kapitalismus des 19. Jahrhunderts zurückkehren, den wir als »klassischen« oder »alten« Kapitalismus bezeichnen wollen. In diesem Kapitalismus waren die Kapitalbesitzer alle reich, während die Arbeiter alle arm waren. (Auch der Umkehrschluss gilt: Alle reichen Menschen waren Kapitalisten, alle armen Menschen waren Arbeiter.) Sowohl Kapitalisten als auch Arbeiter hatten nur ein Faktoreinkommen: Die Kapitalisten bezogen ihr Einkommen aus dem Eigentum, die Arbeiter aus der Lohnarbeit. Gehen wir nun davon aus, dass die Ungleichheit zwischen den Arbeitern zunimmt, so dass einige von ihnen ein Einkommen beziehen, mit dem sie in die Gruppe der Reichen aufsteigen. Jetzt können wir den Reichen nicht mehr mit dem Kapitalisten gleichsetzen. Fast ein Jahrhundert lang ist genau dieser Prozess in den hoch entwickelten Ländern zu beobachten gewesen, und die Zusammensetzung des Einkommens der höchsten Einkommensgruppen hat sich zugunsten der Arbeitseinkommen verschoben. Wie Piketty und Saez (2003, S. 16, Schaubild 4) sowie Piketty (2014, Kap. 8) gezeigt haben, ist das Arbeitseinkommen für das reichste Eine Prozent heute sehr viel wichtiger als vor einem Jahrhundert.[23] Diese Verschiebung muss die Ungleichheit nicht erhöhen, solange die Spitzenverdiener nicht mit den reichsten Kapitalisten identisch sind.

Die Ungleichheit wird jedoch zu einem größeren Problem, wenn die reichen Kapitalisten zugleich auch die höchsten Arbeitseinkommen beziehen. Wie Lakner und Atkinson (2014) anhand amerikanischer Steuerdaten gezeigt haben, ist die Wahrscheinlichkeit, dass eine Person, die gemessen an der Verteilung der Arbeitseinkommen dem reichsten Einen Prozent angehört, zugleich dem gemessen am Kapitaleinkommen reichsten Dezil angehört, von weniger als 50 Prozent im Jahr 1980 auf 63 Prozent im Jahr 2010 gestiegen ist (Schaubild 4.5). Eine Person mit einem sehr hohen Arbeitseinkommen (im obersten Perzentil) gehört mit großer Wahrscheinlichkeit (80 Prozent) auch dem obersten Quintil der Kapitalbesitzer an. Der umgekehrte Zusammenhang – Personen mit hohem Kapitaleinkommen gehören auch zur Gruppe mit dem höchsten Arbeitseinkommen – ist ebenfalls häufiger zu beobachten als in der Vergangenheit. Wie bedeutsam dieser Zusammenhang ist, zeigt sich daran, dass im extremen Fall des alten Kapitalismus, in dem alle Kapitalbesitzer nur Kapitaleinkommen erzielten und alle Arbeitskräfte nur einen Lohn bezogen, die Wahrscheinlichkeit einer Überschneidung von Kapital- und Arbeitseinkommen bei null gelegen hätte. Die heutige Verknüpfung der beiden Einkommensarten unterscheidet sich auch von einer Situation, in der das einkommensstärkste 1 Prozent der Arbeitskräfte zufällige Kapitaleinkünfte erzielen würde; in diesem Fall würden nur 10 Prozent von ihnen dem Dezil mit den höchsten Kapitaleinkommen angehören. In der Realität ist die Wahrscheinlichkeit, dass die Personen mit den höchsten Arbeitseinkommen diesem obersten Dezil angehören, mehr als sechsmal höher. Wenn wir eine sehr viel kom-

**Schaubild 4.5**: Wahrscheinlichkeit (in %), den 10% mit den höchsten Kapital-(Arbeits-)Einkommen anzugehören, wenn man dem 1% mit den höchsten Arbeits-(Kapital-)Einkommen angehört, 1980-2010

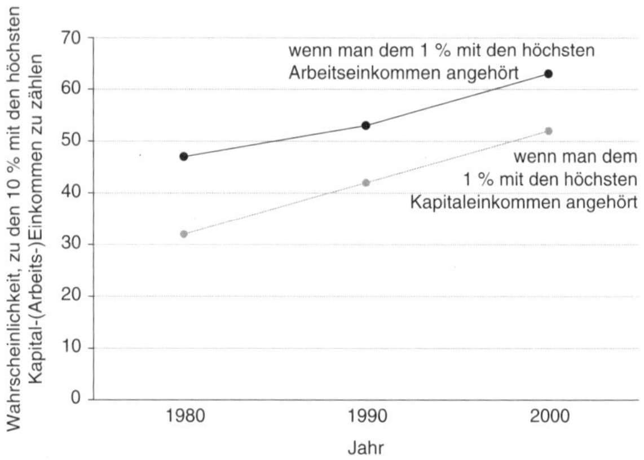


Diese Grafik zeigt, wie wahrscheinlich es ist, dass eine amerikanische *tax unit* (normalerweise ein Haushalt), die zu dem 1% mit den höchsten Arbeits-(Kapital-) Einkommen zählt, gleichzeitig zu den 10% mit den höchsten Kapital-(Arbeits-)Einkommen gehört. Die Tatsache, dass sich diese Wahrscheinlichkeit im Lauf der Zeit erhöht hat, zeigt, dass eine wachsende Zahl von Personen sowohl ein hohes Arbeitseinkommen als auch ein hohes Kapitaleinkommen erzielt. Datenquelle: Lakner und Atkinson (2014).

plexere Realität statistisch beschreiben, können wir sagen, dass sich der Kapitalismus, der ursprünglich ein System mit vollständiger Trennung zwischen Kapital- und Arbeitseinkommen war, im Lauf der Zeit in ein System verwandelte, in dem die Korrelation zwischen beiden negativ war (Personen mit Arbeitseinkommen hatten kaum Kapitaleinkommen), um anschließend in den »neuen Kapitalismus« überzugehen, in dem diese Korrelation positiv ist.[24]

Die amerikanischen Haushaltserhebungen, die im Gegensatz zu den Steuerdaten, die etwa fünf bis sechs Prozent der Bevölkerung unberücksichtigt lassen, den Vorteil haben, die gesamte Einkommensverteilung zu umspannen, zeichnen dasselbe Bild. Schaubild 4.6 zeigt die erhöhte Korrelation zwischen Arbeits- und Kapitaleinkommen der amerikanischen Haushalte (die Kapitaleinkünfte beinhalten Zinsen und Dividenden, Mieteinkünfte und Tantiemen). Wie im alten Kapitalismus lag die Korrelation in den achtziger Jahren nahe bei 0, um in den neunziger Jahren und zu Beginn des 21. Jahrhunderts auf einen Wert von etwa 0,12 zu steigen, auf dem sie seither verharrt.

Man kann spekulieren, dass dieser Zusammenhang vor allem damit zu tun hat, dass Personen mit sehr hohen Arbeitseinkommen (zum Beispiel Geschäftsführer von Finanzfirmen) einen beträchtlichen Teil ihres Einkommens sparen (oder dass sie in Aktienoptionen bezahlt werden) und sich in große Kapitalbesitzer verwandeln. Auf diese Art beziehen sie sowohl aus Arbeit als auch aus Kapital hohe Einkommen. Projiziert man diesen Trend über mindestens zwei Generationen hinweg in die Zukunft und nimmt an, dass wohlhabende Eltern viel Geld in die Ausbildung ihrer Kinder investieren, die dann gut bezahlte Jobs finden und viel Kapital erben, so ist anzunehmen, dass sich die Ungleichheit in den Familien festsetzen, sich stabilisieren (da sie sowohl auf Arbeit als auch auf Kapital beruht) und dass sie im Endeffekt immer stärker wie eine Meritokratie aussehen wird, was dann ihre politische Beseitigung erschwert.[25] So entsteht ein neuer Kapitalismus, der sich deutlich vom klassischen unterscheidet, der auf der Trennung von Kapital und Arbeit beruhte, die von verschiedenen Personengruppen verkörpert wurden.

Im neuen Kapitalismus sind reiche Kapitalisten und reiche Arbeitskräfte dieselben Personen. Die Gesellschaft akzeptiert das, weil es als lobenswert gilt, dass reiche Menschen arbeiten. Außerdem ist es für einen Außenstehenden schwierig, wenn nicht unmöglich festzustellen, wie viel von ihrem Einkommen die Reichen ihrem Vermögen verdanken und wie viel ihrer Arbeit. Früher stießen Rentiers auf Spott und Abneigung, weil ihre einzige Arbeit darin bestand, die Dividendencoupons abzutrennen, aber im neuen Kapitalismus wird die Kritik am reichsten Einen Prozent durch die Tatsache abgeschwächt, dass viele dieser Personen gebildet sind, hart arbeiten und beruflichen Erfolg haben. Die Ungleichheit kommt in meritokratischer Verkleidung daher. Die im neuen Kapitalismus entstehende Ungleichheit ist daher ideologisch und vermutlich auch politisch weniger angreifbar, weil keine empörte Volksseele danach schreit, ihr Grenzen zu setzen. Diese Ungleichheit ist schwerer zu bekämpfen, weil sie gerechtfertigt erscheint – und es tatsächlich sein kann.

Eine weitere Entwicklung, welche die Ungleichverteilung in den Verei-

**Schaubild 4.6**: Korrelation zwischen den Arbeits- und den Kapitaleinkommen amerikanischer Haushalte, 1979-2013

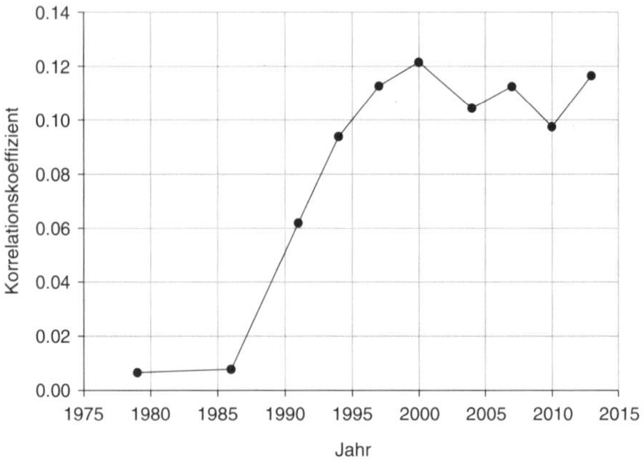


Diese Grafik zeigt die Korrelation zwischen den Arbeits- und Kapitaleinkommen amerikanischer Haushalte. Aus einer höheren Korrelation kann geschlossen werden, dass eine wachsende Zahl von Haushalten sowohl hohe Arbeitseinkommen als auch hohe Kapitaleinkommen beziehen. Datenquelle: Berechnet anhand von Daten aus der Datenbank der Luxembourg Income Study, online verfügbar unter: {http://www.lisdatacenter.org/}, gestützt auf die US Current Population Survey.

nigten Staaten fördert, hängt eng mit der gerade behandelten zusammen. Sie kann ihren Ursprung in demselben gesellschaftlichen Konsens über den Wert eines hohen Bildungsstands und harter Arbeit haben, der auch extrem hohe Einkommen rechtfertigt.

Gemeint ist die Tatsache, dass hoch qualifizierte und daher im Allgemeinen wohlhabende Personen nachweislich zunehmend dazu neigen, sich Lebenspartner mit denselben Eigenschaften zu suchen. Auch hier zeigt uns eine vereinfachende Gegenüberstellung mit der Vergangenheit, wie sich die Verhältnisse gewandelt haben. In den sechziger Jahren des vergangenen Jahrhunderts, als noch relativ wenige Frauen erwerbstätig waren (die Erwerbsbeteiligung der Frauen in den Vereinigten Staaten lag damals lediglich bei 40 Prozent gegenüber mehr als 90 Prozent bei den Männern),[26] war es üblich, dass vermögende Männer Frauen heirateten, die nicht außerhalb des Hauses arbeiteten und daher nicht zum Haushaltseinkommen beitrugen. Im Gegensatz zu einer Situation, in der Männer mit hohem Einkommen Frauen mit hohem Einkommen heiraten, scheint diese Praxis die Ungleichheit zu verringern. Heiraten zwischen Personen mit hohem Einkommen sind im letzten Vierteljahrhundert häufiger geworden. Greenwood et al. (2014) dokumentieren den Trend zur Homogamie (zur assortativen Partnerwahl) in den Vereinigten Staaten und rechnen sie zu den Faktoren, die zur zunehmenden Einkommensungleichheit beitragen. Es ist paradox, dass ein Wandel der gesellschaftlichen Normen, der dazu geführt hat, dass die Erwerbsbeteiligung von Frauen fast das Niveau der männlichen erreicht hat (im Jahr 2010 gingen 73 Prozent der Frauen und 84 Prozent der Männer einer Erwerbsbeschäftigung nach) und dass eine wachsende Zahl von Ehen nicht mehr auf einem hierarchischen Modell, in dem der Ehemann die Familie ernährt und die Ehefrau den Haushalt führt, sondern auf der gleichberechtigten Partnerschaft von Personen mit ähnlichen Interessen und ähnlichem Hintergrund beruhen, zu wachsender Ungleichheit geführt hat. Dieser Trend könnte sich in Zukunft fortsetzen, da die geschlechtsspezifischen Unterschiede bei Bildungsstand und Erwerbsbeteiligung immer geringer werden. Aber während diese Entwicklung gesellschaftlich wünschenswert sein mag, wird sie die interpersonale Einkommensungleichheit erhöhen.[27]

Kommen wir nun zum fünften Element, das eine Verringerung der Ungleichheit in den Vereinigten Staaten besonders schwierig macht: Der Ausgang von Wahlen wird zusehends vom Geld beeinflusst. Heutzutage benötigt man in den USA viel Geld, um einen Wahlkampf führen zu können. Die Kosten der Präsidentschaftswahl im Jahr 2012 werden auf 2,6 Milliarden Dollar geschätzt.[28] Auf staatlicher und lokaler Ebene werden geringere Beträge ausgegeben, aber auch dort braucht man finanzielle Unterstützung, um bei einer Wahl kandidieren zu können. Die größten Wahlkampfspender sind naturgemäß reiche Personen (Arme können sich keine Spenden leisten), und diese Personen unterstützen Politiker nicht, ohne Gegenleistungen dafür zu erwarten. Wer glaubt, die Reichen würden ihr Geld nicht einsetzen, um die Politik in ihrem Interesse zu beeinflussen, ist nicht einfach nur naiv: Diese Vorstellung widerspricht den Grundprinzipien der Ökonomie und lässt außer Acht, wie reiche Personen ihr Vermögen angehäuft haben: Zweifellos haben sie nie jemandem Geld gegeben, ohne etwas dafür zu bekommen.

Die amerikanischen Kongressmitglieder interessieren sich für Themen, die ihren reichen Wählern wichtig sind, sehr viel mehr als für Themen, die den armen Wählern am Herzen liegen, wie Bartels (2010), Gilens (2012) sowie Gilens und Page (2014) nachgewiesen haben. Gilens (2012, S. 80, Schaubilder 3.3, 3.4) zeigt in einem verblüffenden Diagramm, dass Politiker eher auf Anliegen eingehen, die Wählern im 90. Perzentil der Einkommensverteilung wichtig sind. Im Gegensatz dazu hat es keinen Einfluss auf das Engagement der Politiker, ob ein Thema den Armen (den Personen im 10. Perzentil der Einkommensverteilung) und der Mittelschicht (den Personen im 50. Perzentil) am Herzen liegt. Diese Ergebnisse machen klar, dass der politische Einfluss der Reichen nicht nur den der Armen, sondern auch den der Mittelschicht deutlich übersteigt. Genau wie die Öl- und Pharmaindustrie investieren die Reichen Milliarden in Wahlkämpfe und Lobbying. So setzen sie politische Maßnahmen durch, die in ihrem Interesse sind.[29]

In einer positiven Rückkoppelungsschleife erhöht die Politik zugunsten der Reichen deren Einkommen, was wiederum dafür sorgt, dass die Reichen praktisch die Einzigen sind, die den Politikern nennenswerte Beträge spenden können – weshalb sie auch die Einzigen sind, die bei den Politikern Gehör finden. Die politische Bedeutung des individuellen Bürgers entspricht seinem Einkommen, und das System »Ein Bürger, eine Stimme« wird langsam durch das System »Ein Dollar, eine Stimme« ersetzt. So wird die Einkommensverteilung auf die Ebene der Politik übertragen. Verdeutlicht wird das durch eine (möglicherweise unbeabsichtigte) Aussage George W. Bushs, der vor einer Gruppe reicher Personen in Washington, D. C., erklärte: »Dies ist eine beeindruckende Versammlung: Hier haben wir die Reichen und die noch Reicheren. Manche Leute bezeichnen Sie als die Elite. Ich bezeichne Sie als meine Basis.«[30] So entsteht eine Plutokratie.

Diese fünf Entwicklungen tragen zu wachsender Ungleichheit bei, und es sind keine Kräfte zu erkennen, die der Ungleichverteilung der Einkommen in den Vereinigten Staaten entgegenwirken könnten.[31] Die ökonomische Logik des steigenden Kapitalanteils am Nettoeinkommen wird durch die Verteilung der hohen Kapital- und Arbeitseinkommen (durch die hohe Konzentration der Kapitaleinkünfte und die Verknüpfung von hohen Arbeits- und Kapitaleinkünften), durch die gesellschaftlichen Normen (Homogamie) und schließlich durch die Wirtschaftspolitik verstärkt. Dieser

**Schaubild 4.7**: Kuznets-Wellen für China und die Vereinigten Staaten

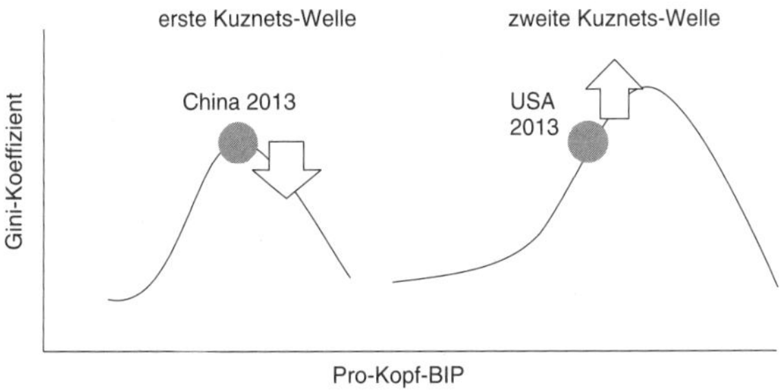


Diese Grafik zeigt eine Schätzung der gegenwärtigen Positionen Chinas und der USA im ersten bzw. zweiten Kuznets-Zyklus. Die Vereinigten Staaten, eine weiter entwickelte Volkswirtschaft, die vor mehr als einem Jahrhundert die erste technologische Revolution durchmachte, nähern sich dem Höhepunkt der zweiten Kuznets-Welle. China dürfte sich ungefähr auf dem Höhepunkt der ersten Kuznets-Welle befinden, weshalb dort eine Verringerung der Ungleichheit bevorsteht.

ungewöhnliche Prozess, in dem wirtschaftliche, soziale und politische Kräfte zusammenfließen, dürfte dafür sorgen, dass die Ungleichheit in den Vereinigten Staaten in der absehbaren Zukunft auf einem hohen Niveau verharren wird. Die Kräfte, die politische Eingriffe zur Eindämmung der Ungleichheit fördern, etwa eine Ausweitung der Bildung, eine Anhebung des Mindestlohns und großzügigere Sozialleistungen, wirken schwach verglichen mit den beinahe elementaren Kräften, welche die Ungleichheit erhöhen.

Nachdem wir uns die jüngste Entwicklung der Ungleichheit in China und den Vereinigten Staaten angesehen haben, können wir die beiden Länder anhand der in Kapitel 2 entwickelten Methodik vergleichen. Eine schematische Darstellung der Veränderungen der Einkommensungleichheit verdeutlicht, dass in China möglicherweise die Abwärtsphase der ersten Kuznets-Welle begonnen hat, während die Ungleichheit in den Vereinigten Staaten entweder weiter steigen oder den Gipfel der zweiten Kuznets-Welle in Kürze erreichen dürfte (Schaubild 4.7).

Zu den schädlichsten Auswirkungen der im zweiten Kuznets-Zyklus zunehmenden Einkommensungleichheit in den reichen Ländern zählen der Niedergang der Mittelschicht und die wachsende politische Bedeutung der Reichen. Und neben dieser Gefahr taucht auch ihre Nemesis auf: eine Rebellion der unteren Klassen, die mit einiger Wahrscheinlichkeit in Populismus und Nativismus münden wird. Weder der Populismus noch die Plutokratie sind mit der klassischen Definition der Demokratie vereinbar. Daher stellt sich die Frage, ob die Ungleichheit eine Bedrohung für den westlichen demokratischen Kapitalismus ist. Mit dieser Frage befassen wir uns im folgenden Abschnitt.

## Gefahren der Ungleichheit: Plutokratie und Populismus

Um die Frage beantworten zu können, ob die Ungleichheit die Stabilität des westlichen demokratischen Kapitalismus bedroht, müssen wir sie in zwei Teile zerlegen. Erstens: Bedroht die Ungleichheit den Kapitalismus? Und zweitens: Bedroht sie den *demokratischen* Kapitalismus?

Die erste Frage können wir zumindest mittelfristig verneinen. Zum ersten Mal in der Menschheitsgeschichte hat sich ein Wirtschaftssystem, das als kapitalistisch bezeichnet werden kann, über den gesamten Erdball ausgebreitet. (Hier gehen wir von der herkömmlichen Definition des Kapitalismus aus, dessen Merkmale die gesetzlich festgeschriebene Freiheit der Arbeitskräfte, der private Kapitalbesitz, eine dezentralisierte Koordinierung und das Gewinnstreben sind.) Man muss nicht weit in die Vergangenheit zurückblicken und braucht keine großen historischen Kenntnisse, um zu verstehen, dass dies eine einzigartige und neuartige Situation ist. Abgesehen davon, dass die sozialistische Planwirtschaft erst vor Kurzem als Konkurrent ausgeschaltet wurde, finden wir heute nirgendwo auf der Erde mehr ein Wirtschaftssystem, in dem unfreie Arbeit eine wichtige wirtschaftliche Rolle spielt. Vor anderthalb Jahrhunderten war das noch der Fall.

Die weltweite Vormachtstellung des Kapitalismus ist derart gefestigt, dass sogar jene, die dieses System und die wachsende örtliche, nationale oder globale Ungleichheit ablehnen, keine realistische Alternative anzubieten haben. Eine »Entglobalisierung« und Rückkehr zum »Lokalen« ist unmöglich, weil sie die Arbeitsteilung beseitigen würde, die unerlässlich für wirtschaftliches Wachstum ist. Und die Befürworter des Lokalismus wünschen sich zweifellos keine deutliche Verringerung des Lebensstandards und keine von den Roten Khmer inspirierte Lösung für das Problem der Ungleichheit. Es gibt verschiedene Formen des Staatskapitalismus, zum Beispiel in Russland und China, aber das ist trotzdem Kapitalismus: Das persönliche Gewinnstreben und die Privatunternehmen spielen auch dort eine beherrschende Rolle.

Es wird oft behauptet, der Islam sei der letzte verbliebene ideologische Konkurrent des liberalen westlichen Kapitalismus. Das ist meiner Meinung nach in vielerlei Hinsicht richtig, was die liberale Gesellschaft anbelangt, nicht jedoch in Bezug auf die hier behandelten Auswirkungen der Ungleichheit auf den *Kapitalismus.* Denn der Islam selbst ist – nicht nur in seiner aktuellen Ausprägung in den muslimischen Ländern – auch in der Theorie eine Art von Kapitalismus, denn er heißt das Privateigentum an den Produktionsmitteln und das Gewinnstreben gut und lehnt die unfreie Arbeit ab.[32] Der einzige Bereich der Ökonomie, in dem der westliche Kapitalismus nicht mit dem islamischen vereinbar ist, ist der Umgang mit dem Zins (im Unterschied zum Gewinn, der anders als der Zins keine feste Einkommensquelle, sondern eine vom Erfolg des Unternehmens abhängige Variable darstellt). Das ist allerdings ein relativ unbedeutender Unterschied, der mit der üblichen westlichen Praxis in Einklang gebracht werden kann, was die islamischen Banken auch tun. Man könnte sogar argumentieren, die Ablehnung feststehender und garantierter Zinsen auf Schulden erhöhe die Flexibilität des islamischen Systems deutlich und verhindere, dass Schuldner (wie zuletzt der griechische und der argentinische Staat) in eine ausweglose Situation geraten und die Fähigkeit verlieren, ihre gesamten Schulden zu begleichen, ohne dass es einen Mechanismus gäbe, um reinen Tisch zu machen und von vorn anzufangen.

Die zunehmende Ungleichheit weckt jedoch Zweifel an der kapitalistischen Ideologie, denn sie bringt die hässliche Seite dieses Systems zum Vorschein: die Vormachtstellung des Materialismus, das Prinzip »Der Sieger bekommt alles« und die Geringschätzung für Beweggründe jenseits des Gewinnstrebens. Da gegenwärtig jedoch eine überzeugende ideologische Alternative fehlt und da es keine starken politischen Parteien oder Gruppen gibt, die auf andere Lösungen drängen könnten, erscheint die Hegemonie des Kapitalismus fast unanfechtbar. Natürlich gibt es keine Gewähr dafür, dass es auch in zwanzig oder fünfzig Jahren so sein wird, schließlich besteht immer die Möglichkeit, dass neue Ideologien erfunden werden. Aber gegenwärtig stellt sich die Situation bei unvoreingenommener Betrachtung so dar.

Aber ist auch der *demokratische* Kapitalismus stabil? Das ist eine ganz andere Frage. Zunächst müssen wir uns vor Augen halten, dass diese beiden Konzepte (Demokratie und Kapitalismus) im Lauf der Geschichte nicht oft miteinander verknüpft wurden. Der Kapitalismus existierte nicht nur im frankistischen Spanien, in Chile unter Pinochet und im Kongo (von 1971-1997 Zaire) unter Mobutu, sondern auch in Deutschland, Frankreich und Japan, als dies keine demokratischen Länder waren, ja sogar in den Vereinigten Staaten, als die Schwarzen nicht an der Demokratie teilhaben durften, und in Großbritannien, als das Wahlrecht noch stark eingeschränkt war. Man braucht also nicht viel Phantasie, um sich vorzustellen, dass der Kapitalismus von der Demokratie abgekoppelt werden kann. Die Ungleichheit kann wesentlich zu dieser Abkoppelung beitragen und tut es bereits, indem sie den Reichen sehr viel größeren politischen Einfluss sichert als der Mittel- und Unterschicht. Die Reichen geben die politische Richtung vor, finanzieren Kandidaten, die ihre Interessen verteidigen, und sorgen für die Verabschiedung von Gesetzen, die ihren Interessen dienen. Der amerikanische Politikwissenschaftler Larry Bartels, dessen Arbeiten ich oben bereits erwähnt habe, hat beobachtet, dass US-Senatoren auf die Bedürfnisse der Reichen mit fünf- bis sechsmal größerer Wahrscheinlichkeit eingehen als auf die Interessen der Mittelschicht. Nach Ansicht von Bartels (2005, S. 28) gibt es »keinen klaren Beleg dafür, dass die Ansichten einkommensschwacher Wähler irgendeine Wirkung auf das Abstimmungsverhalten ihrer Senatoren haben«. Nicht nur die Mittelschicht, sondern auch die Demokratie wird ausgehöhlt.

Nicht umsonst gilt die Mittelschicht seit Aristoteles und in jüngerer Zeit seit Tocqueville als Bollwerk gegen nichtdemokratische Regierungsformen. Die Angehörigen der Mittelschicht besitzen keine besondere moralische Tugend, die eine Person, die reich war und in die Mittelschicht absteigt, plötzlich in einen Demokraten verwandeln würde. Vielmehr bevorzugen sie die Demokratie, weil es in ihrem Interesse ist, sowohl die Macht der Reichen als auch jene der Armen zu begrenzen: Die Mittelschicht will verhindern, dass die Reichen sie unterdrücken, und sie will die Armen davon abhalten, ihr ihren Besitz wegzunehmen. Dass die Mittelschicht groß ist, bedeutet auch, dass sich viele Menschen in einer ähnlichen materiellen Lage befinden, einen ähnlichen Geschmack entwickeln und dazu neigen, Rechts- und Linksextremismus zu meiden. So wird die Mittelschicht zum Hüter von Demokratie und Stabilität.

*Der Niedergang der Mittelschicht.* Wachsende Ungleichheit bedroht die Existenz und die Funktion der Mittelschicht. Diese ist in den westlichen Demokratien in den letzten drei Jahrzehnten geschrumpft und hat gegenüber den Reichen an wirtschaftlicher Stärke verloren. In den Vereinigten Staaten ist der Wandel besonders dramatisch: Der Mittelschicht werden Personen zugerechnet, deren verfügbares Einkommen (nach Steuern) in der Nähe des Medianwerts liegt (genauer gesagt, deren Einkommen in einer Bandbreite liegt, die von 25 Prozent unter bis 25 Prozent über dem Median reicht). Der Bevölkerungsanteil dieser Gruppe sank zwischen 1979 und 2010 von einem Drittel auf 27 Prozent. Das bedeutet, dass die Mittelschicht seit 1979 um ein Fünftel geschrumpft ist, und die meisten ehemaligen Angehörigen dieser Gruppe sind in die Unterschicht abgestiegen.[33] Gleichzeitig sank das durchschnittliche Einkommen der Mittelschicht, das im Jahr 1979 noch 80 Prozent des Durchschnittseinkommens aller Amerikaner entsprach, bis 2010 auf 77 Prozent des Durchschnittseinkommens. Der Rückgang des relativen Bevölkerungsanteils der Mittelschicht und ihres relativen Einkommens führte zu einem deutlichen Verlust an wirtschaftlichem Einfluss. Im Jahr 1979 hatte die Mittelschicht einen Anteil von 26 Prozent am Gesamteinkommen (oder Konsum); im Jahr 2010 waren es nur noch 21 Prozent.

Der Niedergang der Mittelschicht ist nicht auf die Vereinigten Staaten beschränkt. Wie andere Indikatoren der Ungleichheit hat sich auch dieser in den Vereinigten Staaten dramatischer verändert als in anderen westlichen Ländern; gleichzeitig ist das Datenmaterial umfassender. Doch tatsächlich ist es oft so, dass Veränderungen, die in allen hoch entwickelten Volkswirtschaften stattfinden, in den Vereinigten Staaten einfach extremer ausfallen. Schaubild 4.8 zeigt den Rückgang des Bevölkerungsanteils der Mittelschicht in ausgewählten westlichen Demokratien zwischen den achtziger Jahren und 2010. In all diesen Ländern und wahrscheinlich auch in den meisten OECD-Staaten ist die Mittelschicht heute kleiner als vor 35 Jahren. Aus dem Schaubild geht hervor, dass die Schrumpfung der Mittelschicht

**Schaubild 4.8**: Verringerung des Bevölkerungsanteils der Mittelschicht in ausgewählten westlichen Demokratien, Anfang der achtziger Jahre bis 2010

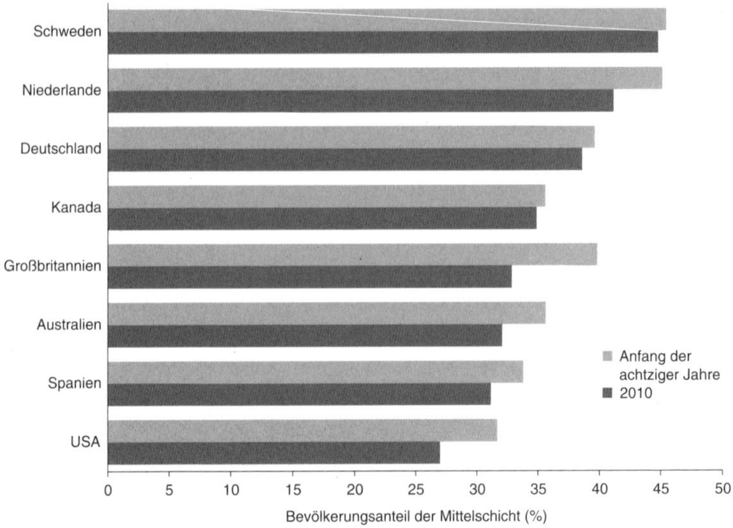


In diesem Diagramm sehen wir den Anteil der Bevölkerung, welcher der Mittelschicht zugerechnet werden kann, in ausgewählten westlichen Demokratien. Die Mittelschicht wird als jene Personengruppe definiert, deren verfügbares Pro-Kopf-Einkommen innerhalb einer Bandbreite liegt, die von 25 Prozent unterhalb bis 25 Prozent oberhalb des nationalen Medianwerts reicht. Wir sehen, dass die Mittelschicht in allen ausgewählten Ländern zwischen Anfang der achtziger Jahre und 2010 schrumpfte. Die Länder sind nach dem Bevölkerungsanteil der Mittelschicht im Jahr 2010 gereiht. Datenquelle: Berechnet anhand von Daten aus der Datenbank Luxembourg Income Study, online verfügbar unter: {http://www.lisdatacenter.org/}.

zum Beispiel in Deutschland, den Niederlanden und Schweden etwas geringer ausgefallen ist als in den Vereinigten Staaten und Großbritannien, aber das Phänomen ist in allen reichen Ländern zu beobachten. Das Schaubild zeigt auch, dass der Bevölkerungsanteil der Mittelschicht in den Vereinigten Staaten, die sich selbst als ein von der Mittelschicht geprägtes Land betrachten, bereits Anfang der achtziger Jahre sehr viel niedriger war als in den nordeuropäischen Ländern.

Der wirtschaftliche Niedergang der Mittelschicht hat zur Folge, dass die von dieser Gruppe konsumierten Güter und Dienstleistungen (und damit die Konsummuster der Mittelschicht) für die Produzenten von Gütern an Bedeutung verlieren. Anhand derselben Daten, die wir für Schaubild 4.8 verwendet haben, können wir auch den Einkommensanteil (und damit annäherungsweise den Konsumanteil) der Mittelschicht beziffern. Wir haben gesehen, dass dieser Anteil in den Vereinigten Staaten zwischen den frühen achtziger Jahren und dem Jahr 2010 um fünf Prozentpunkte sank. Andernorts war eine ähnliche Entwicklung zu beobachten. In Schweden, Australien und den Niederlanden belief sich der Rückgang auf vier Prozentpunkte, in Spanien auf drei und in Deutschland auf einen.

Das Gegenstück zum Niedergang der Mittelschicht ist der steigende Anteil der Gruppe an der Spitze der Einkommensverteilung (siehe Schaubild 4.9). Das Einkommen der reichsten fünf Prozent der US-Amerikaner ist fast so hoch wie das der gesamten Mittelschicht des Landes. (Sofern nicht anders angegeben, ist immer vom verfügbaren oder Nachsteuereinkommen die Rede.) Der Einkommensanteil der wohlhabendsten fünf Prozent steigt in allen reichen Ländern. Ein interessanter Fall ist Schweden, wo die Mittelschicht nur wenig verloren hat, die reichsten fünf Prozent jedoch sehr viel reicher geworden sind: Ihr Einkommensanteil ist um drei Prozentpunkte gestiegen. Die Verschiebung der wirtschaftlichen Stärke von der Mitte zur Spitze wirkt sich auch auf die Konsummuster aus. Die Reichen kaufen mehr Luxusgüter als die Mittelschicht: teure Autos, Reisen, Restaurants, Juwelen. Folglich sind die Produzenten gut beraten, sich auf jene Art von Gütern und Dienstleistungen zu konzentrieren, die von den Reichen konsumiert werden.

Das Schrumpfen der Mittelschicht und die Schwächung ihrer wirtschaftlichen Position haben verschiedene gesellschaftliche und politische Auswirkungen. Beispielsweise sinkt die Unterstützung für von der öffentlichen Hand erbrachte soziale Dienste, insbesondere im Bildungs- und Gesundheitswesen. Die Reichen ziehen es möglicherweise vor, aus den öffentlichen Systemen auszusteigen und Dienstleistungen besserer Qualität persönlich zu finanzieren (wie sie es in den Schwellenländern oft tun). Die Mittelschicht ist nicht mehr imstande, diesen Bestrebungen entgegenzutreten und die Reichen zu zwingen, das öffentliche Gesundheits- und Bildungswesen zu finanzieren. Anstatt sich an der Bereitstellung der öffent-

**Schaubild 4.9**: der steigende Einkommensanteil der reichsten fünf Prozent in ausgewählten westlichen Demokratien, Anfang der achtziger Jahre bis 2010

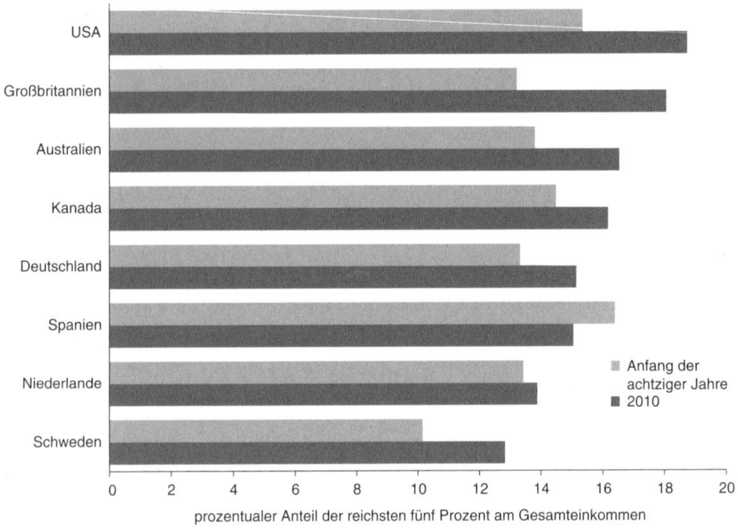


Dieses Diagramm zeigt den Anteil der reichsten fünf Prozent der Bevölkerung am gesamten verfügbaren Einkommen in ausgewählten westlichen Demokratien. Wir sehen, dass der Einkommensanteil dieser Gruppe zwischen Anfang der achtziger Jahre und dem Jahr 2000 überall (mit Ausnahme von Spanien) stieg. Die Länder sind nach dem Einkommensanteil der reichsten fünf Prozent im Jahr 2010 gereiht. Datenquelle: Berechnet anhand von Daten der Luxembourg Income Study, online verfügbar unter: {http://www.lisdatacenter.org/}.

lichen Bildung zu beteiligen, ziehen es die Reichen möglicherweise vor, die staatlichen Mittel für mehr Ordnungskräfte und die »Sicherung des Systems« zu verwenden. Bowles und Jayadev (2005) haben in einem einflussreichen Artikel gezeigt, dass der Anteil der von privaten und öffentlichen Sicherheitsdiensten sowie in der Waffenproduktion beschäftigten Arbeitskräfte an der Gesamtbeschäftigung in den Vereinigten Staaten in den letzten drei Jahrzehnten des 20. Jahrhunderts deutlich stieg. Schon im Jahr 1970 wurden in den Vereinigten Staaten mehr Arbeitskräfte zur »Sicherung des Systems« eingesetzt als in jedem anderen westlichen Land: 1,6 Prozent der Beschäftigten waren in diesem Bereich tätig. Bis zum Jahr 2000 stieg dieser Anteil auf 2 Prozent. Bowles und Jayadev schätzen, dass in den Vereinigten Staaten mehr als fünf Millionen Arbeitskräfte mit der »Sicherung des Systems« befasst sind, und vertreten die Ansicht, dass solche Tätigkeiten vor allem in Ländern mit ausgeprägter Ungleichheit verbreitet sind.[34]

Aus diesen Veränderungen in den letzten drei Jahrzehnten können wir folgenden Schluss ziehen: Wir sind Zeugen eines Trends des sozialen Separatismus. Dieser hat zahlreiche Auswirkungen: Die Mittelschicht büßt politische Relevanz ein, die Produktion verschiebt sich hin zu den Luxusgütern, und die öffentlichen Ausgaben werden aus Bildung und Infrastruktur in die Sicherheitsdienste umgelenkt.

Die politische Bedeutung der Mittelschicht schwindet weiter, und es ist nicht schwierig, die gegenwärtigen Trends, die in den Vereinigten Staaten, wo die finanzielle Unterstützung reicher Personen und Unternehmen Voraussetzung für den politischen Erfolg ist, besonders gut zu beobachten sind, in die Zukunft zu projizieren. Das politische System ist formal nach wie vor demokratisch, weil Meinungs- und Versammlungsfreiheit erhalten bleiben und freie Wahlen stattfinden, aber es entwickelt sich zu einer Plutokratie. Die Marxisten würden dieses System als »Diktatur der besitzenden Klasse« bezeichnen, auch wenn es formal eine Demokratie zu sein scheint. Um aus dem *Kommunistischen Manifest* zu zitieren: »Die moderne Staatsgewalt ist nur ein Ausschuß, der die gemeinschaftlichen Geschäfte der ganzen Bourgeoisklasse verwaltet.«

Für jemanden, der sich mit Politik und Geschichte beschäftigt, ist eine solche Kluft zwischen Ideologie und Realität nichts Neues. Die römische Republik verwandelte sich in ein autokratisch geführtes Imperium, das vorgeblich von einem Senat regiert wurde. Eine bürokratische Klasse beherrschte Osteuropa und behauptete, die wirtschaftliche und politische Macht liege in den Händen des Volkes. Jeder moderne Diktator nimmt für sich in Anspruch, den Willen des Volkes zu vertreten – das heißt, er betrachtet sich als Demokraten.

Das Abdriften weg von der Demokratie kann zwei verschiedene Formen annehmen. Die eine, den wir als amerikanischen Weg bezeichnen können, hat Ähnlichkeit mit einer Plutokratie.[35] Kennzeichnend für den europäischen Weg sind Populismus oder Nativismus.

*Plutokratie.* Sehen wir uns zunächst den Weg in die Plutokratie an. Das Beweisstück A finden wir in diesem Fall in den zuvor erwähnten Studien, die zeigen, dass gewählte Amtsträger fast nur auf die Bedürfnisse der Reichen reagieren. Das Geld spielt in der amerikanischen Politik eine größere Rolle als je zuvor, und die Entscheidung des Obersten Gerichtshofs im Fall »Citizens United v. Federal Election Commission« hat rechtlich und formal die Türen für einen noch stärkeren Einfluss des Geldes auf die politische Entscheidungsfindung aufgestoßen. Das Höchstgericht urteilte, bei Wahlkampfspenden müssten Unternehmen wie natürliche Personen behandelt werden. Schaubild 4.10 zeigt die Entwicklung der Wahlkampfkosten (in inflationsbereinigten Dollar) seit dem Jahr 2000. Die Kosten sind in jedem Jahr, in dem sowohl Präsidenten- als auch Kongresswahlen stattfanden, sowohl real als auch gemessen am Bruttoinlandsprodukt gestiegen. (Das Verhältnis zum BIP ist im Diagramm jedoch nicht berücksichtigt.)

Da die Reichen sehr von der Globalisierung profitieren (wie wir in den Kapiteln 1 und 2 gesehen haben) und da die Mittelschicht sowie die Armen den Prozess zumindest formal zum Stillstand bringen können, sind die Reichen an einer Unterdrückung der Demokratie interessiert (obwohl einige der entsprechenden Maßnahmen nicht bewusst mit diesem Ziel ergriffen werden). Dazu wird ein zweigeteilter Zugang gewählt: Erstens wird die Beteiligung der Armen an den Wahlen unterdrückt, und zweitens wird bei der unteren Mittelschicht und den Armen etwas erzeugt, was ich als »falsches Bewusstsein« bezeichnen möchte.

Sehen wir uns an, wie die direkte oder indirekte Unterdrückung der Wahlbeteiligung funktioniert. In den Vereinigten Staaten ist die Wahlbeteiligung sehr ungleich verteilt: Während 80 Prozent der Amerikaner im höchsten Einkommensdezil wählen gehen, sind es im untersten Dezil nur 40 Prozent.[36] In der ökonomischen Theorie herrscht Einigkeit darüber, dass es umgekehrt sein sollte: Da keine einzelne Stimme das Wahlergebnis beeinflussen kann, ist es vernünftig, nicht wählen zu gehen, und das gilt insbesondere für jene Personen, deren Zeit sehr wertvoll ist, also für die Reichen. Dass es sich umgekehrt verhält, kann an verschiedenen Faktoren liegen: Die Reichen sind sich ihrer bürgerlichen Pflichten eher bewusst, die Armen haben resigniert (»Was hat es schon für einen Sinn, wählen zu gehen?«), oder die Armen werden mit spezifischen Maßnahmen vom Wählen abgehalten (Wahlen finden an Werktagen statt, und die Wahllokale schlie-

**Schaubild 4.10**: Kosten der amerikanischen Kongress- und Präsidentschaftswahlen, 2000-2012

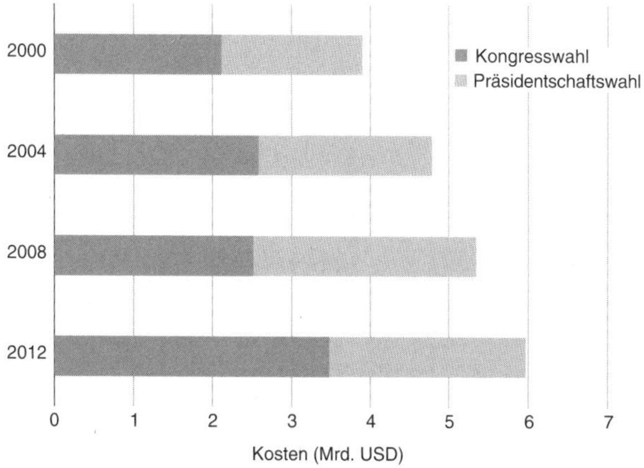


Dieses Diagramm gibt Aufschluss über die Kosten der amerikanischen Kongress- und Präsidentschaftswahlen (in Jahren, in denen beide stattfanden) in Mrd. USD (zu konstanten Preisen 2000). Wir sehen, dass die Kosten zwischen 2000 und 2012 stetig stiegen. Datenquelle: Berechnet anhand von Daten von Open Secrets: Center for Responsive Politics, online verfügbar unter: {https://www.opensecrets.org/bigpicture/index.php?cycle=2012}.

ßen um acht Uhr abends, das heißt wenige Stunden nach Feierabend, wenn die Leute von der Arbeit nach Hause eilen.)

Derzeit können große Gruppen nicht wählen, weil sie vorbestraft sind oder im Gefängnis sitzen (die Vereinigten Staaten haben eine der höchsten Häftlingsquoten der Welt). Human Rights Watch schätzt, dass etwa zwei Prozent der US-Bürger im wahlfähigen Alter vom aktiven Wahlrecht ausgeschlossen sind. Ein Drittel dieser Personen sind Afroamerikaner (Deaton 2013, S. 198). Außerdem kommt es immer öfter zu Fällen von Wahlkreisschiebung (im Englischen ist hier von *gerrymandering* die Rede), wobei die Grenzen der Wahlbezirke so verlegt werden, dass der Einfluss von Armen und Minderheiten sinkt. Diese Prozesse haben wie die Zunahme der Ungleichheit vor Jahrzehnten begonnen, und einige haben ihren Ursprung in der Entstehungszeit der amerikanischen Demokratie, die ursprünglich als eine besondere Form von Sklavenhalterdemokratie konzipiert war. Gegenwärtig treten sie jedoch deutlicher zutage, was daran liegt, dass sie sich verstärkt haben und dass wir sie besser mit Daten dokumentieren können.

Der zweite Bestandteil der Strategie der Reichen zur Unterdrückung der Demokratie ähnelt dem, was Marx als Erzeugung eines falschen Bewusstseins und was Gramsci als Hegemonie bezeichnete. Mir gefällt der Begriff »falsches Bewusstsein« nicht, weil er die Annahme beinhaltet, es gäbe so etwas wie ein »authentisches Bewusstsein«, das in meinen Augen nicht existiert. Ich verwende ihn dennoch, weil ich keinen besseren Begriff finde. Ich meine mit falschem Bewusstsein, dass die Mittelschicht und die Armen mehr oder weniger bewusst von ihren eigentlichen wirtschaftlichen Interessen abgelenkt und dazu verleitet werden, sich mit anderen Dingen zu beschäftigen, insbesondere mit sozialen oder religiösen Fragen, die häufig Uneinigkeit stiften. Diese Ablenkung ist nicht unbedingt das Ergebnis einer Verschwörung, die in finsteren Hinterzimmern geplant würde, sondern beruht eher auf einem Konsens unter den Eliten. Sie ist bis zu einem gewissen Grad eine nachvollziehbare (und akzeptable) Strategie, denn die Entscheidungen der Wähler sind mehrdimensional: Es geht ihnen nicht nur um ihre wirtschaftlichen Interessen, sondern auch um Fragen wie Zuwanderung, Religion und Abtreibung. Aber in Anbetracht der gewaltigen Mengen an privatem Geld, das in die Politik und die Medien fließt, kann man sich des Gedankens nicht erwehren, dass diese Investitionen ganz ähnlichen Zielen dienen. Im einen Fall (Politik) streben die Geldgeber direkt Einfluss an, im anderen (Medien) sichern sie sich Einfluss, indem sie die öffentliche Meinung so gestalten, dass sie sich mit den Ansichten der Geldgeber deckt. Zur Erzeugung des falschen Bewusstseins werden Zeitungsleser, Fernsehzuschauer und Internetsurfer mit Themen wie Abtreibung, Waffenkontrolle oder der Bedrohung durch den islamischen Fundamentalismus bombardiert, um die Aufmerksamkeit der Öffentlichkeit von grundlegenden wirtschaftlichen und sozialen Problemen wie Arbeitslosigkeit, Häftlingsquote, Kriegsprofiten und Steuererleichterungen in Milliardenhöhe für die Reichen abzulenken. Mit anderen Worten: Der Kulturkampf hat eine Funktion, und diese besteht darin, die Verschiebung der wirtschaftlichen Macht zugunsten der Reichen zu verschleiern.

Ein wichtiger Bestandteil des falschen Bewusstseins ist ein übertriebener Glaube an die soziale Aufwärtsmobilität. Ich will mich an dieser Stelle nicht an einer Diskussion über die sehr einflussreiche (und umstrittene) Überzeugung beteiligen, in den Vereinigten Staaten stehe die Tür zum Erfolg praktisch jedem offen. Ich möchte lediglich darauf hinweisen, dass wir zum ersten Mal in der Geschichte in der Lage sind, sowohl die tatsächliche intergenerationale Einkommensmobilität als auch die subjektive Einschätzung der Aufwärtsmobilität durch die Menschen zu messen. Wie sich herausstellt, halten die Menschen die soziale Mobilität für sehr viel größer, als sie tatsächlich ist. Insbesondere Personen mit geringem Einkommen neigen dazu, die Aufwärtsmobilität zu überschätzen (Kraus und Tan 2015).[37] Das mag in gewisser Weise der sozialen Stabilität dienen, widerspricht jedoch dem, was wir eigentlich erwarten würden, nämlich dass Menschen am unteren Ende der sozialen Skala systemische Faktoren dafür verantwortlich machen, dass ihnen der gesellschaftliche Aufstieg nicht gelingt. Sofern wir aus der übermäßigen Zuversicht der Armen nicht schließen, dass sie sich selbst die Schuld für ihre Armut zuschreiben, gibt es nur eine Erklärung für ihre sehr optimistische Einschätzung der Aufwärtsmobilität: Sie ist von der Ideologie beeinflusst. (Kraus und Tan fragten nicht, wie Personen ihre eigenen Aufstiegschancen einschätzten. Es ist zu erwarten, dass die Armen für sich selbst größeren Spielraum für den sozialen Aufstieg als für jene sehen, die bereits an der Spitze der sozialen Skala stehen. Sie wurden gefragt, wie sie die Aufwärtsmobilität *insgesamt* einschätzten.)

Das amerikanische Zweiparteiensystem eignet sich besonders gut zur Verbreitung einer solchen Ideologie, weil Kandidaten, die den Konsens ihrer Partei durchbrechen, nach den Vorwahlen normalerweise wieder auf die Parteilinie einschwenken und weil die Chancen von Kandidaten, die keiner der beiden Großparteien angehören, verschwindend gering sind.[38] (Ganz davon abgesehen, dass ein Präsidentschaftskandidat einer dritten Partei schon zahlreiche technische und rechtliche Hürden überwinden müsste, um in allen Staaten auf den Wahlzettel zu kommen.) Daher ist es sehr unwahrscheinlich, dass Alternativen zur vorherrschenden »Erzählung« auftauchen, obwohl zumindest in den Vorwahlen im Jahr 2016 auf der Linken und auf der Rechten unkonventionelle Kandidaten antraten.

Ich bin ziemlich sicher, dass das veraltete und restriktive politische System der Vereinigten Staaten, das die Reichen bevorzugt, sehr kritisch beobachtet würde, wäre das Land erst vor Kurzem eine Demokratie geworden. Aber da die USA auf die ehrwürdige Tradition einer zwei Jahrhunderte alten, wenn auch etwas beschränkten Demokratie zurückblicken können, die bisher (mit Ausnahme des Bürgerkriegs) stets in der Lage gewesen ist, die Probleme des Landes friedlich zu lösen, wird das System nicht angetastet. In Wahrheit sind ein Parteienduopol und ein wirtschaftliches und gesellschaftliches Establishment entstanden, das zugleich republikanisch und demokratisch ist (was sich auch am Verhalten vieler Unternehmen zeigt, die Kandidaten aus beiden Lagern unterstützen), und in diesem System kommt es zu unverfrorenen Versuchen, die Wahlergebnisse zu manipulieren.[39] Seit einigen Jahrzehnten hat die amerikanische Politik einen beinahe dynastischen Charakter. Dieses Merkmal teilen die Vereinigten Staaten mit Indien, Griechenland, den Philippinen und Pakistan, während es in anderen reichen und demokratischen Ländern unbekannt ist. Es handelt sich um ein Symptom eines tief verwurzelten Problems des politischen Systems. Diese Wesenszüge machen es wahrscheinlich, dass das politische System der USA auf die Unzufriedenheit der Mittelschicht mit der Entwicklung einer Plutokratie reagieren wird.

*Populismus und Nativismus.* In Europa liegen die Dinge anders. Auf der einen Seite sind die europäischen Mehrparteiensysteme demokratischer und weniger anfällig für die Beeinflussung durch das Geld, was ihre Umwandlung in Plutokratien erschwert. Auf der anderen Seite beeinträchtigt das Problem der Einwanderung und sogar der Integration von Einwanderern der zweiten Generation das politische Leben auf dem Kontinent und vergiftet es teilweise. Die Probleme mit der Zuwanderung erhöhen den »normalen« Druck, der von der Globalisierung ausgeht, die in allen reichen Ländern in den vergangenen 25 bis 30 Jahren zu einer Stagnation der Einkommen der unteren Mittelschicht geführt hat. So nimmt der Globalisierungsdruck in Europa zwei verschiedene Formen an: die Bewegung von Arbeitskräften (Einwanderung) und die Bewegung von Gütern (Importe) und Kapital (Kapitalabflüsse). Wie reagiert die Mittelschicht auf diesen Druck? Sie wendet sich dem Populismus oder dem Nativismus zu.[40]

Zunächst müssen wir verstehen, dass die Migration einfach ein Aspekt der Globalisierung ist. Die Bewegung von Menschen unterscheidet sich grundsätzlich nicht von der Bewegung von Gütern, Technologie oder von Kapital. Daher ist es ein Fehler, die Migration so zu behandeln, als sei sie unabhängig von den gewaltigen Einkommensunterschieden zwischen den Ländern, die durch die Globalisierung aufgedeckt und oft verschärft werden (insbesondere im Fall Afrikas).

Zweitens ist die Migration für Europa aus mehreren Gründen, die in anderen reichen westlichen Regionen fehlen, besonders wichtig. Zum einen ist Europa seit Langem ein Kontinent, der Auswanderer in alle Welt entsendet. Selbst besitzt es jedoch keine vergleichbare Erfahrung im Umgang mit der Einwanderung wie zum Beispiel die Vereinigten Staaten, Kanada und Australien. Zum anderen sind die europäischen Nationalstaaten historisch ethnisch homogen (bzw. wurden wie in Frankreich und Deutschland durch die Politik der Zentralregierungen zu ethnisch homogenen Ländern gemacht); dort wo verschiedene Volksgruppen seit Langem nebeneinander leben, wirken die kulturellen und normativen Unterschiede zwischen ihnen auf einen objektiven Beobachter eher gering.[41] Doch die Einwanderer, die nach Europa kommen, bringen oft ganz andere religiöse Überzeugungen, kulturelle Normen und Weltbilder mit.

Das dritte Problem ergibt sich direkt aus den beiden vorhergehenden: Es fällt Europa sehr schwer, Einwanderer zu integrieren, und zwar nicht nur die der ersten Generation, sondern auch deren Kinder und Kindeskinder. Dies ist das vielleicht gravierendste Problem, denn der Staat kann es zunächst einmal nicht lösen, und ein Mangel an Kontakten und Beziehungen zwischen Einheimischen und Einwanderern führt, wie wir in einigen europäischen Großstädten sehen können, zur Entstehung ethnischer Ghettos (vor allem, wenn die Trennung über mehrere Generationen bestehen bleibt). Eine Ironie der Geschichte will es, dass das Problem Europas mit der Einwanderung große Ähnlichkeit mit der Rassenfrage hat, welche die Vereinigten Staaten in den sechziger Jahren umtrieb – und seinerzeit übten die Europäer harsche Kritik am Umgang der Amerikaner mit diesem Thema. Anders als in den Vereinigten Staaten, wo die Ungleichheit der ethnischen Gruppen gründlich untersucht wurde, werden die Einkommenskluft, die unterschiedlichen Bildungserfolge und die sozialen und familiären Beziehungen zwischen nativer Bevölkerung und Einwanderern in Europa kaum erforscht. Und aufgrund des Mangels an Daten ist es sehr schwierig, eine geeignete Integrationspolitik zu entwickeln. Das extremste Beispiel für diesen nicht mehr zeitgemäßen und schädlichen Umgang mit der Immigrationsproblematik ist das Vorgehen des französischen Staates, der bis vor Kurzem mit dem Argument, alle Einwohner des Landes seien einfach französische Bürger, keine Statistiken zur ethnischen und Religionszugehörigkeit erhob. In vielen Bereichen gibt es immer noch keine solchen Statistiken. Beispielsweise wird in den französischen Haushaltserhebungen nicht nach dem ethnischen und religiösen Hintergrund der Haushaltsmitglieder gefragt, weshalb es unmöglich ist, die verschiedenen Gruppen im Hinblick auf Einkommensverteilung, durchschnittliches Familieneinkommen, Familienzusammensetzung usw. zu vergleichen.[42]

Ich habe gesagt, dass der Staat dieses Problem »zunächst einmal« nicht lösen kann, da kein Staat in der Lage ist, seine Bürger zu zwingen, sich mit Einwanderern anzufreunden oder sie zu heiraten. Das bedeutet jedoch nicht, dass der Staat überhaupt nicht eingreifen kann. Indem er Informationen sammelt und aktive Maßnahmen zugunsten der Minderheiten ergreift, kann er die Einkommens- und Bildungslücke zwischen ihnen und der nativen Bevölkerung Schritt für Schritt schließen. Es gibt kaum einen Zweifel daran, dass dies die Assimilierung der Migranten erleichtern würde: Er würde ihre wirtschaftliche Lage verbessern, und Einwanderer und Einheimische würden aufhören, sich voneinander abzugrenzen. In Zukunft wird Europa sein Zuwanderungsproblem möglicherweise auf diese Art bewältigen, aber gegenwärtig ist eine solche Lösung noch in weiter Ferne.

Das vierte Problem ist, dass viele Einwanderer andere kulturelle Normen mitbringen, die den Sozialstaat belasten können. Dies öffnet der Fehlinformation Tür und Tor: Es entsteht der Eindruck, die Zuwanderer profitierten unverhältnismäßig vom sozialen Sicherungsnetz. In Wahrheit tragen sie mehr zur Finanzierung des Sozialstaats bei, als sie an Sozialtransfers und sozialen Diensten beziehen (was zum Teil daran liegt, dass sie jünger sind als die einheimische Bevölkerung). Die Öffentlichkeit macht sich möglicherweise ein falsches Bild vom Ausmaß der Einwanderung, weil sich die Migranten oft durch Hautfarbe, Kleidung, Ausdrucksweise und Verhalten von der Mehrheitsbevölkerung abheben und damit auffälliger sind.[43] Die Vorstellung vom Einwanderer als »Sozialschmarotzer« ist zweifellos falsch, aber wir müssen uns vor Augen halten, dass bei der Gestaltung des Wohlfahrtsstaats europäischer Prägung von einer ethnisch und kulturell homogenen Bevölkerung ausgegangen wurde. Homogenität erhöht nicht nur die Affinität zwischen den verschiedenen Bevölkerungssegmenten, sondern gewährleistet auch, dass sich der Großteil der Bevölkerung an ähnliche soziale Normen hält. Nehmen wir einmal an, der Sozialstaat bliebe finanzierbar, wenn niemand ein höheres Alter vortäuscht, um sich eine Rente zu erschleichen, oder in den Krankenstand tritt, ohne wirklich krank zu sein. Wenn nun solche Normen nicht von allen beachtet werden, droht eine Überlastung der sozialen Sicherungssysteme (siehe Lindbeck 1994). Peter Lindert (2014) hat gezeigt (Kristov, Lindert und McClelland, 1992, hatten dies bereits in einer früheren Arbeit skizziert), dass der Sozialstaat in Europa eben deshalb weiter entwickelt ist als in den Vereinigten Staaten, weil die Affinität zwischen den verschiedenen Bevölkerungsgruppen in den europäischen Ländern größer ist: Dort können sich junge Erwerbstätige leichter vorstellen, dass sie in Zukunft soziale Unterstützung brauchen werden. In den Vereinigten Staaten hingegen entstand nach Ansicht von Lindert gerade aufgrund der wirtschaftlichen Distanz zwischen Weißen und Afroamerikanern nur ein sehr viel kleinerer Wohlfahrtsstaat. Nun könnte auch in Europa die Affinität zwischen den Bevölkerungsgruppen schwinden.

Die Bedrohung der Funktionstüchtigkeit und der Finanzierbarkeit der europäischen Wohlfahrtsstaaten erhöht den teilweise eingebildeten, teils realen Druck, den die Globalisierung durch billigere Importe und die Auslagerung der Produktion auf den Sozialstaat und den Arbeitsmarkt ausübt. Die zahlreichen Angriffe auf den Wohlfahrtsstaat – Kürzungen im öffentlichen Gesundheits- und Bildungswesen, steigende Gebühren für öffentliche Dienste, Anhebung des Rentenalters, »Flexibilisierung« des Arbeitsmarkts mit Null-Stunden-Verträgen (welche die Beschäftigten verpflichten, am Arbeitsplatz zu erscheinen, ohne dass ihnen Arbeit garantiert würde) – sind in Wahrheit Angriffe auf die Mittelschicht, die der größte Nutznießer des Wohlfahrtsstaats war und ihn am entschlossensten verteidigte. Es ist richtig, dass die Armen dank Arbeitslosenunterstützung und Sozialhilfe sehr vom Sozialstaat profitieren (siehe z. B. Milanović 2000, 2010a). Aber sein größter Nutznießer ist die Mittelschicht, nimmt sie doch ein staatlich finanziertes Gesundheitswesen, öffentliche Bildungsangebote und Renten in Anspruch und kann sich in persönlichen Krisensituationen darauf verlassen, in ein soziales Auffangnetz zu fallen.[44] Der Wohlfahrtsstaat hat entscheidend dazu beigetragen, die europäische Mittelschicht zu stärken und den demokratischen Kapitalismus zu festigen.

Die Mittelschicht und die untere Mittelschicht reagieren auf die graduelle Einschränkung der sozialen Sicherungssysteme und die Angriffe auf ihre erworbenen Rechte, indem sie sich rechtsgerichteten populistischen und nativistischen Parteien zuwenden. Gefördert wurde diese Entwicklung erstens durch das Verschwinden alternativer Angebote der durch das Scheitern des Kommunismus diskreditierten Linken, zweitens durch die Kooptierung linker Parteien (wie der sozialistischen Parteien Frankreichs und Spaniens) durch Parteien der Mitte, von denen sich die Linke kaum noch abhebt, und drittens durch den Glaubwürdigkeitsverlust der etablierten Parteien, die es nicht geschafft haben, die Rezession infolge der Finanzkrise unter Kontrolle zu bringen. Der Niedergang der linken und gemäßigten Parteien hat in fast allen westlichen und mitteleuropäischen Ländern den Weg für populistische, bis zu einem gewissen Grad systemfeindliche Parteien geebnet. Als »bis zu einem gewissen Grad systemfeindlich« beschreibe ich sie, weil diese Parteien anders als beispielsweise faschistische und kommunistische Parteien nicht vorhaben, die bestehende politische Ordnung zu zerschlagen. Gegenüber den Wählern präsentieren sie sich jedoch als Systemgegner: Die Europäer sind derart enttäuscht von ihren politischen Systemen und Parteien, dass viele von ihnen das Attribut der »Systemfeindlichkeit« mittlerweile als Vorzug betrachten.

Fast kein Land ist vom Aufschwung des Populismus verschont geblieben: Griechenland hat seine »Goldene Morgenröte«, Finnland seine »Wahren Finnen«. In Schaubild 4.11 sehen wir die jüngsten Ergebnisse der populistischen Parteien bei nationalen Wahlen (bei denen die reinen Proteststimmen, von denen diese Parteien oft profitieren, geringere Bedeutung haben dürften als bei den Wahlen zum Europäischen Parlament, dessen Einfluss sehr beschränkt ist). Die erfolgreichsten populistischen Parteien kommen auf einen Stimmenanteil von etwa 20 Prozent, der bei den französischen Parlamentswahlen 2017 sogar noch übertroffen werden könnte. In fast allen hier berücksichtigten Ländern sind die rechtsextremen Parteien heute beliebter als vor zehn oder fünfzehn Jahren, als einige von ihnen überhaupt noch nicht existierten. Die einzige Ausnahme ist Belgien, wo Vlaams Belang, der gegründet wurde, nachdem der Vlaams Blok wegen seiner rassistischen Positionen verboten worden war, in der Wählergunst gesunken ist (viele Vertreter dieser Partei haben jedoch einen Platz in der regierenden Neu-Flämischen Allianz gefunden).

Der Aufstieg solcher Parteien hat noch etwas anderes bewirkt: Die etab-

**Schaubild 4.11**: Stimmenanteil verschiedener rechtspopulistischer europäischer Parteien bei Parlamentswahlen um das Jahr 2000 und in den Jahren 2012-2015

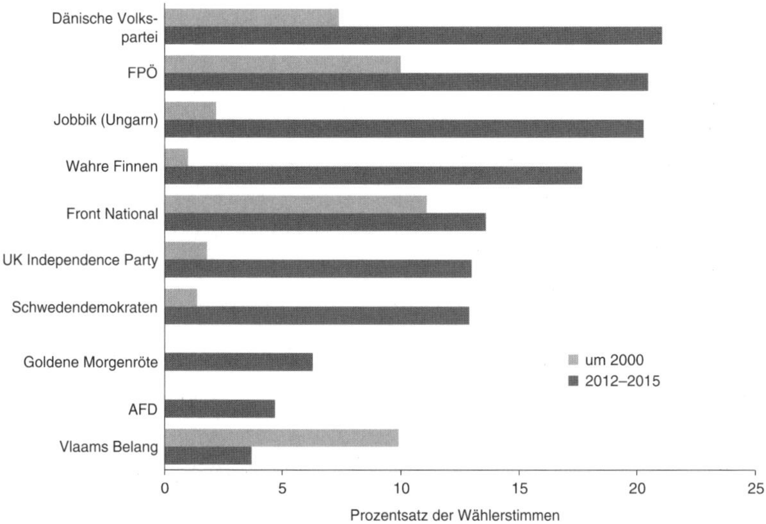


Dieses Diagramm zeigt den Stimmenanteil, den rechtspopulistische oder nationalistische Parteien in verschiedenen Ländern bei Parlamentswahlen erhalten haben. Der Stimmenanteil verrät mehr über die Unterstützung für diese Parteien als die Zahl ihrer Parlamentssitze, weil deren Verteilung von den Wahlgesetzen abhängt. Wie wir sehen, finden die rechtsextremen populistischen Parteien mit der Ausnahme Belgiens in allen Ländern seit 2000 wachsenden Zulauf. Die Ergebnisse der Parlamentswahlen im Zeitraum 2012 bis 2015 sind die aktuellsten, die zum gegenwärtigen Zeitpunkt (August 2015) vorliegen: Frankreich (2012), Deutschland und Österreich (2013), Belgien, Schweden, Ungarn (2014), Griechenland, Finnland, Dänemark und Großbritannien (2015). Die Parteien wurden entsprechend ihrem Stimmenanteil bei den letzten Parlamentswahlen gereiht. Datenquellen: Vom Autor zusammengestellte Daten aus verschiedenen Internet-Quellen.

lierten Mitte-rechts-Parteien sind nach rechts gerückt. Unübersehbar ist diese Entwicklung in Frankreich, wo die Positionen der von Nicolas Sarkozy geführten Republikaner in mehrerlei Hinsicht nicht mehr von denen des rechtsextremen Front National zu unterscheiden sind (obwohl Sarkozys Partei bemüht ist, die Unterschiede hervorzuheben und die Ähnlichkeiten unter den Tisch fallen zu lassen). Sehr gut zu beobachten ist sie auch in Großbritannien, wo sich die Konservativen in vielen Fragen den Positionen der weit rechts stehenden UK Independence Party angenähert haben.

Es ist kaum zu erwarten, dass es einer rechtspopulistischen Partei gelingen wird, eine Alleinregierung zu stellen oder die Führungsrolle in einer Regierungskoalition zu übernehmen, was nicht zuletzt daran liegt, dass sich viele andere Parteien weigern werden, mit den Populisten zu paktieren. Aber auch ohne Regierungsbeteiligung haben diese Parteien bereits die politische Landschaft Europas verändert und werden es weiterhin tun. Vorhaben, die noch vor fünf Jahren undenkbar schienen, werden mittlerweile offen diskutiert: Großbritannien wird voraussichtlich aus der EU ausscheiden, Deutschland könnte seine Position innerhalb der Union neu aushandeln, Frankreich könnte eingebürgerten Personen, die mit dem Gesetz in Konflikt geraten, die Staatsbürgerschaft entziehen, Dänemark könnte extrem schwierige Staatsbürgerschafts- und Sprachtests einführen, die Niederlande könnte ihre Grenzen für Einwanderer schließen. Der Populismus hat sich einen festen Platz im politischen Leben gesichert und beginnt, den Mainstream zu verdrängen – oder besser, in den Mainstream zu drängen.

Die populistische und nativistische Bewegung untergräbt die Demokratie, indem sie schrittweise einige grundlegende Rechte der Bürger beseitigt oder neu definiert. Diese Rechte werden nicht länger als unverletzlich betrachtet, sondern von der Zustimmung der nationalen Mehrheit abhängig gemacht. Populismus und Nativismus schränken auch Europas Fähigkeit ein, umfassend und produktiv an der Globalisierung teilzunehmen, da ihre Vertreter es ablehnen, die Einwanderung zu nutzen, um den Bevölkerungsschwund in Europa zu bremsen und Talente ins Land zu holen. Die Populisten blasen zum Rückzug sowohl aus der Globalisierung als auch aus der Demokratie.[45]

Die Vereinigten Staaten und Europa haben also unterschiedliche Wege beschritten, um Globalisierung und Demokratie miteinander in Einklang zu bringen. Die plutokratische Regierung der Vereinigten Staaten versucht, die Globalisierung unter Missachtung der Meinungen und Wünsche der Menschen am unteren Ende und sogar in der Mitte der Einkommensverteilung fortzusetzen, und beraubt dabei in vielerlei Hinsicht die Demokratie ihres Sinns. Der europäische Populismus schränkt die Beteiligung an der globalisierten Wirtschaft ein: Die Länder errichten Hindernisse für die Zuwanderung und versuchen, sich gegen ungehinderte Kapital- und Handelsströme zu schützen, während sie die Staatsbürgerschaft und die bürgerlichen Rechte neu definieren. Um es überspitzt zu formulieren. Die Plutokratie versucht, die Globalisierung fortzusetzen, und opfert dafür Schlüsselelemente der Demokratie. Der Populismus bemüht sich um die Abkoppelung von der Globalisierung und erhält eine Scheindemokratie aufrecht. Bislang war keine der beiden Strategien erfolgreich, aber uns geht es hier um die gleichsam natürlichen Tendenzen dieser beiden Bewegungen, und diese könnten in den kommenden Jahrzehnten durchaus Realität werden.

# 5

## WIE GEHT ES WEITER?
### *Zehn kurze Reflexionen zur Zukunft der Einkommensungleichheit und der Globalisierung*

> [Es] gereicht [...] zur höchsten Ehre, wenn man bescheiden zu etwas geraten hat und der Rat in Folge Wiederspruchs nicht angenommen wurde, aus dem Rat eines anderen aber Unheil entstanden ist. Kann man sich auch über den Ruhm, den man durch das Unglück seines Landes oder seines Herrn erntet, nicht freuen, so ist er doch nicht gering zu schätzen.[1]
>
> *Niccolo Macchiavelli*

In diesem abschließenden Kapitel werde ich einige zentrale Themen und Botschaften dieses Buchs rekapitulieren. Dabei geht es mir darum, die wichtigsten Erkenntnisse ein weiteres Mal herauszuarbeiten, um ausgehend davon erstens Prognosen zu den kommenden Entwicklungen anzustellen und zweitens politische Veränderungen vorzuschlagen. Das Kapitel kreist um zehn Fragen zur globalen Einkommensverteilung. Die Entwicklung in den nächsten Jahren hängt davon ab, welche Antworten auf diese Fragen gegeben werden.

### 1. Welche Kräfte werden die Ungleichheit in der Welt in diesem Jahrhundert prägen?

Die Entwicklung der globalen Ungleichheit wird entscheidend von der wirtschaftlichen Konvergenz und von den Kuznets-Zyklen geprägt. Die Konvergenz dürfte stattfinden: Asien wird zum Westen aufschließen. Selbst wenn der chinesische Wachstumsmotor ins Stottern geriete, dürfte sich das kräftige Wirtschaftswachstum bevölkerungsreicher Länder wie Indien, Indonesien, Bangladesch, Thailand und Vietnam fortsetzen. Es ist unwahrscheinlich, dass sich das Wachstum in all diesen Ländern gleichzeitig verlangsamen wird. Bis zur Jahrtausendwende war es vor allem dem Wachstum Chinas zu verdanken, dass Armut und Ungleichheit in der Welt zurückgingen, aber in den kommenden Jahren werden weitere asiatische Länder eine Führungsrolle übernehmen, womit die Chancen auf eine Fortsetzung des Prozesses steigen: Die Eier liegen nicht alle in einem Korb.

Asien wird weiter an Einfluss in der Weltwirtschaft gewinnen. Danny Quah hat die Verschiebung der wirtschaftlichen Macht grafisch dargestellt. In den achtziger Jahren befand sich das gedachte Gravitationszentrum der Produktion zwischen Europa und Nordamerika an einem Punkt über dem Nordatlantik. Nach Quahs jüngsten Berechnungen liegt es mittlerweile im Iran, nachdem es in den letzten 35 Jahren stetig nach Osten gewandert ist (Danny Quah, persönliche Mitteilung). Bis zum Jahr 2050 wird es sich Quah zufolge zu einem Punkt zwischen Indien und China verlagern, die damit die in der Vergangenheit von Europa und Nordamerika gespielte Rolle übernehmen werden (Quah 2011).

Die Annäherung der Einkommen in vielen asiatischen Ländern an jene in Westeuropa und Nordamerika wird auch die globale Ungleichheit verringern. In diesem Fall spielt China jedoch eine zwiespältige Rolle. Zwar hat das Land in den letzten vier Jahrzehnten sehr zur Verringerung der globalen Ungleichheit beigetragen – tatsächlich hing es bis zur Jahrtausendwende allein von China ab, ob die Ungleichheit in der Welt zu- oder abnahm –, sein rasches Wachstum wird allerdings bald beginnen, die globale Ungleichheit zu erhöhen. Diese Wirkung wird anfangs gering sein, aber abhängig von der Entwicklung in Afrika und davon, ob der Graben zwischen China und den bevölkerungsreichen armen Ländern wächst, kann sie größer werden. Die globale Ungleichheit wird also nur abnehmen, wenn neben China weitere Regionen rasch wachsen. Am wahrscheinlichsten ist ein derart dynamisches Wachstum in Asien. Dass es in Afrika dazu kommen wird, muss bezweifelt werden.

Es ist auch nicht vollkommen klar, welche Rolle die Kuznets-Zyklen spielen werden. Selbst wenn sie den »erwünschten« Verlauf nehmen, das heißt, wenn sich die Einkommensungleichheit zuerst in China und anschließend in den Vereinigten Staaten und der übrigen reichen Welt auf den Kuznets-Kurven abwärts bewegt, könnte es noch ein Jahrzehnt dauern, bis sich die Verringerung der Ungleichheit in den einzelnen Ländern auch auf globaler Ebene auswirken wird. Außerdem ist nicht sicher, dass China und die Vereinigten Staaten tatsächlich bereits den Höhepunkt ihrer ersten beziehungsweise zweiten Kuznets-Welle erreicht haben. In China sind drei Kräfte zu beobachten, die einer Verringerung der Ungleichheit entgegenwirken können: der wachsende Anteil des privaten Kapitals am Nationaleinkommen, die Korruption und die regionalen Einkommensunterschiede. Die Gegenkräfte in den Vereinigten Staaten sind die hohe Konzentration des Kapitals in den Händen der Reichen, die Tatsache, dass immer mehr Personen zugleich hohe Kapital- und Arbeitseinkommen beziehen (der »neue Kapitalismus«), und der politische Einfluss der Reichen.

Einkommensungleichheit und politische Probleme werden auch in Zukunft eng miteinander verknüpft sein. Während im Fall der Vereinigten Staaten nicht zu erwarten steht, dass eine ausgeprägte oder sogar zunehmende Ungleichheit das politische System grundlegend verändern wird – wenn man davon absieht, dass sie es noch weiter in Richtung der Plutokratie drängen dürfte –, könnte ein hohes Maß an Ungleichheit das chinesische System untergraben und entweder die autokratischen und nationalistischen Elemente der kommunistischen Herrschaft verstärken oder eine Demokratisierung auslösen. Beide Entwicklungen würden wahrscheinlich mit gewaltigen ökonomischen Umwälzungen und einer Verringerung des Wirtschaftswachstums einhergehen.

## 2. Was wird aus der Mittelschicht der reichen Länder?

Die Arbeitskräfte in den reichen Ländern sind zwischen den Spitzenverdienern im eigenen Land, die weiterhin von der Globalisierung profitieren werden, und den Arbeitskräften in den Schwellenländern gefangen, die relativ billig und damit für die Arbeitgeber attraktiv sind. Diese von den Kräften der Automatisierung und Globalisierung heraufbeschworene Zwangslage (die »Mittelschicht-Squeeze«), mit der wir uns in den Kapiteln 1 und 2 befasst haben, wird weiterbestehen. Sie wird die westlichen Gesellschaften auch in Zukunft polarisieren: Einer sehr erfolgreichen und reichen Oberschicht wird eine sehr viel größere Gruppe gegenüberstehen, die Dienstleistungen für die Reichen verrichten, und zwar in Tätigkeitsbereichen, in denen die menschliche Arbeitskraft nicht durch Maschinen ersetzt werden kann. Die Bildung wird unter Umständen keinen großen Einfluss auf die Entwicklung haben, weil viele reiche Gesellschaften das Bildungsangebot quantitativ (das heißt, gemessen an der Zahl der Schuljahre) und möglicherweise auch qualitativ kaum noch verbessern können; dazu kommt, dass viele Beschäftigte im Dienstleistungssektor für ihre Tätigkeiten bereits überqualifiziert sind.

Vielleicht müssen wir uns auf eine Situation einstellen, in der sich die Kenntnisse und Fähigkeiten von hoch qualifizierten Arbeitskräften kaum von denen der Beschäftigten im Dienstleistungssektor unterscheiden. Zufall und familiärer Hintergrund werden eine sehr viel größere Rolle spielen als früher. Möglicherweise wird jemand einfach deshalb nicht Yoga-Lehrer, sondern Bankier an der Wall Street, weil er eines Abends die richtige Straße hinunterschlendert und der richtigen Person über den Weg läuft. Bereits heute können wir in der Gruppe der einkommensstärksten zehn Prozent der Beschäftigten in Bezug auf beobachtbare Merkmale wie Bildungsniveau und Erfahrung keine Unterschiede mehr erkennen, die erklären würden, warum die Einkommen des einkommensstärksten einen Prozent die der übrigen neun Prozent um das Zehnfache (oder mehr) übersteigen (Piketty 2014, Kapitel 9). Die Bildung dürfte auch in anderen Einkommensgruppen an Bedeutung verlieren, da sich die Bildungsniveaus angleichen. Ironischerweise könnte Tinbergen also mit seiner Prognose recht behalten, wonach in einer gebildeten Gesellschaft ein hoher Bildungsstand kaum noch ein höheres Einkommen garantieren werde, allerdings wird das wohl nichts an den großen Einkommensunterschieden ändern. Neben dem Zufall wird die Herkunft aus einer vermögenden Familie und, was vielleicht noch wichtiger ist, einer Familie mit guten Verbindungen immer wichtiger werden. In den Vereinigten Staaten ist in Tätigkeiten, die große Macht und hohe Einkommen mit sich bringen, sehr deutlich zu sehen, welchen Einfluss das Vermögen und die Verbindungen der Familie haben. Politische Dynastien sind heute häufiger als vor fünfzig Jahren, und Personen, deren Eltern Schauspielerinnen oder Regisseure waren, haben ausgezeichnete Karrierechancen in der Filmindustrie. Dasselbe gilt für den Finanzsektor. Bringen die Kinder von Politikern, Schauspielern oder Aktienhändlern automatisch die besten Fähigkeiten mit, um diesen Tätigkeiten in der nächsten Generation nachzugehen? Mit Sicherheit nicht. Es ist einfach so, dass der vergangene Erfolg ihrer Familien in diesen Branchen ihre Erfolgschancen erhöht. Entscheidend ist, dass sie aufgrund ihres familiären Hintergrunds und ihrer Verbindungen einen besseren Zugang zu den Leuten haben, die Personalentscheidungen beeinflussen können.[2]

Im neuen Kapitalismus, in dem der Gegensatz zwischen Arbeit und Kapital an der Spitze aufgehoben wird (wenn auch auf eine sonderbare Art, da die reichsten Personen zugleich die höchsten Arbeitseinkommen und die höchsten Kapitaleinkommen erzielen werden), wird größere Ungleichheit herrschen. Der Erfolg wird in höherem Maß als im vergangenen Jahrhundert (das durch gewaltige politische und soziale Umwälzungen gekennzeichnet war) davon abhängen, ob man aus gutem Haus stammt und Glück im Leben hat. Der neue Kapitalismus wird Ähnlichkeit mit einem großen Spielcasino haben, wenn man von einem bedeutsamen Unterschied absieht: Denjenigen, die ein paar Mal auf die richtige Zahl gesetzt haben (oft, weil sie in die richtige Familie hineingeboren wurden), wird das Casino bessere Quoten anbieten, während die Gewinnchancen derer, die ein paar Mal auf die falsche Zahl gesetzt haben, stetig sinken.

Hat ein Kind das Glück, die richtigen, das heißt reiche und gebildete Eltern zu haben, so wird es davon profitieren, dass sie in seine Bildung investieren und sich daran beteiligen werden. Das höchste Ziel, das sich Eltern für ihr Kinder setzen, ist ein interessanter, gut bezahlter Job. Um eine Chance auf einen solchen Job zu haben, muss man eine gute Universität besuchen, und Voraussetzung dafür ist, dass man eine gute Sekundarschule besucht, in die man nur kommt, wenn man eine gute Grundschulausbildung mitbringt – die man nur bewältigen kann, wenn man in der Vorschule gut vorbereitet wurde. Der Weg eines Menschen ist also schon im Alter von fünf Jahren vorgezeichnet, und ein fünfjähriges Kind hat nur gute Berufsaussichten, wenn seine Eltern über genügend Wissen, Vorausblick und Geld verfügen. Nur wenige mittellose oder ungebildete Eltern sind in der Lage, frühzeitig die für den beruflichen Erfolg ihres Kindes wichtigen Entscheidungen zu fällen. Wenn das Kind erst zu einem späteren Zeitpunkt begreift, was es braucht, um Erfolg zu haben, muss es sehr viel höhere Hindernisse überwinden. Kinder reicher Eltern hingegen beschreiten von Anfang an einen erfolgversprechenden Weg, von dem sie nur abkommen, wenn es ihnen an Interesse oder Lernfähigkeit mangelt oder wenn sie verhaltensgestört sind.

Es ist kaum vorstellbar, dass ein System, in dem die Ungleichheit derart ausgeprägt ist, politisch stabil sein wird. Vielleicht wird die Ungleichheit ja abnehmen, so dass die Instabilität verschwindet. Die kommende Entwicklung wird dabei insgesamt von zwei Faktoren abhängen. Dies sind (1) die Natur des technologischen Fortschritts, der den Armen zugutekommen könnte, indem er es möglich macht, gegenwärtig sehr gut bezahlte Arbeitskräfte wie Professoren durch billigere Arbeitskräfte zu ersetzen, und (2) die Fähigkeit der »Verlierer« des Systems, sich politisch zu organisieren. Wenn sich die Verlierer nicht zusammenschließen, sondern ein falsches Bewusstsein entwickeln, wird sich nicht viel ändern. Wenn es ihnen gelingt, sich zu organisieren, und wenn Politiker auftauchen, die ihrer Frustration eine Richtung geben und sie politisch vertreten, dann können in den reichen Ländern möglicherweise erfolgreich politische Maßnahmen ergriffen werden, die einen Abstieg auf der zweiten Kuznets-Welle einleiten. Wie könnte das erreicht werden?

## 3. Wie kann die Ungleichheit in reichen Ländern mit hoch entwickeltem Wohlfahrtsstaat verringert werden?

Das »kurze 20. Jahrhundert« war die einzige historische Epoche, in der ein Anstieg der Durchschnittseinkommen mit einer Verringerung der Ungleichheit einherging. Das geschah nicht nur in reichen Ländern, sondern auch in vielen Entwicklungsländern und in allen kommunistischen Staaten. Damit die Ungleichheit erneut sinken kann, wird sich der zweite Kuznets-Zyklus genauso verhalten müssen wie der erste. Es ist jedoch zu bezweifeln, dass es mit denselben Mechanismen, die im 20. Jahrhundert die Ungleichheit verringerten, möglich sein wird, eine Abwärtsphase der zweiten Kuznets-Welle herbeizuführen. Diese Mechanismen waren höhere Steuern und Sozialtransfers, Hyperinflation, Verstaatlichung von Privateigentum und Kriege. Warum werden diese Mechanismen nicht noch einmal funktionieren? Die Antwort ist, dass die Globalisierung eine höhere Besteuerung der Kapitaleinkommen, die den größten Beitrag zur Ungleichheit leisten, sehr erschwert, und solche Steuererhöhungen sind nur möglich, wenn die große Mehrheit der Länder geschlossen handelt, was zum gegenwärtigen Zeitpunkt ausgesprochen unwahrscheinlich scheint. Einfach ausgedrückt, ist das Kapital schwer zu besteuern, weil es extrem mobil ist und weil die Länder, die von dieser Mobilität profitieren, keinen Anreiz haben, denen zu helfen, die darunter leiden. Steuerparadiese gibt es nicht nur in Kleinstaaten, sondern auch in großen Ländern wie den Vereinigten Staaten und Großbritannien. Man denke nur an die geringe Bereitschaft der Vereinigten Staaten, gegen chinesische Bürger zu ermitteln oder Chinesen auszuliefern, die von ihrer Regierung der Unterschlagung bezichtigt werden (66 der 100 »meistgesuchten« Chinesen, denen Wirtschaftskriminalität vorgeworfen wird, sollen sich in den Vereinigten Staaten und Kanada verstecken),[3] oder an die Londoner Broker, die nur zu gerne bereit sind, russisches Geld zu akzeptieren, egal wo es herkommt. Sogar hohe Arbeitseinkommen sind immer schwerer zu besteuern, weil sie leicht von einem Land in ein anderes bewegt werden können: Es gibt keinen Grund, warum man den Arbeitsplatz eines Spitzenmanagers nicht von London oder New York nach Singapur oder Hongkong verlegen sollte. Hyperinflation und Verstaatlichung gelten heute nicht mehr als geeignete Mittel, um Gläubiger und Besitzer großer Vermögen zu enteignen. Es wird kein Grundbesitz mehr verstaatlicht. Das Machtgleichgewicht hat sich zugunsten der Kapitalisten verschoben: Eigentümer von Vermögenswerten und Kreditgeber üben politischen Einfluss aus. Schließlich kann man nur hoffen, dass keine großen Kriege ausbrechen, auch wenn diese Möglichkeit leider nicht völlig unrealistisch ist.

Erfolgversprechender wäre es, an einem früheren Punkt einzugreifen, anstatt lediglich zu versuchen, die Ungleichheit im Nachhinein durch Steuern und Sozialtransfers zu verringern. Eine Möglichkeit bestünde darin, die Ausstattungsungleichheit zu verringern, insbesondere die ungleiche Ausstattung mit Vermögenswerten und Bildung. Wenn die Ausstattung (*endowments*) mit privatem Vermögen sowie mit Kenntnissen gleichmäßiger verteilt wäre und die Kapitalerträge aus großen und kleinen Vermögen ähnlich hoch wären, würden die Markteinkommen (die Einkommen vor Steuern und Sozialtransfers) gerechter verteilt als heute. Gelänge es, die Ungleichheit der Markteinkommen unter Kontrolle zu bringen und im Lauf der Zeit zu verringern, so könnte man die staatliche Umverteilung mithilfe von Transfers und Steuern einschränken. Das würde jene zufriedenstellen, die einen schlanken Staat befürworten und der Meinung sind, dass hohe Steuern das Wirtschaftswachstum hemmen. Gleichzeitig entspräche das den Wünschen derer, die glauben, dass gleichmäßiger verteilte verfügbare Einkommen an sich nützlich sind, und käme denen entgegen, die sich dafür aussprechen, die Ungleichheit zu verringern, um die Chancengleichheit zu erhöhen und das Wirtschaftswachstum anzukurbeln. Außerdem würde so einer der schädlichsten Einflüsse der Vererbung von Vermögen beseitigt, die ich eben skizziert habe.

Wirtschaftsmodelle, die eine geringe Ungleichheit der Markteinkommen mit einem relativ schlanken Staat kombinieren, sind keine Seltenheit. Tatsächlich verfolgen einige asiatische Länder eine solche Politik. In Schaubild 5.1 werden ausgewählte westliche Länder mit drei reichen asiatischen Ländern (Südkorea, Taiwan und Japan) verglichen. Die vertikale Achse zeigt den Gini-Koeffizienten für das verfügbare Einkommen (nach Steuern und Sozialtransfers), die horizontale Achse den Gini-Koeffizienten für das Markteinkommen. Die Ungleichheit der verfügbaren Einkommen ist in den drei asiatischen Ländern etwa genauso ausgeprägt wie in den reichen westlichen Ländern, aber die Gini-Koeffizienten für das Markteinkommen sind sehr viel niedriger (um 15 Gini-Punkte). Das bedeutet, dass die asiatischen Länder weniger auf staatliche Umverteilung angewiesen sind, um die Ungleichheit der verfügbaren Einkommen auf ein bestimmtes Maß zu verringern. Nehmen wir Taiwan und Kanada: In beiden Ländern liegt der Gini-Koeffizient für das verfügbare Einkommen bei 0,33. Taiwan muss jedoch praktisch keine staatliche Umverteilung betreiben, um diesen Wert zu erreichen (das heißt, die Gini-Koeffizienten für das Markteinkommen und das verfügbare Einkommen sind fast identisch), und die Sozialtransfers entsprechen lediglich 12 Prozent des Markteinkommens. Kanada hingegen hat ein umfangreiches Steuer- und Transfersystem aufgebaut (das im Verhältnis dreimal so groß ist wie das Taiwans), um die Ungleichheit von einem Gini-Koeffizienten von 0,47 (für die Markteinkommen) auf 0,33 (für die verfügbaren Einkommen) zu verringern.

Schaubild 5.1 zeigt auch, dass die unterschiedlich ausgeprägte Ungleichheit der verfügbaren Einkommen in den westlichen Ländern das Ergebnis der unterschiedlich umfangreichen Umverteilungsmaßnahmen ist (beispielsweise verteilen die Vereinigten Staaten und Israel sehr viel weniger

**Schaubild 5.1**: Ungleichheit von Markteinkommen und verfügbaren Einkommen in ausgewählten asiatischen und westlichen Ländern (ca. 2010)

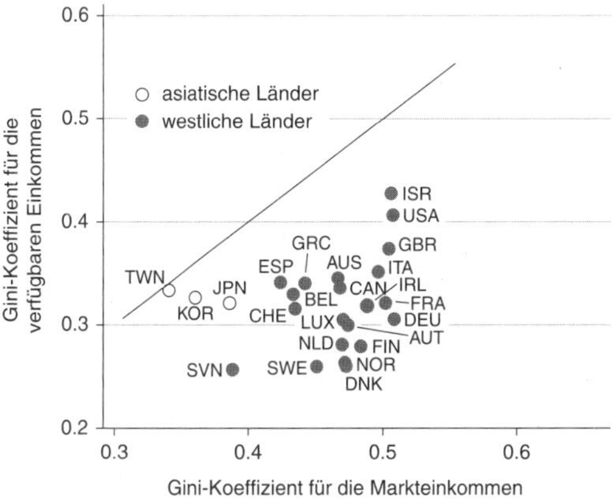


Diese Grafik gibt Aufschluss über die Beziehung zwischen der Ungleichheit der verfügbaren Einkommen (Einkommen nach direkten Steuern und Sozialtransfers) und der Ungleichheit der Markteinkommen (Einkommen vor direkten Steuern und Sozialtransfers) in ausgewählten wohlhabenden asiatischen und westlichen Ländern. Befindet sich der Punkt für ein Land auf der Linie, so entspricht die Ungleichheit der verfügbaren Einkommen der Ungleichheit der Markteinkommen. Die Entfernung zwischen der Linie und den Punkten gibt Aufschluss darüber, um wie viel die Ungleichheit der Markteinkommen durch die staatliche Umverteilung mittels Steuern und Sozialtransfers verringert wird. In den drei asiatischen Ländern ist die Ungleichheit der Markteinkommen gering, und der Staat greift kaum ein, um Einkommen umzuverteilen (die Punkte für diese Länder liegen in der Nähe der Linie). Akronyme: *Asien*: JPN Japan, KOR Südkorea, TWN Taiwan. *Westliche Länder*: AUS Australien, AUT Österreich, BEL Belgien, Can Kanada, CHE Schweiz, DEU Deutschland, DNK Dänemark, ESP Spanien, FIN Finnland, FRA Frankreich, GBR Großbritannien, GRC Griechenland, IRL Irland, ISR Israel, ITA Italien, LUX Luxemburg NLD Niederlande, NOR Norwegen, SVN Slowenien, SWE Schweden, USA Vereinigte Staaten. Datenquelle: Berechnet anhand von Daten aus der Luxembourg Income Study, online verfügbar unter: {www.lisdatacenter.org}.

um als Deutschland und Frankreich), während die Unterschiede bei der Ungleichheit der Markteinkommen eher gering sind. Daher hat die Forschung der Umverteilungsfunktion des Staates große Aufmerksamkeit gewidmet, so als könnte die Ungleichheit nur durch Umverteilung verringert werden. Der Ausstattungsvorsprung der Oberschicht wird hingegen beinahe als unabänderliche Gegebenheit betrachtet. Aber wie wir im Fall der reichen asiatischen Länder gesehen haben, ist das nicht richtig: Die Ausstattung kann gerechter verteilt werden. Um die Ungleichheit der verfügbaren Einkommen auf ein bestimmtes Maß zu verringern, kann man also entweder hohe Steuern und Transfers einsetzen oder eine relativ ausgewogene Ausstattungsstruktur durch geringfügige staatliche Eingriffe ergänzen.

Wie können wir eine Angleichung der Ausstattung bewerkstelligen? Dem Staat wird hier wie in der Vergangenheit eine zentrale Rolle zukommen, obwohl es in diesem Fall nicht darum geht, die gegenwärtigen Einkommen zu steuern (durch Besteuerung und Umverteilung), sondern darum, Kapitalbesitz und Bildung langfristig anzugleichen. Zu den politischen Eingriffen, die geeignet wären, eine solche langfristige Gleichstellung zu erreichen, gehören (1) hohe Erbschaftssteuern (wie sie Piketty fordert), die verhindern würden, dass Eltern große Vermögenswerte an ihre Kinder weitergeben, (2) Körperschaftssteuern, welche die Unternehmen dazu bewegen würden, Anteile unter ihren Beschäftigten zu verteilen (so dass ein System des begrenzten Arbeitnehmerkapitalismus entstehen würde), und (3) steuerliche und administrative Maßnahmen, die es den Armen und der Mittelschicht ermöglichen würden, finanzielle Vermögenswerte zu erwerben und zu halten. Das deckt sich mit de Sotos (1989) Forderung nach einem sehr viel breiter gestreuten Besitz von Vermögenswerten sowie mit der Legalisierung der Vermögenswerte, die sich bereits im Besitz der Armen befinden, darunter Immobilien, die in vielen Ländern ohne Rechtstitel gehalten werden und daher nicht als Sicherheit für Kredite infrage kommen.

Diese Maßnahmen würden jedoch nicht genügen. Kapitalerträge sind sehr anfällig für Schwankungen, und für kluge Investmententscheidungen muss man gut informiert sein. Außerdem ist es problematisch, das Risiko der Arbeit für ein Unternehmen mit dem Risiko zu kombinieren, Anteile an demselben Unternehmen zu halten. Die Verwirklichung eines »Volkskapitalismus« ist also schwierig. Um die Ausstattungsungleichheit zu verringern, muss ein breiter gestreuter Kapitalbesitz mit einer gleichmäßigeren Verteilung der Bildung kombiniert werden: Es muss nicht nur dafür gesorgt werden, dass alle gleich lang zur Schule gehen, sondern alle Bürger müssen Zugang zu einer *ertragreichen* Bildung erhalten. Um das zu gewährleisten, muss die öffentliche Bildung gestärkt werden. Wenn wir annehmen, dass dieselbe Ausbildungsdauer für alle zu Ausstattungsgleichheit führen wird, sagen wir im Grunde, dass vier Jahre an einer kleinen öffentlichen Universität genauso viel wert sind wie vier Jahre in Harvard. Dieses Ziel wäre leicht zu erreichen. Doch wenn in der Praxis nur die Kinder der Reichen in Harvard studieren können und der Ertrag einer vierjährigen Ausbildung in Harvard den Ertrag einer vierjährigen Ausbildung an einer staatlichen Hochschule um ein Vielfaches übersteigt, wird sich im Grunde nichts ändern. Man hätte eine vordergründige, aber keine grundlegende Gleichheit der Bildungsausstattung erreicht. Voraussetzung für wirkliche Gleichheit ist ein gleichberechtigter Zugang zu den Bildungseinrichtungen mit höheren Bildungserträgen und/oder eine Angleichung der Bildungserträge der verschiedenen Einrichtungen. In einer Marktwirtschaft können diese Erträge nicht per Dekret angeglichen werden, da niemand den Unternehmen befehlen kann, Mitarbeitern, die unterschiedliche Schulen besucht haben, ungeachtet der Qualität dieser Schulen das gleiche Gehalt zu bezahlen.[4] Voraussetzung für eine gerechte Bildungsausstattung ist, dass der Zugang zu den besten Schulen vom Einkommen der Eltern unabhängig gemacht wird. Vor allem muss jedoch die Qualität der Bildungseinrichtungen angeglichen werden.[5] Dazu bedarf es öffentlicher Investitionen und finanzieller Unterstützung durch den Staat.

In einem System, dessen Ziel die Angleichung der Ausstattung ist, kommt dem Staat eine zentrale Rolle zu, die sich jedoch deutlich von der unterscheidet, die er bei der »großen Nivellierung« spielte. Damals bemühte sich der Staat, den Zugang zur Bildung auszuweiten und Mechanismen zur Einkommensumverteilung zu entwickeln, deren Bestandteile die Absicherung (zum Beispiel die Sozialversicherung in den Vereinigten Staaten) und die soziale Unterstützung waren (in den USA zum Beispiel die Lebensmittelmarken). Im zweiten Kuznets-Zyklus sollte er sich weniger auf Steuern und Transfers konzentrieren und stattdessen die Ausstattung gerechter verteilen.

Dass solche Eingriffe möglich sind und dass es Länder gibt, die sie tatsächlich vorgenommen haben, bedeutet jedoch nicht, dass sie stattfinden werden. Die europäischen Wohlfahrtsstaaten und in geringerem Maß der amerikanische Sozialstaat beruhen seit fast einem Jahrhundert auf ganz anderen Grundsätzen, und es wird nicht einfach sein, diese zu verändern. Die Globalisierung, die der Gleichheit entgegenwirkt, wird eine Neuausrichtung zusätzlich erschweren, und dasselbe gilt für die mit ihr einhergehende Ungleichverteilung der Arbeitserträge. Mit diesem Punkt werden wir uns als Nächstes beschäftigen.

## 4. Wird weiterhin die Regel »Der Sieger bekommt alles« gelten?

Man hört oft, dass die Regel »Der Sieger bekommt alles« eines der Merkmale der gegenwärtigen Globalisierung ist, denn nur so können die gewaltigen Einkommensunterschiede zwischen Menschen mit vergleichbaren Fähigkeiten erklärt werden. Wie im Tennis genügt ein geringfügiger Unterschied des Könnens, und schon ist ein Spieler die Nummer eins der Welt und verdient Millionen, während ein anderer auf Weltranglistenplatz 150 rangiert und die Teilnahme an Turnieren aus der eigenen Tasche (oder aus der Tasche seiner Eltern) bezahlen muss. Was die Regel »Der Sieger bekommt alles« bedeutet, können wir anhand der Skalierbarkeit verschiedener Tätigkeiten veranschaulichen. Wie Nassim Taleb in *Der schwarze Schwan* schreibt, sind skalierbare Jobs solche, in denen dieselbe Arbeitseinheit einer Person viele Male verkauft werden kann.[6] Ein typisches Beispiel ist eine herausragende Pianistin. Ursprünglich konnte eine solche Künstlerin ihr Können nur an jene verkaufen, die in den Konzertsaal kamen, um ihr zuzuhören. Nachdem der Plattenspieler erfunden worden war, konnte sie ihre Arbeit an alle Personen verkaufen, die bereit waren, Geld für ihre Plattenaufnahmen auszugeben. Heute kann sie ihre Arbeit dank Internet, Youtube und Webcasting praktisch an die ganze Welt verkaufen. Hingegen finden Pianisten, die nicht ganz so herausragende Fähigkeiten besitzen – oder einfach weniger Glück haben –, kaum Zuhörer. So erzeugt skalierbare Arbeit gewaltige Einkommensunterschiede innerhalb einzelner Berufsgruppen, und diese Unterschiede stehen in keinem Verhältnis zu den objektiv feststellbaren Unterschieden zwischen den Fähigkeiten der Individuen.

Schaubild 5.2 enthält eine schematische Darstellung der Beziehung zwischen dem Ausmaß der Skalierbarkeit (Wie oft kann eine Arbeitseinheit verkauft werden?) und der Einstufung der Berufe entsprechend ihrer Skalierbarkeit. Die Tätigkeiten ganz links auf der horizontalen Achse sind nicht skalierbar: Eine Pediküre kann nur an die Kundin verkauft werden, die diese Dienstleistung in Anspruch nimmt; eine Speise im Restaurant kann nur einmal verkauft werden, sobald sie zubereitet worden ist; eine Taxifahrt kann nur an einen Fahrgast oder eine Gruppe von Kunden verkauft werden. Der Wert dieser Tätigkeiten auf der vertikalen Achse ist 1. Eine Person muss mehr von diesen Produkten erzeugen oder diese Dienstleistungen mehrfach erbringen, um mehr Geld zu verdienen. Das Einkommen, das sich mit solchen Tätigkeiten erzielen lässt, ist anders als bei skalierbaren Tätigkeiten zwangsläufig begrenzt, da die Zahl der Einheiten, die man produzieren kann, durch die Zahl der Stunden limitiert ist, die man arbeiten kann. Durch eine Steigerung der Produktivität ist es möglich, die Zahl der pro Tag erzeugten Einheiten zu erhöhen, doch an der fehlenden Skalierbarkeit der Produkte dieser Tätigkeiten ändert das nichts. (Wir können sie als private, ausschließbare, rivalisierende Güter und Dienstleistungen bezeichnen. Hingegen sind skalierbare Güter und Dienstleistungen privat und ausschließbar, aber nicht rivalisierend: Ein erhöhter Konsum durch eine Person verringert die Möglichkeit des Konsums durch eine andere Person nicht.)

Je weiter wir uns auf der horizontalen Achse nach rechts bewegen, desto besser können die Tätigkeiten skaliert werden. Der Tennisspieler und die Pianistin, deren Tätigkeit sich jeder Mensch auf dem Planeten (für eine Gebühr) ansehen kann, sind Beispiele für eine extreme Skalierbarkeit. Novak Djokovic und Rafael Nadal müssen sich nicht für jeden einzelnen Zuschauer ein Match liefern: Sie spielen einmal und werden dafür mit Millionen individueller Verkaufsgebühren entlohnt. Ihre Arbeitseinheit kann fast unbegrenzt skaliert werden (das heißt, sie kann theoretisch an bis zu sieben Milliarden Menschen verkauft werden).

Wären nur sehr wenige Menschen in den skalierbaren Aktivitäten beschäftigt, so wären die Auswirkungen auf die gesamte Einkommensungleichheit begrenzt. Doch dank der Globalisierung werden immer mehr Tätigkeiten skalierbar, weshalb ihnen mehr Menschen nachgehen. Dazu kommt, dass das Ausmaß der Skalierbarkeit steigt. Das sieht man an der Aufwärtsbewegung der gestrichelten Linie in Schaubild 5.2. Wenn eine Tätigkeit skalierbar ist, kann eine Arbeitseinheit heute viel öfter verkauft werden als früher. Natürlich wird die allgemeine Lohnungleichheit zunehmen,

**Schaubild 5.2**: Skalierbarkeit von Gütern und Dienstleistungen

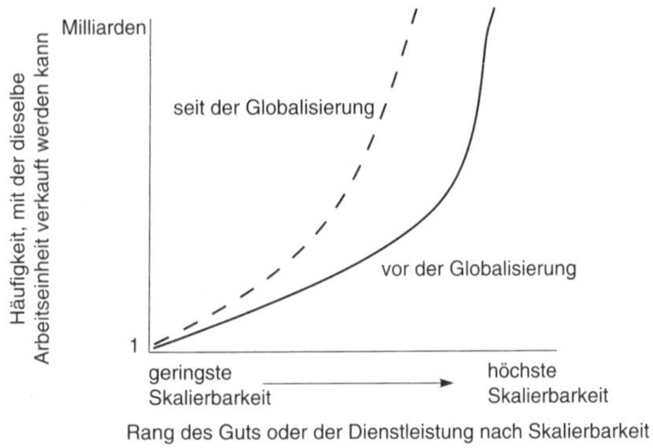


Diese Grafik zeigt, wie oft man eine Arbeitseinheit in verschiedenen Tätigkeiten verkaufen kann. In Aktivitäten am linken Ende der horizontalen Achse kann eine Arbeitseinheit nur einmal, in Aktivitäten auf der rechten Seite kann sie viele Male verkauft werden. Je öfter man dieselbe Arbeitseinheit verkaufen kann, desto höher ist die Skalierbarkeit der Tätigkeit. Die gestrichelte Linie zeigt, in welchem Ausmaß die Skalierbarkeit durch technologischen Wandel und Globalisierung zunimmt.

wenn es mehr Berufsgruppen gibt, innerhalb derer die Ungleichheit stark ausgeprägt ist. Die gewaltigen Einkommensunterschiede innerhalb der einzelnen Berufe sind zurückzuführen auf eine Kombination von (1) technologischem Wandel, der diese Tätigkeit skalierbar macht (wäre es nicht möglich geworden, den Ton aufzuzeichnen, so wäre die Tätigkeit einer Pianistin nicht skalierbar ), und (2) der Globalisierung, das heißt der Möglichkeit, Produkte und Dienstleistungen in jeden Winkel der Welt zu bringen. Wie wir bereits in Kapitel 2 gesehen haben, sind die Auswirkungen von technologischem Wandel und Globalisierung kaum voneinander zu trennen: Es handelt sich um zwei unterschiedliche Entwicklungen, die jedoch Hand in Hand gehen.

Die vielleicht wichtigste Veränderung ist die weiter wachsende Zahl skalierbarer Aktivitäten. In *Der schwarze Schwan* nennt Taleb die Prostituierte und den Koch als Beispiele für Arbeitskräfte, deren Tätigkeit nicht skalierbar ist. Aber das ist auch in diesen Berufsgruppen nicht länger zwangsläufig der Fall. Im Internet sind ganze Industrien rund um Personen entstanden, die sexuelle Aktivitäten zur Schau stellen oder Kochunterricht geben und damit Tausende zahlende Zuschauer gleichzeitig erreichen.[7] Die Technologie hat Sexarbeitern, Köchen, Personal Trainern, Lehrern und vielen anderen ganz neue Möglichkeiten eröffnet, ihre Dienste zu vermarkten: So sind rivalisierende zu nichtrivalisierenden Gütern geworden. Oder nehmen wir das Beispiel jener Personen, die in den sozialen Medien Prominenz erlangt haben und von Unternehmen dafür bezahlt werden, dass sie deren Produkte erwähnen (das heißt Werbung dafür machen). Josh Ostrovsky, der unter seinem Instagram-Namen »Fat Jew« berühmt geworden ist, erklärt den Vorteil der Skalierbarkeit so: »Ich möchte, dass möglichst viele Leute wissen, wie lustig ich bin, aber warum sollte ich um die Welt fliegen, um vor Hunderten oder auch Tausenden Leuten aufzutreten, wenn ich per Instagram ein sehr viel größeres Publikum erreichen kann?«[8] Es gibt einige Produkte und Aktivitäten, die zumindest zum gegenwärtigen Zeitpunkt nicht skalierbar scheinen, darunter ein Haarschnitt oder ein Teller Spaghetti, der nicht zweimal gegessen werden kann. Aber bei vielen Dingen, insbesondere Dienstleistungen, ist dies zunehmend der Fall.

Es ist jedoch wichtig, die Skalierbarkeit von Dienstleistungen nicht mit der Fähigkeit zu verwechseln, einen Dienst an eine größere Zahl von Abnehmern zu verkaufen. Chirurgische Eingriffe können mittlerweile aus der Distanz vorgenommen werden: Ein Chirurg kann von Houston aus einen Roboter in Madras steuern, der mit einem Skalpell einen Patienten aufschneidet. Dadurch steigt das Einkommen des Chirurgen, er kann die Arbeitseinheit allerdings weiterhin nur einmal verkaufen. Anders liegen die Dinge im Fall eines Professors, der eine Vorlesung hält: Er kann sie weltweit verkaufen, und zwar viele Male. Er muss seinen Vortrag nur einmal vorbereiten, kann ihn jedoch (sofern sich jemand dafür interessiert) millionenfach über das Internet vermarkten. Die Reichweite solcher Tätigkeiten (der Arbeit des Professors oder des Arztes) wird dank der zweiten technologischen Revolution weiter zunehmen, und da immer mehr Tätigkeiten die Skalierbarkeit mit einer großen Reichweite verbinden, wird die Ungleichheit weiter steigen.

## 5. Warum ist es ein Fehler, sich ausschließlich auf die horizontale Ungleichheit zu konzentrieren?

In seinem Buch *The Killing Fields of Inequality* wirft Göran Therborn eine Frage auf, die zu denken gibt: Warum sind die reichen Gesellschaften im Bemühen um eine Verringerung der rechtlichen Ungleichbehandlung bestimmter Gruppen (von Schwarzen und Weißen, Männern und Frauen, Heterosexuellen und Homosexuellen) so viel erfolgreicher gewesen als bei den Versuchen, die Ungleichverteilung von Einkommen und Vermögen zu verringern? Eine Konzentration auf Fragen der »existenziellen« oder »kategorialen« Ungleichheit galt im Europa des 19. Jahrhunderts als radikale Position, da sie mit den Entwicklungen seit der Französischen Revolution im Jahr 1789 in Verbindung gebracht wurde. Wären erst einmal alle formalen Klassenunterschiede zwischen Klerus, Adel und Volk beseitigt, gäbe es keinen Grund mehr, sich auf die Einkommensunterschiede zu konzentrieren. Wie Piketty uns in *Das Kapital im 21. Jahrhundert* in Erinnerung ruft, herrschte diese Einschätzung in der Dritten Republik in Frankreich vor, als die formale Gleichheit ins Feld geführt wurde, um die Forderung abzuschmettern, etwas gegen die rasant zunehmende Einkommensungleichheit zu unternehmen.

Therborn stellt sich die Frage, ob wir die Einkommensungleichheit in Kauf nehmen, solange uns existenzielle Gleichheit garantiert wird. Betrachten wir die Verwirklichung (oder zumindest weitgehende Verwirklichung) der existenziellen Gleichheit als so großen Erfolg, dass wir auf Versuche verzichten, die Ungleichheit von Einkommen und Vermögen zu verringern? Oder glauben wir, dass die existenzielle Gleichheit schließlich automatisch eine Verringerung der Einkommensungleichheit nach sich ziehen wird? Wird beispielsweise die Angleichung der Durchschnittseinkommen von Männern und Frauen zu einer allgemeinen Verringerung der Kluft zwischen den Einkommensbeziehern führen?

In den letzten dreißig Jahren wurden große Fortschritte im Bemühen um die rechtliche Gleichstellung verschiedener Gesellschaftsgruppen erzielt. Beispielsweise gibt es offiziell keine Apartheid mehr in der Welt, und eine wachsende Zahl von Ländern bekennt sich zur Gleichbehandlung von Homosexuellen. Es ist aber gerade einmal etwa dreißig Jahre her, dass Südafrika die Rassentrennung praktizierte, und vor vierzig Jahren betrachtete die Weltgesundheitsorganisation die Homosexualität noch als Geisteskrankheit. Auch bei der »horizontalen« Gleichbehandlung wurden Fortschritte erzielt: Dieser Terminus wird in der Ökonomie zur Bezeichnung eines Ideals verwendet, nach dem es im Durchschnitt keine Einkommensunterschiede zwischen Männern und Frauen, Schwarzen und Weißen oder Heterosexuellen und Homosexuellen geben sollte. Unterschiede müssen durch messbare Kriterien wie höhere Qualifikation oder größere Erfahrung begründet werden. In diesem Bereich wurden ebenfalls Fortschritte gemacht, obwohl sie nicht so groß waren wie bei der rechtlichen Gleichstellung: Beispielsweise sind die geschlechtsspezifischen Einkommensunterschiede in den OECD-Ländern zwischen 2000 und 2010 von durchschnittlich 20 Prozent auf 16 Prozent gesunken (OECD 2012, S. 166).[9]

Eine allzu einseitige Konzentration auf die existenzielle Ungleichheit ist jedoch nicht immer hilfreich, und in manchen Fällen kann sie die Versuche, die Einkommens- und Vermögensungleichheit zu verringern, sogar behindern. Eine erfolgreiche Verringerung der Einkommensungleichheit würde auch die Einkommensunterschiede aufgrund von ethnischer oder geschlechtlicher Diskriminierung verringern. Mit anderen Worten: Es kann vorteilhaft sein, auch dann eine Verringerung der allgemeinen Einkommensungleichheit anzustreben, wenn unser vorrangiges Ziel darin besteht, die geschlechtsspezifische oder ethnisch motivierte Einkommensungleichheit zu reduzieren. Dieser Zugang wird allerdings nicht gewählt. Das Augenmerk liegt auf den horizontalen Ungleichheiten, während die allgemeine Ungleichheit vernachlässigt wird.

Es ist aus mindestens drei Gründen ein Fehler, sich auf die existenzielle Ungleichheit zu beschränken:

Erstens geht eine Betonung der Unterschiede zwischen Gruppen rasch in die Identitätspolitik über, was einen Keil zwischen Gruppen treibt, die eigentlich ein gemeinsames Interesse an Veränderungen haben. Die gemeinsame Front bröckelt, die einzelnen Gruppen konzentrieren sich nur noch auf ihre eigenen Anliegen, und wenn sie Gehör finden, werden sie gleichgültig gegenüber den Problemen anderer.

Zweitens führt eine Konzentration auf die existenzielle Ungleichheit dazu, dass das grundlegende Problem ungelöst bleibt, weil die Frage falsch gestellt wird. Nehmen wir beispielsweise die Debatte über die Legalisierung der Prostitution. In den Augen vieler Feministinnen und anderer

Gruppen ist die Prostitution eine verwerfliche Aktivität, die sie verbieten, mit Aufklärungskampagnen bekämpfen oder mithilfe von Strafen für die überwiegend männlichen Kunden unterdrücken möchten. So wird das Thema als geschlechtsspezifisches Problem in Angriff genommen. Auf diese Art wird es aber nicht gelöst, sondern lediglich in eine Grauzone verlagert. Außerdem bleibt die eigentliche Ursache der Prostitution unberührt: Dies ist heute (und war vermutlich immer) die Ungleichverteilung von Einkommen und Vermögen. Es gibt viele Männer mit hohem Einkommen und viele mittellose Frauen mit geringen Berufsaussichten. Diese Situation fördert die Prostitution national und weltweit, zum Beispiel den Sextourismus, wo sie besonders auffällig ist. Statt der geschlechtsspezifischen Ungleichheit sollte also ihre wirtschaftliche Ursache in Angriff genommen werden. Was geschähe, wenn horizontale Einkommensgleichheit zwischen Männern und Frauen erreicht würde? Tatsächlich könnte es bald so weit sein, da mehr Frauen als Männer ein Hochschulstudium abschließen und die Zahl der vermögenden Frauen steigt. Die Prostitution könnte sich wandeln, so dass nicht mehr neunzig Prozent der Kunden Männer und neunzig Prozent der Sexarbeiter Frauen wären; stattdessen würden wir eine »faire« und »geschlechtsneutrale« Verteilung von Kunden und Anbietern sehen. Wären die Gegner der Prostitution mit diesem Fortschritt zufrieden? Natürlich nicht, denn wir hätten lediglich ein ausgewogenes Geschlechterverhältnis in einem ansonsten unveränderten Gewerbe. Dieses hypothetische Szenario zeigt, dass die eigentliche Ursache des Problems nicht einfach im Einkommensgefälle zwischen Männern und Frauen, sondern in der Ungleichheit von Einkommen und Vermögen als solcher zu suchen ist.

Drittens ist es politisch relativ einfach, sich auf die existenzielle Ungleichheit zu konzentrieren, da der Kern des Problems so nicht angegangen wird und wesentliche Veränderungen ausbleiben. Rechtsextreme Politiker und Konservative fühlen sich durch Kritik an der existenziellen Ungleichheit nicht bedroht, denn diese Kritik zielt nicht auf die grundlegende Struktur der wirtschaftlichen und politischen Machtverhältnisse. Anstatt sich für substanzielle Veränderungen einzusetzen, bleiben die Verfechter der existenziellen Gleichheit in dem Moment stehen, in dem die Gleichheit vor dem Gesetz erreicht ist. Sie kümmern sich kaum um Anliegen, bei denen in den vergangenen dreißig Jahren insbesondere in den Vereinigten Staaten praktisch keine Fortschritte erzielt wurden; bei diesen Themen würde es darum gehen, die Lohn-Gewinn-Relation zugunsten der Arbeitnehmer zu verschieben, weshalb hier mit heftigem Widerstand seitens der Wirtschaft zu rechnen wäre (Beispiele sind mehr Urlaubstage *für alle*, eine kürzere Arbeitswoche *für alle*, ein längerer Elternurlaub und bessere Arbeitsbedingungen *für alle Eltern*, ein höherer Mindestlohn *für alle*). Streng genommen wissen auch die Kapitalisten, dass die existenzielle Gleichheit in ihrem Interesse ist, denn die Diskriminierung ist ineffizient und lohnt sich für die Arbeitgeber nicht. Auf der anderen Seite laufen allgemeine Maßnahmen, welche die Lage aller Arbeitskräfte verbessern, den Interessen der Inhaber der wirtschaftlichen Macht zuwider. Daher machen die Verfechter der existenziellen Gleichheit auf halbem Weg Halt. Formale Gleichheit ist zweifellos eine notwendige Voraussetzung für allgemeine Verbesserungen, aber sie genügt nicht. Um die Lebensbedingungen der Menschen allgemein anzugleichen, bedarf es nicht nur einer rechtlichen Gleichstellung der verschiedenen Gruppen, sondern auch einer gerechteren Verteilung der Einkommen und Vermögen.

Die existenzielle Gleichheit entspricht dem, was John Rawls als meritokratische Gleichheit bezeichnet. Dies ist für ihn die niedrigste Ebene der Gleichheit, auf der es allen Beteiligten von Rechts wegen freisteht, jede beliebige Laufbahn einzuschlagen, wobei ihre Ausgangspositionen jedoch oft sehr unterschiedlich sind. Jene, denen es ausschließlich um »Identitäten« geht, wollen dafür sorgen, dass alle Menschen an derselben Startlinie ins Rennen gehen, aber sie kümmern sich nicht darum, dass einige Menschen mit Ferraris und andere auf Fahrrädern antreten. Sie haben ihre Pflicht erfüllt, sobald alle an derselben Startlinie stehen. Für sie ist die Angelegenheit an dem Punkt erledigt, an dem man beginnen müsste, die eigentlichen Probleme in Angriff zu nehmen.

## 6. Wird die Arbeit weiterhin anders behandelt werden als die übrigen Produktionsfaktoren?

Wenn es um Arbeit und Migration geht, werden keinerlei Anstrengungen unternommen, Lösungen auf globaler Ebene zu finden. Hingegen gibt es Einrichtungen der globalen Governance, die sich mit der wirtschaftlichen

Entwicklung (Weltbank), den Zahlungsbilanzen und der internationalen Verschuldung (Internationaler Währungsfonds), der Gesundheit (Weltgesundheitsorganisation), dem Handel einschließlich der geistigen Eigentumsrechte (Welthandelsorganisation), den Beziehungen zwischen den Zentralbanken (Bank für Internationalen Zahlungsausgleich) und mittlerweile auch mit dem regionalen Handel (Transatlanische und Transpazifische Handelspartnerschaft) befassen. Für Arbeit und Migration ist die Internationale Arbeitsorganisation (ILO) zuständig, doch obwohl sie die älteste der genannten Einrichtungen ist, hat sie kaum Einfluss und beschäftigt sich vor allem mit den nationalen Arbeitsbeziehungen. Die Internationale Organisation für Migration (IOM) sammelt Statistiken und verfolgt gewissenhaft alle Katastrophen, macht jedoch keine politischen Vorschläge. Der Grund für diesen Mangel an internationaler Zusammenarbeit im Bereich von Arbeit und Migration liegt auf der Hand: Die reichen und mächtigen Länder wollen nicht über diese Fragen diskutieren. Aber es wird immer schwieriger, den Kopf in den Sand zu stecken und so zu tun, als gäbe es das Problem nicht, denn die Globalisierung führt uns die extremen Unterschiede zwischen den Lebensstandards verschiedener Völker vor Augen, und die räumlichen Entfernungen sind heute sehr viel leichter zu überwinden als in der Vergangenheit. Der Exodus aus Afrika und in jüngster Zeit aus dem Nahen und Mittleren Osten wird Europa möglicherweise zwingen, eine multilaterale Migrationspolitik zu entwickeln. Es kann allerdings nicht bei dem auf die EU-Mitglieder beschränkten Multilateralismus bleiben, der den Europäern vorschwebt. Die Herkunftsländer müssen in die Migrationspolitik einbezogen werden. Das Ziel sollte sein, die Migration zu ordnen und Quoten sowohl für die Herkunfts- als auch für die Aufnahmeländer festzulegen.

Das kann nur gelingen, wenn wir den binären Charakter der gegenwärtigen Regeln für die Staatsbürgerschaft ändern (siehe Kapitel 3). Sieht man von wenigen Ausnahmen ab, so erwirbt eine Person mit der Staatsbürgerschaft eines Landes dieselben Rechte und Pflichten wie alle anderen Bürger dieses Landes. Diese binäre Natur der Staatsbürgerschaft ist der Grund dafür, dass sich die Bürger der Aufnahmeländer derzeit dagegen sträuben, ihre »Ortsrente« mit Zuwanderern zu teilen: Die Staatsbürgerschaft eines reichen Landes ist viel Geld wert. Nicht zuletzt, weil sich zwischen denen, die Bürger eines reichen Landes sind, und denen, die es nicht sind, eine hohe finanzielle Mauer erhebt, werden tatsächliche Mauern zwischen den Staatsgebieten errichtet. Aber möglicherweise wären die Bürger reicher Länder eher bereit sein, Einwanderer aufzunehmen, wenn diese nur Anspruch auf eine beschränkte, weniger wertvolle Staatsbürgerschaft hätten. (Beispielsweise würden die Einwanderer höhere Steuern zahlen, beschränkten Zugang zu sozialen Dienstleistungen haben oder verpflichtet sein, in regelmäßigen Abständen zum Arbeiten in ihr Heimatland zurückzukehren.) Eine solche Politik würde die Globalisierung auf den vergessenen Produktionsfaktor – die Arbeit – ausweiten und durch Migration die Armut und Ungleichheit in der Welt verringern. Voraussetzung dafür sind zwei Veränderungen: (1) eine Neudefinition der Staatsbürgerschaft und (2) eine multilaterale, von den Herkunfts- und Aufnahmeländern gemeinsam gestaltete Migrationspolitik.

Doch selbst wenn es gelänge, die Migration auszuweiten, wäre es immer noch ausgesprochen unwahrscheinlich, dass die Grenzen vollkommen geöffnet würden, so dass das Wirtschaftswachstum der armen Länder bedeutungslos würde, weil die Menschen abwandern könnten, wann immer sie wollten. Das Wachstum der armen Länder wird also weiterhin eine entscheidende Rolle spielen. Damit sind wir beim nächsten Punkt.

## 7. Wird Wirtschaftswachstum auch in Zukunft wichtig sein?

Das Wirtschaftswachstum wird auch im 21. Jahrhundert eine wichtige Rolle spielen: Es ist das wirksamste Werkzeug im Kampf gegen Armut und Ungleichheit in der Welt (sowie im Kampf gegen die Armut in den einzelnen Ländern). Man kann den Beitrag des Wachstums zur Verbesserung der Lebensbedingungen der normalen Bürger in den ärmeren Ländern kaum übertreiben. Jene, die sich mit Geringschätzung über das Wachstum äußern, sind zumeist Reiche, die in reichen Ländern leben und der Meinung sind, sie könnten auf weiteres Wirtschaftswachstum verzichten. Aber diese Leute begehen entweder Selbstbetrug oder sind heuchlerisch: Zum Beispiel beweist ihr Verhalten in den Verhandlungen über ihre eigenen Gehälter und Honorare, dass ihnen materielle Anreize sehr wohl wichtig sind. Und wenn das Wachstum unnötig ist, warum jubeln wir dann nicht über Rezessionen, anstatt verzweifelt zu versuchen, sie zu überwinden? Könnten wir auf das Wirtschaftswachstum verzichten, so stellt sich die Frage, warum beim Referendum über die Unabhängigkeit Schottlands vor allem über die wirtschaftlichen Folgen diskutiert wurde; auch bei der Abstimmung über den EU-Austritt Großbritanniens und in der Debatte über eine Abspaltung Kataloniens von Spanien spielen wirtschaftliche Fragen eine zentrale Rolle. Wenn den Reichen ihr Einkommen und das Wirtschaftswachstum am Herzen liegen, warum sollte es den Armen dann gleichgültig sein?

Jene, die eine Abkehr vom Wachstum fordern, weil sie sich Sorgen um die Umwelt machen, tragen oft wesentlich zu Umweltzerstörung und Klimawandel bei. Man denke nur an die heuchlerischen Konferenzen über Klimaneutralität, deren Organisatoren den wohlhabenden Teilnehmern erklären, sie könnten ruhigen Gewissens fünfzehn Stunden im Flugzeug sitzen, weil sie ja die Gebühren für die sogenannte Klimakompensation entrichtet haben – diese Praxis hat eine gewisse Ähnlichkeit mit dem mittelalterlichen Ablasshandel der katholischen Kirche. Man muss sich nur ansehen, welchen Beitrag das reichste Eine Prozent oder die reichsten zehn Prozent der Welt mit Klimaanlagen, Autofahrten und Fleischkonsum zum Klimawandel leisten. Und ausgerechnet sie rufen nach einer Drosselung des Wachstums (in den reichen, implizit jedoch auch in den armen Ländern). Das Argument lautet, die globale Umwelt werde zusammenbrechen, sollten die Armen der Gegenwart eines Tages den Lebensstandard der Reichen genießen.

Es wird kaum einmal darauf hingewiesen, dass die $CO_2$-Emissionen ungleich verteilt sind. Diese Frage wird nicht empirisch untersucht, obwohl die erforderlichen Daten vorhanden sind. Anstatt wie heute üblich die Länderemissionen zu berechnen, könnte man problemlos feststellen, wie die $CO_2$-Emissionen sich über die verschiedenen Einkommensgruppen der Weltbevölkerung verteilen. Wenn die Einkommenselastizität der $CO_2$-Emissionen unitär ist (das heißt, wenn ein zehnprozentiger Anstieg des Realeinkommens mit einem zehnprozentigen Anstieg der Emissionen einhergeht), dann liegt der Gini-Koeffizient der globalen $CO_2$-Emissionen bei etwa 0,7, was bedeutet, dass die reichsten zehn Prozent der Weltbevölkerung für mehr als die Hälfte der Emissionen verantwortlich sind.[10] Und fast alle Menschen, die zum reichsten Dezil der Weltbevölkerung zählen, leben nicht in Afrika, sondern in den wohlhabenden Ländern.

Insbesondere die armen Staaten Afrikas, aber auch einige asiatische und mittelamerikanische Länder benötigen weiterhin ein hohes Wirtschaftswachstum. Wir sollten uns daher nicht darauf konzentrieren, Wege zu finden, um mit einem geringeren Wachstum leben zu können, sondern uns Gedanken darüber machen, wie wir die Wachstumsraten der ärmsten Länder erhöhen können. Es besteht auch ein direkter Zusammenhang zwischen den Wachstumsraten armer Länder und dem Migrationsdruck. Wenn die armen Länder stärker wachsen, wird es uns auch eher gelingen, das Problem der aufgestauten Migrationsnachfrage und andere mit der Migration zusammenhängende politische Herausforderungen in den Aufnahmeländern zu lösen. Das würde den Populismus und die Fremdenfeindlichkeit in Europa zurückdrängen und in den Vereinigten Staaten dazu führen, dass die Zuwanderung nicht mehr politisch instrumentalisiert werden kann.

Wir müssen uns darüber im Klaren sein, dass uns ein Balanceakt zwischen drei Variablen bevorsteht. Dies sind (1) die Wachstumsraten der armen (und bevölkerungsreichen) Länder, (2) die Migration und (3) die Erhaltung der natürlichen Umwelt. Migration und wirtschaftliche Entwicklung der armen Länder sind mit Blick auf die Verringerung der Armut und Ungleichheit in der Welt äquivalente (gleichwertige) Optionen: Die Armen würden entweder in ihren Heimatländern oder in den Aufnahmeländern wohlhabender werden. Politisch sind diese Optionen natürlich nicht gleichwertig. Das erstrebenswerte Ziel, die Einkommen der Armen zu erhöhen, muss jedoch mit dem Ziel der ökologischen Nachhaltigkeit in Einklang gebracht werden. Die größten Opfer müssten die Reichen bringen: Wenn ein (dank der Migration oder eines beschleunigten Wirtschaftswachstums in Afrika und Asien) steigender Lebensstandard der heutigen Armen das ökologische Gleichgewicht stört, sollten den reichen Ländern Wachstumsbeschränkungen auferlegt werden. Ich weiß, dass ein solcher Vorschlag in einer Situation, da sich die reichen Länder noch immer nicht von der schweren Wirtschaftskrise erholt haben, sehr unpopulär ist, aber die Begründung scheint mir unanfechtbar zu sein.

## 8. Wird die Aufmerksamkeit für die Ungleichheit in den Wirtschaftswissenschaften wieder schwinden?

Vor einigen Jahren hatte es den Anschein, als wäre die Sorge über die Ungleichheit lediglich eine flüchtige Modeerscheinung und als würden sich die Ökonomen im Lauf der Zeit einem anderen Thema zuwenden. Ich denke, diese Vermutung hat sich als falsch erwiesen.

Erstens hat die Volkswirtschaftslehre methodologische Fortschritte gemacht. Die Frage der Ungleichheit wurde wieder in das volkswirtschaftliche Denken eingeführt und kann in Zukunft kaum noch außer Acht gelassen werden. Die Ökonomie löst sich von der alleinigen Konzentration auf repräsentative wirtschaftliche Akteure und Durchschnittswerte und beginnt, sich mit der Heterogenität zu beschäftigen. Und sobald man das Territorium der Heterogenität betritt, stößt man auf die Ungleichheit. Das muss nicht unbedingt Einkommens- und Vermögensungleichheit sein, sondern es kann sich auch um Ungleichheit bei Bildung, Gesundheit, den Ergebnissen von Intelligenz- oder Hochschulzulassungstests, Vertrauen, Korruption usw. handeln. Sobald wir uns von der Praxis lösen, uns nur mit Durchschnittswerten zu beschäftigen, beginnen wir, die Welt mit anderen Augen zu sehen. Es ist ein wenig so wie der Übergang von einem zweidimensionalen zu einem dreidimensionalen Weltbild. Die Frage der Ungleichheit ist ein fester Bestandteil des Denkens der neuen Generation von Ökonomen und Sozialwissenschaftlern. Die Volkswirte beschäftigen sich in Dissertationen, Forschungsprojekten und empirischen Untersuchungen damit, und mit der Fertigstellung dieser langfristigen Projekte und der Besetzung von Lehr- und Forschungspositionen mit Wissenschaftlern aus der neuen Generation wird sich das Paradigma schrittweise verschieben. Es dauert lange, ein altes Paradigma zu ersetzen, und manchmal bedarf es einer wirtschaftlichen Zäsur, um die Diskrepanz zwischen einem theoretischen Paradigma und der Funktionsweise der realen Welt zutage zu fördern. (Genau diese Wirkung hatten die Finanzkrise und die anschließende weltweite Rezession auf das Paradigma der repräsentativen, wirtschaftlichen Akteure mit unendlicher Lebenserwartung, die über vollkommene Information verfügen und ihr Einkommen zu maximieren versuchen.) Es wird einige Zeit dauern, bis sich das neue, auf Heterogenität und Ungleichheit beruhende Paradigma etabliert hat, aber wenn es erst einmal so weit ist, wird es schwer werden, es wieder zu verdrängen.

Das wachsende Interesse an der Ungleichheit hat auch einen bedeutsamen ideologischen Wandel zur Folge: Wir betrachten nicht länger nur die Ähnlichkeit, sondern auch die Unterschiede zwischen den Menschen. Wir versuchen nicht länger, die Unterschiede zwischen den wirtschaftlichen Akteuren, Unternehmen oder Personen hinter Durchschnittswerten zu verbergen, sondern wir tun genau das Gegenteil: Wir versuchen, Unterschiede zu finden. Haben wir einmal begonnen, die Welt durch diese neue Brille zu betrachten, können wir nicht mehr zur alten Methode zurückkehren.

## 9. Warum verliert der methodologische Nationalismus an Relevanz?

Methodologischer Nationalismus bedeutet, dass wir in den Sozialwissenschaften oft den Nationalstaat als natürliche Analyseeinheit betrachten. So wird die Einkommensungleichheit, wie wir in diesem Buch gesehen haben, zumeist auf Länderebene gemessen. Die Auswirkungen wirtschaftspolitischer Eingriffe werden zwischen verschiedenen Ländern verglichen, Staatsausgaben oder Ein- und Ausfuhren werden für die einzelnen Länder ermittelt usw. Tatsächlich kann man viele wirtschaftliche Variablen am besten analysieren, indem man die einzelnen Länder als Untersuchungseinheiten verwendet. Das liegt nicht nur daran, dass die Daten auf nationaler Ebene erfasst werden, sondern auch daran, dass die meisten politischen Maßnahmen von den nationalen Regierungen ergriffen werden, das heißt weder von supranationalen Institutionen noch von Kommunal- oder Provinzregierungen.

In vielen anderen Bereichen verliert der methodologische Nationalismus jedoch an Relevanz oder erweist sich sogar als kontraproduktiv, wenn es gilt, ein neues Phänomen zu verstehen. Sehen wir uns an, wo der methodologische Nationalismus nicht hilfreich ist oder nicht angewandt werden kann. Das vielleicht beste Beispiel ist die Einführung des Euro. Über Nacht verschwanden die monetären Statistiken für die einzelnen Mitglieder der neuen Währungszone (die Statistiken zu den Geldmengen M0 – der Geldbasis – sowie M1 – dem Geldumlauf), die jahrzehntelang wichtige Indikatoren für die einzelstaatliche Politik gewesen waren. Es gab nun keine nationalen monetären Behörden mehr, und es wurden keine monetären Reihen für Frankreich, Italien oder Spanien mehr zusammengestellt. Niemand weiß genau, wie viele Euro heute in bar in Spanien oder Deutschland gehalten werden. Ein Staat kann noch auf andere Art die Kontrolle über die nationale Geldpolitik teilweise oder vollkommen verlieren, nämlich indem er die Währung eines anderen Landes übernimmt (wie es Panama und Peru mit dem US-Dollar getan haben). Die Federal Reserve schätzt, dass etwa 1,3 Billionen Dollar außerhalb der Vereinigten Staaten in Umlauf sind.[11] Wer schon einmal durch Russland gereist ist, hat zweifellos bemerkt, dass auch nach 25 Jahren Kapitalismus und trotz der freien Konvertierbarkeit des Rubel viele Transaktionen in Dollar abgewickelt und zahlreiche Preise in Dollar angegeben werden. Da diese Dollar für tatsächliche Kaufkraft stehen und in absehbarer Zeit nicht in die Vereinigten Staaten zurückkehren dürften, müssen sie in der russischen Geldpolitik berücksichtigt werden. Das bedeutet, dass sie den geldpolitischen Spielraum der nationalen Behörden einschränken.[12]

Oder nehmen wir die Rechtsvorschriften der EU, die Vorrang vor den Gesetzen der Mitgliedstaaten haben oder in nationales Recht umgesetzt werden müssen. Der methodologische Nationalismus ist dieser Situation offenkundig nicht angemessen. Es ist auch unklar, welche Relevanz die nationalen Ein- und Ausfuhren in einer integrierten und globalisierten Wirtschaft haben, in der große Unternehmen mittels Transferpreisen oder internen »Exporten« und »Importen«, die der Verringerung der Steuerlast dienen, die nationalen Außenhandelsstatistiken beeinflussen können, da die Statistiken eines Landes höhere oder niedrigere Ausfuhren ausweisen, ohne dass Güter bewegt wurden. Und wenn ein hoher Anteil der Ausfuhren eines Landes von Unternehmen bestritten wird, die sich in ausländischem Besitz befinden (was zum Beispiel in Irland der Fall ist), zeigen die Statistiken hohe Ausfuhren, und das Bruttoinlandsprodukt steigt, während das Bruttonationalprodukt (das nur die Einnahmen der Bürger beinhaltet) sehr viel geringer ausfällt oder sich anders entwickelt als das Bruttoinlandsprodukt. Tatsächlich klafft im Fall Irlands eine Lücke von zwanzig Prozent zwischen Bruttoinlandsprodukt und Bruttonationalprodukt. Mit fortschreitender Globalisierung werden solche Diskrepanzen zwischen BIP und BNP häufiger zu beobachten sein. Noch verwirrender wird die Situation, wenn wir fragen, wer diese ausländischen Bürger sind. Viele Personen besitzen eine Doppelstaatsbürgerschaft, und viele leben abwechselnd in unterschiedlichen Ländern. Das hat zur Folge, dass das aus Irland abfließende Nettofaktoreinkommen (die Kapitalrendite) scheinbar Bürgern der Vereinigten Staaten zufließt, wenn ein Unternehmen dort registriert ist; dabei kann es durchaus sein, dass diese US-Bürger gleichzeitig russische Staatsbürger sind, die einen Steuersitz auf den Bahamas haben. Ist das aus Irland abgeflossene Einkommen nun in die Vereinigten Staaten, nach Russland oder auf die Bahamas gegangen? Noch undurchschaubarer werden die Zusammenhänge, wenn das wichtigste Produkt Finanzdienstleistungen sind und der Nettofaktorabfluss an Personen geht, die sich hinter Tarnfirmen auf den Cayman Islands verstecken (oder in Luxemburg, wo das BNP lediglich zwei Drittel des BIP ausmacht). Wie Gabriel Zucman (2014) gezeigt hat, ist diese Undurchschaubarkeit beabsichtigt, um die Verfolgung der Einkommen zu erschweren und Steuern zu sparen.

Obwohl sich nur rund drei Prozent der Weltbevölkerung in der Grauzone zwischen ursprünglicher Staatsangehörigkeit, die normalerweise vom Geburtsort abhängt, und gegenwärtiger Staatsbürgerschaft oder Steuerwohnsitz bewegen, sind Zweifel an vermeintlich zuverlässigen statistischen Indikatoren wie BIP und BNP angebracht. Clemens und Pritchett (2008) schlagen vor, zur Berechnung des »Nationalprodukts« die Personen heranzuziehen, die in einem Land geboren wurden, anstatt jene zu berücksichtigen, die gegenwärtig in diesem Land leben. Beispielsweise kann zwischen dem Pro-Kopf-Einkommen der auf den Philippinen geborenen Personen und dem Einkommen der gegenwärtigen Einwohner des Inselstaates eine große Lücke klaffen.

Die Bewegungen von Menschen, Einkommen und Kapital über Landesgrenzen hinweg verursachen statistische Probleme, die noch vor zwanzig oder dreißig Jahren vollkommen unbekannt waren. Zu den von mexikanischen Haushalten bezogenen Sozialtransfers zählen Altersrenten von Personen, die in den Vereinigten Staaten gearbeitet, sich jedoch in Mexiko zur Ruhe gesetzt haben. Sollen wir diese Renten wie »normale« mexikanische Renten behandeln – womit wir ein falsches Bild von der Höhe und Verteilung mexikanischer Sozialtransfers zeichnen würden? Oder sollten wir sie als Rimessen betrachten, obwohl es sich bei solchen Überweisungen um Zahlungen zwischen Personen handelt, für die keine Gegenleistung erwartet wird, während Renten für vergangene Dienste gezahlt werden? Mexiko und die Vereinigten Staaten sind nur ein besonders repräsentatives Länderpaar: Dieselben Probleme treten auch in anderen Teilen der Welt auf, wo ein beträchtlicher Teil der Bevölkerung im Ausland arbeitet oder gearbeitet hat.

Untersuchungen der globalen Ungleichheit sprengen die Grenzen des methodologischen Nationalismus. Doch wie wir in diesem Buch gesehen haben, betrachten wir die globale Ebene am besten als neue, zusätzliche Ebene oberhalb der einzelstaatlichen. In vielen Fällen wird ein Studium der globalen Ebene aufschlussreicher sein, aber auf eine Analyse des Nationalstaats kann nicht verzichtet werden. Zum Beispiel haben wir in den Kapiteln 2 und 3 gezeigt, dass die Ungleichheit innerhalb der Länder und zwischen den Ländern weiterhin bedeutsam ist und zur Berechnung der Ungleichheit in der Welt benötigt wird. Wenn wir jedoch bereit sind, die Welt nicht länger als Ansammlung von Nationalstaaten, sondern als Ganzes zu betrachten, sehen wir verschiedene Fragen in einem neuen Licht. In Kapitel 3 haben wir zwei solche Beispiele behandelt: Rechtsstaatlichkeit und Chancengleichheit. Die Vorstellung, die Reichen hätten immer ein Interesse daran, sich für Rechtsstaatlichkeit oder für den Schutz der Eigentumsrechte in ihrem Land einzusetzen, mochte begründet sein, solange es schwierig oder unmöglich war, Kapital über Ländergrenzen hinweg zu bewegen. Mittlerweile wird diese Vorstellung der Realität nicht mehr gerecht. Die Chancengleichheit kann kein auf den Nationalstaat beschränktes Ziel sein. Wir müssen sie global verfolgen.

In einer zusammenwachsenden Welt werden wir also in vielen Bereichen umdenken müssen, was wiederum Auswirkungen auf die ökonomischen Instrumente haben wird, auf die wir setzen. Ich habe bereits erwähnt, dass die volkswirtschaftlichen Gesamtrechnungen an Relevanz verlieren und dass die Geldpolitik in Zukunft möglicherweise nicht mehr von den Staaten gemacht werden wird. (Zudem können wir beginnen, uns mit der Frage auseinanderzusetzen, welche Rolle private Währungen wie Bitcoin in Zukunft spielen werden.) Aber sogar grundlegende ökonomische Konzepte wie jenes der Wettbewerbsvorteile, das implizit vom methodologischen Nationalismus ausgeht – es beruht auf den nationalen volkswirtschaftlichen Gesamtrechnungen und auf der Ortsgebundenheit einiger Produktionsfaktoren –, müssen möglicherweise überarbeitet werden. Um David Ricardos berühmtes Beispiel abzuwandeln: Auf einem gemeinsamen globalen Markt würden sowohl Wein als auch Kleidung nur noch in Portugal produziert, weil alle Arbeitskräfte und Maschinen dorthin umziehen würden, während keiner der beiden Produktionsfaktoren in England bliebe. In einer sich wandelnden und zunehmend integrierten Welt werden unsere Vorstellungen und die Werkzeuge, die wir einsetzen, um die Welt zu verstehen, obsolet. Wir müssen neue Wege finden, um uns ein zutreffendes Bild von der Realität in der Ära der Globalisierung zu machen. Dieses Buch ist ein kleiner Schritt in diese Richtung.

## 10. Wird die Ungleichheit verschwinden, wenn die Globalisierung voranschreitet?

Nein. Die Erträge der Globalisierung werden weiterhin nicht gleichmäßig verteilt werden.

# ANMERKUNGEN

## 1 Der Aufstieg der globalen Mittelschicht und der globalen Plutokraten

1 Geminiano Montanari, *Della Moneta: trattato mercato* (1683), zitiert in: Marx (1961 [1857/58], S. 128).
2 Das Pro-Kopf-Einkommen eines Haushalts wird ermittelt, indem das jährliche Einkommen seiner Mitglieder addiert und durch die Zahl der Haushaltsmitglieder geteilt wird.
3 Aufschlussreich ist ein Vergleich mit der Zeit unmittelbar vor dem Ersten Weltkrieg: Im Jahr 1913 hatten die Exporte einen Anteil von rund 9 Prozent am globalen BIP; fast genau hundert Jahre später, im Jahr 2012, war dieser Anteil auf 30 Prozent gestiegen. Im Jahr 1914 entfielen 17,5 Prozent des globalen BIP auf ausländische Vermögenswerte; bis 1995 stieg dieser Anteil auf 57 Prozent, und mittlerweile dürfte er noch höher sein (Crafts 2000, S. 26f.). Lediglich die Arbeitsmobilität ist zurückgegangen: Die jährlichen Bewegungen von Arbeitskräften zwischen Ländern sind trotz des jüngsten Anstiegs der Migration und der Flüchtlingswellen heute weniger zahlreich als vor hundert Jahren.
4 Es gehört nicht zu unserem Thema, aber es ist bemerkenswert, dass das Realeinkommen bei sämtlichen Dezilen im städtischen China und Indonesien höher war als in den ländlichen Regionen dieser beiden Länder. Das bedeutet, dass die Kluft zwischen Stadt und Land, die in beiden Ländern bereits groß war, weiter gewachsen ist.
5 In all diesen Ländern stiegen die Durchschnittseinkommen noch stärker als der Median, was zu größerer Ungleichheit führte. (Die Einkommensverteilungen sind alle nach rechts verzerrt, d. h., sie ziehen sich auf der rechten Seite in die Länge, und in solchen Verteilungen ist der Durchschnittswert immer höher als der Median. Wenn der Durchschnittswert deutlicher steigt als der Median, wird die Verteilung verzerrter und ungleicher.)
6 Die OECD ist eine wirtschaftliche und politische Organisation, der die reichen

Länder Westeuropas, Nordamerikas, Ozeaniens (Australien und Neuseeland), Japan (diese Gruppe bezeichnen wir als die »altreiche« OECD) sowie seit einigen Jahren mehrere osteuropäische Länder, Chile, Mexiko und Südkorea angehören.

7 Dieser Anteil wurde folgendermaßen berechnet: Das 1 Prozent der reichsten Menschen der Welt umfasst knapp 70 Millionen Personen, von denen etwa 36 Millionen Amerikaner sind. 36 Millionen entsprechen 12 Prozent der US-Bevölkerung.

8 Die Literatur ist umfangreich. An dieser Stelle soll nur auf drei umfassende OECD-Berichte verwiesen werden: *Growing Unequal?* (2008), *Divided We Stand* (2011) und *In It Together* (2015). Man beachte den Kontrast zwischen dem zweiten und dritten Titel.

9 Für die verschiedenen Tests der »Elefantenkurve« vgl. Lakner und Milanović (2013).

10 Die Zahl 100 auf der horizontalen Achse bezeichnet das oberste, d. h. das hundertste Perzentil. Die Zahl 99 bezeichnet die Personen zwischen dem vorhergehenden Wert auf der horizontalen Achse (dem 95. Perzentil) und dem 99. Perzentil, beinhaltet also die Perzentile 96 bis 99 oder die reichsten 2 bis 5 Prozent.

11 Wie sich der Leser zweifellos erinnert, setzt sich das reichste 1 Prozent der Weltbevölkerung fast zur Gänze aus reichen Menschen in den hoch entwickelten Volkswirtschaften zusammen.

12 Zu beachten ist, dass wir beim Vergleich der Einkommen aus den Haushaltserhebungen nicht über China insgesamt, sondern nur über das städtische China sprechen. Bis 2013 führte China getrennte Haushaltserhebungen für die ländlichen und die städtischen Gebiete durch. Die Ergebnisse dieser separaten Erhebungen konnten die Forscher nur mit beträchtlichen Schwierigkeiten zu einer Gesamtdarstellung der chinesischen Situation zusammensetzen, wobei sie sich auf allerlei Mutmaßungen stützen mussten. Ich habe die beiden Erhebungen eher getrennt behandelt, und zwar nicht nur, weil sie unterschiedlich aufgebaut sind, sondern auch, weil die Preisniveaus in China auf dem Land und in den Städten unterschiedlich sind und weil China keine Daten für die individuellen Haushalte zur Verfügung stellt; aber ohne solche Daten lassen sich die beiden Erhebungen nicht so miteinander kombinieren, dass man auch nur annähernd genaue Ergebnisse bekommt. Die Ergebnisse der gesamtchinesischen Erhebung aus dem Jahr 2013 waren zu dem Zeitpunkt, als dieses Buch geschrieben wurde (Januar 2015), noch nicht veröffentlicht.

13 Auf der Grundlage von Angus Maddisons Schätzungen für das Jahr 1890 (Maddison Project 2013).

14 Aus den Haushaltserhebungen geht hervor, dass das chinesische Durchschnittseinkommen im Jahr 2012 etwa 4300 Dollar betrug, während der EU-Durch-

schnitt bei 14 600 Dollar lag (jeweils in internationalen Dollar für das Jahr 2011, gestützt auf die Daten aus dem ICP). Unter der Annahme, dass die Einkommen in Zukunft in der EU um durchschnittlich 1 Prozent und in China um 5 Prozent im Jahr steigen werden, werden sie sich in 31 bis 32 Jahren angeglichen haben.

15 Edward Gibbon hat die erste Umkehrung der Entwicklung sehr anschaulich beschrieben, indem er die Frage stellte, wie bizarr es einem Menschen in der Spätantike vorgekommen wäre, sich eine Situation vorzustellen, in welcher der gesamte indische Subkontinent von einer Handelskompanie regiert würde, die ihren Sitz auf einer weit entfernten kleinen Insel in der Nordsee hätte: »Seit der Regierung von Aurungzeb befindet sich ihr Reich in Auflösung; ihre Schätze in Delhi hat ein persischer Räuber an sich gerissen; und das reichste ihrer Königreiche ist nunmehr im Besitz einer Gesellschaft christlicher Kaufleute von einer fernen Insel im Ozean des Nordens« (Gibbon 2015 [1788], S. 186).

16 Es gibt zwei Gründe dafür, dass die Superreichen in den Haushaltserhebungen nicht berücksichtigt werden. Erstens ist es aufgrund ihrer sehr geringen Zahl (beispielsweise gibt es in den Vereinigten Staaten etwa 500 Milliardäre) sehr unwahrscheinlich, dass sie in einer randomisierten nationalen Erhebung erfasst werden. Selbst beim US Current Population Census, der sich auf eine relativ große Stichprobe von 80 000 Haushalten (200 000 Personen) stützt, wäre die Chance, einen Milliardär zu befragen, verschwindend gering (nämlich 3 zu 10 000). Zweitens ist anzunehmen, dass reiche und sehr reiche Personen, sollten sie entgegen aller Wahrscheinlichkeit doch ausgewählt werden, kaum bereit wären, an der Befragung teilzunehmen (selbst wenn die Daten anonymisiert werden); siehe dazu auch Exkurs 1.1 zu den Daten aus den Haushaltserhebungen.

17 In beiden Arten von Einkommensdaten sind keine Kapitalerträge und Verluste enthalten. Die WTID ist zugänglich unter: {http://topincomes.parisschoolofeconomics.eu/} (Stand Juni 2016).

18 LIS-Daten für 2010, zugänglich unter: {http://www.lisdatacenter.org/} (Stand Juni 2016). Die Differenz zwischen dem 9,4-prozentigen Anteil des reichsten 1 Prozent bei Einkommen vor Transfers und Steuern in den Vereinigten Staaten, der anhand der Daten aus den Haushaltserhebungen ermittelt wurde, und dem Anteil von etwa 17 Prozent für dasselbe Jahr, den Laredo et al. (2013, Abb. 1) anhand der amerikanischen Steuerdaten berechnet haben, ist mit zwei Faktoren zu erklären: dem Unterschied der Empfängereinheiten (steuerlich erfasste Individuen gegenüber der hier verwendeten Pro-Kopf-Einheit) und der Unterschätzung des Einkommensanteils der Spitzenverdiener in den Haushaltserhebungen.

19 In den Vereinigten Staaten haben 19 Prozent der Bevölkerung kein Nettovermögen oder ein negatives Vermögen (Wolff 2010, S. 43, Anhang B); in Deutschland

liegt der entsprechende Anteil bei 27 Prozent (Frick und Grabka 2009, S. 64, Tabelle 1).

20 Bei einigen reichen Personen könnte die Veränderung des Vermögens negativ ausfallen (etwa wenn die Aktienkurse fallen), was nicht heißt, dass sie hinterher nicht immer noch über ein Milliardenvermögen verfügen.

21 Es gibt keinen Maßstab (Einkommen, Konsum oder Vermögen), der eindeutig besser wäre als die anderen. Wir müssen stets die Verfügbarkeit und Verlässlichkeit der Daten und ihre Aussagekraft bewerten. Wenn es um die Beurteilung des politischen Einflusses der Plutokratie geht, sind die Daten zum Vermögen zweifellos aufschlussreicher. Wenn wir uns hingegen für den Lebensstandard von 95 oder 99 Prozent der Menschheit interessieren, verraten uns die Daten zu Einkommen oder Konsum sehr viel mehr.

22 Die zweite und dritte Schätzung beruhen auf Lakner und Milanović (2013) sowie auf Zucman (2013).

23 Wir müssen diese Annahme zum Ertrag der Vermögenswerte von Zucmans (2013) Schätzung des verborgenen Vermögens auf eine Schätzung des jährlichen Einkommens aus diesen verborgenen Vermögenswerten ausweiten.

24 Bei der Analyse des Vermögens verwenden wir keine kaufkraftbereinigten, sondern nominelle Beträge. Die Begründung, die Davies et al. (2011) in der ersten Studie über die globale Vermögensungleichverteilung gaben, lautet, dass für die »Kaufkraft« des Vermögens insbesondere der reichsten Personen nicht die Binnenpreise, sondern nur die globalen Preise relevant sind. Wenn man an die Superreichen denkt, liegt das auf der Hand: Sie konsumieren Güter und Dienstleistungen, deren Preise im Großen und Ganzen überall auf der Welt dieselben sind.

25 Vgl. Sean Kilachand, »Forbes history: The original 1987 list of international billionaires«, zugänglich unter: {http://www.forbes.com/sites/seankilachand/2012/03/21/forbes-history-the-original-1987-list-of-international-billionaires/} (Stand Juni 2016). Auf den Betrag von 450 Mrd. USD kommt man, indem man 290 Mrd. USD aus der Liste der ausländischen Milliardäre und weniger als 220 Mrd. USD für die Vereinigten Staaten summiert (das gesamte Vermögen der Milliardäre in der US-Liste belief sich 1987 auf 220 Mrd. USD, aber diese Liste enthielt auch Personen mit einem Vermögen von weniger als 1 Mrd. USD).

26 Von nominal 450 Mrd. USD vom globalen BIP von 16,4 Billionen USD (2,7 Prozent) auf 4,5 Mrd. USD vom globalen BIP von 73 Billionen USD (6,1 Prozent).

## 2 Ungleichheit innerhalb der Länder

1 Kuznets (1955, S. 21).

2 Simon Kuznets vertrat diese Hypothese erstmals 1955 als Präsident der American Economic Association in einer Rede; später bekräftigte und erweiterte er sie (Kuznets 1966). Ein wichtiger Vorläufer von Kuznets war Sergey N. Prokopovich, der im Jahr 1926 in einem Artikel im *Economic Journal* die Niveaus der Einkommensungleichverteilung in den Vereinigten Staaten (1910, 1918), Australien (1914-15) sowie Preußen und Sachsen (1913) verglich. Er schrieb: »Es besteht ein klarer [negativer] Zusammenhang zwischen [dem Durchschnittseinkommen eines Landes] und dem Ausmaß der Ungleichheit« (S. 78), womit er die Abwärtsbewegung der Kuznets-Kurve beschrieb. Kuznets erwähnte Prokopovichs Artikel in seiner Rede (1955, S. 5). Die Literatur zur Kuznets-Kurve ist umfangreich; ich werde mich nur damit auseinandersetzen, wo sie sich spezifisch auf unser Thema bezieht.

3 In einer Besprechung von Tinbergens Buch schrieb Sahota (1977, S. 726): »Tinbergens Prognosen bis 1990 besagen, dass die Einkommen von Arbeitskräften mit Hochschulausbildung einfach aufgrund der [langfristigen] Angebots- und Nachfragekräfte an eine Grenze stoßen werden.«

4 Der Gini-Koeffizient ist das bevorzugte Maß zur Beurteilung der Ungleichverteilung von Einkommen. Anders als beispielsweise Maße, die auf den Einkommensanteilen der Reichsten beruhen und die gesamte Verteilung mit Ausnahme der Spitze außer Acht lassen, berücksichtigt er die gesamte Verteilung (das heißt sämtliche Einkommen). Der Gini-Koeffizient reicht vom Wert 0, der den theoretischen Fall beschreibt, in dem alle dasselbe Einkommen haben, bis zum Wert 1 für den gleichermaßen theoretischen Fall, in dem eine einzige Person das gesamte Einkommen eines Landes erzielt. Der Gini-Koeffizient wird oft als Prozentsatz (also z. B. als 41 statt als 0,41) ausgedrückt. Wenn der Koeffizient von 30 auf 33 steigt, so sagen wir, dass er um 3 Gini-Punkte gestiegen ist. Die Gini-Koeffizienten bewegen sich in der Realität zwischen hohen 20er-Prozentwerten (in Skandinavien und Mitteleuropa) und Werten um 65 (in Südafrika, Namibia und Kolumbien).

5 Tatsächlich behauptet Piketty nicht, dass die Ungleichheit im Kapitalismus zunehmen muss, aber es liegt nahe, diesen Schluss aus seiner Darstellung zu ziehen, weil er den autonomen wirtschaftlichen Kräften, welche die Ungleichheit beschränken können, kaum Beachtung schenkt. Daher nehmen einige Kommentatoren an, Piketty halte diese Kräfte für inexistent. Aber das ist nicht richtig: Tatsächlich können wir die maximale stationäre Ungleichheit in Pikettys System schätzen. Nehmen wir an, der stationäre Kapitalkoeffizient der USA läge bei 10 (mit einer Sparquote von 10 Prozent des BIP und einem BIP-Wachstum von 1 Prozent). Das wäre

etwa das Doppelte des gegenwärtigen Kapitalkoeffizienten der USA. Nimmt man Pikettys reale Rentabilität von 5 Prozent an, so würde die Hälfte des gesamten Nettoeinkommens auf Kapitaleinkommen entfallen. Darüber hinaus läge der Gini-Koeffizient bei Zugrundelegung der gegenwärtigen Konzentrationskoeffizienten von Kapital- und Arbeitseinkommen von 0,8 bzw. 0,4 bei 60 (0,5 × 80 + 0,5 × 40). Das ist das Maß an Ungleichheit, das gegenwärtig in Brasilien und Südafrika herrscht.

6 Wie wir sehen werden, gilt dasselbe für moderne Gesellschaften, wenn auch aus anderen Gründen.

7 Die Formel für den maximal möglichen Gini-Koeffizienten ist $\frac{\alpha-1}{\alpha}$, wobei $\alpha$ Aufschluss darüber gibt, um das Wievielfache das Durchschnittseinkommen das Subsistenzniveau übersteigt. Bei $\alpha = 2$ ist der maximale Gini-Koeffizient 0,5, bei $\alpha = 10$ beträgt er 0,9. Wenn wir den Standardwert von 400 internationalen Dollar pro Kopf und Jahr für das Subsistenzniveau heranziehen, wäre das gegenwärtige Durchschnittseinkommen in den USA etwa 100-mal höher, womit der maximale Gini-Koeffizient 0,99 erreichte.

8 Kuznets erklärte: »Noch plausibler ist, dass die in jüngster Zeit in den entwickelten Ländern beobachtete Verringerung der Einkommensungleichheit auf eine Kombination von verringerter Ungleichheit der Wirtschaftsleistung pro Arbeitskraft in verschiedenen Sektoren, sinkendem Anteil der Vermögenserträge an den Gesamteinkommen der Haushalte sowie institutionellen Veränderungen zurückzuführen ist, die auf Entscheidungen zu Sozialschutz und Vollbeschäftigung beruhen.« (1966, S. 217)

9 Max Beloff (1984) führte in einem einflussreichen Buch, das den wenig überraschenden Titel *Wars and Welfare: Britain 1941-1945* trägt, die Entstehung des modernen Sozialstaats auf die kombinierte Wirkung maligner und benigner Kräfte zurück.

10 Die Verwendung der Begriffe »Dienstleistungen« und »Tertiärsektor« ist eben deshalb problematisch, weil sich hinter diesen Bezeichnungen eine Vielzahl verschiedener Tätigkeiten und Fähigkeiten verbirgt, die sehr unterschiedlich entlohnt werden. Es scheint jedoch unmöglich, eine bessere Methode zur Klassifizierung zu finden.

11 Sowohl in Großbritannien als auch in den Vereinigten Staaten sind die Staatsausgaben gemessen am BIP heute etwa genauso hoch wie Ende der siebziger und Anfang der achtziger Jahre.

12 Wie schwierig es ist, das mobile Kapital zu besteuern, war schon Adam Smith bewusst: »Der Bodeneigentümer ist ganz von selbst Bürger des Landes, in dem sein Grund liegt, wohingegen der Kapitalbesitzer gleichsam als Weltbürger nicht unbedingt an ein einzelnes Land gebunden ist. Er würde in der Lage sein, das Land zu

verlassen, das ihn lästigen Nachforschungen aussetzt, um zu einer drückenden Steuer herangezogen zu werden, und er würde sein Vermögen in irgendein anderes Land bringen, wo er entweder sein Geschäft ungestört betreiben oder sein Vermögen unbehelligt nutzen könnte.« (*Wohlstand der Nationen,* Buch 5, Kap. 2, Teil 2, Abschnitt 2)

13 Es ist erwähnenswert, dass die Grafik in Schaubild 2.4 eine sehr prägnante Zusammenfassung der Hauptmerkmale einer Volkswirtschaft darstellt: Sie zeigt den zweiten Moment der Verteilung der persönlichen Einkommen (wenn die Einkommen lognormal verteilt sind, wird der Gini-Koeffizient ausschließlich durch die Varianz bestimmt) gegenüber dem ersten Moment der Verteilung (durchschnittliches Pro-Kopf-Einkommen).

14 In diesem Kapitel, in dem wir es mit langen historischen Reihen zu tun haben, stammen alle Einkommensdaten (Pro-Kopf-BIP) aus dem Maddison Project, das Angus Maddisons Pionierarbeit fortsetzt. Ich habe die aktualisierten Maddison-Daten aus dem Jahr 2013 verwendet, die online unter {http://www.ggdc.net/maddison/maddison-project/data.htm} zugänglich sind (Stand Juni 2016). Die Schätzungen werden in Bolt und van Zanden (2014) diskutiert. Das Pro-Kopf-BIP ist in internationalen Dollar des Jahres 1990 ausgedrückt.

15 Diese Grenze ist bei Ländern, in denen die industrielle Revolution sehr viel später begann – in einigen Fällen erst in der zweiten Hälfte des 20. Jahrhunderts – anders zu ziehen.

16 Zwischen 1400 und 1800 stieg die Pro-Kopf-Produktion um weniger als 20 Prozent (vgl. Álvarez-Nogal und Prados de la Escosura 2007, Tabelle 4).

17 Alfani (2014, S. 25) ist skeptisch gegenüber Herlihys (1978) »faszinierender«, jedoch auf spärlichen Daten aus einer einzelnen toskanischen Stadt (Pistoia) beruhenden These, die Pestepidemie in Florenz im Jahr 1348 habe die Ungleichheit verschärft. Herlihy erklärt, durch die Epidemie hätten viele Güter ihre Besitzer verloren und seien zu niedrigen Preisen von den überlebenden Grundherren erworben worden, was zu einer Vermögenskonzentration geführt habe. Alfani hält dem entgegen, selbst wenn dies im 14. Jahrhundert habe geschehen können, hätten Mitte des 17. Jahrhunderts, als Europa von der letzten großen Pestepidemie heimgesucht wurde, bereits institutionelle Regelungen gegolten, die es erschwerten, dass kleine Parzellen, die ihre Besitzer verloren hatten, aufgekauft wurden und in größeren Anwesen aufgingen. Herlihys Fehler besteht nach Ansicht von Alfani und Ammannati (2014, S. 23) darin, die unterschiedliche Behandlung von Vermögen und Einkommen in den beiden von ihm benutzten Quellen, der *quota d'estimo* (dem früheren Besteuerungsmechanismus des florentinischen Staates) und dem bekannteren *catasto* von 1427, angemessen zu berücksichtigen.

18 Dieser Rückgang entspricht dem Stadium der Krise oder des staatlichen Zusammenbruchs in einem von Turchin und Nefedov (2009, Kap. 1) eingeführten Prozess, der sich aus vier Stadien zusammensetzt: Expansion, Stagflation, Zusammenbruch, Depression. Im Krisenstadium, wenn die gesellschaftlichen Auflösungserscheinungen ihren Höhepunkt erreichen, steigen die Reallöhne, während die Grundrenten sinken, weshalb die Ungleichheit geringer wird. Die in Exkurs 2.1. behandelte Entwicklung der Ungleichheit im Römischen Reich ab dem 3. Jahrhundert, ist ein gutes Anschauungsbeispiel für die Theorie von Turchin und Nefedov.

19 Fochesato (2014) hat die interessante These aufgestellt, diese unterschiedlichen Reaktionen auf die Folgen der Pest im 14. Jahrhundert hätten langfristige Auswirkungen gehabt: Der Anstieg der Löhne im Norden habe die Attraktivität von Maschinen erhöht, die Arbeitskräfte ersetzen konnten, was schließlich zur industriellen Revolution geführt habe. Dasselbe Argument bringt Robert Allen (2003, 2011) vor.

20 Vgl. Milanović (2010b, Tabelle 1). Die Quellen sind Ward-Perkins (2005), Allen (2007), Maddison (2007, 2008) sowie Scheidel und Friesen (2009).

21 Die Tabellen zur Sozialstruktur, die der Engländer Gregory King im 17. Jahrhundert entwickelte, enthielten eine verkürzte Beschreibung der Struktur einer Gesellschaft. Es handelte sich um Auflistungen der wichtigsten sozialen Klassen (landlose Bauern, Bauern mit Kleinbesitz usw. bis hinauf zum Hochadel und zum königlichen Hof), die Aufschluss über die geschätzten Durchschnittseinkommen und die Zahl der Angehörigen jeder Gruppe gaben. Da es aus der Zeit vor dem 20. Jahrhundert keine Haushaltserhebungen oder Steuerdaten gibt, sind diese Tabellen zur Sozialstruktur unsere beste Informationsquelle zur Einkommensverteilung in diesen Gesellschaften.

22 Dies ist eine vereinfachte Darstellung, da der östliche Teil des Römischen Reichs mehr oder weniger wie zuvor weiterbestand. Daher blieb das Durchschnittseinkommen in der Ägäis und der Levante, abgesehen von kurzfristigen Fluktuationen, im gesamten Zeitraum weitgehend auf demselben Niveau wie zur Zeit des Augustus.

23 Mendershausen (1946) setzt den Höhepunkt der Ungleichheit ebenfalls im Jahr 1933 an.

24 Soziale und demografische Kräfte können sich ebenfalls auf die Ungleichheit auswirken, aber in dieser sehr umfassenden Darstellung müssen wir sie unberücksichtigt lassen. So erhöhen beispielsweise das Altern der Bevölkerung und die Zunahme der Einpersonenhaushalte (Entwicklungen, die durch den wachsenden Wohlstand eines Landes gefördert werden) die Ungleichverteilung in allen unseren Statisti-

ken, vor allem, wenn wir wie hier Pro-Kopf-Werte messen. Eine weitere demografische Kraft sind Ehen oder Partnerschaften zwischen Personen mit ähnlichem Einkommen. Solche Partnerschaften, die in den reichen Ländern häufiger werden, erhöhen ebenfalls die gemessene Ungleichheit. Allerdings glaube ich nicht, dass diese Faktoren langfristig so wichtig sind wie die wirtschaftlichen und politischen Faktoren.

25 In sozialistischen Gesellschaften ist das geschehen (vgl. Exkurs 2.2).

26 Die Zunahme der Ungleichheit in Großbritannien ist umstritten. Unsere Daten, die auf Gini-Koeffizienten beruhen, die anhand der Tabellen zur Sozialstruktur berechnet wurden (vgl. Milanović, Lindert und Williamson 2011), sind praktisch identisch mit den Resultaten von Lindert und Williamson (1982, 1983). Hingegen vertritt Feinstein (1988) die Ansicht, dass die Ungleichheit in England vor der industriellen Revolution mindestens ein Jahrhundert auf einem sehr hohen Niveau stagnierte. Das bedeutet, dass sich aus Feinsteins Daten kein Anstieg der Kuznets-Kurve ableiten lässt, der im Prinzip mit der industriellen Revolution einhergehen sollte.

27 Clark (2005) beschreibt eine Verdopplung der britischen Reallöhne zwischen dem Zeitpunkt der Veröffentlichung von David Ricardos *On the Principles of Political Economy and Taxation* (1817) und dem Erscheinen von Karl Marx' *Das Kapital* (1867), wobei sich der Lohnanstieg in der zweiten Hälfte des 19. Jahrhunderts fortsetzte und beschleunigte. Feinstein (1988) spricht von einem langsameren, aber erkennbaren Anstieg.

28 Das Einkommensniveau, auf dem die Ungleichheit in Spanien ihren Höhepunkt erreichte, hat Ähnlichkeit mit dem britischen und amerikanischen Niveau von etwa 2500 Dollar (inflationsbereinigt). Der einzige Unterschied ist, dass dieses Einkommensniveau in Spanien fast ein Jahrhundert später erreicht wurde.

29 Die Daten für Italien stammen aus der sorgfältigen und innovativen Arbeit von Brandolini und Vecchi (2011).

30 Die Williamson-Rate beschreibt das Verhältnis zwischen dem Durchschnittseinkommen und dem Lohn für ungelernte Arbeit. Ein Anstieg der Rate ist gleichbedeutend mit zunehmender Ungleichheit.

31 Die Vergrößerung des Territoriums verringerte die Ungleichheit in Chile, weil eine Migrationsbewegung ausblieb. Daher wurden ungelernte Arbeitskräfte knapp, und die Löhne stiegen. Im Gegensatz dazu führte die territoriale Expansion in Neuseeland und Argentinien, wo sie Migrationsbewegungen auslöste, zu mehr Ungleichheit.

32 Diese Kuznets-Wellen, die abhängig von der Zeit klar zu erkennen sind, sind sehr viel schwerer zu definieren oder verschwinden, wenn sie abhängig vom Pro-Kopf-

Einkommen dargestellt werden sollen. Aber wir können die Entwicklung in Chile nur im ersten von Rodríguez Weber abgegrenzten Zeitraum (1850-1903) als Entwicklung in einem Land behandeln, in dem das Durchschnittseinkommen nicht stieg – und in dem wir daher keine Beziehung zwischen Gini-Wert und Einkommensniveau zu sehen erwarten. In diesem halben Jahrhundert stieg das Pro-Kopf-Einkommen um etwa 1 Prozent pro Jahr; danach überstieg das Wachstum im gesamten 20. Jahrhundert 2 Prozent pro Jahr.

33 Aus der World Top Incomes Database geht hervor, dass der Rückgang des Anteils des reichsten 1 Prozents zur Gänze im Krieg stattfand. Da wir keine Daten zur Verteilung für den Zeitraum 1937 bis 1962 haben, können wir unmöglich sagen, ob der Rückgang zur Gänze auf den Krieg zurückzuführen war oder ob er sich danach fortsetzte. Erschwerend hinzu kommt, dass die Qualität der japanischen Daten zur Einkommensverteilung gering ist (Tachibanaki und Yagi 1997) und dass das japanische Statistikamt keinen Zugang zu Mikrodaten gewährt.

34 In einer innovativen Arbeit zeigte Albaquerque Sant'Anna (2015) eine statistisch signifikante negative Korrelation (relevante Faktoren wie Grenzsteuersätze und finanzielle Offenheit wurden kontrolliert) zwischen dem Einkommensanteil des reichsten 1 Prozent auf der einen und dem gewerkschaftlichen Organisationsgrad sowie der militärischen Stärke eines Landes im Vergleich zur Sowjetunion auf der anderen Seite. Die relative militärische Stärke wurde anhand des Verhältnisses zwischen den Militärausgaben des betreffenden Landes und der Sowjetunion geschätzt und um die Entfernung von Moskau bereinigt (da die relative Macht der Sowjetunion mit wachsender Distanz geringer wurde).

35 Die Veränderung in Gini-Punkten pro Jahrzehnt wird der Einfachheit halber als arithmetischer Mittelwert berechnet: Die Zahl der in der Abwärtsphase der Kuznets-Kurve verlorenen Gini-Punkte wird durch die Zahl der Jahrzehnte geteilt (jeweils gemäß Tabelle 2.2).

36 In der Entwicklung von Steuern können Hysterese oder Pfadabhängigkeit auftreten. Werden in Kriegszeiten die Steuern erhöht und eine große Bürokratie aufgebaut, um verschiedene neue Programme durchzuführen, so wird es nach Kriegsende schwierig, die Steuern und die Bürokratie wieder auf das Vorkriegsniveau zu reduzieren. Obwohl sie normalerweise als maligne Kraft zu betrachten sind, können Kriege also wirksame Katalysatoren für den gesellschaftlichen Wandel sein.

37 Piketty schreibt: »Der Rückgang der hohen Einkommen hängt eng mit den beiden Weltkriegen zusammen, und die wahrscheinliche Erklärung für die Tatsache, dass sich die hohen Einkommen nie vollkommen erholt haben, ist in einem eminent politischen Faktor (der progressiven Besteuerung von Einkommen und Erbe)

und nicht in variablen Entwicklungen in Landwirtschaft und Industrie zu finden. Das zeigt, dass Kuznets' Theorie, und allgemeiner jede Theorie, die auf der Vorstellung einer unvermeidlichen Verringerung der Einkommensungleichheit im fortgeschrittenen Stadium der kapitalistischen Entwicklung basiert, zumindest im Fall Frankreichs nicht mit den für die Geschichte der Einkommensungleichheit charakteristischen Tatsachen im 20. Jahrhundert in Einklang zu bringen ist« (Piketty 2001a, S. 147f.).

38 In den neunziger Jahren war der vom reichsten 1 Prozent des reichsten 1 Prozent hinterlassene Grundbesitz (unter denen, die Grundbesitz hinterließen) nur noch ein Viertel dessen wert, was er im Zeitraum 1900-1910 wert gewesen war (Piketty 2001a, S. 139; 2001b, S. 24).

39 Die Ausbeutung wurde selbst von den meisten Anhängern des freien Marktes als Tatsache betrachtet. Zum Beispiel schrieb Vilfredo Pareto, der nicht gerade als Fürsprecher der Dritten Welt bekannt war und nicht dazu neigte, die kapitalistische Ausbeutung anzuprangern, im Jahr 1921: »Wir müssen [...] die Ausbeutung riesiger Regionen in Afrika und Asien berücksichtigen [wo es um Möglichkeiten geht, die Einkommen der Kolonisatoren zu steigern]. Davon werden höchstwahrscheinlich vor allem Großbritannien, die Vereinigten Staaten und Frankreich profitieren, wohingegen Italien nur die Krümel aufgesammelt hat, welche die nimmersatten Vielfraße bei ihrem Festmahl übrig gelassen haben.« (Pareto 1966 [1921], S. 325)

40 Zur schlechten Einkommensverteilung: »Der letzte Grund aller wirklichen Krisen bleibt immer die Armut und Konsumtionsbeschränkung der Massen gegenüber dem Trieb der kapitalistischen Produktion, die Produktivkräfte so zu entwickeln, als ob nur die absolute Konsumtionsfähigkeit der Gesellschaft ihre Grenze bilde« (Marx 2008 [1894], S. 501). Zum »Export« der Krise: »Der innere Widerspruch sucht sich auszugleichen durch Ausdehnung des äußern Feldes der Produktion« (S. 255).

41 Der wichtigste Bestandteil dieser Imperialismustheorien ist die Vorstellung, dass die Erklärungen für die Außenpolitik eines Landes stets in den gesellschaftlichen und wirtschaftlichen Beziehungen innerhalb dieses Landes zu suchen sind – und nicht, wie zum Beispiel in David Landes' (1961) Theorie, in einem Missverhältnis zwischen der wirtschaftlichen und militärischen Leistungsfähigkeit der Länder.

42 Der Ausbruch des Ersten Weltkriegs stellt für jene, die überzeugt sind, dass die Globalisierung eine im Grunde benigne Kraft ist, und die sich keine Gedanken über die Einkommensungleichheit machen, seit je ein lästiges Problem dar. Bevor ihm Zweifel an den Segnungen der Globalisierung kamen, veröffentlichte Martin Wolf im Jahr 2004 das Buch *Why Globalization Works*, in dem er den deutschen

Militarismus und Nationalismus als Ursache des Ersten Weltkriegs ausmachte (S. 25). Aber der Militarismus war kein auf Deutschland beschränktes Phänomen. Ein besonderes Merkmal Deutschlands war, dass seine Kapitalisten, die mit Verspätung ins Spiel der kolonialen Expansion eingestiegen waren, dieselben Vorteile anstrebten wie die französischen und britischen Kapitalisten. Aber die alteingesessenen Kolonialmächte hatten den Großteil der Welt bereits untereinander aufgeteilt.

43 Vgl. mein Blog-Posting »The economics of Niall Ferguson in the ›Pity of War‹: unwittingly back to Marx?«, online verfügbar unter: {http://glineq.blogspot.com/2014/09/the-economics-of-niall-ferguson-in-pity.html} (Stand Juni 2016).

44 Obwohl Ferguson (1998, S. 81) schreibt, es sei »aus der Mode gekommen«, über die inneren Ursachen des Kriegs zu sprechen, tut er es schließlich selbst.

45 Vgl. Lydall (1968), Atkinson und Micklewright (1992) sowie Redor (1992); vgl. auch das erste Kapitel von Milanović 1998.

46 Ich verwende die Begriffe »industrielle Revolution« und »erste technologische Revolution« zur Beschreibung ein und desselben Prozesses.

47 OECD-Daten, online verfügbar unter: {https://stats.oecd.org/Index.aspx?DataSetCode=UNDEN} (Stand Juni 2016).

48 Beispielsweise war der Anteil der gewerkschaftlich organisierten Beschäftigten im öffentlichen und privaten Sektor Großbritanniens im Jahr 1995 etwa gleich hoch (jeweils 3,5 Millionen Gewerkschaftsmitglieder). Zwanzig Jahre später waren im öffentlichen Sektor fast 4 Millionen Beschäftigte Gewerkschaftsmitglieder, im Privatsektor hingegen nur noch 2,5 Millionen (Department for Business Innovation & Skills 2015, S. 12).

49 Robert Solow, Präsentation im Graduate Center der City University of New York, 30. April 2015. Im Mai 2015 lag noch keine schriftliche Arbeit vor.

50 Für eine Diskussion des »Wettbewerbs« zwischen Technologie und Globalisierung vgl. Krugman (1995), Slaughter und Swagel (1997) sowie Slaughter (1999). In der Literatur zum technologischen Wandel wird die Ansicht vertreten, die Lohnungleichheit habe in erster Linie aufgrund des Wettlaufs zwischen Technologie und Qualifikation zugenommen (wobei es Zeiten gab, in denen einer erhöhten Nachfrage nach Fähigkeiten keine ausreichende Erhöhung des Angebots an diesen Fähigkeiten entsprach). Für eine ausführliche Diskussion dieser These vgl. Autor, Katz und Kearney (2008) sowie Goldin und Katz (2010). Die Literatur zum technologischen Wandel als wichtigster Triebkraft hinter der zunehmenden Lohnungleichheit lässt sich zwei Denkschulen zuordnen. Die erste, die in den achtziger Jahren dominierte, geht davon aus, dass der qualifikationsverzerrte technologische Wandel den Einkommensbonus in der gesamten Verteilung erhöht, was zu einer

wachsenden Einkommenskluft zwischen den verschiedenen Qualifikationstypen führt. Die zweite, die in den neunziger Jahren großen Einfluss ausübte, beschreibt einen technologischen Wandel, der durch Computerisierung und Roboter die menschliche Arbeitskraft in Routinetätigkeiten ersetzt, während er weder anspruchsvolle und hoch qualifizierte Arbeitskräfte am oberen Ende des Lohnspektrums noch Arbeitskräfte in gering qualifizierten, aber nicht in Routineabläufe unterteilbaren Dienstleistungsjobs verdrängen kann. Die zweite Hypothese, die insbesondere von David Autor verfochten wird (vgl. z. B. Autor und Dorn 2010), besagt, dass die Zunahme der Lohnungleichheit mit einer Einkommenspolarisierung zusammenhängt. Neuere Erkenntnisse der OECD (OECD 2015) bestätigen diese Hypothese. (Zu beachten ist, dass sich das Lohngefälle zwischen mittel und gering qualifizierten Arbeitskräften der zweiten Hypothese zufolge verringern sollte, während sie gemäß der ersten wachsen sollte.) Für die These, die Globalisierung übe großen Einfluss auf die Löhne aus, vgl. Ebenstein et al. (2014). Feenstra und Hanson (1999) gelangen zu dem Schluss, die Globalisierung sei für 15 bis 33 Prozent der Spreizung der Lohnverteilung in den USA in den späten siebziger und frühen achtziger Jahren verantwortlich gewesen. Für einen interessanten theoretischen Zugang zu den Auswirkungen der Globalisierung auf die Ungleichheit der Arbeitseinkommen sowohl in entwickelten als auch in aufstrebenden Volkswirtschaften vgl. eine unveröffentlichte Arbeit von Kremer und Maskin (2003).

51 Darauf wies Ann Harrison in einer persönlichen Mitteilung hin.

52 Vgl. dazu den Datensatz »Barro-Lee Educational Attainment«, online verfügbar unter: {http://www.barrolee.com/} (Stand Juni 2016).

53 Reshef (2013) ist der Ansicht, im amerikanischen Dienstleistungssektor finde ein technologischer Wandel statt, der die gering qualifizierten Arbeitskräfte bevorzugt, da deren Produktivität anscheinend schneller steigt als die von Arbeitskräften mit Hochschulausbildung.

## 3 Ungleichheit zwischen den Ländern

1 Jan Pieterszoon Coen, Prokonsul der Niederländischen Ostindien-Kompanie in Batavia, vor dem Direktorium der Kompanie, 27. Dezember 1614, zitiert in: Landes (2010, S. 159).

2 Man kann dies auch weniger positiv ausdrücken und sagen, dass die weltweite Ungleichheit fast den höchsten Stand in der Geschichte erreicht hat.

3 In solchen Berechnungen wird die globale Ungleichheit wie folgt geschätzt: Es

wird ein statistisch mehr oder weniger zuverlässiges Durchschnittseinkommen aus Maddisons langjähriger wirtschaftlicher Reihe genommen (Maddison Project 2013), um für die einzelnen Länder rund um den Mittelwert eine Log-Normalverteilung mit einer Standardabweichung zu ermitteln, die anhand historischer Quellen geschätzt wird. Die Verteilungen für die einzelnen Länder werden anschließend kombiniert, um eine globale Verteilung zu ermitteln. Bourguignon und Morrisson (2002) stellen zusätzliche Information bereit und schätzen die Einkommensdezile für insgesamt 33 geografische Regionen statt für einzelne Länder, wobei sie annehmen, dass alle Länder innerhalb einer Region dieselbe Einkommensverteilung haben.

4 Andere Studien, die im Anschluss an die Pionierarbeit von Bourguignon und Morrisson (2002) durchgeführt wurden, förderten, ausgehend von geringfügig abweichenden methodischen Ansätzen, genau dasselbe Muster einer langfristigen Zunahme der globalen Ungleichheit im 19. Jahrhundert zutage (Milanović 2011b; van Zanden et al. 2014). Wichtig ist, dass sich alle drei Studien auf Maddisons Schätzungen zum Pro-Kopf-BIP stützen, dessen Entwicklung die Veränderungen der globalen Ungleichheit im Wesentlichen vorantreibt. Van Zanden et al. (2014) verwenden verschiedenste zusätzliche Daten, darunter Lohn-BIP-Relationen und die Verteilung der Personen nach Körpergröße (Variablen, die Rückschlüsse auf die Ungleichheit innerhalb von Ländern ermöglichen), während Milanović (2011b) Daten aus Tabellen zur Sozialstruktur aus dem frühen 19. Jahrhundert heranzieht.

5 In einer früheren Arbeit (Milanović 2002a) gelangte ich zu dem Ergebnis, dass die globale Ungleichheit zwischen 1988 und 1993 zunahm.

6 Natürlich könnte sich eine andere Beurteilung der chinesischen Einkommen theoretisch beispielsweise auf unsere Schätzungen nicht nur zur Veränderung der Höhe des Gini-Koeffizienten, sondern auch zu seiner zeitlichen Entwicklung auswirken. In der Praxis fallen die Korrekturen am Muster der Entwicklung des Gini-Koeffizienten jedoch sehr gering aus.

7 Unveröffentlichte Daten des Autors.

8 Wie in Kapitel 2 erklärt, gibt es für die Zeit bis 1929 sonderbarerweise keine Daten für die Vereinigten Staaten als Ganzes (oder für die dreizehn Kolonien, die sich zu den ursprünglichen Vereinigten Staaten zusammenschlossen). Beispielsweise liegen umfangreiche Vermögensdaten aus Testamenten vor, aber diese bruchstückhaften Daten betreffen nur einzelne Staaten oder Städte. Es gibt keine zeitgenössischen Tabellen zur Sozialstruktur, was auffällt, weil solche Tabellen in Großbritannien oft zusammengestellt wurden. Lindert und Williamson (2016) haben jedoch in jüngster Zeit für die Jahre 1774, 1850, 1860 und 1870 detaillierte Tabellen zur

Sozialstruktur der Vereinigten Staaten vorgelegt. Diese Daten wurden in Kapitel 2 herangezogen, um die langfristige Entwicklung der Ungleichheit in den USA zu verfolgen.

9 Das waren Belgien, Dänemark, Deutschland, Finnland, Frankreich, Griechenland, Großbritannien, Irland, Italien, Luxemburg, die Niederlande, Österreich, Portugal, Schweden und Spanien.

10 Die in der Folge beigetretenen dreizehn Länder sind Estland, Lettland, Litauen, Malta, Polen, die Slowakei, Slowenien, die Tschechische Republik, Ungarn, Zypern, Bulgarien, Rumänien und Kroatien.

11 Anand und Segal (2008) weisen auf einen weiteren Vorteil des Theil-Indexes hin, der eher technisch, aber trotzdem bedeutsam ist. Der Theil-Index, der auch als Entropieindex bezeichnet wird, ist das einzige häufig verwendete Maß der Ungleichheit, bei dem sich die absoluten Werte der Ungleichheit für die Klasse (oder den Ort) nicht ändern, wenn die jeweils andere Komponente vollkommen ausgeglichen wird. Wenn die Berechnung der Klassenkomponente des Theil-Index anhand der aktuellen Daten den Wert x ergibt, bleibt der Wert für diese Komponente (und damit für den gesamten Theil-Index) bei einer hypothetischen Beseitigung jeglicher auf den Ort zurückzuführenden Ungleichheit daher x.

12 Hier sollte auf die Ausdehnung der europäischen Kolonialmächte hingewiesen werden, die 1914 einen Höhepunkt erreichte. In jenem Jahr lebten fast 42 Prozent der Weltbevölkerung in Kolonien. Die bedeutendsten Kolonialmächte waren Großbritannien, das 24 Prozent der Weltbevölkerung kontrollierte, und Frankreich mit einem Anteil von etwa 6 Prozent.

13 Im Einzelfall konnten Europäer ihre wirtschaftliche Lage verbessern, indem sie in eine Kolonie auswanderten, anstatt in ihrem Heimatland zu bleiben.

14 »Deshalb müssen die marxistischen Analysen immer etwas gedehnt werden, wenn man sich mit dem kolonialen Problem befasst. […] Weder die Fabriken noch der Besitz noch das Bankkonto kennzeichnen die ›herrschende Klasse‹. Die herrschende Art ist zunächst die, die von woanders kommt, die nicht den Autochthonen ähnelt, die Art der ›anderen‹« (Fanon 2008 [1961], S. 31).

15 Engels (1962 [1892]), S. 647.

16 Nikolai Bucharin, *Imperialismus und Weltwirtschaft* (Wien/Berlin: Verlag für Literatur und Politik, 1929), hier zitiert nach: {https://www.marxists.org/deutsch/archiv/bucharin/1917/imperial/14-kap14.htm}.

17 Die anhand der Zensusdaten ermittelte Zahl der Migranten lag im Jahr 2000 bei 165 Millionen (Özden et al. 2011). Aus weniger detaillierten, aber aktuelleren Daten der Vereinten Nationen ergibt sich eine Zahl von 230 Millionen im Jahr 2013.

18 In der Arbeit, aus der diese Zahlen stammen (Milanović 2015), wurden die Ein-

kommensboni anhand von Einkommens-Log-Raten berechnet: Der Ortsbonus für Einwohner der Vereinigten Staaten wurde als Prozentsatz des (natürlichen) logarithmischen Einkommens in den USA gegenüber dem (natürlichen) logarithmischen Einkommen in der Demokratischen Republik Kongo ausgedrückt. Die als Logarithmen ausgedrückten Boni sind selbstverständlich sehr viel kleiner als die hier genannten. Ich danke Simone Bertoli und Jesús Fernández-Huertas Moraga für diesen Hinweis.

19 Hier abstrahiere ich von anderen, oft bedeutsamen Aspekten, die sich auf die Migrationsmuster auswirken können: geografische Nähe, Sprache, Religion, die bereits vorhandene Diaspora usw.

20 Die Möglichkeit der Kreditaufnahme anstelle der Inanspruchnahme von Entwicklungshilfe gilt nur für die Gesellschaften, die Rawls als »wohlgeordnet« bezeichnet, das heißt für jene, die nicht durch ihre Armut daran gehindert werden, demokratische und freiheitliche Institutionen zu entwickeln (so limitiert diese auch sein mögen). Die Entwicklungshilfe soll auf »belastete« Gesellschaften beschränkt werden, die durch ihre Armut an der Liberalisierung gehindert werden. Bei Rawls ist die Völkergemeinschaft eine UNO plus Weltbank.

21 David Miller (2005, S. 71) schreibt: »Um die Gleichheit zu erhalten, müssten wir laufend Ressourcen von relativ gutgestellten Ländern auf solche übertragen, deren Lage sich verschlechtert hat, womit wir die politische Verantwortung und in gewissem Sinn auch die nationale Selbstbestimmung aushöhlen würden.« Es fällt auf, dass sich die Argumente gegen Transferleistungen zwischen Ländern mit den Ansichten jener Autoren decken, die Rawls in Bezug auf die Sozialtransfers innerhalb der Länder widersprechen. Es hat beinahe den Anschein, als würden alle Argumente, die Rawls auf einzelstaatlicher Ebene zurückweist, mittlerweile auf globaler Ebene akzeptiert.

22 Vergleichbare Daten der OECD zeigen, dass die einzigen drei Länder, in denen die jährliche Arbeitszeit im Jahr 2013 bei mehr als 2000 Stunden lag, Griechenland, Chile und Mexiko waren. Die Beschäftigten in reichen Ländern (Frankreich, Dänemark, Deutschland und Niederlande) arbeiteten weniger als 1500 Stunden; vgl. dazu die online unter {https://stats.oecd.org/Index.aspx?DataSetCode=ANHRS} verfügbaren Daten (Stand Juni 2016). Es liegen keine verlässlichen Daten zu den Arbeitszeiten in armen Ländern (außerhalb der OECD) vor, aber Erhebungen zur Zeitnutzung zeigen, dass Arme mehr Stunden arbeiten als Reiche (Lee, McCann und Messenger 2007, S. 27-33).

23 Rosenzweig (2010) hat gezeigt, dass die Unterschiede der Qualifikationspreise (Lohn pro Qualifikationseinheit) zwischen Ländern deutlich größer sind als die Unterschiede des Bildungsstands oder der Bildungserträge. Daraus schließt Rosen-

zweig, dass eine Anhebung des Bildungsniveaus in armen Ländern allein nicht genügen wird, um eine globale Angleichung der Arbeitseinkommen zu bewirken (das selbstverständlich nur so lange, wie ein höherer Bildungsstand nicht mit einem höheren Pro-Kopf-BIP und damit höheren Durchschnittslöhnen einhergeht).

24 Hier zitiert nach Frenkel (1942, S. 177). Ich danke Anthony Atkinson für den Hinweis auf diese zu Unrecht in der Versenkung verschwundene Aussage.

25 Man könnte fragen, ob Shachar einen noch umfassenderen Zugang hätte wählen sollen. Beispielsweise würde die von ihr vorgeschlagene Lösung jene ausschließen, die in einem Land, in das sie aus sozialen oder wirtschaftlichen Gründen auswandern möchten, nicht sozial vernetzt sind (z. B. durch Familie und Freunde).

26 Aus den Haushaltserhebungen für das Jahr 2008 geht hervor, dass das durchschnittliche kaufkraftparitätische Jahreseinkommen in Israel bei knapp über 11 000 USD liegt, gegenüber einem Einkommen von 1100 USD im Westjordanland und im Gazastreifen.

27 In einem Artikel über den bulgarischen Zaun, der am 7. April 2015 in der *International New York Times* erschien, heißt es, einer der Gründe dafür, dass die bulgarischen Verantwortlichen diese Barriere unbedingt errichten wollten, sei ihr Wunsch, »den europäischen Regierungen zu zeigen, dass ihr Land die Aufnahme in den Schengen-Raum verdient«. Dies ist eine Ironie der Geschichte, denn unter dem Kommunismus errichtete das bulgarische Regime einen ähnlichen Zaun, um der sowjetischen Führung zu beweisen, dass Touristen aus den anderen Ostblockländern von seinem Territorium aus nicht in die Türkei oder nach Griechenland fliehen konnten.

28 Eine interessante Deutung stammt von Tan (2006), der erklärt, die Anerkennung der Legitimität von Gesetzen zur Beschränkung der Einwanderung müsse »eine Bedingung für ein Bekenntnis zur globalen Verteilung« des Wohlstands sein. Mit anderen Worten, ein Menschenrecht kann gegen ein Einkommen getauscht werden.

29 Der vielleicht erste Hinweis auf die Unvereinbarkeit von Beschränkungen für die Migration und Produktionsmaximierung stammt von Jean-Baptiste Say, der in *Traité d'économie politique* (erstmals veröffentlicht im Jahr 1804) schreibt: »Europa hatte von der Beseitigung eines Teils der inneren Hindernisse zwischen den verschiedenen politischen Staaten profitiert; und die Welt als ganze würde ähnlichen Nutzen aus der Beseitigung dieser Hindernisse ziehen, welche [...] die verschiedenen Gemeinschaften, in die die Menschheit unterteilt ist, voneinander isolieren« (1821, S. 167).

30 Vgl. United Nations Department of Social and Economic Affairs, die Daten sind

online verfügbar unter: {http://www.un.org/en/development/desa/population/migration/data/index.shtml} (Stand Juni 2016).

31 Vgl. die Gallup-Resultate für die Jahre 2010-2012, online verfügbar unter: {http://www.gallup.com/poll/161435/100-million-worldwide-dream-life.aspx} (Stand Juni 2016); vgl. auch Minter (2011, S. 40).

32 Hanson (2010) schätzt, dass die gegenwärtige Migration von Mexiko in die Vereinigten Staaten das globale Einkommen um einen Betrag erhöht hat, der etwa einem Prozent des Bruttoinlandsprodukts der USA entspricht.

33 Man beachte, dass von den Herkunftsländern keine Gesetzesänderungen verlangt werden, da das Prinzip, dass jeder Mensch die Freiheit haben muss, sein Heimatland zu verlassen, von den meisten Ländern (Ausnahmen sind Nordkorea und Kuba) anerkannt wird.

## 4 Die ungleiche Welt in diesem und im nächsten Jahrhundert

1 Brief von Alfred Marshall an A. L. Bowley, 3. März 1901, in: Marshall (1961, Bd. 2, S. 774).

2 Die Unfähigkeit, die Finanzkrise von 2008 vorauszusagen – oder auch nur zu erkennen, als sie bereits begonnen hatte –, beschreiben Wieland und Wolters (2012).

3 Bemerkenswert ist auch, dass die Autoren jener Zeit nicht imstande waren, die »neue Gesellschaft« anders als durch negative Abgrenzung zu beschreiben: Sie vermochten sie nur als das zu definieren, was sie nicht mehr war. Daher die häufige Verwendung des Präfixes »post« in Bells *The Coming of Post-Industrial Society* (1973, *Die nachindustrielle Gesellschaft* [1975]): Bei einer flüchtigen Durchsicht stößt man auf »postindustriell«, »postbürgerlich«, »postmarxistisch« und »Postknappheit«.

4 *Limits to Growth* (1972, *Die Grenzen des Wachstums* [1973]) war der erste Bericht des Club of Rome. Der zweite Bericht, *Mankind at the Turning Point* (1974, *Jenseits der Grenzen des Wachstums. Bericht an den Club of Rome*, 1988) von Mihailo Mesarović und Eduard Pestel enthielt noch mehr Daten und war dezidiert wissenschaftlich.

5 Sicco Mansholt, der seinerzeitige Präsident der Europäischen Kommission, war ein entschiedener Befürworter des Nullwachstums; vgl. auch Kahn und Wiener (1971). Ein sehr viel realistischeres und in einigen Bereichen – darunter die Migration – verblüffend weitblickendes Bild zeichnete Alfred Sauvy in seinem exzellenten Buch *Croissance zéro?* (1973).

6 Vgl. Charles Hawley, »Gewandelter Wortführer: ›Die Neocons zogen die falschen

Schlüsse«", Interview mit Francis Fukuyama (24. März 2006), online verfügbar unter: {http://www.spiegel.de/politik/ausland/gewandelter-wortfuehrer-die-neocons-zogen-die-falschen-schluesse-a-407491.html} (Stand Juni 2016).

7 Es könnte sein, dass die chinesischen Rüstungsunternehmen, die sich alle in Staatsbesitz befinden, weniger kriegstreiberisch sind als ihre amerikanischen Gegenstücke, weil sie im Kriegsfall nichts zu gewinnen haben.

8 Es dauerte fast hundert Jahre, bis die Dampfschifftechnologie die armen Länder erreichte. Heute erhalten sie fast augenblicklich Zugang zu technologischen Neuerungen (vgl. Comin 2014), obwohl teure Patentrechte und Lizenzen ein Problem sind.

9 Ich habe mich sehr bemüht zu verhindern, dass die Vergrößerung der Stichprobe (die Erhöhung der Zahl der Länder) infolge des Zerfalls der Sowjetunion, der Tschechoslowakei, Jugoslawiens, Pakistans, Äthiopiens, des Sudans usw. die Ergebnisse verzerrt. Daher behandeln wir in allen Jahren, für die solche Daten vorhanden sind, die Pro-Kopf-Bruttoinlandsprodukte der Gebiete, die zu jener Zeit Provinzen oder Republiken anderer Staaten waren (das gilt z. B. für die Ukraine, Kroatien und den Südsudan) so, als handelte es sich um die Bruttoinlandsprodukte eigenständiger Länder. Trotzdem stieg die Zahl der Länder in der Datenbank der Weltbank (World Development Indicators) im Jahr 1980 deutlich, weil zahlreiche kleine Länder, insbesondere Inselstaaten, aufgenommen wurden. Die Stichprobe ist praktisch unverändert, das heißt, nach 1980 wurden fast keine Länder hinzugefügt oder herausgenommen.

10 Diese Zahlen sind bevölkerungsgewichtet, aber eine Gewichtung nach Bruttoinlandsprodukt ergibt ganz ähnliche Resultate.

11 Eine Verlangsamung des Wachstums Chinas ist mit diesem zuversichtlichen Szenario vereinbar, ein Schrumpfen der chinesischen Wirtschaft wäre es jedoch nicht.

12 Der Abschwung ist auch zu beobachten, wenn wir China nicht berücksichtigen.

13 Damit die Region auf den Wert 1 kommt, müssen alle Länder ihr historisches Spitzeneinkommen erreichen.

14 Nur wenig besser ist die Lage von Sambia, das sein gegenwärtiges Pro-Kopf-BIP erstmals im Jahr 1953 erreichte, und von Simbabwe, das vermutlich bereits in den fünfziger Jahren auf dem heutigen Niveau war. Diese Länder haben also rund 60 Jahre verloren.

15 Die exakte Bedingung, unter der China beginnt, zur globalen Ungleichheit beizutragen, ist allerdings ein wenig komplizierter (siehe die folgende Diskussion und die Anmerkungen).

16 Gemessen am Pro-Kopf-BIP in internationalen Dollar sind die Resultate fast identisch. Im Jahr 2013 lag das Pro-Kopf-BIP der Chinesen 18 Prozent unter dem glo-

balen Durchschnitt und war höher als die Pro-Kopf-Bruttoinlandsprodukte von 48,5 Prozent der Weltbevölkerung (wenn man von der Hypothese ausgeht, dass jede Person das Pro-Kopf-BIP ihres Landes hat).

17 Im Fall des Gini-Koeffizienten (mit dem wir hier arbeiten) hängt der Punkt, an dem eine Einheit beginnt, zur Ungleichheit beizutragen, von ihrem Rang ab (wir wollen ihn als »Rang des Wendepunkts« bezeichnen), das heißt von der Zahl der Einheiten mit einem geringeren Einkommen, aber auch vom ursprünglichen Gini-Koeffizienten. Die Formel für die Ermittlung des Wendepunktrangs ist $i > 1 (G + 1)(n + 1)$, die für einen hohen Wert $n$ auf $i > 1 (G + 1)n$ vereinfacht wird, wobei $i$ der Wendepunktrang (der Rang $i$ bewegt sich von 1 bis $n$), $n$ die Gesamtzahl der Einheiten und $G$ der Gini-Koeffizient ist. Zu beachten ist, dass der Wendepunkt nur $n/2$ ist (d. h. der Median), wenn der Gini-Koeffizient 0 ist; vgl. für die Ableitung der Formel Milanović (1994). Da der bevölkerungsgewichtete globale Gini-Koeffizient gegenwärtig bei etwa 0,54 liegt, ist der Wendepunktrang $0{,}77n$. Das bedeutet, dass das durchschnittliche Einkommen Chinas einen Wert erreichen muss, bei dem, wenn alle Menschen in der Welt nach dem Durchschnittseinkommen ihres Landes eingestuft werden, das Einkommen von 77 Prozent der Weltbevölkerung unter dem chinesischen Niveau liegt. Aber da China 20 Prozent der Weltbevölkerung stellt, muss ein Chinese nur 57 Prozent (77-20) der Weltbevölkerung hinter sich lassen, um diesen »Wendepunkt« zu erreichen. Wie wir gesehen haben, übersteigt das Durchschnittseinkommen Chinas gegenwärtig das durchschnittliche Einkommen von 49 Prozent der Weltbevölkerung. Das bedeutet, dass China nur noch weitere 8 Prozent der Weltbevölkerung hinter sich lassen muss, um zur globalen bevölkerungsgewichteten Ungleichheit beizutragen. Das könnte bereits geschehen, wenn dieses Buch erscheint.

18 Zhang (2014, S. 3) berechnet die Ungleichheit zwischen den Durchschnittslöhnen in verschiedenen Wirtschaftssektoren, aber Beschäftigte in Privatunternehmen und Selbstständige sind in seinen Zahlen nicht enthalten. Es müssen zwei bedeutsame Einschränkungen vorgenommen werden: Erstens: Das Maß der sektorenübergreifenden Ungleichheit bezieht sich einfach auf die Ungleichheit zwischen den Durchschnittslöhnen in den verschiedenen Sektoren (die Löhne der individuellen Arbeitskräfte in den einzelnen Sektoren werden nicht berücksichtigt). Zweitens: In diesen Daten sind die Löhne im Privatsektor (dessen Bedeutung wächst) nicht berücksichtigt, und dort sind sie vermutlich weniger gleichmäßig verteilt.

19 Außerdem besteht die Möglichkeit, dass die aus der Entwicklung der Lohnungleichheit gezogenen Schlüsse aufgrund des steigenden Anteils der Kapitalerträge am chinesischen Nationaleinkommen an Relevanz verlieren (vgl. Chi 2012).

20 Um genau zu sein: Hohe Kapitalerträge machen die Kapitalisten reich.

21 Bei der Mittelschicht ist der Immobilienbesitz die mit Abstand wichtigste Vermögensart.

22 Der hohe Anteil finanzieller Vermögenswerte in den Händen der Reichen ist der Grund dafür, dass sich Investmentfirmen und Hedgefonds für »Personen mit hohem finanziellem Nettowert« interessieren, das heißt für Reiche, die Geld zur Verfügung haben, das investiert werden kann. Personen, deren Vermögen im Wesentlichen in Immobilien angelegt ist, haben kaum finanzielle Ressourcen, die sie investieren können.

23 Bei den Personen in der unteren Hälfte des reichsten 1 Prozent machte das Arbeitseinkommen im Jahr 1998 70 Prozent des Gesamteinkommens aus; im Jahr 1929 hatte das Arbeitseinkommen bei derselben Gruppe nur einen Anteil von 40 Prozent am Gesamteinkommen (Piketty und Saez 2003, S. 16).

24 Im entgegengesetzten Fall (Sozialismus) wäre die Korrelation zwischen Kapital- und Arbeitseinkommen null: Alle Menschen würden (ungeachtet ihres Arbeitseinkommens) dasselbe Kapitaleinkommen beziehen. Arthur Pigous Konzept einer »sozialen Dividende«, die zu gleichen Teilen unter den Bürgern aufgeteilt wird, geht in diese Richtung.

25 Das Pell Institute stellt in seinem Bericht über die Gleichheit in der Bildung fest, dass die Kluft zwischen dem Ausbildungserfolg von Studenten aus reichen Familien und solchen aus armen Familien in den Vereinigten Staaten stetig wächst. Der Prozentsatz der Studenten aus dem wohlhabendsten Einkommensquartil (25 Prozent), die einen Bachelor-Abschluss machten, stieg zwischen 1970 und 2013 von 40 auf 77 Prozent. Bei den Studenten aus dem ärmsten Quartil erhöhte er sich lediglich von 6 auf 9 Prozent. Somit vergrößerte sich die Kluft von 34 auf erstaunliche 68 Prozentpunkte; der Bericht ist online verfügbar unter: {http://www.pellinstitute.org/downloads/publications-Indicators_of_Higher_Education_Equity_in_the_US_45_Year_Trend_Report.pdf} (Stand Juni 2016).

26 Daten aus dem zehnjährigen US-Mikrozensus; Ergebnisse aus van der Weide und Milanović (2014, Tabelle 2).

27 Man muss jedoch zwischen zwei Effekten unterscheiden, die grundverschieden sind, obwohl sie die Ungleichheit gleichermaßen beeinflussen. Der erste ist der Kompositionseffekt: Selbst wenn die Partnerwahl vollkommen zufällig wäre, würde eine Zunahme des Anteils hoch qualifizierter und einkommensstarker Frauen zu einem Anstieg der Zahl der beobachteten Eheschließungen zwischen hoch qualifizierten Personen führen. Der zweite Effekt hat mit den Präferenzen zu tun: Hat die Homogamie über das auf dem ersten Effekt beruhende Niveau hinaus zugenommen? Mit anderen Worten: Neigen die Menschen heute mehr als in der Ver-

gangenheit dazu, sich Partner zu suchen, die ihnen wirtschaftlich gleichgestellt sind?

28 Daten von Open Secrets: Center for Responsive Politics, online verfügbar unter: {https://www.opensecrets.org/bigpicture/index.php?cycle=2012} (Stand Juni 2016).

29 Die Wahrscheinlichkeit, dass politische Maßnahmen, die von den Reichen abgelehnt werden, umgesetzt werden, liegt bei nur 18 Prozent. Hingegen werden 45 Prozent der Maßnahmen durchgeführt, die bei den Armen auf Ablehnung stoßen (Gilens und Page 2014). Besonders auffällig sind die Ergebnisse von Gilens (2012) in Bezug auf Fälle, in denen die Präferenzen der Reichen, der Mittelschicht und der Armen unterschiedlich sind. In diesen Fällen zählt nur die Meinung der Reichen. Wenn alle drei Gruppen dieselben Präferenzen haben, reagieren die Politiker auf die Wünsche der Armen und der Mittelschicht, allerdings nur, weil diese vom Einfluss der Reichen profitieren.

30 Zitiert in Hacker und Pierson (2010, S. 222).

31 Möglicherweise gibt es einen sechsten Faktor. Van der Weide und Milanović (2014) haben herausgefunden, dass eine größere Ungleichheit in der Gegenwart zu höheren Einkommenszuwächsen für die Reichen in der Zukunft führt. Sie argumentieren, diese Auswirkung der Ungleichheit sei eine Folge des sozialen Separatismus: Die Reichen ziehen sich aus der Finanzierung der sozialen Dienste zurück (und nehmen bessere private Dienste in Anspruch). Schlechtere öffentliche Dienste in Bereichen wie Gesundheit und Bildung wirken sich besonders nachteilig auf die Armen aus und beeinträchtigen ihr Einkommenswachstum. Die Erkenntnisse von van der Weide und Milanović deuten darauf hin, dass die Reichen kein Interesse an einer Verringerung der Ungleichheit haben, weil diese das Wachstum ihres Einkommens begünstigt.

32 In islamischen Texten wird die Sklaverei (so wie in christlichen und jüdischen Texten) nicht ausdrücklich verboten, sondern eher als tadelnswert bezeichnet. Dennoch wurde die Sklaverei in mehreren mehrheitlich muslimischen Ländern wie Mauretanien und dem Sudan noch vor wenigen Jahren geduldet.

33 Der Anteil der Personen, deren Einkommen unterhalb der Untergrenze des Mittelschichteinkommens liegt (mittleres Einkommen minus 25 Prozent) ist von 32 auf 35 Prozent der US-Bevölkerung gestiegen. Der Anteil der Personen, deren Einkommen oberhalb der Obergrenze des Mittelschichteinkommens liegt (mittleres Einkommen plus 25 Prozent), ist von 36 auf 38 Prozent gestiegen. Das bedeutet natürlich nicht zwangsläufig, dass Personen, die sich in einer Kategorie befanden, in eine andere auf- oder abgestiegen sind, da wir hier Querschnittsdaten verwenden (LIS-Daten auf der Grundlage der US Current Population Surveys für 1979 und 2010).

34 Wer zum ersten Mal nach New York kommt, ist zwangsläufig verblüfft über die allgegenwärtigen Wachmänner in den meisten großen Läden Manhattans. Der Anblick Dutzender Personen in schicken Blazern, die Ohrhörer tragen, macht dem Besucher bewusst, wie viel Arbeitskraft hier für Sicherheitsdienstleistungen vergeudet wird (wenn man bedenkt, welche produktiven Beiträge diese Personen anderswo leisten könnten).

35 Mittlerweile ist es Donald Trump allerdings gelungen, neu zu definieren, wofür die Republikanische Partei steht, oder diese Partei sogar zu kidnappen.

36 Die Wahlbeteiligung steigt mit dem Einkommen; vgl. das Demos-Diagramm zur Wahl 2008, online verfügbar unter: {http://www.demos.org/data-byte/voter-turnout-income-2008-us-presidential-election} (Stand Juni 2016, Daten des US Census Bureau).

37 Vgl. auch Kraus, Davidai und Nussbaum (2015).

38 Selbstverständlich gibt es Ausnahmen: Wäre im Jahr 2000 nicht Ralph Nader als dritter Kandidat angetreten, so hätte George W. Bush die Präsidentschaftswahl wahrscheinlich nicht gewonnen.

39 Bemerkenswert ist, dass republikanische Senatoren zwar mehr Entgegenkommen gegenüber reichen Wählern zeigen als demokratische Senatoren, dass der Unterschied jedoch nur gering ist, wie Bartels herausgefunden hat (Bartels 2010, S. 270, Abb. 9.3).

40 Europa leidet auch unter einem geringen Bevölkerungswachstum, der altbekannten Dysfunktionalität der Europäischen Union und einer generellen Krisenstimmung, aber obwohl sich all diese Faktoren auf die europäische Politik auswirken, sind diese Wirkungen sekundär.

41 Es ist mir bewusst, dass »objektiv« geringfügige Unterschiede in den Augen der Betroffenen sehr bedeutsam sein können.

42 Die Situation in Frankreich ändert sich, wie die erste detaillierte statistische Analyse der Einwanderung zeigt, die im Jahr 2012 veröffentlicht wurde (INSEE 2012).

43 Aus dem International Migration Outlook 2013 (OECD 2013), der umfassendsten Studie über Kosten und Nutzen der Zuwanderung in Europa, geht hervor, dass Immigrantenhaushalte im Durchschnitt 2000 US-Dollar mehr an Steuern und Abgaben beitragen, als sie an Leistungen beziehen.

44 Der Begriff des »Netzes« geht in diesem Kontext auf Sumarto, Suryahadi und Pritchett (2003) zurück.

45 Diese Einstellung ist nicht auf populistische und nativistische Bewegungen beschränkt. Todd (1998) beschreibt eine auf Familienwerte und nationale Kulturen gestützte Ablehnung der Globalisierung.

## 5 Wie geht es weiter?

1 Machiavelli (1977), S. 382.

2 Aus der US General Social Survey von 2010 geht hervor, dass 46 Prozent der Amerikaner glauben, für den persönlichen Erfolg sei es wichtig, die richtigen Personen zu kennen. Die Befragten nannten gute Vernetzung nach harter Arbeit und der Erziehung durch die Eltern als drittwichtigste Voraussetzung für den persönlichen Erfolg (Angaben auf der Grundlage von Leslie McCalls Präsentation im Graduate Center CUNY in New York, 3. Juni 2015).

3 Vgl. Ting Shi, »Many of China's most-wanted graft suspects have taken refuge in the U. S.« (23. April 2015), online verfügbar unter: {http://www.bloomberg.com/news/articles/2015-04-23/finance-industry-tops-china-list-of-most-wanted-graft-fugitives} (Stand Juni 2016).

4 Hingegen ist diese Art der Nivellierung in bürokratischen Systemen mit staatlicher Lenkung machbar, wenn auch nicht wünschenswert. Dort werden die Löhne abhängig von der Ausbildungsdauer festgesetzt, ohne dass die Qualität der Ausbildung berücksichtigt würde. Wird ein Beschäftigter nicht der Regel entsprechend bezahlt, so kann dies juristisch angefochten werden.

5 Piketty (2014, S. 649f.) schreibt, dass die Daten über die Einkommen der Eltern von Studenten, die Eliteuniversitäten besuchen, ein streng gehütetes Geheimnis sind. Er schätzt jedoch, dass das Durchschnittseinkommen der Eltern von Harvard-Studenten im zweithöchsten Perzentil liegt, während es bei Studenten an der renommierten französischen Universität Sciences Po im höchsten Dezil liegt.

6 Die Diskussion über Skalierbarkeit und Spitzeneinkommen geht auf Sherwin Rosens (1981) Arbeit über die wirtschaftliche Situation von Superstars zurück. In einer sehr viel früheren Arbeit beschäftigten sich Kuznets und Friedman (1954) mit den Einkommen von Freiberuflern wie (Zahn-)Ärzten, Wirtschaftsprüfern, Rechtsanwälten und Unternehmensberatern.

7 Man könnte argumentieren, dass die aus der Ferne verkauften Produkte lediglich Platzhalter für die »wirklichen« Produkte sind und dass man, um eine wirklich von einem Koch zubereitete Speise zu essen oder wirklichen Sex zu haben, dem Anbieter der Dienstleistung direkt begegnen muss. Nach der Beliebtheit dieser Platzhalter zu urteilen, dürften sie dem Original jedoch ziemlich nahe kommen.

8 John Sunyer, »Lunch with the FT«, Interview mit Josh Ostrovsky, in: *Financial Times Online* (24. Juli 2015), online verfügbar unter: {http://www.ft.com/cms/s/2/15fe6c4a-3127-11e5-8873-775ba7c2ea3d.html#axzz3pgehPaEK} (Stand Juni 2016).

9 Das Einkommensgefälle wird als Verhältnis zwischen den Medianeinkommen

von Männern und Frauen gemessen. Die Unterschiede werden nicht um Faktoren wie Bildung und Erfahrung bereinigt; da Männer hier einen Vorteil haben, könnte die »wahre« Einkommenskluft kleiner sein.

10 Chancel und Piketty (2015, 31) schätzen den Anteil der reichsten 10 Prozent der (individuellen) Emittenten an den weltweiten $CO_2$-Emissionen auf 45 Prozent. Das entspricht einer Einkommenselastizität von 0,9.

11 Vgl. dazu die unter {http://www.federalreserve.gov/faqs/currency_12773.htm.} verfügbaren Daten (Stand Juni 2016). Diese Menge entspricht fast einem Drittel des Bargeldumlaufs in den Vereinigten Staaten im Jahr 2015.

12 Außerdem sichern diese Dollar den Vereinigten Staaten eine beträchtliche Seigniorage.

# DANK

Dieses Buch ist das Ergebnis jahrelanger Forschungsarbeit zur Frage der Einkommensungleichheit im Allgemeinen und spezifischer zur globalen Einkommensungleichheit. Da es unmöglich wäre, sämtlichen Personen zu danken, von denen ich in dieser Zeit gelernt habe, werde ich mich auf jene konzentrieren, die mir bei der Arbeit am Buch geholfen haben. Wie jedermann weiß, besteht die schwierigste Aufgabe darin, die Struktur eines Buchs zu entwerfen. Als ich mich einmal entschlossen hatte, mit der größten Umschichtung von persönlichen Einkommen in den letzten zwei Jahrhunderten, das heißt mit den Auswirkungen der Globalisierung auf die Verteilung der Einkommen in der Welt, zu beginnen, fügten sich die übrigen Kapitel wie bei einem Puzzle rasch ineinander.

Die nächste schwierige Aufgabe besteht darin, mit dem Schreiben zu beginnen. Man muss die Furcht vor dem ersten Satz überwinden. Auf Anraten meines Freundes Niels Planel, der selbst Sachbücher schreibt, entschloss ich mich, für eine Woche nach Bocas del Toro in Panama zu reisen, um mich vollkommen auf das Schreiben zu konzentrieren. Das war eine ausgezeichnete Entscheidung. Nachdem ich mich eine Woche lang ausschließlich dem Buch gewidmet hatte (ich hüpfte lediglich einige Male ins karibische Meer), hatte ich ein gutes Stück des Textes fertig.

Zu meiner Freude erfuhr ich zu einem frühen Zeitpunkt von Ian Malcom von der Harvard University Press, dass der Verlag interessiert sei, das Buch herauszubringen. Wie oft in solchen Fällen kam mir auch eine glückliche Fügung entgegen: Ich hielt mich zu diesem Zeitpunkt zufällig in London auf, und wir einigten uns bei einem Kaffee (oder war es ein Tee?) auf die Details. Ian leistete wichtige redaktionelle Beiträge. Er sah den Text sorgfältig durch, wobei er stets die Interessen des Autors im Auge hatte und mit Taktgefühl präzise Korrekturen vorschlug. Seine Anregungen verbesserten das Buch, und einige von ihm vorgeschlagene strukturelle Änderungen gaben ihm eine klare Richtung und machten es lesbarer.

Meine Lektorin Louise Robbins leistete ausgezeichnete Arbeit. Wir einigten uns rasch auf eine sinnvolle Vorgehensweise: Die Stimme des Autors wurde respektiert, aber seine Fehler wurden korrigiert, und Widersprüche wurden markiert, um sie anschließend beheben zu können. Ich bin Louise sehr dankbar dafür, dass sie das Buch besser gemacht hat. Es war ein Vergnügen, mit ihr zusammenzuarbeiten.

Zu den Mitarbeitern der Harvard University Press, denen ich für ihre Unterstützung danken möchte, zählen auch Anne McGuire, die alle Anmerkungen sorgfältig prüfte, und Stephanie Vyce, die mir bei der Prüfung der Quellen und Zitate sehr half.

Die Kapitel, in denen ich mich mit der globalen Einkommensverteilung befasse, habe ich teilweise in Vorträgen und Konferenzen präsentiert. Ich bedanke mich für die Kommentare meiner Zuhörer. Zu der in Kapitel 2 vorgelegten Neudefinition der Kuznets-Hypothese und zur Vorstellung des Konzepts der Kuznets-Wellen habe ich vorzügliche schriftliche Kommentare von folgenden Personen erhalten (in alphabetischer Reihenfolge): Guido Alfani, Bob Allen, Christoph Lakner, Peter Lindert, Leandro Prados de la Escosura und Walter Scheidel. Ich bedanke mich auch für die Hinweise, die ich in Seminaren und auf Konferenzen erhielt, wo ich diesen Teil des Buchs vortrug: Steve Broadberry, Ljubomir Madžar und Filip Novokmet nahmen in Belgrad Stellung, Leandro Prados de la Escosura, Francisco Goerlich, Facundo Alvaredo, Roy van der Weide und Peter Lanjouw äußerten sich in Valencia, John Bonin kommentierte meine Erkenntnisse an der Wesleyan University, Walter Scheidel, Peter Turchin und Peer Vries äußerten sich in Wien, und Joe Stiglitz sowie Suresh Naidu in New York. Carla Yumatle steuerte wertvolle Erkenntnisse über Frantz Fanons Arbeit bei.

Ich schulde all den Freunden Dank, die mir großzügig ihre Daten zur Verfügung stellten und meine zahlreichen Fragen beantworteten: Leandro Prados de la Escosura und Carlos Álvarez-Nogal, Peter Lindert und Jeffrey Williamson, Giovanni Vecchi und Andrea Brandolini, Jonathan Cribb, Guido Alfani, Walter Ryckbosch, Javier Rodríguez Weber, Christoph Lakner und Tony Atkinson, Luis Bértola, Jan Luiten van Zanden, Wenjie Zhang, Larry Mishel, Michael Clemens und Çağlar Özden. Ein besonderer Dank geht an Ann Harrison und Peter Nolan, die ausgezeichnete Arbeit bei der Durchsicht leisteten und deren Anregungen ich sehr ernst nahm und im Text zu berücksichtigen versuchte. Janet Gornick vom ILS-Center (Luxembourg Income Study) an der City University of New York, wo ich während der Arbeit an diesem Buch tätig war, zeigte großes Verständnis und munterte mich auf, wenn ich Zweifel hatte.

Meine Frau Michele de Nevers und unsere Söhne Nikola und Georgie begrüßten es, dass ich ein weiteres Buch schrieb. Ich hatte eine unterhaltsame Beschäftigung und mehr Zeit für sie. Ich bin Michele dankbar für ihre Bereitschaft, ein Pendlerleben zwischen New York und Washington zu führen.

# BIBLIOGRAPHIE


Acemoğlu, Daron/James Robinson (2013), *Warum Nationen scheitern: Die Ursprünge von Macht, Wohlstand und Armut*, Frankfurt am Main: Fischer.

Albaquerque Sant'Anna, André (2015), »A spectre has haunted the west: Did socialism discipline income inequality?«, unveröffentlichtes Manuskript, online verfügbar unter: {https://mpra.ub.uni-muenchen.de/64756/1/MPRA_paper_64756.pdf} (Stand Juni 2016).

Alfani, Guido (2010), »The effects of plague on the distribution of property: Ivrea, Northern Italy 1630«, in: *Population Studies* 64/1, S. 61-75.

Alfani, Guido (2014), »Economic inequality in Northwestern Italy: A long-term view (fourteenth to eighteenth century)«, Dondena Arbeitspapier Nr. 61, Universität Bocconi, Mailand; online verfügbar unter: {ftp://ftp.dondena.unibocconi.it/WorkingPapers/DondenaWP061.pdf} (Stand Juni 2016).

Alfani, Guido/Francesco Ammannati (2015), »Economic inequality and poverty in the very long run: The case of the Florentine State (late thirteenth-early nineteenth centuries)«, Dondena Arbeitspapier Nr. 70, Universität Bocconi, Mailand; online verfügbar unter: {ftp://ftp.dondena.unibocconi.it/WorkingPapers/DondenaWP070.pdf} (Stand Juni 2016).

Allen, Robert C. (2003), »Poverty and progress in early modern Europe«, in: *Economic History Review* 56/3, S. 403-433.

Allen, Robert C. (2005), »Capital accumulation, technological change, and the distribution of income during the British industrial revolution«, University of Oxford, Department of Economics Discussion Paper Series, Nr. 239; online verfügbar unter: {http://www.economics.ox.ac.uk/materials/working_papers/paper239.pdf} (Stand Juni 2016).

Allen, Robert C. (2007), »How prosperous were the Romans? Evidence from Diocletian's price edict (301 AD)«, University of Oxford, Department of Economics Discussion Paper Series, Nr. 363; online verfügbar unter: {http://www.economics.ox.ac.uk/materials/working_papers/paper363.pdf} (Stand Juni 2016).

Allen, Robert C. (2015), *Geschichte der Weltwirtschaft*, Stuttgart: Reclam.

Alvaredo, Facundo, Anthony B. Atkinson, Thomas Piketty und Emmanuel Saez (2013), »The top 1 percent in international and historical perspective«, in: *Journal of Economic Perspectives* 27/3, S. 3-20.

Álvarez-Nogal, Carlos/Leandro Prados de la Escosura (2007), »The decline of Spain, 1500-1850: Conjectural estimates«, in: *European Review of Economic History* 11, S. 319-366.

Álvarez-Nogal, Carlos/Leandro Prados de la Escosura (2009), »The rise and decline of Spain (800-1850)«, beim 15. World Economic History Congress in Utrecht vorgelegtes Papier.

Álvarez-Nogal, Carlos/Leandro Prados de la Escosura (2013), »The rise and fall of Spain (1270-1850)«, in: *Economic History Review* 66/1, S. 1-37.

Anand, Sudhir/Paul Segal (2008), »What do we know about global income inequality?«, in: *Journal of Economic Literature* 46/1, S. 57- 94.

Atkinson, Anthony B./John Micklewright (1992), *Economic Transformation in Eastern Europe and the Distribution of Income*, Cambridge: Cambridge University Press.

Autor, David/David Dorn (2010), »The growth of low-skill service jobs and the polarization of the US labor market«, in: *American Economic Review* 103/5, S. 1553-1597.

Autor, David H., Lawrence F. Katz und Melissa S. Kearney (2008), »Trends in US wage inequality: Revising the revisionists«, in: *Review of Economics and Statistics* 80/2, S. 300-323.

Bairoch, Paul (1997), *Victoires et déboires: Histoire économique et sociale du monde du XVIe siècle a nos jours*, Bd. 2, Paris: Gallimard.

Bartels, Larry M. (2005), »Economic inequality and political representation«, unveröffentlichtes Manuskript; online verfügbar unter: {http://www.princeton.edu/~bartels/economic.pdf} (Stand Juni 2016).

Bartels, Larry M. (2010), *Unequal Democracy: The Political Economy of the New Gilded Age*, Princeton: Princeton University Press.

Beitz, Charles (1999), »International liberalism and distributive justice: A survey of recent thought«, in: *World Politics* 51, S. 269-296.

Bell, Daniel (1973), *Die nachindustrielle Gesellschaft*, Frankfurt am Main: Campus.

Beloff, Max (1984), *Wars and Welfare: Britain, 1914-1945*, Baltimore: E. Arnold.

Bértola, Luis, Cecilia Castelnovo, Javier Rodríguez und Henry Willebald (2009), »Income distribution in the Latin American Southern Cone during the first globalization boom and beyond«, in: *International Journal of Comparative Sociology* 50, S. 452-485.

Bilmes, Linda/Joseph Stiglitz (2008), *Die wahren Kosten des Krieges: Wirtschaftliche und politische Folgen des Irak-Konflikts*, München: Pantheon.

Bolt, Jutta/Jan Luiten van Zanden (2014), »The Maddison Project: Collaborative research on historical national accounts«, in: *Economic History Review* 67/3, S. 627-651.

Bourguignon, François/Christian Morrisson (2002), »Inequality among world citizens: 1820-1992«, in: *American Economic Review* 92/4, S. 727-744.

Bowles, Samuel/Arjun Jayadev (2005), »Guard labor«, Santa Fe Institute Working Paper 2005-07-30; online verfügbar unter: {http://www. santafe.edu/media/workingpapers/05-07-030.pdf} (Stand Juni 2016).

Brandolini, Andrea/Giovanni Vecchi (2011), »The well-being of Italians: A comparative historical approach«, Banca d'Italia, Economic History Working Papers, Nr. 19; online verfügbar unter: {https://www.bancaditalia.it/pubblicazioni/quaderni-storia/2011-0019/index.html?com.dotmarketing.htmlpage.language=1} (Stand Juni 2016).

Bucharin, Nikolai (1929), *Imperialismus und Weltwirtschaft*, mit einem Vorwort von W.I. Lenin, Wien/Berlin: Verlag für Literatur und Politik.

Canbakal, Hülya (2012), »Wealth and inequality in Ottoman Bursa, 1500-1840«, unveröffentlichtes Manuskript; online verfügbar unter: {http://www.econ.yale.edu./~egcenter/Wealth%20and%20Inequality%20in%20Ottoman%20Bursa-Canbakal.pdf} (Stand Juni 2016).

Caney, Simon (2010), »Cosmopolitanism and the law of peoples«, in: *Journal of Political Philosophy* 10/1, S. 95-123.

Carr, E.H. (1973 [1952]), *The Bolshevik Revolution, 1917-1923*, Bd. 3. Harmondsworth: Penguin Books.

Chancel, Lucas/Thomas Piketty (2015), »Carbon and inequality: From Kyoto to Paris«, Paris School of Economics, November; online verfügbar unter: {http://piketty.pse.ens.fr/files/ChancelPiketty2015.pdf} (Stand Juni 2016).

Chau, Nancy H./Ravi Kanbur (2013), »On footloose industries and labor disputes with endogenous labor asymmetry«, in: *Review of Development Economics* 17/2, S. 319-341.

Chi, Wei (2012), »Capital income and income inequality«, in: *Journal of Comparative Economics* 40, S. 228-239.

Clark, Gregory (2005), »The condition of the working class in England, 1209-2004«, in: *Journal of Political Economy* 113/6, S. 1307-1340.

Clemens, Michael/Lant Pritchett (2008), »Income per natural: Measuring development for people rather than places«, in: *Population and Development Review* 34/3, S. 395-434.

Comin, Diego (2014), »The evolution of technology diffusion and the great divergence«, Policy Brief for the Brookings Blum Roundtable on Global Poverty, August; online verfügbar unter: {http://www.brookings.edu/~/media/Programs/glo

bal/bbr2014/Session%203%20%20Leapfrogging%20%20Comin_FINAL.pdf} (Stand Juni 2016).

Corak, Miles (2013), »Income inequality, equality of opportunity, and intergenerational mobility«, in: *Journal of Economic Perspectives* 27/3, S. 79-102.

Crafts, Nicholas (2000), »Globalization and growth in the twentieth century«, IWF Arbeitspapier 00/44; online verfügbar unter: {https://www.imf.org/external/pubs/ft/wp/2000/wp0044.pdf} (Stand Juni 2016).

Credit Suisse Research Institute (2013), *Global Wealth Databook 2013*, Zürich: Credit Suisse; online verfügbar unter: {https://publications.credit-suisse.com/tasks/render/file/?fileID=1949208D-E59A-F2D9-6D0361266E44A2F8} (Stand Juni 2016).

Credit Suisse Research Institute (2014), *Global Wealth Databook 2014*, Zürich: Credit Suisse; online verfügbar unter: {https://publications.credit-suisse.com/tasks/render/file/?fileID=5521F296-D460-2B88-081889DB12817E02} (Stand Juni 2016).

Davies, James B., Susanna Sandström, Anthony B. Shorrocks und Edward N. Wolff (2011), »The level and distribution of global household wealth«, in: *Economic Journal* 121, S. 223-254.

Deaton, Angus (2005), »Measuring poverty in a growing world (or measuring growth in a poor world)«, in: *Review of Economics and Statistics* 87, S. 353-378.

Deaton, Angus (2013), *The Great Escape and the Origins of Inequality*, Princeton: Princeton University Press.

Deaton, Angus/Bettina Aten (2014), »Trying to understand the PPPs in ICP 2011: Why are the results so different?«, National Bureau of Economic Research Working Paper, Nr. 20244, Juni; online verfügbar unter: {http://www.nber.org/papers/w20244} (Stand Juni 2016).

Department for Business Innovation & Skills (2015), »Trade union membership 2014. Statistical bulletin«; online verfügbar unter: {https://www.gov.uk/government/uploads/system/uploads/attachment_data/file/431564/Trade_Union_Membership_Statistics_2014.pdf} (Stand Juni 2016).

de Soto, Hernando (1989), *The Other Path: The Invisible Revolution in the Third World*, New York: Basic Books.

Ebenstein, Avraham, Ann Harrison und Margaret McMillan (2015), »Why are American workers getting poorer? China, trade and off shoring«, National Bureau of Economic Research Working Paper, Nr. 21027, März; online verfügbar unter: {http://www.nber.org/papers/w21027} (Stand Juni 2016).

Ebenstein, Avraham, Ann Harrison, Margaret McMillan und Shannon Phillips (2014), »Estimating the impact of trade and off shoring on American workers using the current population surveys«, in: *Review of Economics and Statistics* 96/4, S. 581-595.

Ehrlich, Paul R. (1973), *Die Bevölkerungsbombe*, Frankfurt am Main: Fischer.

Elsby, Michael W. L., Bart Hobijn und Ayşegül Şahin (2013), »The decline of US labor share«, Paper für das Brookings Panel on Economic Activity (September), 18. Oktober 2013; online verfügbar unter: {http://www.brookings.edu/~/media/Projects/BPEA/Fall%202013/2013b_elsby_labor_share.pdf} (Stand Juni 2016).

Engels, Friedrich (1962 [1892]), »Vorwort zur deutschen Ausgabe von 1892 der ›Lage der arbeitenden Klasse in England‹«, in: Karl Marx und Friedrich Engels, *Werke* (= MEW), Bd. 2, herausgegeben vom Institut für Marxismus-Leninismus beim ZK der SED, Berlin: Dietz, S. 637-650.

Esping-Andersen, Gøsta (1990), *The Three Worlds of Welfare Capitalism*, Princeton: Princeton University Press.

Fanon, Frantz (2008), *Die Verdammten dieser Erde*, Frankfurt am Main: Suhrkamp.

Feenstra, Robert/Gordon H. Hanson (1999), »The impact of outsourcing and high-technology capital on wages: Estimate for the United States, 1979-90«, in: *Quarterly Journal of Economics* 114, S. 907-940.

Feinstein, Charles H. (1988), »The rise and fall of the Williamson Curve«, in: *Journal of Economic History* 48, S. 699-729.

Feinstein, Charles H. (1998), »Pessimism perpetuated: Real wages and the standard of living in Britain during and after the industrial revolution«, in: *Journal of Economic History* 58/3, S. 625-658.

Ferguson, Niall (1998), *Der falsche Krieg*, Stuttgart: Deutsche Verlags-Anstalt.

Ferreira, Francisco H. G., Phillippe G. Leite und Julie A. Litchfield (2008), »The rise and fall of Brazilian inequality, 1981-2004«, in: *Macroeconomic Dynamics* 12/S 2, S. 199-230.

Fochesato, Mattia (2014), »Demographic shocks, labor institutions and wage divergence in early modern Europe«, unveröffentlichtes Manuskript; online verfügbar unter: {http://econ.sciences-po.fr/sites/default/files/file/mattia-fochesato.pdf} (Stand Juni 2016).

Freeman, Richard (2006), »People flows in globalization«, in: National Bureau of Economic Research Working Paper, Nr. 12315, Juli; online verfügbar unter: {http://www.nber.org/papers/w12315.pdf} (Stand Juni 2016).

Frenkel, Herbert (1942), »Presidential address: World economic solidarity«, in: *South African Journal of Economics* 10/3, S. 169-192.

Frick, Joachim/Markus Grabka (2009), »Wealth inequality on the rise in Germany«, Deutsches Institut für Wirtschaftsforschung, Wochenbericht, Bd. 5, Nr. 10; online verfügbar unter: {https://www.diw.de/sixcms/detail.php?id=diw_01.c.453559.de} (Stand Juni 2016).

Galbraith, James K. (2012), *Inequality and Instability: A Study of the World Economy Just Before the Great Crisis*, Oxford: Oxford University Press.

Gasparini, Leonardo, Guillermo Cruces und Leopoldo Tornarolli (2011), »A turning point? Recent trends in income inequality in Latin America«, in: *Economia* 11/2, S. 147-190.

Gibbon, Edward (2015 [1788]), *Verfall und Untergang des Römischen Reiches*, Bd. 8, Hamburg: Projekt Gutenberg-DE.

Gilens, Martin (2012), *Affluence and Influence*, Princeton: Princeton University Press.

Gilens, Martin/Benjamin I. Page (2014), »Testing theories of American politics: Elites, interest groups, and average citizens«, in: *Perspectives on Politics* 12/3, S. 564-581.

Goldin, Claudia/Lawrence F. Katz (2010), *The Race between Education and Technology*, Cambridge, MA: Belknap Press of Harvard University Press.

Goldsmith, Selma, George Jaszi, Hyman Kaitz, und Maurice Liebenberg (1954), »Size distribution of income since the mid-thirties«, in: *Review of Economics and Statistics* 36/1, S. 1-32.

Goldsworthy, Adrian Keith (2009), *How Rome Fell: Death of a Superpower*, New Haven, CT: Yale University Press.

Grant, Oliver Wavell (2002), »Does industrialization push up inequality? New evidence on the Kuznets Curve from nineteenth century Prussian tax statistics«, University of Oxford, Oxford Economic and Social History Working Papers, Nr. 48, September; online verfügbar unter: {http://www.economics.ox.ac.uk/materials/papers/2284/48grant.pdf} (Stand Juni 2016).

Greenwood, Jeremy, Nezih Guner, Georgi Kocharkov und Cezar Santos (2014), »Marry your like: Assortative mating and income inequality«, in: *American Economic Review* 104/5, S. 348-353.

Hacker, Jacob S./Paul Pierson (2010), *Winner-Take-All Politics: How Washington Made the Rich Richer – and Turned Its Back on the Middle Class*, New York: Simon and Schuster.

Hanson, Gordon H. (2010), »International migration and human rights«, National Bureau of Economic Research Working Paper, Nr. 16472, Oktober; online verfügbar unter: {http://www.nber.org/papers/w16472} (Stand Juni 2016).

Hellebrandt, Tomáš/Paolo Mauro (2015), »The future of worldwide income distribution«, Peterson Institute for International Economics Working Paper, Nr. 15-7, April; online verfügbar unter: {https://www.piie.com/publications/wp/wp15-7.pdf} (Stand Juni 2016).

Herlihy, David (1978), »The distribution of wealth in a renaissance community: Florence 1427«, in: *Towns in Societies: Essays in Economic History and Historical Socio-*

*logy*, herausgegeben von Philip Abrams und E.A. Wrigley, Cambridge: Cambridge University Press, S. 131-157.

Hobson, John A. (1968), *Der Imperialismus*, Köln/Berlin: Kiepenheuer und Witsch.

Institut national de la statistique et des études économiques (INSEE) (2012), *Immigrés et descendants d'immigrés en France*.

Jongman, Willem M. (2014), »Re-constructing the Roman economy«, in: *The Cambridge History of Capitalism*, Bd. 1: *The Rise of Capitalism: From Ancient Origins to 1848*, herausgegeben von Larry Neal und Jeffrey G. Williamson, Cambridge: Cambridge University Press, S. 75-100.

Kahn, Herman/Anthony J. Wiener (1971), *Ihr werdet es erleben: Voraussagen der Wissenschaft bis zum Jahre 2000*, Reinbek bei Hamburg: Rowohlt.

Karabarbounis, Loukas/Brent Neiman (2013), »The global decline of the labor share«, in: *Quarterly Journal of Economics* 129/1, S. 61-103.

Keynes, John Maynard (2006 [1936]), *Allgemeine Theorie der Beschäftigung, des Zinses und des Geldes*, Berlin: Duncker & Humblot.

Kraus, Michael W., Shai Davidai und A. David Nussbaum (2015), »American dream? Or mirage?«, in *New York Times* (3. Mai 2015), S. SR9.

Kraus, Michael W./Jacinth J.X. Tan (2015), »Americans overestimate social class mobility«, in: *Journal of Experimental Social Psychology* 58, S. 101-111.

Kremer, Mark/Eric Maskin (2003), »Globalization and inequality«, unveröffentlichtes Manuskript; online verfügbar unter: {https://www.hse.ru/data/624/768/1238/Maskin.pdf} (Stand Juni 2016).

Kristov, Lorenzo, Peter Lindert und Robert McClelland (1992), »Pressure groups and redistribution«, in: *Journal of Public Economics* 48/2, S. 135-163.

Krugman, Paul R. (1995), »Growing world trade: Causes and consequences«, Brookings Papers on Economic Activity, 1:1995, S. 327-377; online verfügbar unter: {http://www.brookings.edu/~/media/Projects/BPEA/1995-1/1995a_bpea_krugman_cooper_srinivasan.PDF} (Stand Juni 2016).

Kuznets, Simon (1955), »Economic growth and income inequality«, in: *American Economic Review* 45, S. 1-28.

Kuznets, Simon (1965 [1958]), »Regional economic trends and levels of living«, in: *Economic Growth and Structure: Selected Essays*, New York: W.W. Norton; ursprünglich veröffentlicht in: *Population and World Politics*, herausgegeben von Philip M. Hauser, New York: Free Press 1958, S. 79-117. Das Paper wurde erstmals beim 30. Jahrestreffen der Norman Wait Harris Foundation an der University of Chicago vorgelegt, 24.-28. November 1954.

Kuznets, Simon (1966), *Modern Economic Growth*, New Haven, CT: Yale University Press.

Kuznets, Simon/Milton Friedman (1954), »Income from independent professional practice«, National Bureau of Economic Analysis; online verfügbar unter: {http://papers.nber.org/books/fries4-1} (Stand Juni 2016).

Lakner, Christoph/Anthony Atkinson (2014), »Wages, capital and top incomes: The factor income composition of top incomes in the USA, 1960-2005«, unveröffentlichtes Manuskript, November.

Lakner, Christoph/Branko Milanović (2013), »Global income distribution: From the fall of the Berlin Wall to the great recession«, Weltbank, Policy Research Working Paper, Nr. 6719, Dezember; online verfügbar unter: {http://www-wds.worldbank.org/external/default/WDSContentServer/WDSP/IB/2013/12/11/000158349_20131211100152/Rendered/PDF/WPS 6719.pdf} (Stand Juni 2016).

Lakner, Christoph/Branko Milanović (2015), »Global income distribution: From the fall of the Berlin Wall to the great recession«, in: *The World Bank Economic Review*; online verfügbar unter: {https://www.gc.cuny.edu/CUNY_GC/media/LISCenter/brankoData/wber_final.pdf} (Stand Juni 2016).

Landes, David (1961), »Some thoughts on the nature of economic imperialism«, in: *Journal of Economic History* 21/4, S. 496-512.

Landes, David (2010), *Wohlstand und Armut der Nationen: Warum die einen reich und die anderen arm sind*, Bonn: BpB.

Lee, Sangheon, Deirdre McCann und Jon C. Messenger (2007), *Working Time around the World: Trends in Working Hours, Laws and Policies in a Global Comparative Perspective*, Routledge Studies in the Modern World Economy, London: Routledge/Geneva: International Labour Office.

Levy, Frank/Peter Temin (2007), »Inequality and institutions in the 20th century America«, MIT, Industrial Performance Center Working Paper 07-002, 27. Juni; online verfügbar unter: {https://ipc.mit.edu/sites/default/files/documents/07-002.pdf} (Stand Juni 2016).

Lindbeck, Assar (1994), »Welfare state disincentives with endogenous habits and norms«, Universität Stockholm, Institute for International Economic Studies Seminar Paper, Nr. 589; online verfügbar unter: {http://www.diva-portal.org/smash/get/diva2:342937/FULLTEXT01.pdf} (Stand Juni 2016).

Lindert, Peter H. (2014), »Private welfare and the welfare state«, in: *The Cambridge History of Capitalism*, Bd. 2: *The Spread of Capitalism: From 1848 to the Present*, herausgegeben von Larry Neal und Jeffrey G. Williamson, Cambridge: Cambridge University Press, S. 464-500.

Lindert, Peter H./Jeffrey G. Williamson (1982), »Revising England's social tables, 1688-1812«, in: *Explorations in Economic History* 19, S. 385-408.

Lindert, Peter H./Jeffrey G. Williamson (1983), »Reinterpreting Britain's social tables, 1688-1913«, in: *Explorations in Economic History* 20, S. 94-109.

Lindert, Peter H./Jeffrey G. Williamson (1985), »Essays in exploration: Growth, equality, and history«, in: *Explorations in Economic History* 22, S. 341-377.

Lindert, Peter H./Jeffrey G. Williamson (2012), »American incomes 1774-1860«, National Bureau of Economic Research Working Paper, Nr. 18396, September; online verfügbar unter: {http://www.nber.org/papers/w18396} (Stand Juni 2016).

Lindert, Peter H./Jeffrey G. Williamson (2016), *Unequal Gains: American Growth and Inequality since 1700*, Princeton: Princeton University Press.

Lydall, Harold (1968), *The Structure of Earnings*, Oxford: Clarendon Press.

Ma, Debin (2011), »Rock, scissors, paper: The problem of incentives and information in traditional Chinese state and the origin of great divergence«, London School of Economics, Economic History Working Papers Nr. 152/11, Juli; online verfügbar unter: {http://eprints.lse.ac.uk/37569/1/Rock%2C_Scissors%2C_Paper_the_Problemof_Incentives_and_Information_in_Traditional_Chinese_State_and_the_Origin_of_Great_Divergence%28lsero%29.pdf} (Stand Juni 2016).

Machiavelli, Niccolò (1977), *Discorsi. Gedanken über Politik und Staatsführung*, Stuttgart: Kroener.

Maddison, Angus (2007), *Contours of the World Economy, 1-2030 AD: Essays in Macro-Economic History*, Oxford: Oxford University Press.

Maddison, Angus (2008), »World population, GDP and per capita GDP, 1-2008 AD«, online verfügbar unter: {http://www.ggdc.net/MADDISON/oriindex.htm} (Stand Juni 2016).

Maddison Project (2013), online verfügbar unter: {http://www.ggdc.net/maddison/maddison-project/home.htm} (Stand Juni 2016).

Mankiw, N. Gregory (2015), »Yes, r > g. So what?«, in: *American Economic Review* 105/5, S. 43-47.

Marshall, Alfred (1961), *Principles of Economics*, 9. Aufl., London/New York: Macmillan.

Marx, Karl (2008 [1894]), *Das Kapital: Kritik der politischen Ökonomie*, Bd. 3, in: MEW, Bd. 25.

Marx, Karl (1961 [1859]), *Zur Kritik der politischen Ökonomie*, in: MEW, Bd. 13, Berlin: Dietz, S. 3-160.

Marx, Karl (1961b [1903]), »Einleitung zur Kritik der politischen Ökonomie«, in: MEW, Bd. 13, Berlin: Dietz, 615-643.

McGuire, Martin C./Mancur Olson (1996), »The economics of autocracy and majority rule: The invisible hand and the use of force«, in: *Journal of Economic Literature* 34/1, S. 72-96.

Meadows, Donella H., Dennis L. Meadows, Jorgen Randers und William W. Behrens

III (1972), *The Limits to Growth: A Report for the Club of Rome's Project on the Predicament of Mankind*, New York: Universe Books.

Mendershausen, Horst (1946), *Changes in Income Distribution during the Great Depression*, Studies in Income and Wealth, Bd. 7. New York: National Bureau of Economic Research.

Mesarović, Mihailo/Eduard Pestel (1974), *Mankind at the Turning Point: The Second Report to the Club of Rome*, New York: Dutton.

Milanović, Branko (1994), »The Gini-type functions: An alternative derivation«, in: *Bulletin of Economic Research* 46/1, S. 81-90.

Milanović, Branko (1998), *Income, Inequality, and Poverty during the Transition from Planned to Market Economy*, Washington, DC: Weltbank.

Milanović, Branko (2000), »The median voter hypothesis, income inequality and income redistribution: An empirical test with the required data«, in: *European Journal of Political Economy* 16/3, S. 367-410.

Milanović, Branko (2002a), »True world income distribution, 1988 and 1993: First calculations based on household surveys alone«, in: *Economic Journal* 112/476, S. 51-92.

Milanović, Branko (2002b), »The two faces of globalization: Against globalization as we know it«, in: *World Development* 31/4, S. 667-683.

Milanović, Branko (2005), »Globalization and goals: Does soccer show the way?«, in: *Review of International Political Economy* 12/5, S. 829-850.

Milanović, Branko (2010a), »Four critiques of the redistribution hypothesis: An assessment«, in: *European Journal of Political Economy* 26/1, S. 147-154.

Milanović, Branko (2010b), »Income level and income inequality in the Euro-mediterranean region: From the principate to the Islamic conquest«, unveröffentlichtes Manuskript; online verfügbar unter: {https://www.gc.cuny.edu/CUNY_GC/media/CUNY-Graduate-Center/PDF/Centers/LIS/Milanovic/papers/2010/Euro_mediterranean4.pdf} (Stand Juni 2016).

Milanović, Branko (2011a), *The Haves and the Have-nots: A Short and Idiosyncratic History of Global Inequality*, New York: Basic Books.

Milanović, Branko (2011b), »A short history of global inequality: The past two centuries«, in: *Explorations in Economic History* 48, S. 494-506.

Milanović, Branko (2012a), »Evolution of global inequality: From class to location, from proletarians to migrants«, in: *Global Policy* 3/2, S. 124-133.

Milanović, Branko (2012b), »Global inequality recalculated and updated: The effect of new PPP estimates on global inequality and 2005 estimates«, in: *Journal of Economic Inequality* 10/1, S. 1-18.

Milanović, Branko (2015), »Global inequality of opportunity: How much of our income is determined by where we live«, in: *Review of Economics and Statistics* 97/2, S. 452-460.

Milanović, Branko, Peter H. Lindert und Jeffrey G. Williamson (2007), »Measuring ancient inequality«, National Bureau of Economic Research Working Paper, Nr. 13550, Oktober; online verfügbar unter: {http://www.nber.org/papers/w13550} (Stand Juni 2016).

Milanović, Branko, Peter H. Lindert und Jeffrey G. Williamson (2011), »Pre-industrial inequality«, in: *Economic Journal* 121/551, S. 255-272.

Miller, David (2005), »Against global egalitarianism«, in: *Journal of Ethics* 9, S. 55-79.

Minami, Ryoshin (1998), »Economic development and income distribution in Japan: An assessment of the Kuznets hypothesis«, in: *Cambridge Journal of Economics* 22, S. 39-58.

Minami, Ryoshin (2008), »Income distribution in Japan: Historical perspective and its implications«, in: *Japan Labor Review* 5/4, S. 5-20.

Minter, William (2011), »Africa migrations, global inequalities and human rights: Connecting the dots«, Nordiska Afrikainstitutet, Uppsala, Current African Issues, Nr. 48.

Mistiaen, Johan/Martin Ravallion (2006), »Survey nonresponse and the distribution of income«, in: *Journal of Economic Inequality* 4, S. 33-55.

Moellendorf, Darrel (2009), *Global Inequality Matters*, London: Palgrave Macmillan.

Myrdal, Gunnar (1980), *Asiatisches Drama: Eine Untersuchung über die Armut der Nationen*, Frankfurt am Main: Suhrkamp.

National Bureau of Statistics of China (2014), *China Statistical Yearbook 2013*; online verfügbar unter: {http://www.stats.gov.cn/tjsj/ndsj/2014/indexeh.htm} (Stand Juni 2016).

OECD (2008), *Growing Unequal? Income Distribution and Poverty in OECD Countries*, Paris: OECD; online verfügbar unter {http://dx.doi.org/10.1787/9789264044197-en} (Stand Juni 2016).

OECD (2011), *Divided We Stand: Why Inequality Keeps Rising*, Paris: OECD; online verfügbar unter: {http://dx.doi.org/10.1787/9789264119536-en} (Stand Juni 2016).

OECD (2012), *Closing the Gender Gap: Act Now*, Paris: OECD; online verfügbar unter: {http://dx.doi.org/10.1787/9789264179370-en} (Stand Juni 2016).

OECD (2013), *International Migration Outlook 2013*, Paris: OECD; online verfügbar unter: {http://www.oecd-ilibrary.org/social-issues-migration-health/international-migration-outlook-2013_migr_outlook-2013-en} (Stand Juni 2016).

OECD (2015), *In It Together: Why Less Inequality Benefits All*, Paris: OECD; online verfügbar unter: {http://dx.doi.org/10.1787/9789264235120-en} (Stand Juni 2016).

Özden, Çağlar, Christopher R. Parsons, Maurice Schiff und Terrie L. Walmsley (2011), »Where on earth is everybody? The evolution of global bilateral migration, 1960-2000«, in: *World Bank Economic Review* 25/1, S. 12-56.

Page, Benjamin I., Larry M. Bartels und Jason Seawright (2013), »Democracy and the policy preferences of wealthy Americans«, in: *Perspectives on Politics* 11/1, S. 51-73.

Pamuk, Şevket (2007), »The Black Death and the origins of the ›great divergence‹ across Europe, 1300-1600«, in: *European Review of Economic History* 11/3, S. 289-317.

Pareto, Vilfredo (1966 [1921]), *Vilfredo Pareto: Sociological Writings*, herausgegeben von Samuel E. Finer, New York: Praeger.

Piketty, Thomas (2001a), *Les Hauts revenus en France au 20e siècle: inégalités et redistribution, 1901-1998*, Paris: B. Grasset.

Piketty, Thomas (2001b), »Income inequality in France 1901-98«, Centre for Economic Policy Research Discussion Paper, Nr. 2876, Juli; online verfügbar unter: {http://piketty.pse.ens.fr/fichiers/public/Piketty2001a.pdf} (Stand Juni 2016).

Piketty, Thomas (2003), »Income inequality in France, 1901-1998«, in: *Journal of Political Economy* 111/5, S. 1004-1042.

Piketty, Thomas (2014), *Das Kapital im 21. Jahrhundert*, München: C.H. Beck.

Piketty, Thomas/Emmanuel Saez (2003), »Income inequality in the United States, 1913-1998«, in: *Quarterly Journal of Economics* 118/1, S. 1-39.

Pogge, Thomas (1994), »An egalitarian law of peoples«, in: *Philosophy and Public Affairs* 23, S. 193-224.

Polak, Ben/Jeffrey G. Williamson (1993), »Poverty, policy, and industrialization in the past«, *Including the Poor*, herausgegeben von Michael Lipton und Jacques van der Gaag, Washington, DC: Weltbank.

Posner, Eric/Glen Weyl (2014), »A radical solution to global income inequality: Make the US more like Qatar«, in: *New Republic* (6. November); online verfügbar unter: {http://www.newrepublic.com/article/120179/how-reduce-global-income-inequality-open-immigration-policies} (Stand Juni 2016).

Prados de la Escosura, Leandro (2007), »Inequality, poverty and the Kuznets curve in Spain: 1850-2000«, Working Papers in Economic History, Universidad Carlos III, WP 07-13.

Prados de la Escosura, Leandro (2008), »Inequality, poverty and the Kuznets curve in Spain, 1850-2000«, in: *European Review of Economic History* 12, S. 287-324.

Pritchett, Lant (2006), *Let Their People Come: Breaking the Gridlock on International Labor Mobility*, Washington, DC: Center for Global Development; online verfügbar unter: {http://www.cgdev.org/sites/default/files/9781933286105-Pritchett-let-their-people-come.pdf} (Stand Juni 2016).

Prokopovich, Sergey N. (1926), »The distribution of national income«, in: *Economic Journal* 36, S. 69-82.

Quah, Danny (2011), »The global economy's shifting centre of gravity«, in: *Global Policy* 2/1, S. 3-9.

Radner, Daniel B./John C. Hinrichs (1974), »Size distribution of income in 1964, 1970, and 1971«, in: *Survey of Current Business* 54/10, S. 19-30.

Rawls, John (1975 [1971]), *Eine Theorie der Gerechtigkeit*, Frankfurt am Main: Suhrkamp.

Rawls, John (2002 [1999]), *Das Recht der Völker*, Berlin/New York: De Gruyter.

Redor, Dominique (1992), *Wage Inequalities in East and West*, Cambridge: Cambridge University Press.

Reshef, Ariell (2013), »Is technological change biased towards the unskilled in services? An empirical investigation«, in: *Review of Economic Dynamics* 16, S. 312-331.

Rodríguez Weber, Javier E. (2014), »La economic politica de la desigualdad en Chile, 1850-2009«, Dissertation, Universidad de la República, Montevideo.

Roemer, John (2000), *Equality of Opportunity*, Cambridge, MA: Harvard University Press.

Rosen, Sherwin (1981), »The economics of superstars«, in: *American Economic Review* 71/5, S. 845-858.

Rosenzweig, Mark R. (2010), »Global wage inequality and the international flow of migrants«, Yale University, Economic Growth Center Discussion Paper, Nr. 983, Januar; online verfügbar unter: {http://www.econ.yale.edu/growth_pdf/cdp983.pdf} (Stand Juni 2016).

Ryckbosch, Wouter (2014), »Economic inequality and growth before the industrial revolution: A case study of the low countries (14th-19th century)«, Dondena Arbeitspapier Nr. 67, Universität Bocconi, Mailand, November; online verfügbar unter: {ftp://ftp.dondena.unibocconi.it/WorkingPapers/Dondena_WP067.pdf} (Stand Juni 2016).

Sahota, Gian S. (1977), »Personal income distribution theories of the mid-1970s«, in: *Kyklos* 30, S. 724-740.

Sacharow, Andrej (1992), *Wie ich mir die Zukunft vorstelle: Gedanken über Fortschritt, friedliche Koexistenz und geistige Freiheit*, Zürich: Diogenes.

Sauvy, Alfred (1973), *Croissance zéro?*, Paris: Calmann-Lévy.

Say, Jean-Baptiste (1971 [1804]), *Treatise on Political Economy or the Production, Consumption and Distribution of Wealth*, New York: Augustus M. Kelly.

Scheidel, Walter/Steven J. Friesen (2009), »The size of the economy and the distribution of income in the Roman Empire«, in: *Journal of Roman Studies* 99, S. 61-91.

Schiavone, Aldo (1996), *La storia spezzata. Roma antica e occidente moderno*, Roma-Bari: Laterza.

Shachar, Ayelet (2009), *The Birthright Lottery: Citizenship and Global I equality*, Cambridge, MA: Harvard University Press.

Singer, Peter (2004), *One World: The Ethics of Globalization*, New Haven, CT: Yale University Press.

Slaughter, Matthew J. (1999), »Globalisation and wages: A tale of two perspectives«, in: *World Economy* 22/5, S. 609-629.

Slaughter, Matthew J./Phillip Swagel (1997), »The effect of globalization on wages in the advanced economies«, International Monetary Fund Staff Studies for the World Economic Outlook, Dezember.

Smolensky, Eugene/Robert Plotnick (1992), »Inequality and poverty in the United States: 1900 to 1990«, University of Wisconsin-Madison, Institute for Research on Poverty, Discussion Paper Nr. 998-93; online verfügbar unter: {http://www.irp.wisc.edu/publications/dps/pdfs/dp99893.pdf} (Stand Juni 2016).

Soltow, Lee/Jan Luiten van Zanden (1998), *Income and Wealth Inequality in the Netherlands 16$^{\text{th}}$-20$^{\text{th}}$ Century*, Amsterdam: Het Spinhuis.

Sumarto, Sudarno, Asep Suryahadi und Lant Pritchett (2003), »Safety nets or safety ropes? Dynamic benefit incidence of two crisis programs in Indonesia«, in: *World Development* 31/7, S. 1257-1277.

Tachibanaki, Toshiaki/Tadashi Yagi (1997), »Distribution of economic well-being in Japan: Towards a more unequal society«, in: *Changing Patterns in the Distribution of Economic Welfare: An International Perspective*, herausgegeben von Peter Gottschalk, Björn Gustaffson und Edward Palmer, Cambridge: Cambridge University Press, S. 108-131.

Taleb, Nassim N. (2015), *Der Schwarze Schwan: Die Macht höchst unwahrscheinlicher Ereignisse*, München: Albrecht Knaus Verlag.

Tan, Kok-Chor (2006), »The boundary of justice and the justice of boundaries: Defending global egalitarianism«, in: *Canadian Journal of Law and Jurisprudence* 19/2, S. 319-344.

Tinbergen, Jan (1961), »Do communist and free economies show a converging pattern?«, in: *Soviet Studies* 12/4, S. 333-341.

Tinbergen, Jan (1975), *Income Distribution: Analysis and Policies*, Amsterdam: North Holland.

Todd, Emmanuel (1999), *Die neoliberale Illusion: über die Stagnation der entwickelten Gesellschaften*, Zürich: Rotpunktverlag.

Turchin, Peter/Sergey Nefedov (2009), *Secular Cycles*, Princeton: Princeton University Press.

UBS (2009), *Prices and Earnings: A Comparison of Purchasing Power around the Globe*, Zürich: UBS AG.

van der Weide, Roy, und Branko Milanović (2014), »Inequality is bad for the growth of the poor (but not for that of the rich)«, Weltbank, Arbeitspapier Nr. 6963, Juli; online verfügbar unter: {http://documents.worldbank.org/curated/en/2014/07/19756057/inequality-bad-growth-poor-not-rich} (Stand Juni 2016).

van Zanden, Jan Luiten (1995), »Tracing the beginning of the Kuznets curve: Western Europe during the early modern period«, in: *Economic History Review* 48/4, S. 1-23.

van Zanden, Jan Luiten, Jörg Baten, Peter Foldvari und Bas van Leeuwen (2014), »The changing shape of global inequality, 1820-2000«, in: *Review of Income and Wealth* 60/2, S. 279-297.

Varoufakis, Yanis (2014), »Egalitarianism's latest foe: A critical review of Thomas Piketty's *Capital in the 21st Century*«, in: *Real-World Economics Review* 69, S. 18-35.

Večerník, Jiří (1994), »Changing earnings inequality under the economic transformation. The Czech and Slovak republics in 1984-92«, unveröffentlichtes Manuskript, Institut für Soziologie, Prag.

Vries, Peer (2013), *Ursprünge des modernen Wirtschaftswachstums: England, China und die Welt in der Frühen Neuzeit*, Göttingen: Vandenhoeck und Ruprecht.

Ward-Perkins, Bryan (2007), *Der Untergang des Römischen Reiches und das Ende der Zivilisation*, Stuttgart: Theiss.

Wesseling, H. L. (1999), *Teile und herrsche: Die Aufteilung Afrikas 1880-1914*, Stuttgart: Franz Steiner.

Wieland, Volker/Maik Wolters (2012), »Macroeconomic model comparisons and forecast competition«, EU Vox, 13. Februar; online verfügbar unter: {http://www.voxeu.org/article/failed-forecasts-and-financial-crisis-how-resurrect-economic-modelling} (Stand Juni 2016).

Williamson, Jeffrey G. (2011), *Trade and Poverty*, Cambridge, MA: MIT Press.

Williamson, Jeffrey G./Peter H. Lindert (1980), *American Inequality: A Macroeconomic History*, monografische Reihe des Institute for Research on Poverty. New York: Academic Press.

Wolf, Martin (2004), *Why Globalization Works*, New Haven, CT: Yale University Press.

Wolff, Edward (2010), »Recent trends in household wealth in the United States: Rising debt and the middle-class squeeze – an update to 2007«, Levy Economics Institute of Bard College, Arbeitspapier Nr. 589, März; online verfügbar unter: {http://www.levyinstitute.org/publications/recent-trends-in-household-wealth-in-the-united-states-rising-debt-and-the-middle-class-squeezean-update-to-2007} (Stand Juni 2016).

Weltbank (2006), *Global Economic Prospects: Economic Implications of Migration and Remittances*, Washington, DC: Weltbank; online verfügbar unter: {https://openknowledge.worldbank.org/bitstream/handle/10986/7306/343200GEP02006.pdf?sequence=1} (Stand Juni 2016).

Xu, Chenggang (2015), »China's political-economic institutions and development«, in: *Cato Journal* 35/3, S. 525-545.

Zhang, Wenjie (2014), »Has China crossed the threshold of the Kuznets curve? New measures from 1987 to 2012 show declining pay inequality in China after 2008«, University of Texas Inequality Project, Arbeitspapier Nr. 67, 21. April; online verfügbar unter: {http://papers.ssrn.com/sol3/papers.cfm?abstract_id=2464620} (Stand Juni 2016).

Zucman, Gabriel (2013), »The missing wealth of nations: Are Europe and the U.S. net debtors or net creditors?«, in: *Quarterly Journal of Economics* 128/3, S. 1321-1364.

Zucman, Gabriel (2014), *Steueroasen. Wo der Wohlstand der Nationen versteckt wird*, Berlin: Suhrkamp.

# REGISTER

**Katapult (Hg.)**
**102 grüne Karten zur Rettung der Welt**
st 5083. 203 Seiten
(978-3-518-47083-1)

## Auf einen Blick wird klar, wie dramatisch der Zustand der Erde ist – aber auch, wie leicht es wäre, ihn zu verbessern.

Wie viel Tropenwald verliert die Erde jedes Jahr? Welche Stadt investiert am meisten in Radwege? Wie gut setzen die Staaten das Pariser Klimaschutzabkommen um? Wie heiß wird es 2050 in Oslo? Und überhaupt: Bestimmt jeder Einzelne über die Zukunft der Welt, oder ist vor allem die Politik gefordert? Antworten auf diese und viele andere Fragen finden sich in den erschreckenden, erhellenden und Mut machenden Karten von Deutschlands innovativstem Magazin.

*»Karten und Infografiken, die mit Humor und Querdenke unseren Blick auf das große Ganze neu justieren.«*

**Welt am Sonntag**
über *100 Karten, die deine Sicht auf die Welt verändern*

suhrkamp taschenbuch

Weitere Informationen erhalten Sie unter www.suhrkamp.de oder in Ihrer Buchhandlung.